Faik Giese

Nachhaltig **erfolgreich** *traden*

Aktienauswahl und Timing – die bewährte Strategie eines Profis

Börsenbuchverlag

Copyright der deutschen Ausgabe 2015:
© Börsenmedien AG, Kulmbach

Coverfoto & Innenteilfotos: Thinkstock
Covergestaltung: Jürgen Hetz, denksportler Grafikmanufaktur
Layout und Satz: Sabrina Slopek
Herstellung: Daniela Freitag
Vorlektorat: Claus Rosenkranz
Korrektorat: Egbert Neumüller
Druck: CPI – Ebner & Spiegel, Ulm

ISBN 978-3-86470-301-0

Bibliografische Information der Deutschen Nationalbibliothek:
Die Deutsche Nationalbibliothek verzeichnet diese Publikation in der
Deutschen Nationalbibliografie; detaillierte bibliografische Daten
sind im Internet über <http://dnb.d-nb.de> abrufbar.

BÖRSEN MEDIEN
AKTIENGESELLSCHAFT

Postfach 1449 • 95305 Kulmbach
Tel: +49 9221 9051-0 • Fax: +49 9221 9051-4444
E-Mail: buecher@boersenmedien.de
www.boersenbuchverlag.de
www.facebook.com/boersenbuchverlag

INHALT

NACHHALTIG ERFOLGREICH TRADEN

EINLEITUNG

In diesem Buch möchte ich Ihnen die Vorgehensweise und die Feinheiten einer Aktienstrategie vorstellen, die im Kern seit dem Jahr 1998 besteht und von mir bis zum heutigen Tag gehandelt und „gelebt" wird. Ohne Übertreibung kann ich sagen, dass die auf den folgenden Seiten vorgestellte Methode in dem Sinne mein Lebenswerk repräsentiert, dass ich mehrere Jahre Arbeit in ihre Entwicklung und die praktische Umsetzung investiert habe.

Seit ihrer ersten Anwendung im Spätsommer 1998 wurde die Strategie kontinuierlich weiterentwickelt. Sie ist mit kleineren Anpassungen universell auf jedem regulierten Aktienmarkt anwendbar. Ursprünglich nur für den amerikanischen Aktienmarkt konzipiert, erfolgte bereits im Jahr 2000 die Erweiterung auf die europäischen Aktienmärkte. Bis heute sind aufgrund der im Vergleich zu Europa größeren Auswahl an Aktien und der deutlich höheren Liquidität (Umsätze) die regulierten amerikanischen Börsen (New York Stock Exchange [NYSE] und Nasdaq) meine bevorzugten Handelsplätze. Aus diesem Grund finden Sie in diesem Buch überwiegend Beispiele amerikanischer Aktien. Allerdings weise ich an verschiedenen Stellen auch darauf hin, wie die Strategie leicht in Deutschland und der Schweiz – und damit letztendlich in ganz Europa – umgesetzt werden kann.

Die Grundidee der in diesem Buch vorgestellten Strategie besteht darin, durch das Timing des breiten Aktienmarkts denjenigen Zeitpunkt für den Einstieg in Einzelaktien zu identifizieren, an dem mit sehr hoher Wahrscheinlichkeit innerhalb weniger Tage eine nachhaltige positive Bewegung eintritt. Die Erfolgswahrscheinlichkeit wird maximiert, indem die Selektion der Aktien nach fundamentalen und technischen Kriterien erfolgt, die das Potenzial für eine hohe Kursdynamik aufweisen. Aus Gründen, die in Kapitel 2 näher beschrieben werden, liegt der Schwerpunkt der Strategie auf der Kaufseite. Das bedeutet, es wird fast ausschließlich auf das Generieren und Umsetzen von Long-Signalen eingegangen. In längeren

Abwärtsbewegungen wird die Cash-Quote automatisch hochgefahren und auf den richtigen Zeitpunkt für das Identifizieren einer Kaufgelegenheit mit einem potenziell hohen Chance-Risiko-Verhältnis gewartet. Die Signale werden mithilfe von Timing-Modellen in Kombination mit dem Trendmodell sowohl in Bullenmarkt- als auch in Bärenmarktphasen identifiziert. Wie gezeigt wird, halten die Timing-Modelle Backtests stand, also Simulationen, die anhand historischer Kursdaten durchgeführt werden.

Die Zusammensetzung der Aktienstrategie ist in Abbildung 1 zu sehen. Die eben angesprochenen Timing-Modelle fallen innerhalb des Übergeordneten Marktmodells in den Bereich der Nachhaltigkeitsmodelle.

Abbildung 0.1 Zusammensetzung der kurz- und mittelfristigen Aktienstrategie

Beginnend mit der zugrunde liegenden Trading-Philosophie wird jeder Bestandteil der Strategie auf den folgenden Seiten detailliert vorgestellt: Das stets im Hintergrund laufende Risiko-, Money- und Portfoliomanagement kommt sowohl im Rahmen des Einstiegs als auch des Ausstiegs zur Anwendung. Ein Einstieg erfolgt nur, wenn die zum Übergeordneten Marktmodell gehörenden Modelle aus den Bereichen Marktrichtungsbestimmung, Marktphasenidentifikation und Marktnachhaltigkeitsüberprüfung den Zeitpunkt hierfür als mathematisch vorteilhaft ansehen.

Erst danach greifen die Aktienselektionsverfahren und -methoden für den Einstieg in eine Position. Natürlich kommt auch dem Ausstieg eine besondere Rolle bei meinem Handel zu. Dieses Gebiet überschneidet sich allerdings in mehreren Punkten mit dem Risiko- und Portfoliomanagement und orientiert sich darüber hinaus in vielen Bereichen auch an der gewählten Einstiegsmethode und den individuellen Bedürfnissen des Traders oder aktiven Investors; so werden in Abhängigkeit von der Marktphase unterschiedliche Ausstiegstechniken favorisiert. Zudem führen unterschiedliche Ausstiegsvarianten zu einer Veränderung der durchschnittlichen Haltedauer.

Die Mehrzahl der in diesem Buch aufgestellten Strategieregeln wird bereits seit vielen Jahren in der Praxis angewendet und wurde vor dem Echtzeithandel einer Vielzahl von Backtests unterzogen.

Nun kann durch den wiederholten Hinweis auf Backtests der Eindruck entstehen, das gesamte Regelwerk sei so strikt formuliert, dass kein Platz mehr für eigene Handlungsspielräume bleibt. Dem muss an dieser Stelle nachdrücklich widersprochen werden: Ihnen bleibt an unzähligen Stellen – beispielsweise bei der endgültigen Wahl der Aktie, der Entfernung des Verlustbegrenzungsstopps, in den Bereichen Risiko-, Money- und Portfoliomanagement – ein angemessener Handlungsspielraum, der bewusst eingeräumt wird, um Ihr selbstständiges Denken zu fördern. Ohne diesen Spielraum wären Sie nach meiner Erfahrung, die ich seit 2008 im Ausbildungsbereich sammeln konnte, über kurz oder lang versucht, sich keine eigenen Gedanken mehr über die Strategie und ihre Umsetzung zu machen und nur noch wie ein Roboter zu agieren. Genau das gilt es aber dauerhaft zu vermeiden, wenn Sie erfolgreich sein wollen!

Die in diesem Buch beschriebene Strategie weist zumindest aus meiner Sicht zwei Alleinstellungsmerkmale auf:

1. Jede bedeutende Regel, sofern sie nicht selbsterklärend und in sich logisch ist, wird durch entsprechende Untersuchungen (Backtests) untermauert. Das Ziel ist dabei, das Verständnis und das Vertrauen in die vorgestellte Strategie zu fördern und zudem die Identifikation mit der Strategie zu erleichtern.
2. Das zweite wesentliche Alleinstellungsmerkmal der Strategie besteht darin, dass sie flexibel in Abhängigkeit von der (konkret definierten)

Marktphase auf unterschiedliche Methoden zurückgreift und nicht statisch an einem bestimmten Verfahren ohne Berücksichtigung weiterer Marktgegebenheiten festhält. Das gilt für alle Bereiche vom Selektionsprozess über den Ein- und Ausstieg bis hin zum Portfolio- und Money-Management.

Zur Erläuterung der beiden Alleinstellungsmerkmale ein Beispiel: In Abhängigkeit davon, in welcher Marktphase sich der breite Aktienmarkt, repräsentiert durch einen Index wie den S&P 500, gerade befindet, werden unter anderem unterschiedliche Selektionsverfahren basierend auf der Relativen Stärke oder der Relativen Schwäche angewendet. Warum und wann das Verfahren der Relativen Stärke den größten Erfolg verspricht und wann nicht, wird durch Backtests aufgezeigt.

Schwerpunktmäßig richte ich mich mit meinem Buch an Trader mit Vorkenntnissen und an aktive Investoren mit Interesse am Aktienhandel. Auch Einsteiger sollten mit diesem Buch etwas anfangen können.

Der mit der Strategie verfolgte Anlagehorizont fällt in den kurz- bis mittelfristigen Bereich, was gemäß meiner eigenen Definition einer Haltedauer von mehreren Handelstagen bis hin zu mehreren Monaten entspricht.

Als aktive Investoren bezeichne ich jene Leser, deren Anlagehorizont mehrere Wochen bis Monate beträgt (oder zukünftig betragen soll) und die gleichzeitig bereit sind, täglich vor Markteröffnung ihre Analyse inklusive Erteilung von Aufträgen und Umsetzung des Risiko-, Money- und Portfoliomanagements durchzuführen. Ein Trader weist nach der in diesem Buch vorgegebenen Definition dieselben Eigenschaften wie ein aktiver Investor auf, ist aber bereit, auch dann zu handeln, wenn die Haltedauer mit großer Wahrscheinlichkeit nur wenige Tage beträgt. Damit handelt ein Trader häufiger als ein aktiver Investor, der auch bereit ist, gegebenenfalls mehrere Wochen bis Monate auf den geeigneten Zeit- punkt für einen Einstieg zu warten. Auf den folgenden Seiten wird genau erklärt, wie zwischen Signalen unterschieden werden kann, die entweder ausschließlich für Trader oder aber für Trader und aktive Investoren gleichermaßen von Bedeutung sind.

Die Strategie lässt sich unabhängig davon, ob Sie berufstätig sind und einem anderen Job als dem Aktienhandel nachgehen, Vermögensverwalter,

Fondsmanager oder Vollprofi sind, umsetzen. Sämtliche durchzuführenden Analysen und auch die Auftragserteilung können vor Markteröffnung durchgeführt werden.

Zu allen in diesem Buch angegebenen Methoden erläutere ich zudem, wie Sie diese auch ohne Verwendung einer speziellen Software mithilfe von Angaben aus dem Internet umsetzen können. Lassen Sie sich nicht davon in die Irre führen, dass die Mehrzahl der Abbildungen in diesem Buch mit der professionellen TradeStation-Plattform von TradeStation Group, Incorporated erstellt wurde.

Für Ihren Erfolg spielt es auch keine Rolle, wie groß Ihr Konto ist – solange Sie diszipliniert genug sind, auf die geeigneten Zeitpunkte für einen Einstieg (die, seit es Aktienmärkte gibt, immer gekommen sind) zu warten. Sie können mit wenigen Tausend oder sogar Hundert Euro (oder Schweizer Franken oder US-Dollar) starten.

Seit ich im Jahr 1995 die Aktienmärkte für mich entdeckt habe, ist mir klar, dass der Handel in Einzelaktien bis heute eine der wenigen gangbaren Möglichkeiten für den Weg in die finanzielle Unabhängigkeit darstellt – ein Weg, den auch Sie beschreiten können, und zwar unabhängig von Ihrer Bildung und Ihrem ausgeübten Beruf.

Mir selbst hat die Strategie seit Ende der 90er-Jahre große Dienste erwiesen. So hat ihre erfolgreiche Umsetzung unter anderem bereits im Jahr 2001 dazu geführt, dass mir nach nur viereinhalb Jahren Firmenzugehörigkeit die Leitung des Portfoliomanagements der damals noch existierenden Wertpapierhandelsbank Hornblower Fischer AG übertragen wurde – als Quereinsteiger ohne Bankausbildung.

Abschließend noch ein Hinweis:

Dieses Buch ist nicht nur ein Lehrbuch, das meine Universalstrategie für Aktienmärkte beinhaltet, sondern auch ein Arbeitsbuch. Es enthält eine Vielzahl von Ideen, Hinweisen, Tipps und Aufgaben, die weit über ein normales Lehrbuch hinausgehen.

So zeige ich in Kapitel 4.4 zum Thema Timing-Modelle lediglich eine Handvoll Modelle auf, obwohl ich im Laufe der Jahre deutlich mehr als die vorgestellten Modelle entwickelt habe. Hierfür gibt es zwei Gründe: Sie können allein mit diesem kleinen Repertoire an Timing-Modellen effektiv und insbesondere effizient handeln und zudem aus dem vorhandenen

Pool an Modellen weitere entwickeln – auf den folgenden Seiten gebe ich an den entsprechenden Stellen dazu Hinweise.

Zudem habe ich bewusst die Mehrzahl der Beispiele wo immer möglich aus der nahen Vergangenheit gewählt, um zu zeigen, wie gut die Strategie auch in den letzten Jahren funktioniert hat. Vergessen Sie bei der Lektüre dieses Buches aber nicht, dass es sich um eine vollständige, in sich logische Strategie handelt, die ich im Kern bereits seit der zweiten Hälfte des Jahres 1998 handle.

Sofern sie nicht bereits vorher vorhanden war, hoffe ich nunmehr Ihre Neugier geweckt zu haben und wünsche Ihnen bei der Lektüre dieses Buches viele neue Erkenntnisse. Im besten Fall wird dieses Buch vielleicht sogar Ihr Leben dahingehend verändern, dass Sie mithilfe der vorgestellten Strategie einen Weg in die finanzielle Unabhängigkeit finden. So oder so werden Sie nach dem Studium dieses Buches mindestens einen Weg kennen, nachhaltig erfolgreich an den Aktienmärkten zu traden.

BEDEUTENDE KURSBEWEGUNGEN SEIT 2001

1

Auf den folgenden Seiten finden Sie Modell-Trades amerikanischer Aktien, die zu den größten Kursgewinnern der vergangenen Jahre zählen und mithilfe der in diesem Buch dargestellten Vorgehensweise identifiziert wurden.

Anhand der 24 gezeigten Beispiele können Sie ein Gefühl dafür entwickeln, wie typische Trades aussehen und welche Dynamik diese im Erfolgsfall entfalten können. Darüber hinaus ist es interessant zu beobachten, dass die großen Kursgewinner hinsichtlich des Setups und des Verlaufs nach dem Einstieg eine große Ähnlichkeit aufweisen – und zwar unabhängig davon, in welchem Börsenjahr das Signal generiert wurde (also Börsenpsychologie pur). Lassen Sie sich nicht beirren, sollten Sie nicht auf Anhieb alle in den Abbildungen angegebenen Einzelheiten verstehen. Jeder Trader wie auch jeder aktive Investor hat einmal mit dem Aufbau von Grundlagenwissen begonnen.

Die Hintergründe zu den mit einem Pfeil markierten Einstiegspunkten werden im Laufe dieses Buches Schritt für Schritt erläutert, sodass Sie erst am Ende des Buches alle für das Verständnis erforderlichen Details kennengelernt haben werden. Es bietet sich somit an, nach dem Durcharbeiten aller Kapitel auf die gezeigten Modell-Trades zurückzukommen, um sie abermals zu studieren.

Die Grundidee der Strategie besteht darin, mit Timing-Modellen jene Zeitpunkte zu identifizieren, an denen mit großer Wahrscheinlichkeit eine positive Bewegung des breiten Aktienmarkts zu erwarten ist. Derartige Signale werden fast ausnahmslos generiert, nachdem der breite Aktienmarkt – in den gezeigten Beispielen repräsentiert durch den S&P 500 Index – innerhalb eines Bullenmarkts eine Korrektur vollzogen oder innerhalb eines Bärenmarkts einen starken Ausverkauf erlebt hat. Aus diesem Grund enthalten sämtliche Abbildungen unter dem Kursverlauf der Aktie auch den S&P 500 Index beziehungsweise den SPY, einen börsennotierten Fonds (auch als ETF bezeichnet), der den Index in einem nahezu identischen Verhältnis abbildet. Zusätzlich werden mit roten Punkten diejenigen Tage im SPY-Kursverlauf markiert, an denen gemäß den Timing-Modellen ein Einstieg vorteilhaft war.

Unter den 24 Modell-Trades finden sich Beispiele für jede Variante technischer Einstiegs-Setups, die zur Strategie gehören und an späterer Stelle detailliert erklärt werden:

⇒ Einstieg auf Basis Relativer Schwäche
⇒ Einstieg auf Basis Relativer Stärke
  - Handel von Ausbrüchen (Durchbruch einer Widerstandszone)
  - Antizipation von Ausbrüchen (Handel in Seitwärtsbewegungen)
  - Handel an Unterstützungszonen
  - Einstieg auf Basis von falschen Ausbrüchen (Bärenfallen)

Diese Setups werden jeweils kombiniert mit fundamentalen Kriterien sowie Timing-Methoden. Für Letztere spielen das Volumen und die Abnahme der Volatilität eine entscheidende Rolle.

In den gezeigten Modell-Trades finden sich keine Angaben zum Ausstieg. Das liegt daran, dass eine große Zahl von Möglichkeiten existiert, die Ausstiegsstrategie den eigenen Bedürfnissen anzupassen. So gibt es Trader, die bereits in den steigenden Markt hinein Gewinne realisieren, während mittelfristig orientierte Investoren der Aktie – natürlich in Abhängigkeit von der Marktphase – mehr Luft gewähren mit dem Ziel, größere Trends mitzunehmen und damit höhere Gewinne einzufahren. Auch die Anwendung von Regeln aus den Bereichen des Risiko- und Portfoliomanagements (ebenfalls individuell anpassbar) kann zu einem frühzeitigen Ausstieg führen, sodass die Angabe konkreter Ausstiegsmarken in den Abbildungen keinen Sinn ergibt.

Die Modell-Trades enthalten Angaben zur Branchenzugehörigkeit, zum Einstiegszeitpunkt, wann zum letzten Mal die Quartalsergebnisse veröffentlicht wurden, welches technische Setup zum Einstieg führte, wo der Einstiegskurs lag und wie die bedeutendsten fundamentalen Eckdaten zum Zeitpunkt des Einstiegs ausgesehen haben. Zusätzlich wird die einen Tag vor dem Einstieg über die letzten 21 Tage berechnete

Average True Range, abgekürzt mit ATR(21), angeführt. Die ATR ist eine gängige Methode zur Bestimmung der durchschnittlichen Tagesspanne und wird unter Berücksichtigung von Kurslücken zur Markteröffnung aus der Differenz zwischen Tageshoch und Tagestief berechnet. Details zur Berechnung finden sich in Anhang 1. Über die Angabe der ATR zum Einstiegszeitpunkt kann neben dem maximal möglichen prozentualen Gewinn, der mit dem Trade zu erzielen war, zudem der Gewinn als ein Vielfaches der Volatilität (ATR[21]) berechnet werden. Genau dieses Verhältnis zieht sich wie ein roter Faden durch das gesamte Buch und wird dementsprechend noch im Detail erörtert.

Bevor Sie nun beginnen, sich mit den Beispielen auseinanderzusetzen, noch ein Hinweis zur Darstellung der Kursverläufe in den Abbildungen 1-1 bis 1-24: Die Skalierung der y-Achse erfolgt in logarithmischer, nicht in linearer Form. Dadurch sind die Abstände zwischen den Kursen auf Dollarbasis nicht identisch, jedoch auf Prozentbasis. So ist der Abstand zwischen 20 und 40 Dollar genauso groß wie derjenige zwischen 40 und 80 Dollar, weil beides einem Zuwachs von 100 Prozent entspricht.

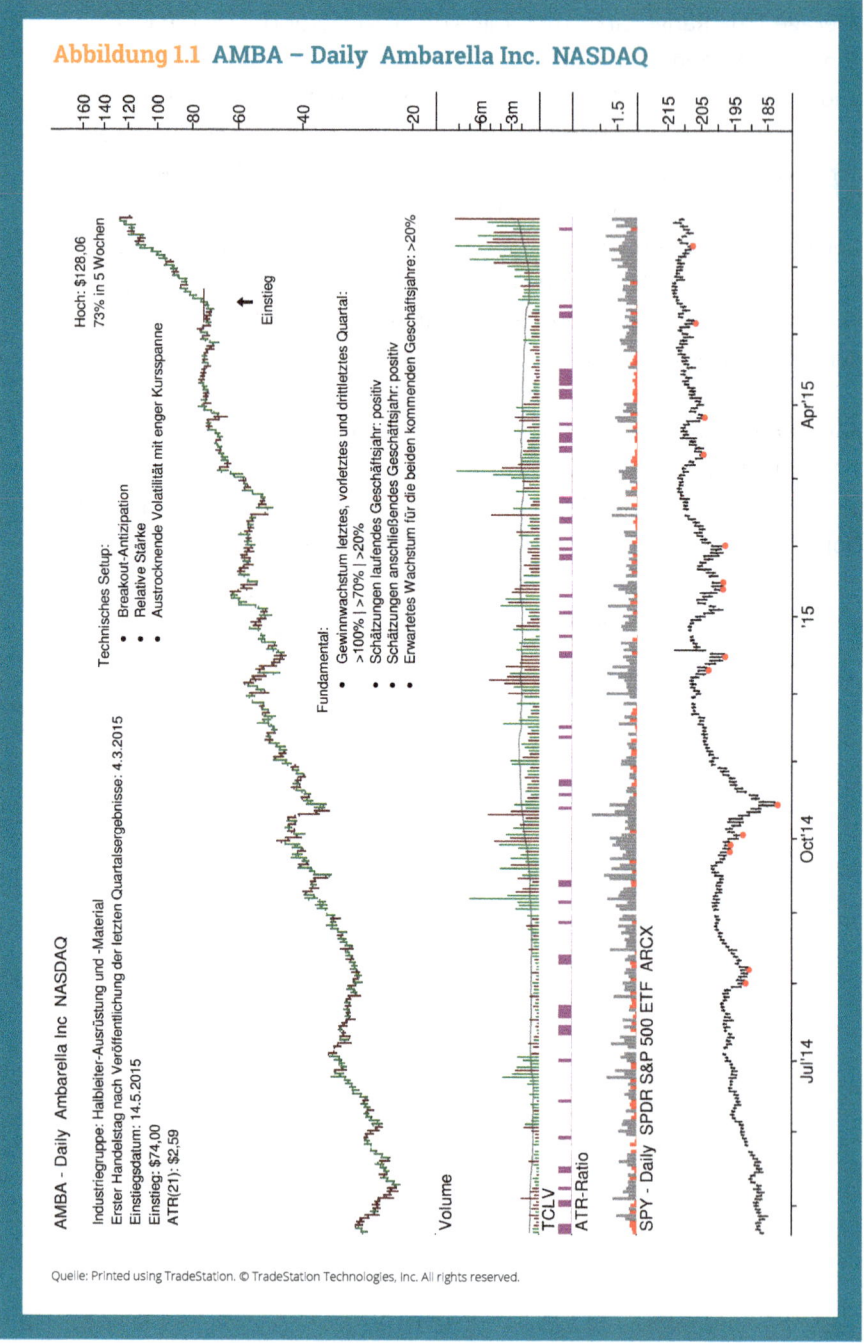

Abbildung 1.1 AMBA – Daily Ambarella Inc. NASDAQ

AMBA - Daily Ambarella Inc NASDAQ

Industriegruppe: Halbleiter-Ausrüstung und -Material
Erster Handelstag nach Veröffentlichung der letzten Quartalsergebnisse: 4.3.2015
Einstiegsdatum: 14.5.2015
Einstieg: $74,00
ATR(21): $2,59

Hoch: $128,06
73% in 5 Wochen

Technisches Setup:
• Breakout-Antizipation
• Relative Stärke
• Austrocknende Volatilität mit enger Kursspanne

← Einstieg

Fundamental:
• Gewinnwachstum letztes, vorletztes und drittletztes Quartal:
  >100% | >70% | >20%
• Schätzungen laufendes Geschäftsjahr: positiv
• Schätzungen anschließendes Geschäftsjahr: positiv
• Erwartetes Wachstum für die beiden kommenden Geschäftsjahre: >20%

Volume

TCLV
ATR-Ratio

SPY - Daily SPDR S&P 500 ETF ARCX

Jul'14   Oct'14   '15   Apr'15

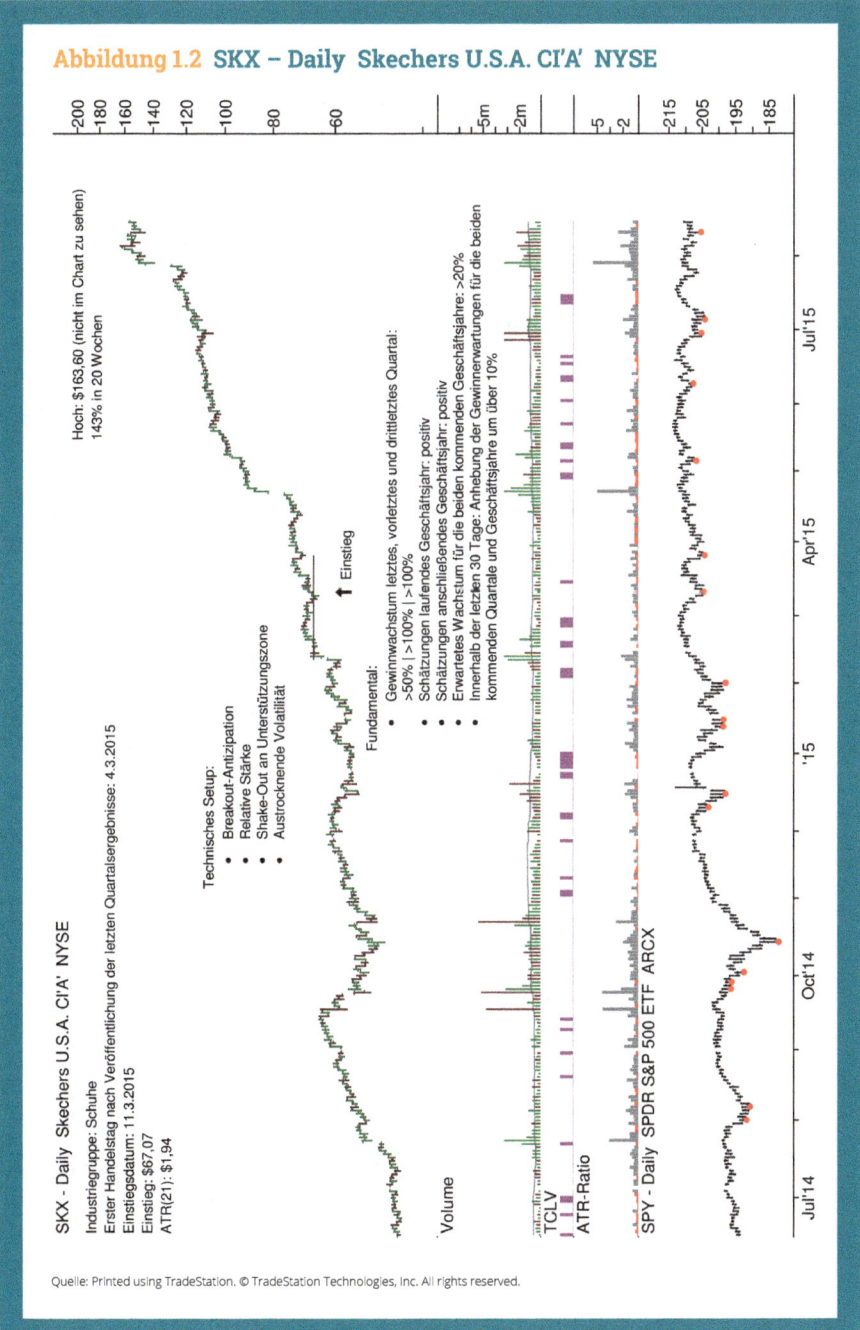

Abbildung 1.2 SKX – Daily Skechers U.S.A. CI'A' NYSE

SKX - Daily Skechers U.S.A. CI'A' NYSE

Industriegruppe: Schuhe
Erster Handelstag nach Veröffentlichung der letzten Quartalsergebnisse: 4.3.2015
Einstiegsdatum: 11.3.2015
Einstieg: $67,07
ATR(21): $1,94

Technisches Setup:
• Breakout-Antizipation
• Relative Stärke
• Shake-Out an Unterstützungszone
• Austrocknende Volatilität

Fundamental:
• Gewinnwachstum letztes, vorletztes und drittletztes Quartal: >50% | >100% | >100%
• Schätzungen laufendes Geschäftsjahr: positiv
• Schätzungen anschließendes Geschäftsjahr: positiv
• Erwartetes Wachstum für die beiden kommenden Geschäftsjahre: >20%
• Innerhalb der letzten 30 Tage: Anhebung der Gewinnerwartungen für die beiden kommenden Quartale und Geschäftsjahre um über 10%

Hoch: $163,60 (nicht im Chart zu sehen)
143% in 20 Wochen

Einstieg

Volume

TCLV
ATR-Ratio

SPY - Daily SPDR S&P 500 ETF ARCX

Jul'14   Oct 14   '15   Apr'15   Jul'15

Abbildung 1.3 NKE – Daily Nike, Inc.'B NYSE

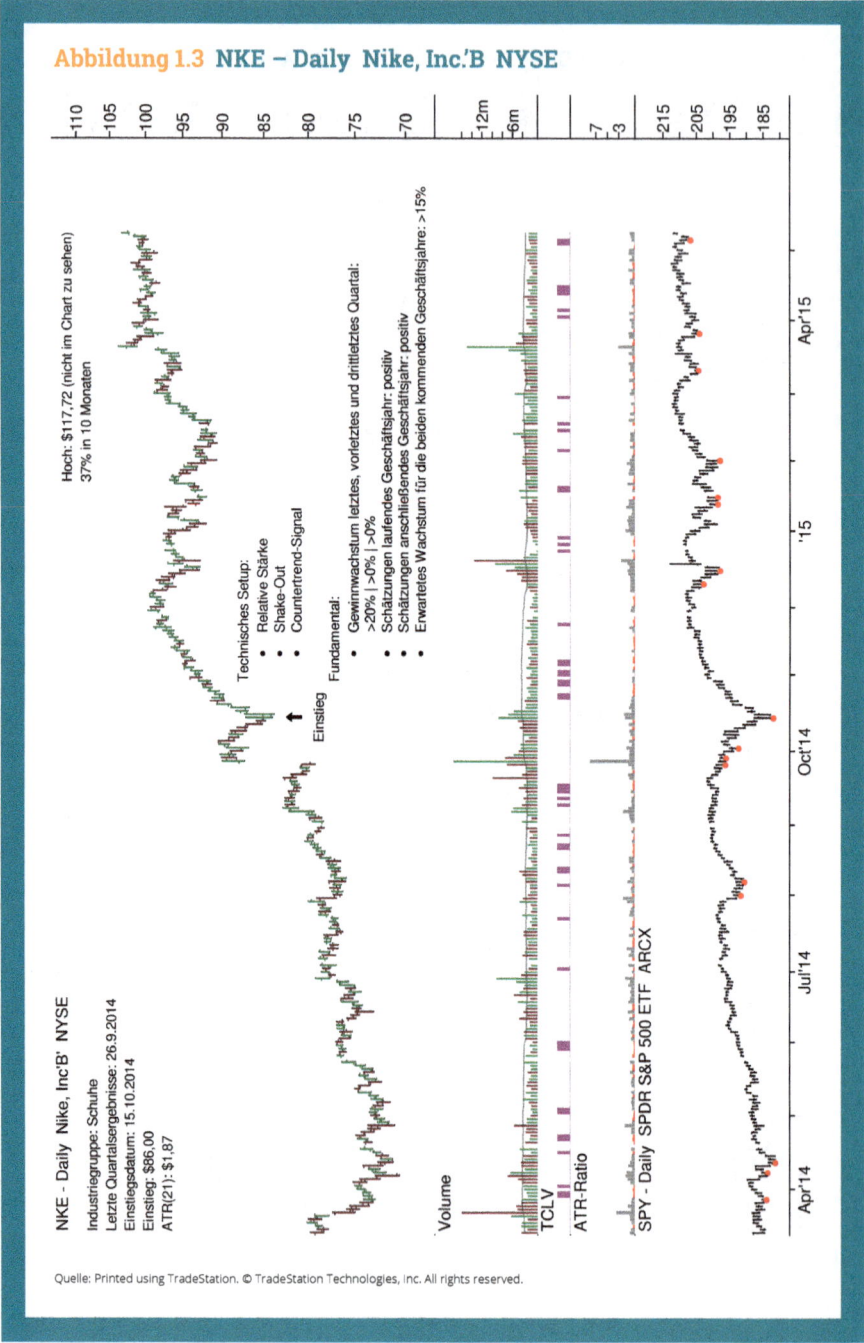

Hoch: $117,72 (nicht im Chart zu sehen)
37% in 10 Monaten

Technisches Setup:
• Relative Stärke
• Shake-Out
• Countertrend-Signal

Fundamental:
• Gewinnwachstum letztes, vorletztes und drittletztes Quartal:
  >20% | >0% | >0%
• Schätzungen laufendes Geschäftsjahr: positiv
• Schätzungen anschließendes Geschäftsjahr: positiv
• Erwartetes Wachstum für die beiden kommenden Geschäftsjahre: >15%

← Einstieg

NKE - Daily Nike, Inc.'B' NYSE

Industriegruppe: Schuhe
Letzte Quartalsergebnisse: 26.9.2014
Einstiegsdatum: 15.10.2014
Einstieg: $86,00
ATR(21): $1,87

Volume

TCLV

ATR-Ratio

SPY - Daily SPDR S&P 500 ETF ARCX

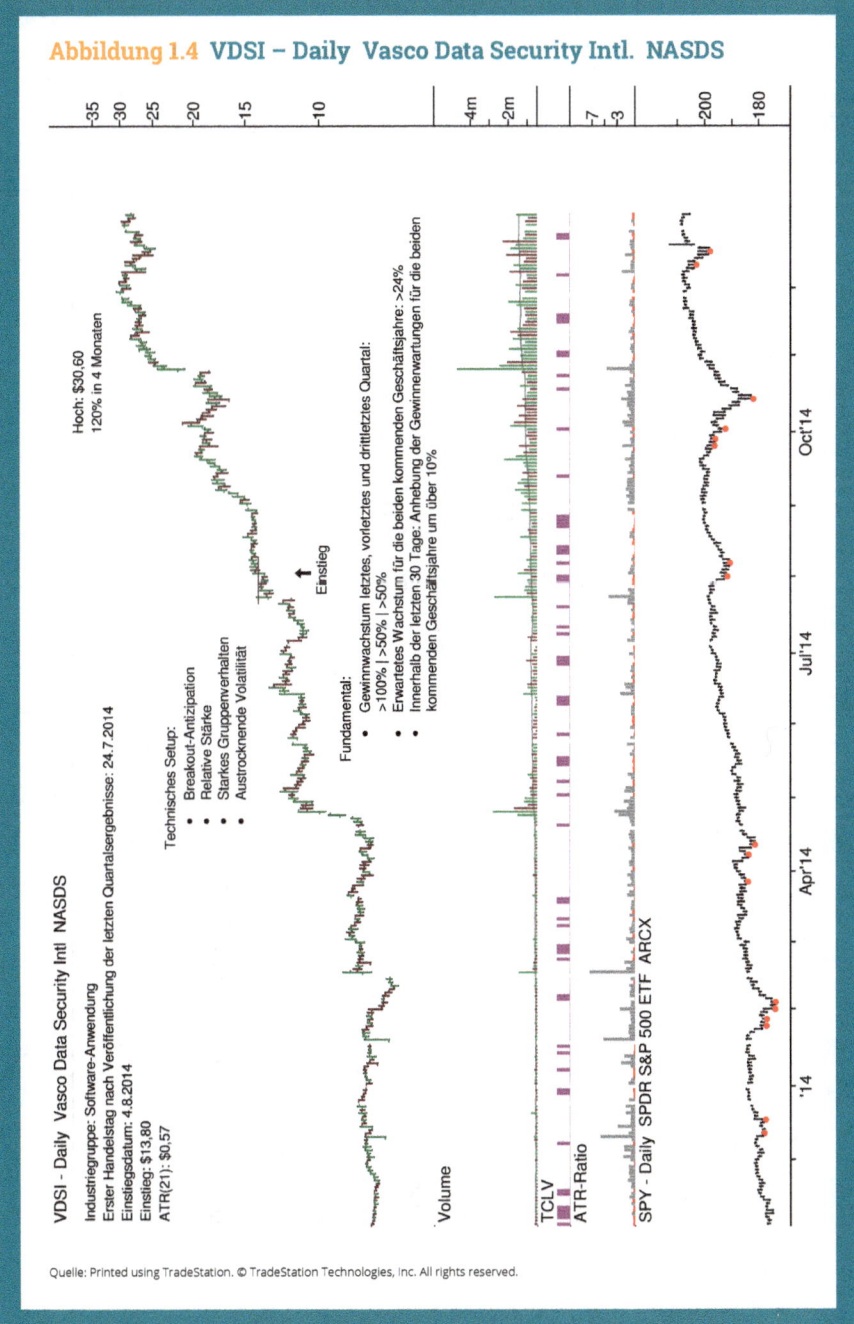

Abbildung 1.4 VDSI – Daily Vasco Data Security Intl. NASDS

VDSI - Daily Vasco Data Security Intl NASDS

Industriegruppe: Software-Anwendung
Erster Handelstag nach Veröffentlichung der letzten Quartalsergebnisse: 24.7.2014
Einstiegsdatum: 4.8.2014
Einstieg: $13,80
ATR(21): $0,57

Hoch: $30,60
120% in 4 Monaten

Technisches Setup:
• Breakout-Antizipation
• Relative Stärke
• Starkes Gruppenverhalten
• Austrocknende Volatilität

← Einstieg

Fundamental:
Gewinnwachstum letztes, vorletztes und drittletztes Quartal:
• >100% | >50% | >50%
Erwartetes Wachstum für die beiden kommenden Geschäftsjahre: >24%
• Innerhalb der letzten 30 Tage: Anhebung der Gewinnerwartungen für die beiden kommenden Geschäftsjahre um über 10%

Volume

TCLV
ATR-Ratio

SPY - Daily SPDR S&P 500 ETF ARCX

'14   Apr'14   Jul'14   Oct'14

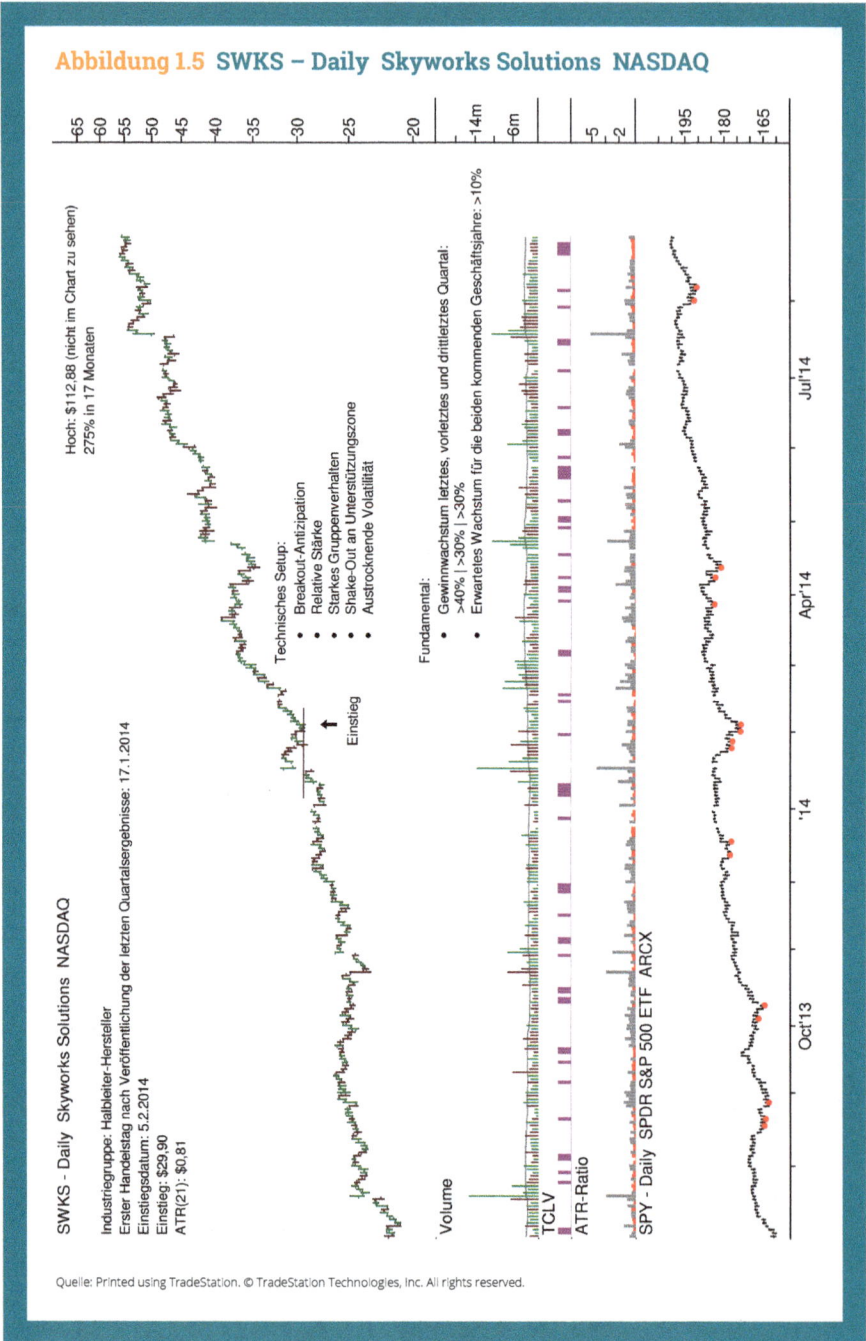

Abbildung 1.5 SWKS – Daily Skyworks Solutions NASDAQ

SWKS - Daily Skyworks Solutions NASDAQ

Industriegruppe: Halbleiter-Hersteller
Erster Handelstag nach Veröffentlichung der letzten Quartalsergebnisse: 17.1.2014
Einstiegsdatum: 5.2.2014
Einstieg: $29,90
ATR(21): $0,81

Hoch: $112,88 (nicht im Chart zu sehen)
275% in 17 Monaten

Technisches Setup:
· Breakout-Antizipation
· Relative Stärke
· Starkes Gruppenverhalten
· Shake-Out an Unterstützungszone
· Austrocknende Volatilität

Fundamental:
· Gewinnwachstum letztes, vorletztes und drittletztes Quartal: >40% | >30% | >30%
· Erwartetes Wachstum für die beiden kommenden Geschäftsjahre: >10%

Einstieg

Volume

TCLV

ATR-Ratio

SPY - Daily SPDR S&P 500 ETF ARCX

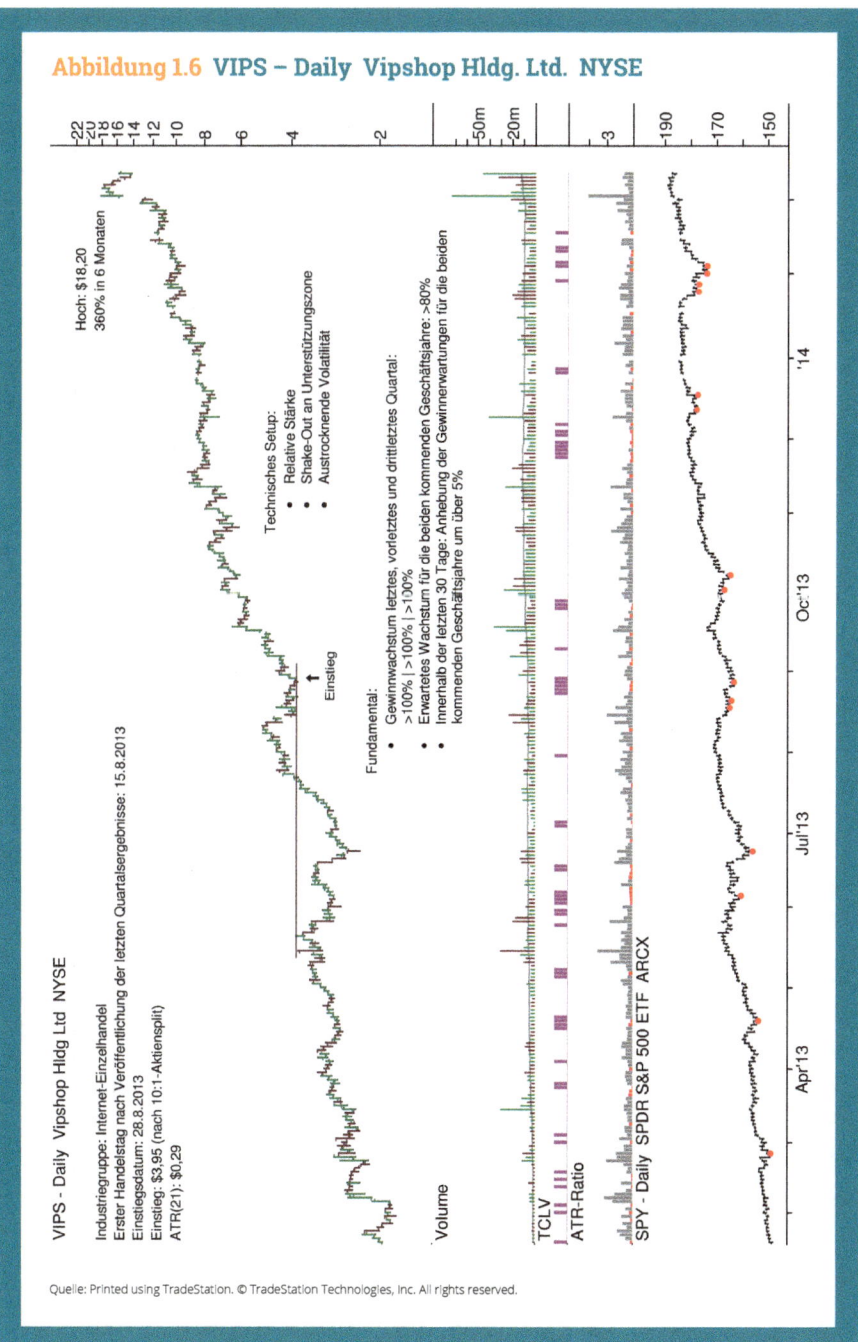

Abbildung 1.6 VIPS – Daily Vipshop Hldg. Ltd. NYSE

VIPS - Daily Vipshop Hldg Ltd NYSE

Industriegruppe: Internet-Einzelhandel
Erster Handelstag nach Veröffentlichung der letzten Quartalsergebnisse: 15.8.2013
Einstiegsdatum: 28.8.2013
Einstieg: $3,95 (nach 10:1-Aktiensplit)
ATR(21): $0,29

Hoch: $18,20
360% in 6 Monaten

Technisches Setup:
- Relative Stärke
- Shake-Out an Unterstützungszone
- Austrocknende Volatilität

Fundamental:
- Gewinnwachstum letztes, vorletztes und drittletztes Quartal:
  >100% | >100% | >100%
- Erwartetes Wachstum für die beiden kommenden Geschäftsjahre: >80%
- Innerhalb der letzten 30 Tage: Anhebung der Gewinnerwartungen für die beiden
  kommenden Geschäftsjahre um über 5%

Einstieg

Volume

TCLV
ATR-Ratio

SPY - Daily SPDR S&P 500 ETF ARCX

Apr'13   Jul'13   Oct'13   '14

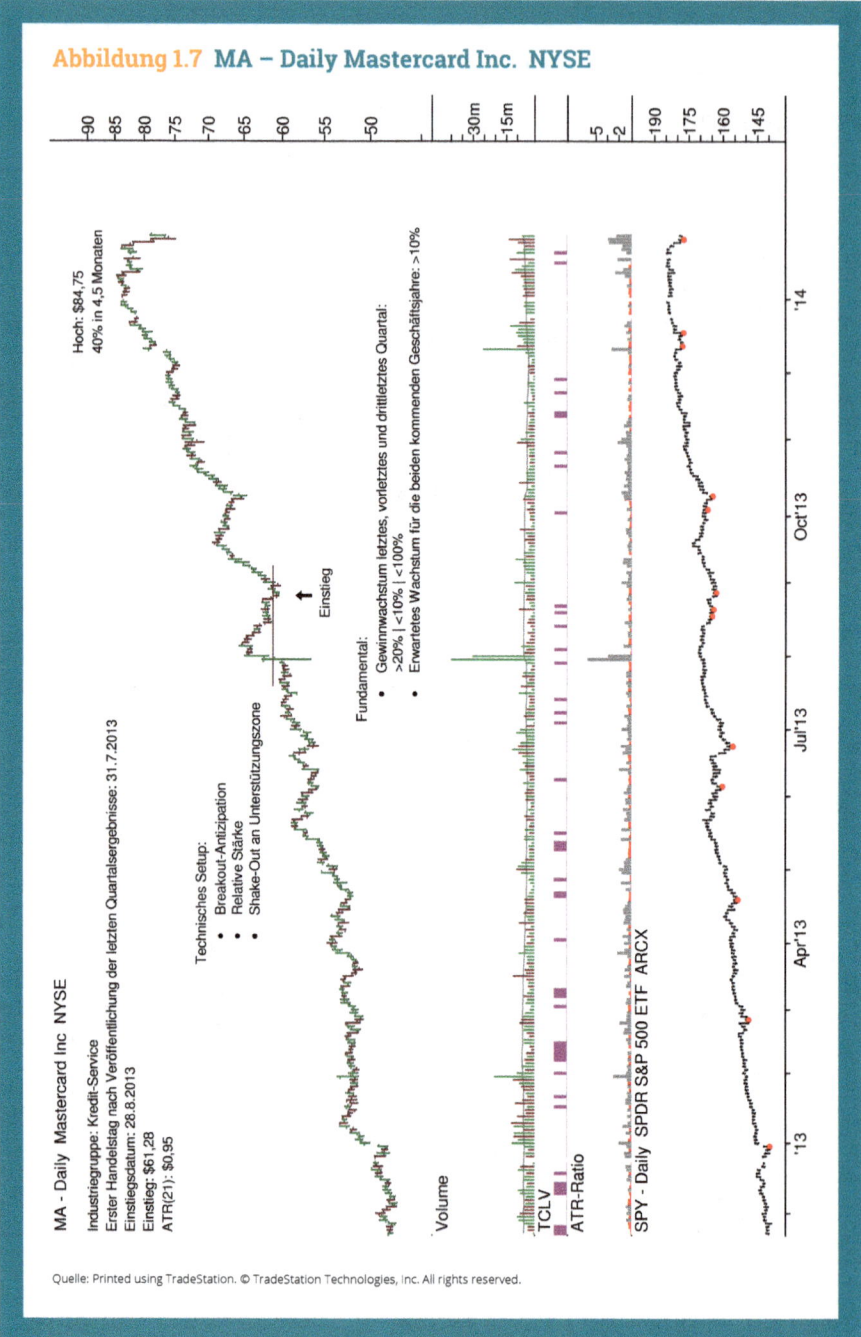

Abbildung 1.7 MA – Daily Mastercard Inc. NYSE

MA - Daily Mastercard Inc NYSE

Industriegruppe: Kredit-Service
Erster Handelstag nach Veröffentlichung der letzten Quartalsergebnisse: 31.7.2013
Einstiegsdatum: 28.8.2013
Einstieg: $61,28
ATR(21): $0,95

Hoch: $84,75
40% in 4,5 Monaten

Technisches Setup:
• Breakout-Antizipation
• Relative Stärke
• Shake-Out an Unterstützungszone

Einstieg

Fundamental:
• Gewinnwachstum letztes, vorletztes und drittletztes Quartal: >20% | <10% | <100%
• Erwartetes Wachstum für die beiden kommenden Geschäftsjahre: >10%

Volume

TCLV
ATR-Ratio

SPY - Daily SPDR S&P 500 ETF ARCX

'13   Apr'13   Jul'13   Oct'13   '14

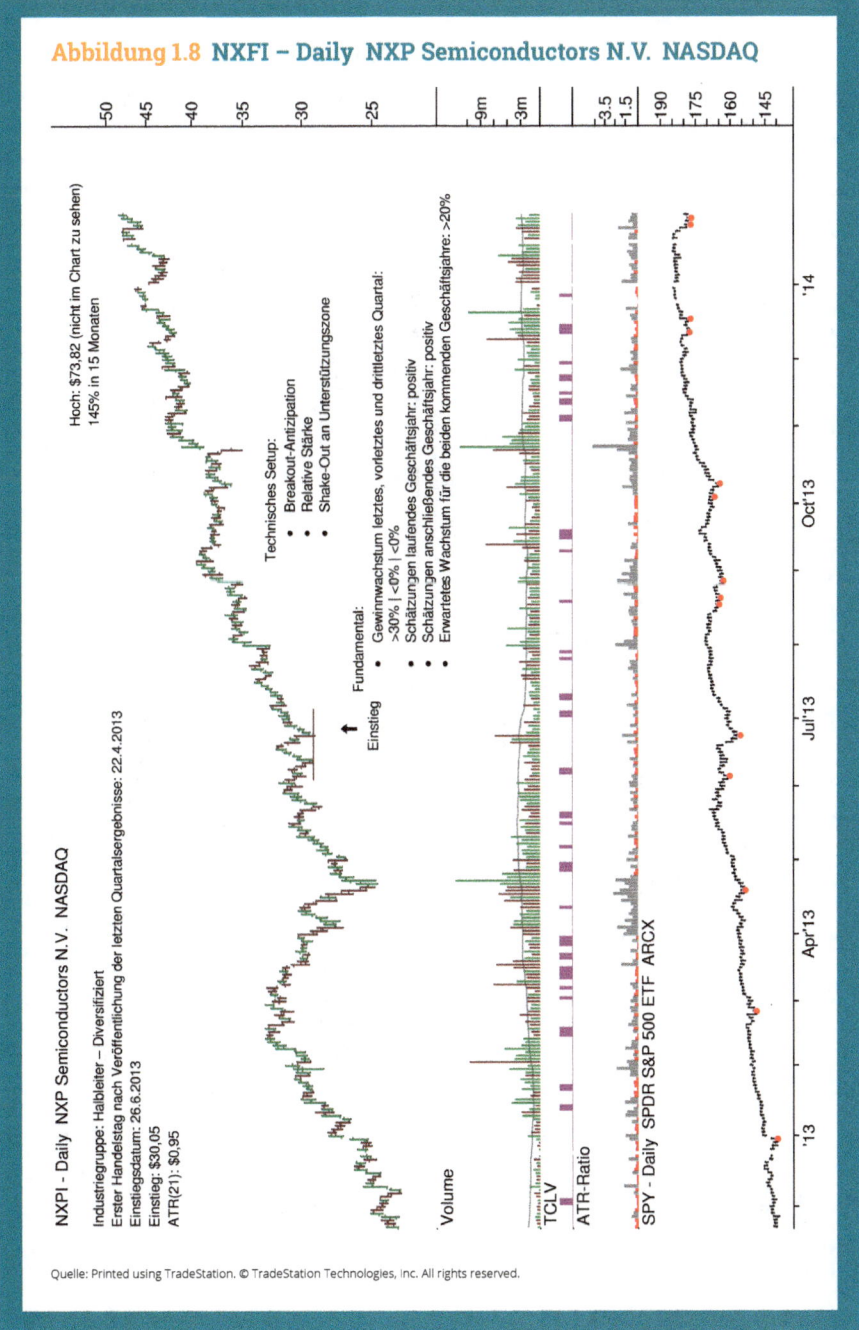

Abbildung 1.8 NXFI – Daily NXP Semiconductors N.V. NASDAQ

NXPI - Daily NXP Semiconductors N.V. NASDAQ

Industriegruppe: Halbleiter – Diversifiziert
Erster Handelstag nach Veröffentlichung der letzten Quartalsergebnisse: 22.4.2013
Einstiegsdatum: 26.6.2013
Einstieg: $30,05
ATR(21): $0,95

Hoch: $73,82 (nicht im Chart zu sehen)
145% in 15 Monaten

Technisches Setup:
• Breakout-Antizipation
• Relative Stärke
• Shake-Out an Unterstützungszone

Fundamental:
• Gewinnwachstum letztes, vorletztes und drittletztes Quartal:
  >30% | <0% | <0%
• Schätzungen laufendes Geschäftsjahr: positiv
• Schätzungen anschließendes Geschäftsjahr: positiv
• Erwartetes Wachstum für die beiden kommenden Geschäftsjahre: >20%

Einstieg

Volume

TCLV

ATR-Ratio

SPY - Daily SPDR S&P 500 ETF ARCX

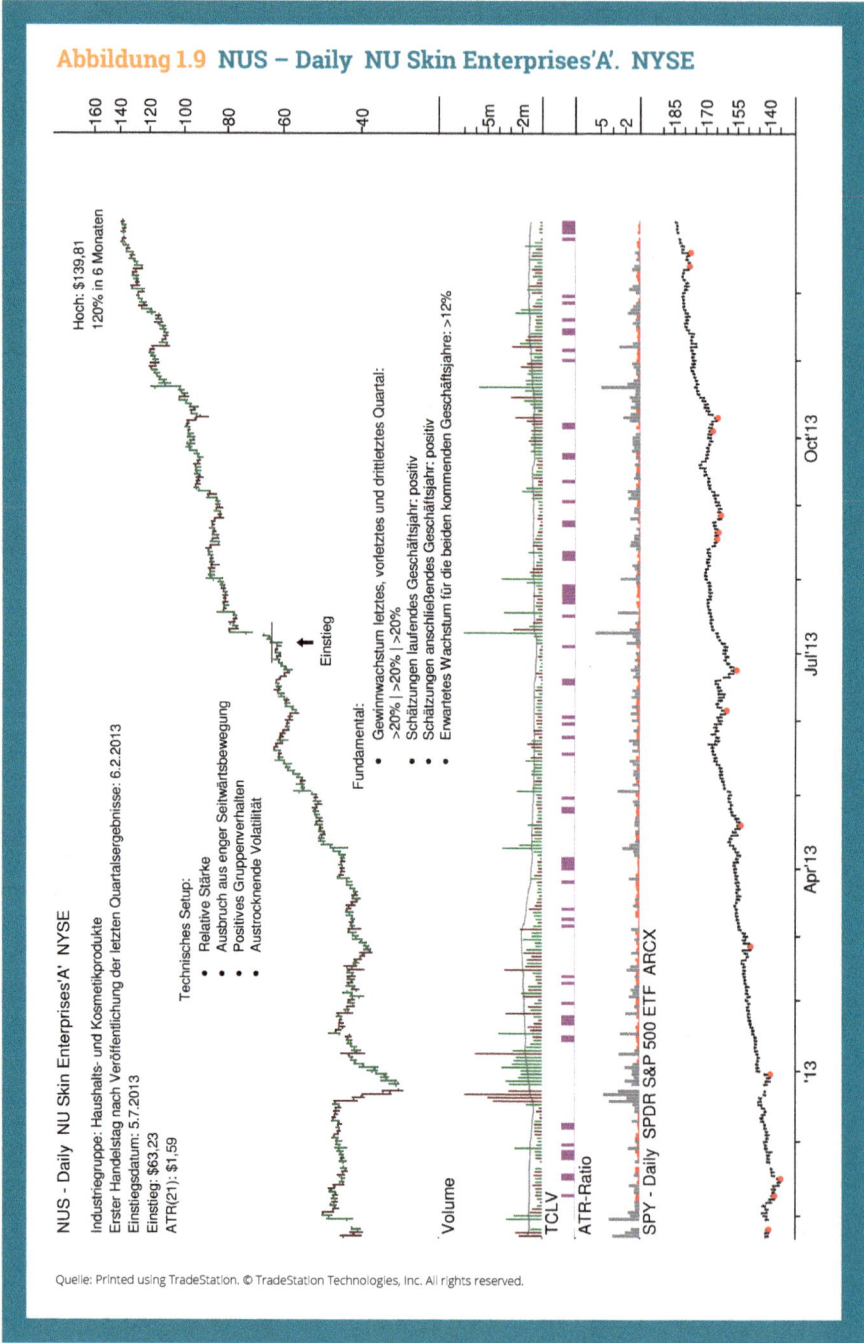

Abbildung 1.9 NUS – Daily NU Skin Enterprises'A'. NYSE

NUS - Daily NU Skin Enterprises'A' NYSE

Industriegruppe: Haushalts- und Kosmetikprodukte
Erster Handelstag nach Veröffentlichung der letzten Quartalsergebnisse: 6.2.2013
Einstiegsdatum: 5.7.2013
Einstieg: $63.23
ATR(21): $1.59

Technisches Setup:
• Relative Stärke
• Ausbruch aus enger Seitwärtsbewegung
• Positives Gruppenverhalten
• Austrocknende Volatilität

← Einstieg

Fundamental:
• Gewinnwachstum letztes, vorletztes und drittletztes Quartal: >20% | >20% | >20%
• Schätzungen laufendes Geschäftsjahr: positiv
• Schätzungen anschließendes Geschäftsjahr: positiv
• Erwartetes Wachstum für die beiden kommenden Geschäftsjahre: >12%

Hoch: $139,81
120% in 6 Monaten

Volume

TCLV

ATR-Ratio

SPY - Daily SPDR S&P 500 ETF ARCX

'13   Apr'13   Jul'13   Oct'13

Quelle: Printed using TradeStation. © TradeStation Technologies, Inc. All rights reserved.

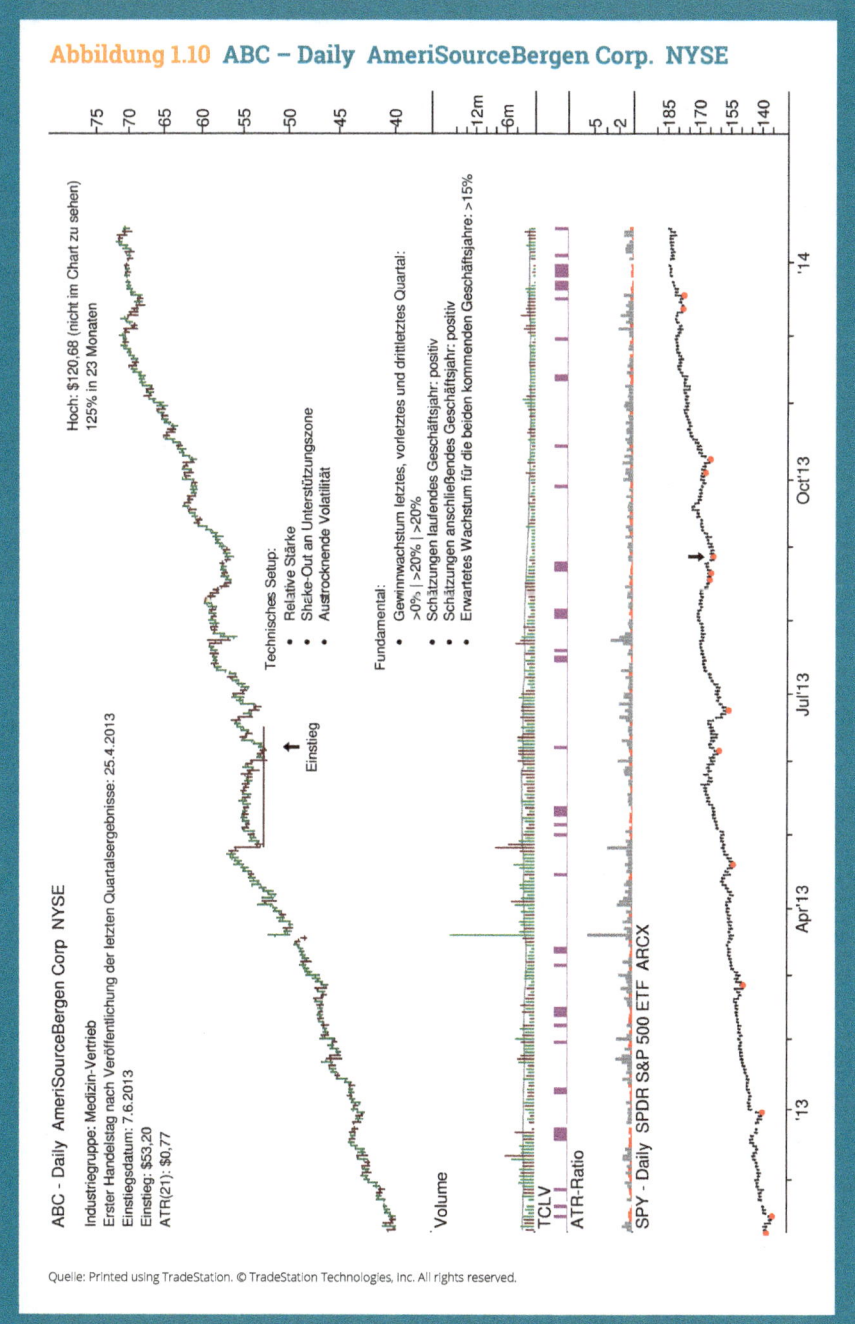

Abbildung 1.10 ABC – Daily AmeriSourceBergen Corp. NYSE

ABC - Daily AmeriSourceBergen Corp NYSE

Industriegruppe: Medizin-Vertrieb
Erster Handelstag nach Veröffentlichung der letzten Quartalsergebnisse: 25.4.2013
Einstiegsdatum: 7.6.2013
Einstieg: $53,20
ATR(21): $0,77

Hoch: $120,68 (nicht im Chart zu sehen)
125% in 23 Monaten

Technisches Setup:
• Relative Stärke
• Shake-Out an Unterstützungszone
• Austrocknende Volatilität

Fundamental:
• Gewinnwachstum letztes, vorletztes und drittletztes Quartal:
  >0% | >20% | >20%
• Schätzungen laufendes Geschäftsjahr: positiv
• Schätzungen anschließendes Geschäftsjahr: positiv
• Erwartetes Wachstum für die beiden kommenden Geschäftsjahre: >15%

Einstieg

Volume

TCLV

ATR-Ratio

SPY - Daily SPDR S&P 500 ETF ARCX

'13   Apr'13   Jul'13   Oct'13   '14

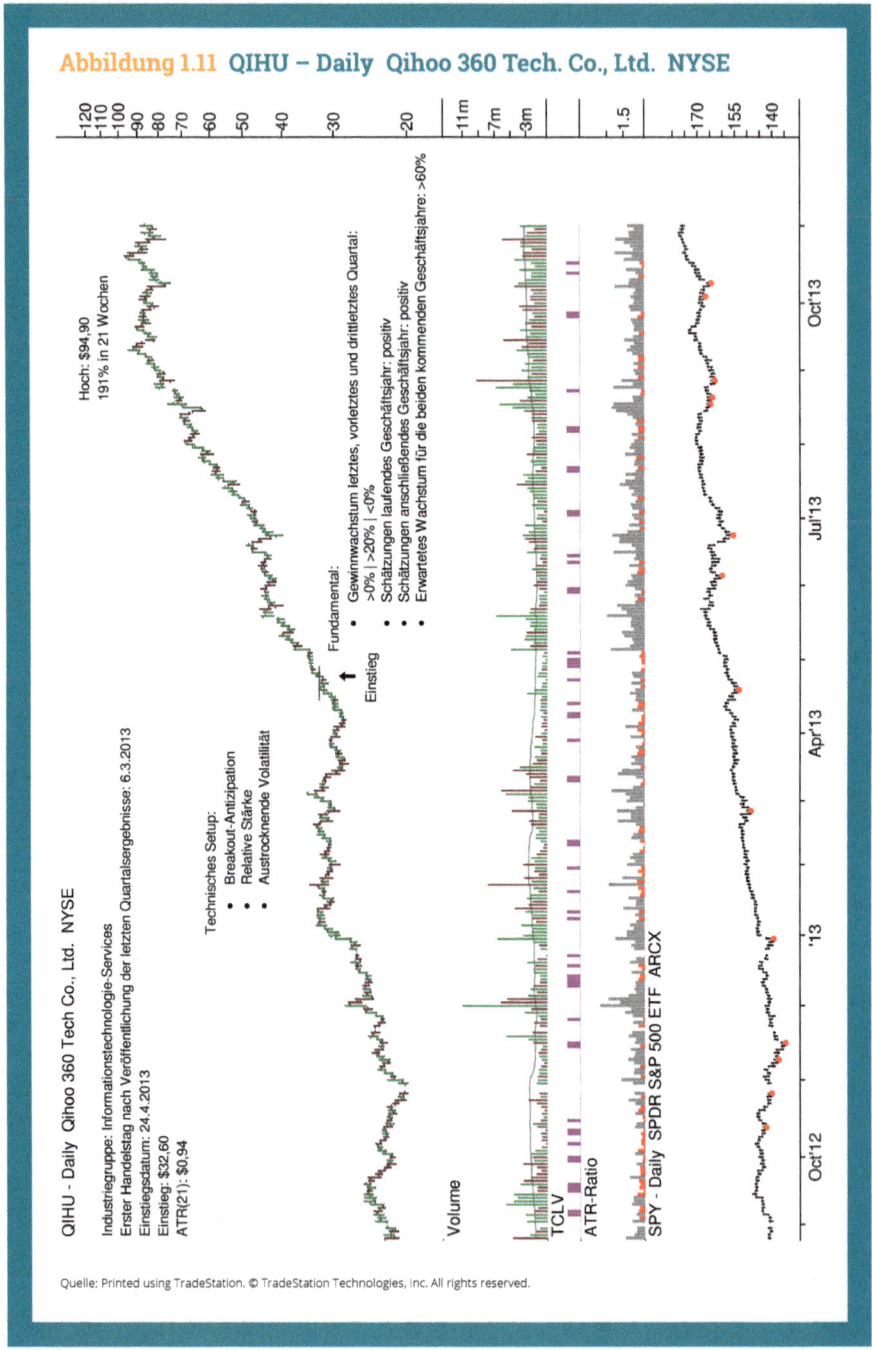

Abbildung 1.11 QIHU – Daily Qihoo 360 Tech. Co., Ltd. NYSE

QIHU - Daily Qihoo 360 Tech Co., Ltd. NYSE

Industriegruppe: Informationstechnologie-Services
Erster Handelstag nach Veröffentlichung der letzten Quartalsergebnisse: 6.3.2013
Einstiegsdatum: 24.4.2013
Einstieg: $32,60
ATR(21): $0,94

Technisches Setup:
- Breakout-Antizipation
- Relative Stärke
- Austrocknende Volatilität

Fundamental:
- Gewinnwachstum letztes, vorletztes und drittletztes Quartal:
  >0% | >20% | <0%
- Schätzungen laufendes Geschäftsjahr: positiv
- Schätzungen anschließendes Geschäftsjahr: positiv
- Erwartetes Wachstum für die beiden kommenden Geschäftsjahre: >60%

Einstieg

Hoch: $94,90
191% in 21 Wochen

Volume

TCLV

ATR-Ratio

SPY - Daily SPDR S&P 500 ETF ARCX

Quelle: Printed using TradeStation. © TradeStation Technologies, Inc. All rights reserved.

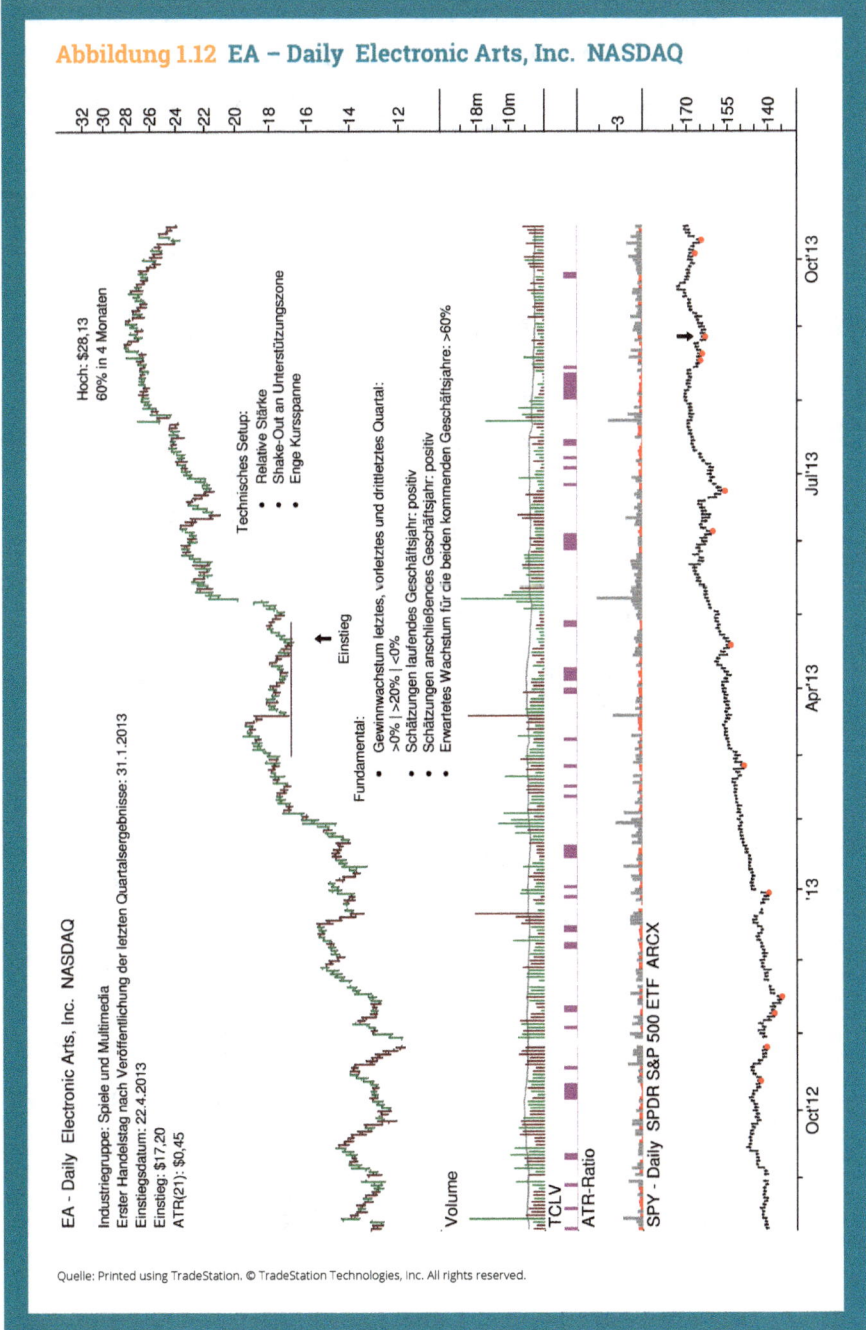

Abbildung 1.12 EA – Daily Electronic Arts, Inc. NASDAQ

EA - Daily Electronic Arts, Inc. NASDAQ

Industriegruppe: Spiele und Multimedia
Erster Handelstag nach Veröffentlichung der letzten Quartalsergebnisse: 31.1.2013
Einstiegsdatum: 22.4.2013
Einstieg: $17,20
ATR(21): $0,45

Hoch: $28,13
60% in 4 Monaten

Technisches Setup:
• Relative Stärke
• Shake-Out an Unterstützungszone
• Enge Kursspanne

Einstieg

Fundamental:
• Gewinnwachstum letztes, vorletztes und drittletztes Quartal:
  >0% | >20% | <0%
• Schätzungen laufendes Geschäftsjahr: positiv
• Schätzungen anschließendes Geschäftsjahr: positiv
• Erwartetes Wachstum für die beiden kommenden Geschäftsjahre: >60%

Volume

TCLV

ATR-Ratio

SPY - Daily SPDR S&P 500 ETF ARCX

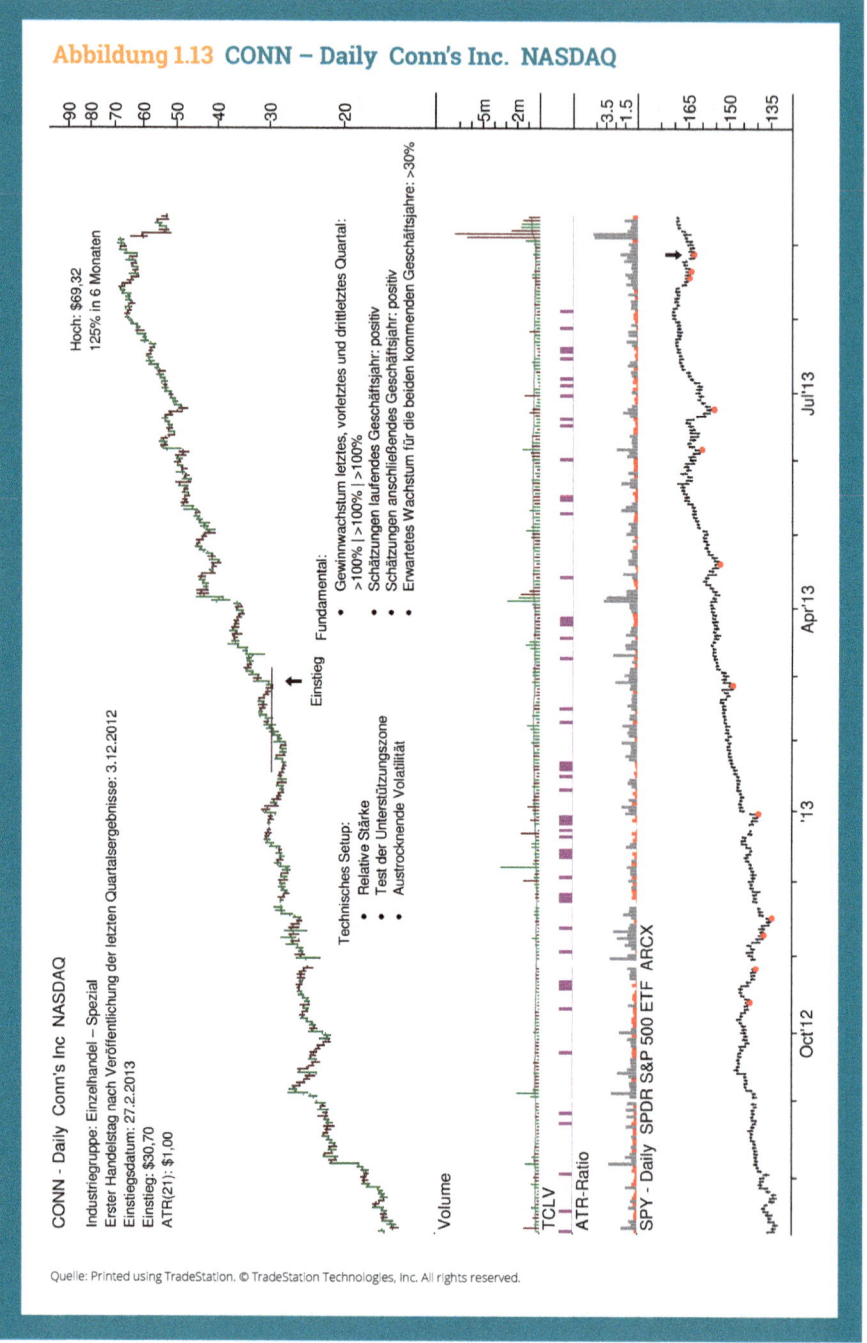

Abbildung 1.13 CONN – Daily Conn's Inc. NASDAQ

CONN - Daily Conn's Inc NASDAQ

Industriegruppe: Einzelhandel – Spezial
Erster Handelstag nach Veröffentlichung der letzten Quartalsergebnisse: 3.12.2012
Einstiegsdatum: 27.2.2013
Einstieg: $30,70
ATR(21): $1,00

Hoch: $69,32
125% in 6 Monaten

Einstieg   Fundamental:

Technisches Setup:
• Relative Stärke
• Test der Unterstützungszone
• Austrocknende Volatilität

• Gewinnwachstum letztes, vorletztes und drittletztes Quartal:
  >100% | >100% | >100%
• Schätzungen laufendes Geschäftsjahr: positiv
• Schätzungen anschließendes Geschäftsjahr: positiv
• Erwartetes Wachstum für die beiden kommenden Geschäftsjahre: >30%

Volume

TCLV
ATR-Ratio

SPY - Daily SPDR S&P 500 ETF ARCX

Oct'12   '13   Apr'13   Jul'13

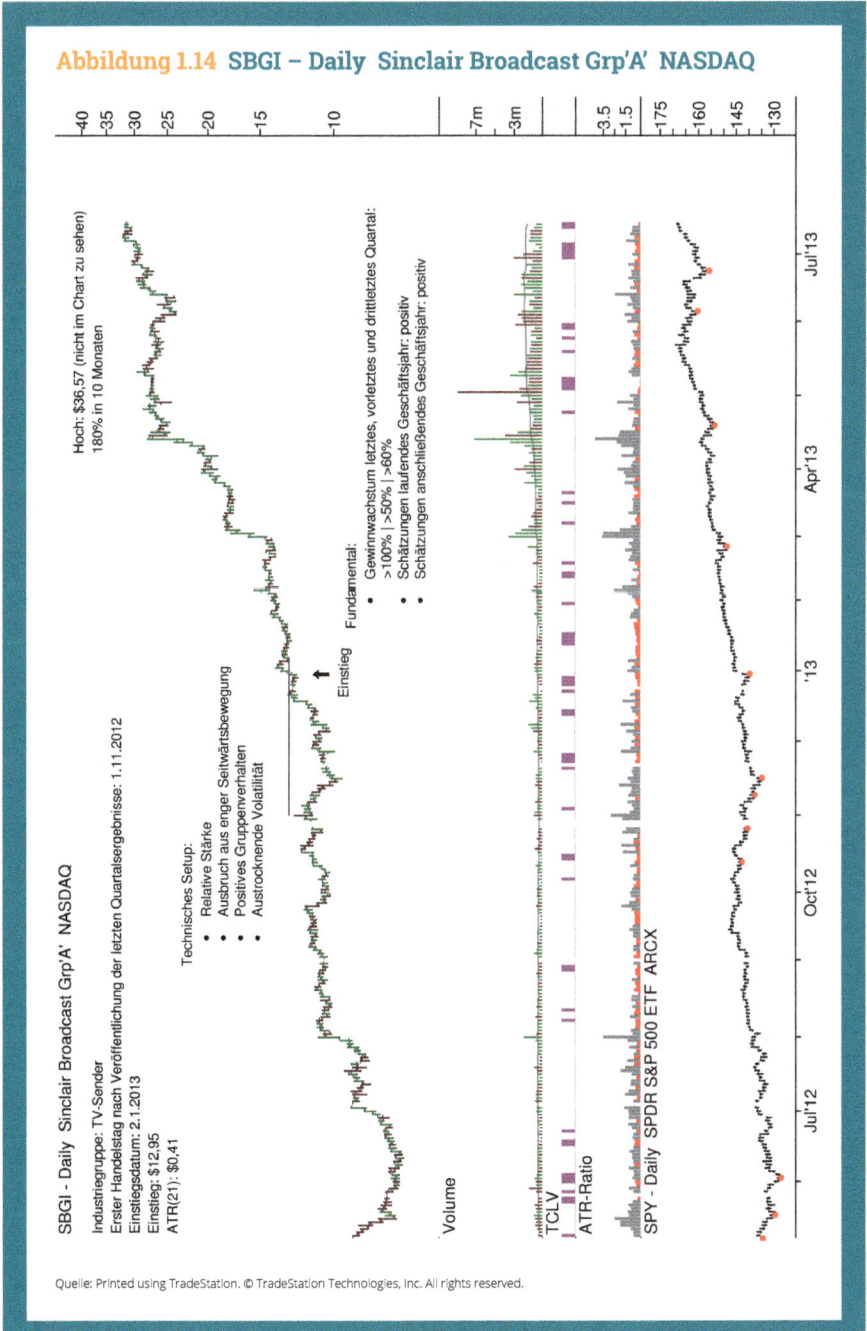

Abbildung 1.14 SBGI – Daily Sinclair Broadcast Grp'A' NASDAQ

SBGI - Daily Sinclair Broadcast Grp'A' NASDAQ

Industriegruppe: TV-Sender
Erster Handelstag nach Veröffentlichung der letzten Quartalsergebnisse: 1.11.2012
Einstiegsdatum: 2.1.2013
Einstieg: $12,95
ATR(21): $0,41

Hoch: $36,57 (nicht im Chart zu sehen)
180% in 10 Monaten

Technisches Setup:
• Relative Stärke
• Ausbruch aus enger Seitwärtsbewegung
• Positives Gruppenverhalten
• Austrocknende Volatilität

Einstieg

Fundamental:
• Gewinnwachstum letztes, vorletztes und drittletztes Quartal:
  >100% | >50% | >60%
• Schätzungen laufendes Geschäftsjahr: positiv
• Schätzungen anschließendes Geschäftsjahr: positiv

Volume

TCLV
ATR-Ratio

SPY - Daily SPDR S&P 500 ETF ARCX

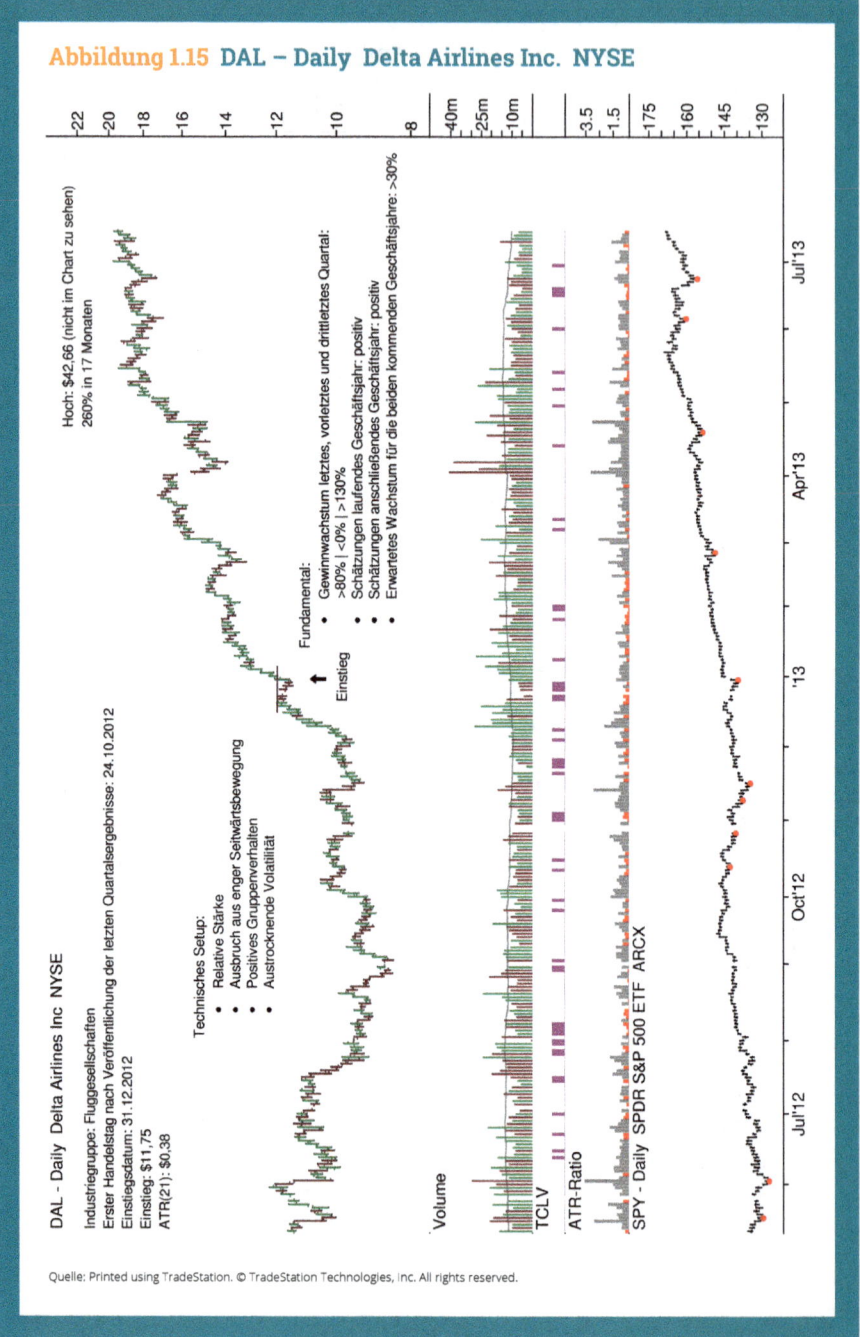

Abbildung 1.15 DAL – Daily Delta Airlines Inc. NYSE

DAL - Daily Delta Airlines Inc NYSE

Industriegruppe: Fluggesellschaften
Erster Handelstag nach Veröffentlichung der letzten Quartalsergebnisse: 24.10.2012
Einstiegsdatum: 31.12.2012
Einstieg: $11,75
ATR(21): $0,38

Technisches Setup:
• Relative Stärke
• Ausbruch aus enger Seitwärtsbewegung
• Positives Gruppenverhalten
• Austrocknende Volatilität

Fundamental:
• Gewinnwachstum letztes, vorletztes und drittletztes Quartal: >80% | <0% | >130%
• Schätzungen laufendes Geschäftsjahr: positiv
• Schätzungen anschließendes Geschäftsjahr: positiv
• Erwartetes Wachstum für die beiden kommenden Geschäftsjahre: >30%

Hoch: $42,66 (nicht im Chart zu sehen)
260% in 17 Monaten

Einstieg

Volume

TCLV

ATR-Ratio

SPY - Daily SPDR S&P 500 ETF ARCX

Jul'12   Oct'12   '13   Apr'13   Jul'13

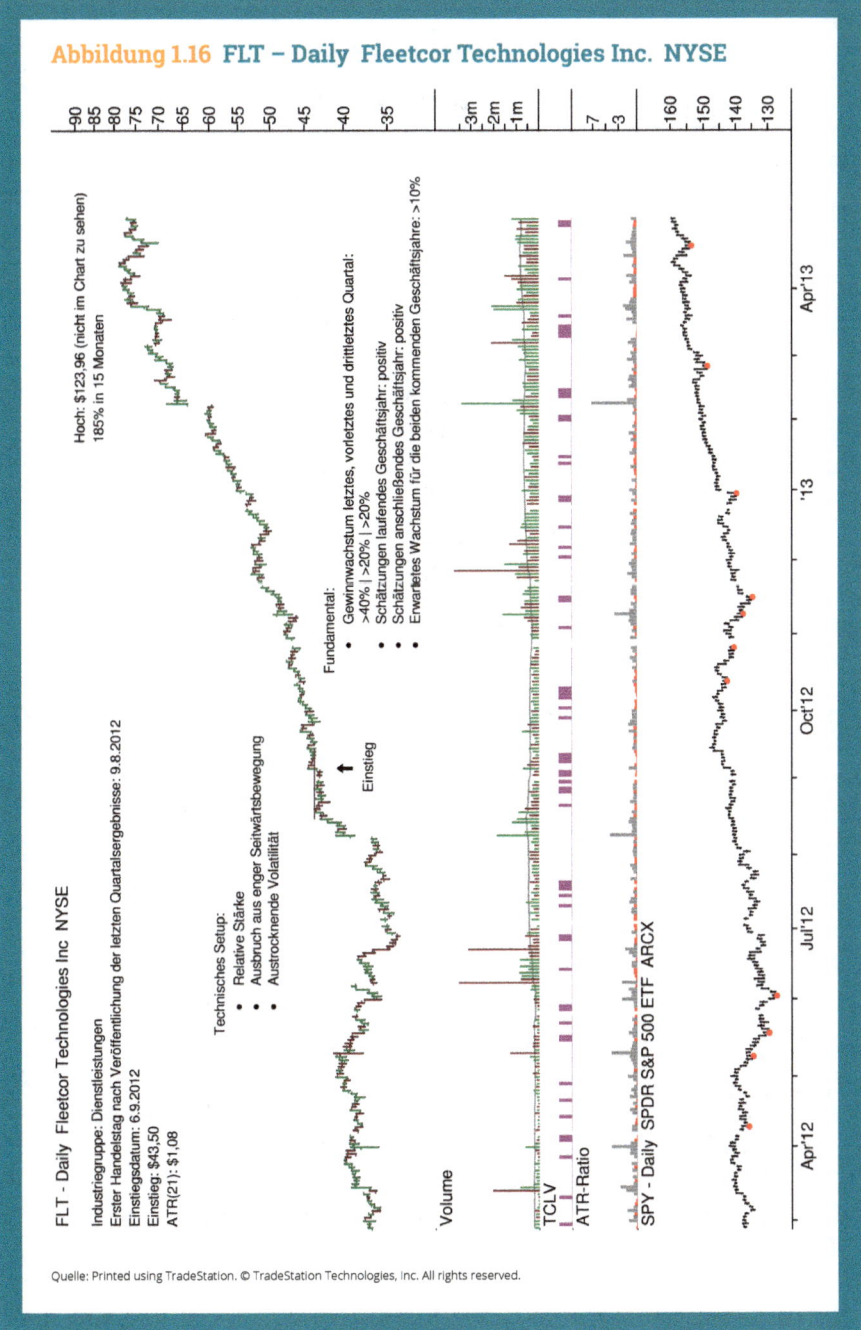

Abbildung 1.16 FLT – Daily Fleetcor Technologies Inc. NYSE

FLT - Daily Fleetcor Technologies Inc NYSE

Industriegruppe: Dienstleistungen
Erster Handelstag nach Veröffentlichung der letzten Quartalsergebnisse: 9.8.2012
Einstiegsdatum: 6.9.2012
Einstieg: $43,50
ATR(21): $1,08

Technisches Setup:
• Relative Stärke
• Ausbruch aus enger Seitwärtsbewegung
• Austrocknende Volatilität

Einstieg

Hoch: $123,96 (nicht im Chart zu sehen)
185% in 15 Monaten

Fundamental:
• Gewinnwachstum letztes, vorletztes und drittletztes Quartal:
  >40% | >20% | >20%
• Schätzungen laufendes Geschäftsjahr: positiv
• Schätzungen anschließendes Geschäftsjahr: positiv
• Erwartetes Wachstum für die beiden kommenden Geschäftsjahre: >10%

Volume

TCLV
ATR-Ratio

SPY - Daily SPDR S&P 500 ETF ARCX

Apr'12   Jul'12   Oct'12   '13   Apr'13

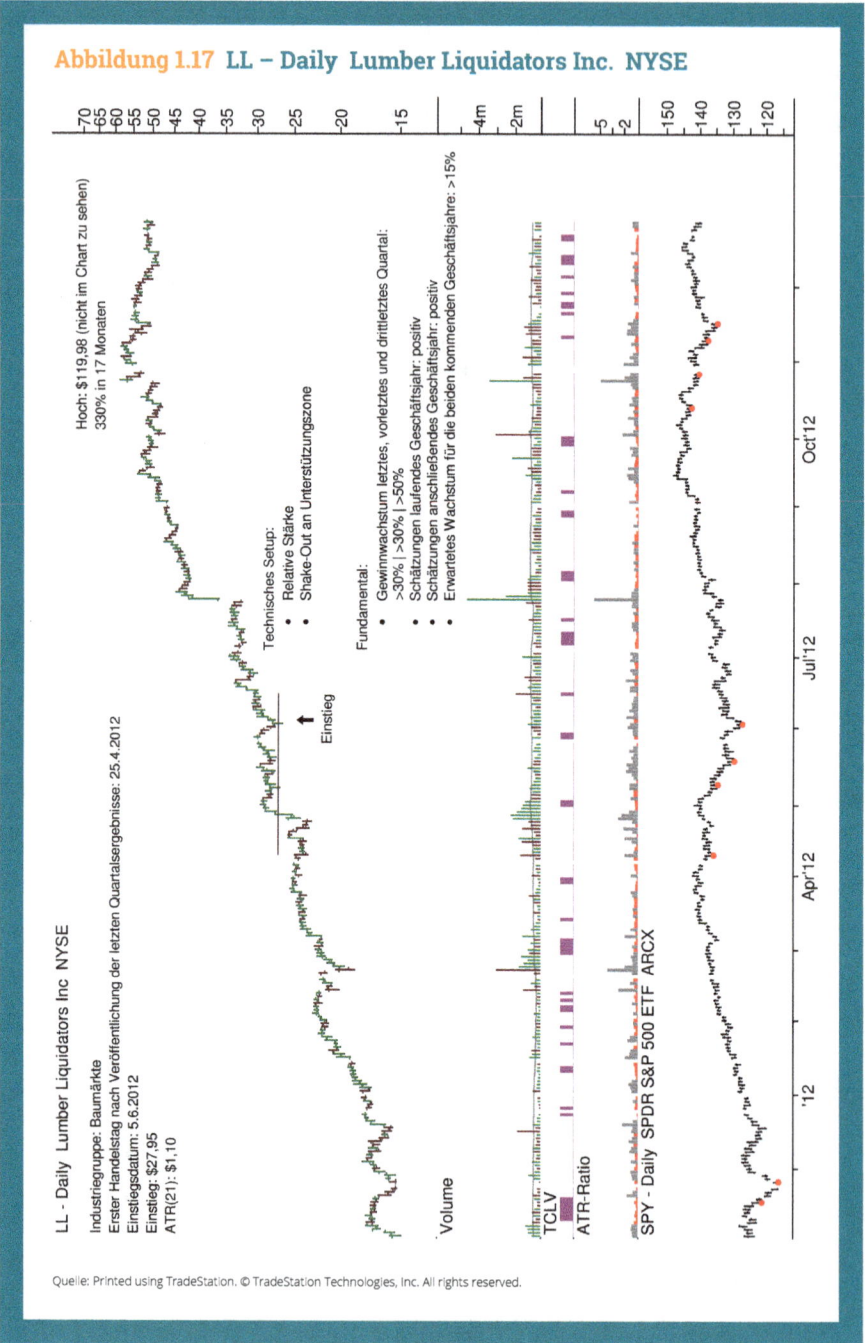

Abbildung 1.17 LL – Daily Lumber Liquidators Inc. NYSE

LL - Daily Lumber Liquidators Inc NYSE

Industriegruppe: Baumärkte
Erster Handelstag nach Veröffentlichung der letzten Quartalsergebnisse: 25.4.2012
Einstiegsdatum: 5.6.2012
Einstieg: $27,95
ATR(21): $1,10

Hoch: $119,98 (nicht im Chart zu sehen)
330% in 17 Monaten

Technisches Setup:
• Relative Stärke
• Shake-Out an Unterstützungszone

Fundamental:
• Gewinnwachstum letztes, vorletztes und drittletztes Quartal:
• >30% | >30% | >50%
• Schätzungen laufendes Geschäftsjahr: positiv
• Schätzungen anschließendes Geschäftsjahr: positiv
• Erwartetes Wachstum für die beiden kommenden Geschäftsjahre: >15%

Einstieg

Volume

TCLV

ATR-Ratio

SPY - Daily SPDR S&P 500 ETF ARCX

NACHHALTIG ERFOLGREICH TRADEN

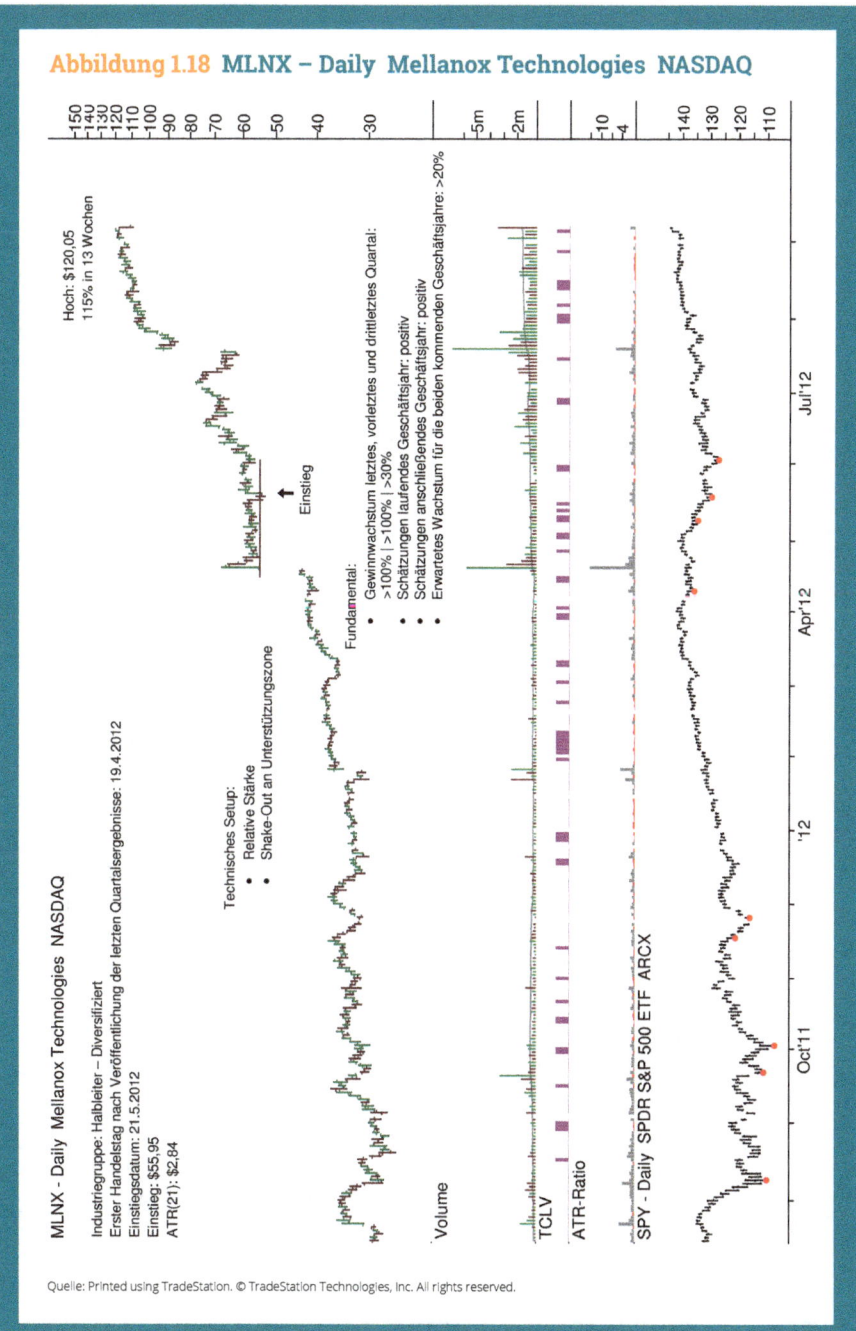

Abbildung 1.18 MLNX – Daily Mellanox Technologies NASDAQ

MLNX - Daily Mellanox Technologies NASDAQ

Industriegruppe: Halbleiter – Diversifiziert
Erster Handelstag nach Veröffentlichung der letzten Quartalsergebnisse: 19.4.2012
Einstiegsdatum: 21.5.2012
Einstieg: $55,95
ATR(21): $2,84

Technisches Setup:
• Relative Stärke
• Shake-Out an Unterstützungszone

Fundamental:
• Gewinnwachstum letztes, vorletztes und drittletztes Quartal: >100% | > 100% | >30%
• Schätzungen laufendes Geschäftsjahr: positiv
• Schätzungen anschließendes Geschäftsjahr: positiv
• Erwartetes Wachstum für die beiden kommenden Geschäftsjahre: >20%

Hoch: $120,05
115% in 13 Wochen

Einstieg

Volume

TCLV

ATR-Ratio

SPY - Daily SPDR S&P 500 ETF ARCX

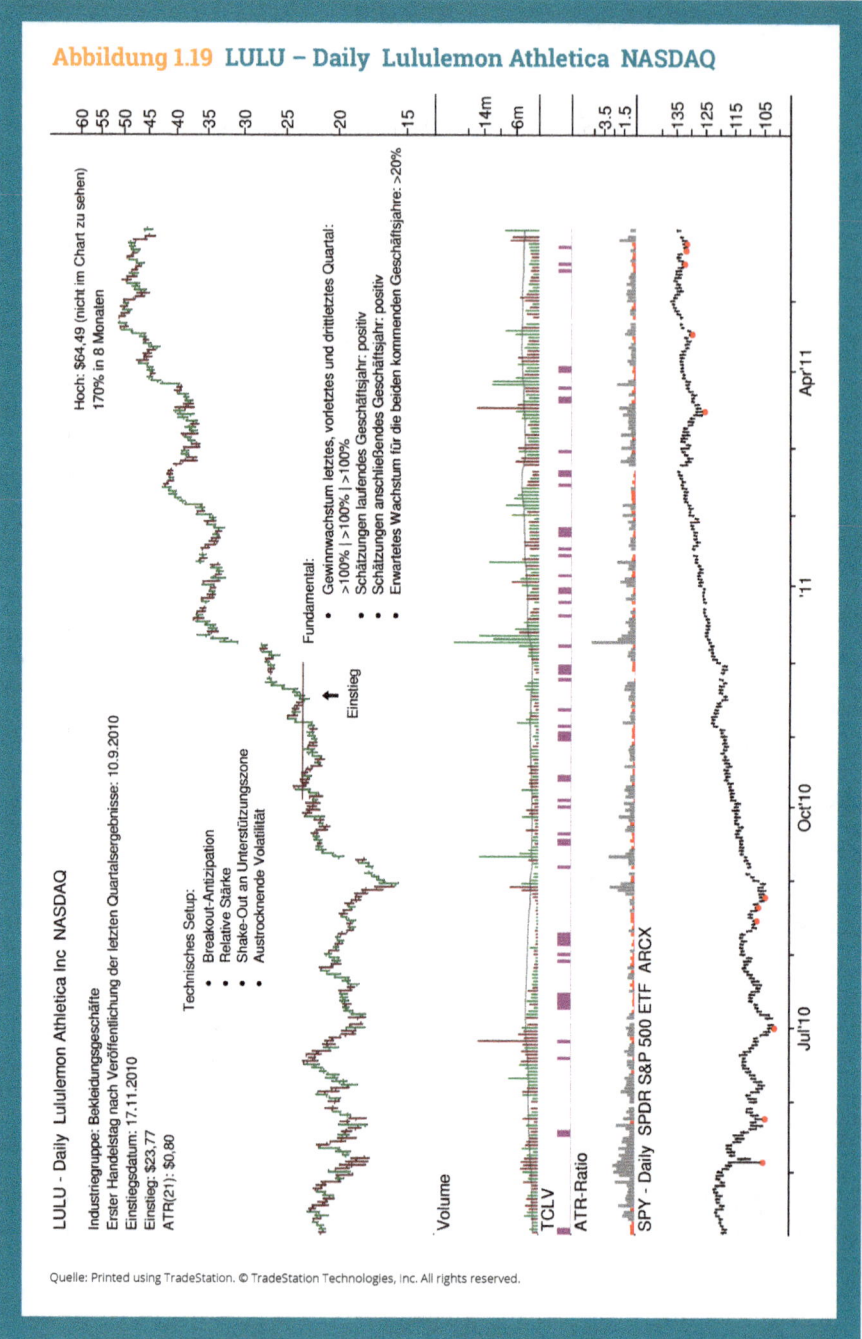

Abbildung 1.19 LULU – Daily Lululemon Athletica NASDAQ

LULU - Daily Lululemon Athletica Inc NASDAQ

Industriegruppe: Bekleidungsgeschäfte
Erster Handelstag nach Veröffentlichung der letzten Quartalsergebnisse: 10.9.2010
Einstiegsdatum: 17.11.2010
Einstieg: $23,77
ATR(21): $0,80

Technisches Setup:
• Breakout-Antizipation
• Relative Stärke
• Shake-Out an Unterstützungszone
• Austrocknende Volatilität

Fundamental:
• Gewinnwachstum letztes, vorletztes und drittletztes Quartal: >100% | >100% | >100%
• Schätzungen laufendes Geschäftsjahr: positiv
• Schätzungen anschließendes Geschäftsjahr: positiv
• Erwartetes Wachstum für die beiden kommenden Geschäftsjahre: >20%

Hoch: $64,49 (nicht im Chart zu sehen)
170% in 8 Monaten

Einstieg

Volume

TCLV
ATR-Ratio

SPY - Daily SPDR S&P 500 ETF ARCX

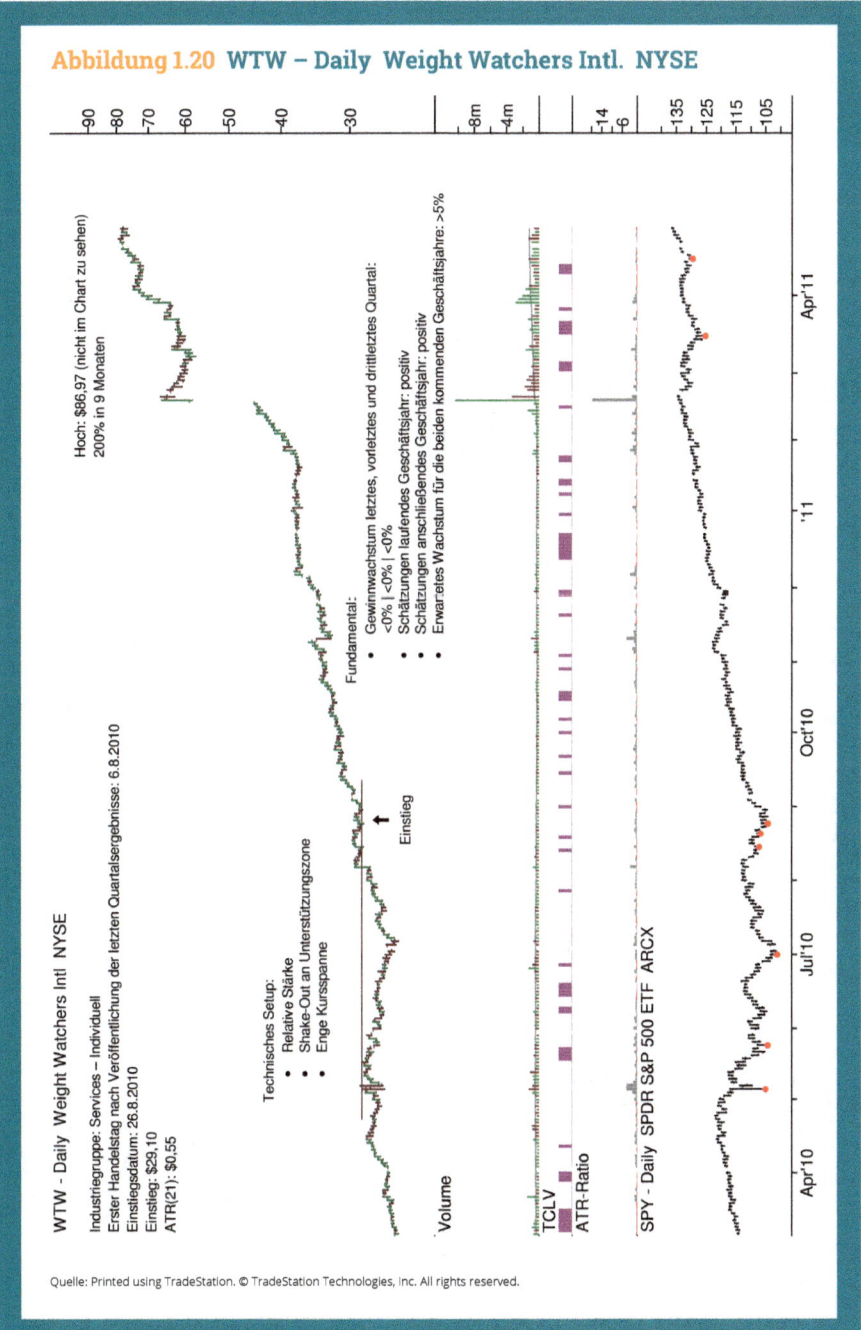

Abbildung 1.20 WTW – Daily Weight Watchers Intl. NYSE

WTW - Daily Weight Watchers Intl NYSE

Industriegruppe: Services – Individuell
Erster Handelstag nach Veröffentlichung der letzten Quartalsergebnisse: 6.8.2010
Einstiegsdatum: 26.8.2010
Einstieg: $29,10
ATR(21): $0,55

Hoch: $86,97 (nicht im Chart zu sehen)
200% in 9 Monaten

Technisches Setup:
• Relative Stärke
• Shake-Out an Unterstützungszone
• Enge Kursspanne

Einstieg

Fundamental:
• Gewinnwachstum letztes, vorletztes und drittletztes Quartal:
  <0% | <0% | <0%
• Schätzungen laufendes Geschäftsjahr: positiv
• Schätzungen anschließendes Geschäftsjahr: positiv
• Erwartetes Wachstum für die beiden kommenden Geschäftsjahre: >5%

Volume

TCLV
ATR-Ratio

SPY - Daily SPDR S&P 500 ETF ARCX

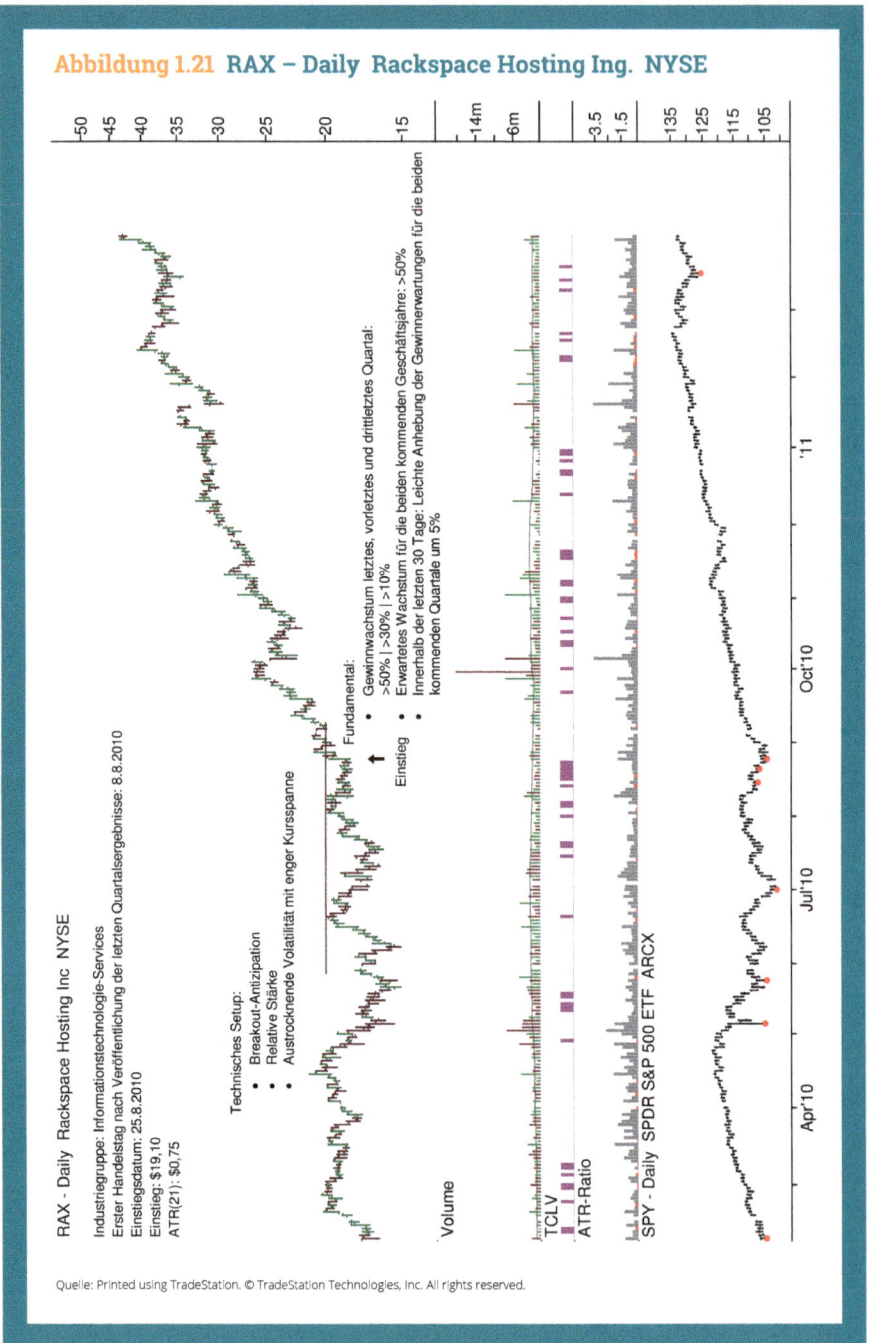

Abbildung 1.21 RAX – Daily Rackspace Hosting Ing. NYSE

RAX - Daily Rackspace Hosting Inc NYSE

Industriegruppe: Informationstechnologie-Services
Erster Handelstag nach Veröffentlichung der letzten Quartalsergebnisse: 8.8.2010
Einstiegsdatum: 25.8.2010
Einstieg: $19,10
ATR(21): $0,75

Technisches Setup:
• Breakout-Antizipation
• Relative Stärke
• Austrocknende Volatilität mit enger Kursspanne

Fundamental:
Gewinnwachstum letztes, vorletztes und drittletztes Quartal:
>50% | >30% | >10%
• Erwartetes Wachstum für die beiden kommenden Geschäftsjahre: >50%
• Innerhalb der letzten 30 Tage: Leichte Anhebung der Gewinnerwartungen für die beiden kommenden Quartale um 5%

Einstieg

Volume

TCLV
ATR-Ratio

SPY - Daily SPDR S&P 500 ETF ARCX

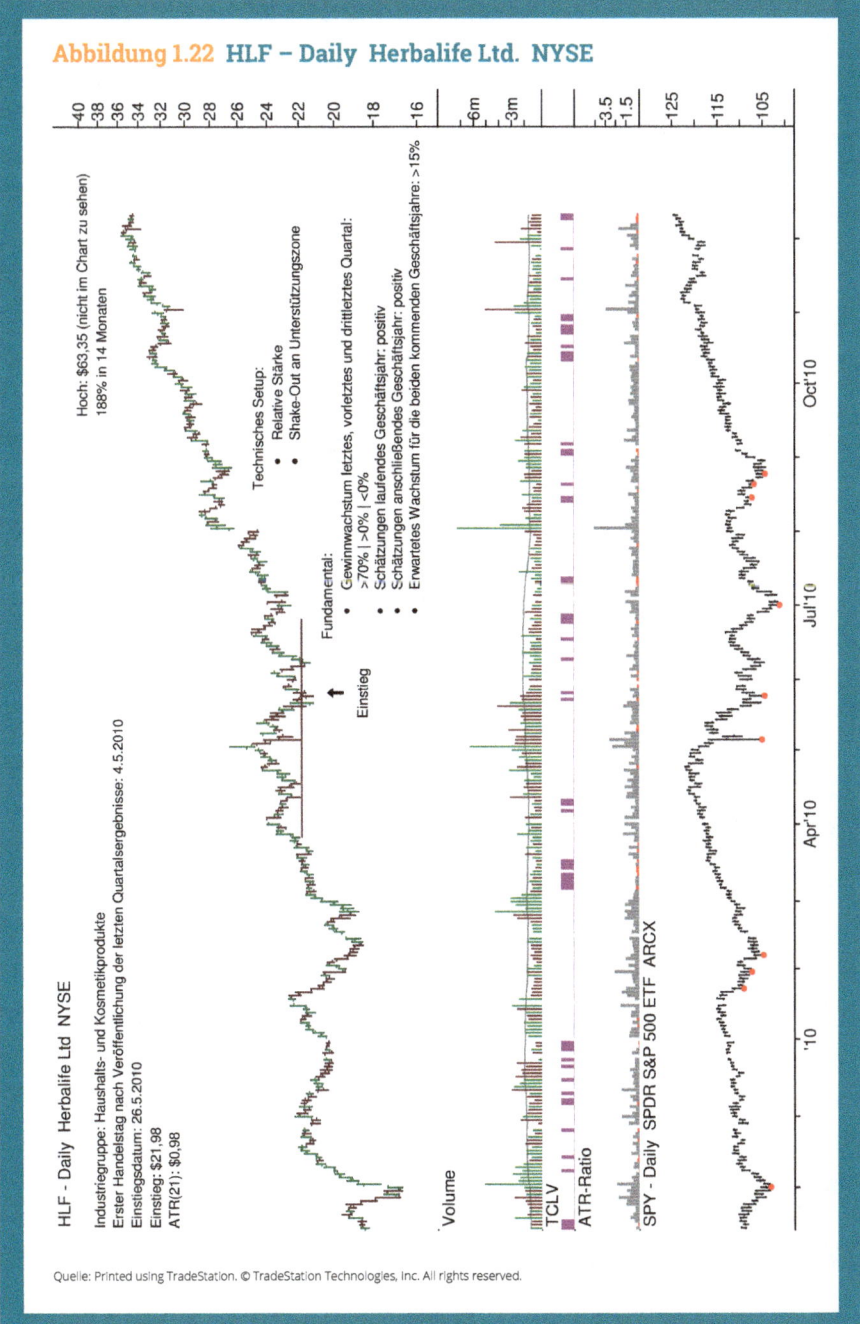

Abbildung 1.22 HLF – Daily Herbalife Ltd. NYSE

HLF - Daily Herbalife Ltd NYSE

Industriegruppe: Haushalts- und Kosmetikprodukte
Erster Handelstag nach Veröffentlichung der letzten Quartalsergebnisse: 4.5.2010
Einstiegsdatum: 26.5.2010
Einstieg: $21,98
ATR(21): $0,98

Hoch: $63,35 (nicht im Chart zu sehen)
188% in 14 Monaten

Technisches Setup:
• Relative Stärke
• Shake-Out an Unterstützungszone

Fundamental:
• Gewinnwachstum letztes, vorletztes und drittletztes Quartal:
  >70% | >0% | <0%
• Schätzungen laufendes Geschäftsjahr: positiv
• Schätzungen anschließendes Geschäftsjahr: positiv
• Erwartetes Wachstum für die beiden kommenden Geschäftsjahre: >15%

Einstieg

Volume

TCLV
ATR-Ratio

SPY - Daily SPDR S&P 500 ETF ARCX

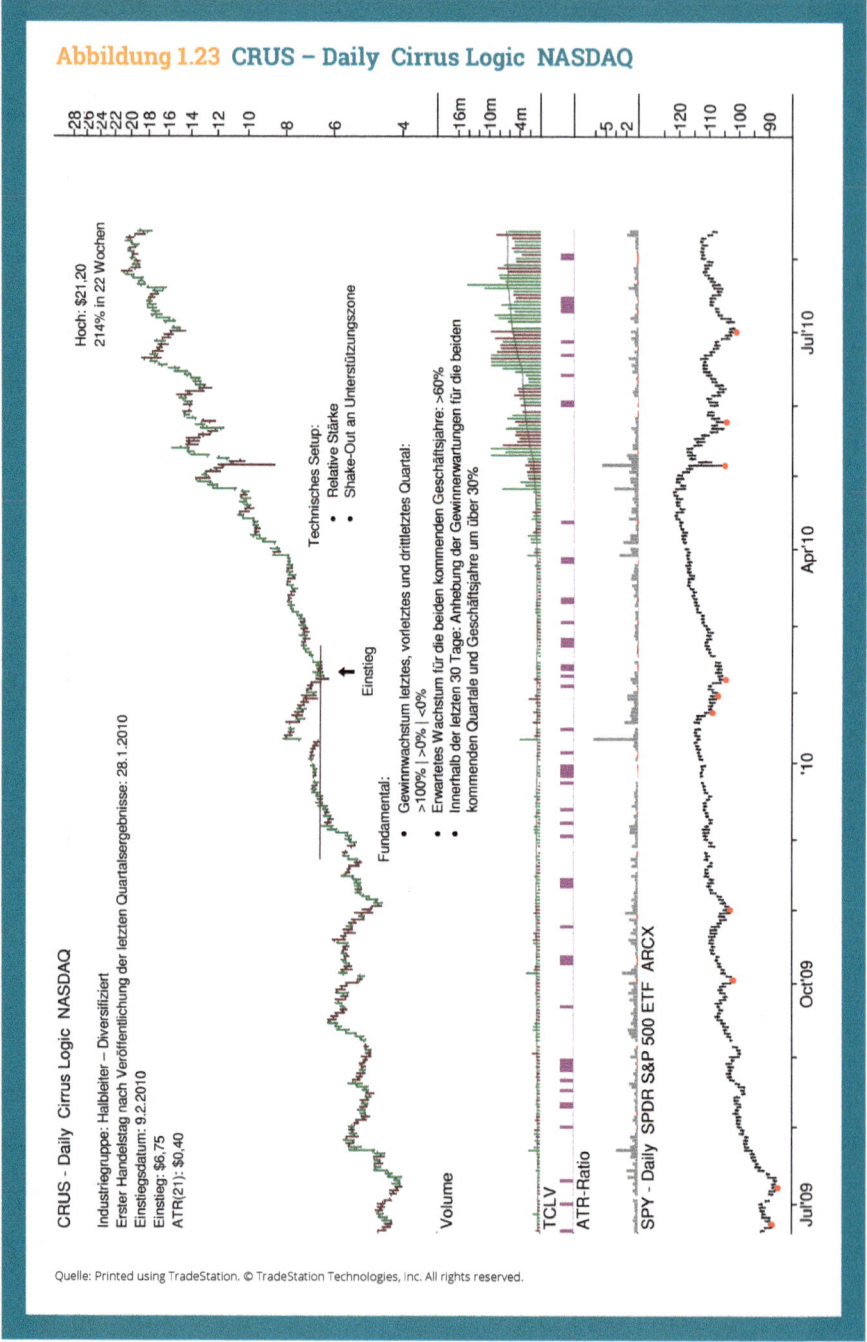

Abbildung 1.23 CRUS – Daily Cirrus Logic NASDAQ

CRUS - Daily Cirrus Logic NASDAQ

Industriegruppe: Halbleiter – Diversifiziert
Erster Handelstag nach Veröffentlichung der letzten Quartalsergebnisse: 28.1.2010
Einstiegsdatum: 9.2.2010
Einstieg: $6,75
ATR(21): $0,40

Hoch: $21,20
214% in 22 Wochen

Technisches Setup:
• Relative Stärke
• Shake-Out an Unterstützungszone

Einstieg

Fundamental:
• Gewinnwachstum letztes, vorletztes und drittletztes Quartal:
  >100% | >0% | <0%
• Erwartetes Wachstum für die beiden kommenden Geschäftsjahre: >60%
• Innerhalb der letzten 30 Tage: Anhebung der Gewinnerwartungen für die beiden
  kommenden Quartale und Geschäftsjahre um über 30%

Volume

TCLV

ATR-Ratio

SPY - Daily SPDR S&P 500 ETF ARCX

Jul'09   Oct'09   '10   Apr'10   Jul'10

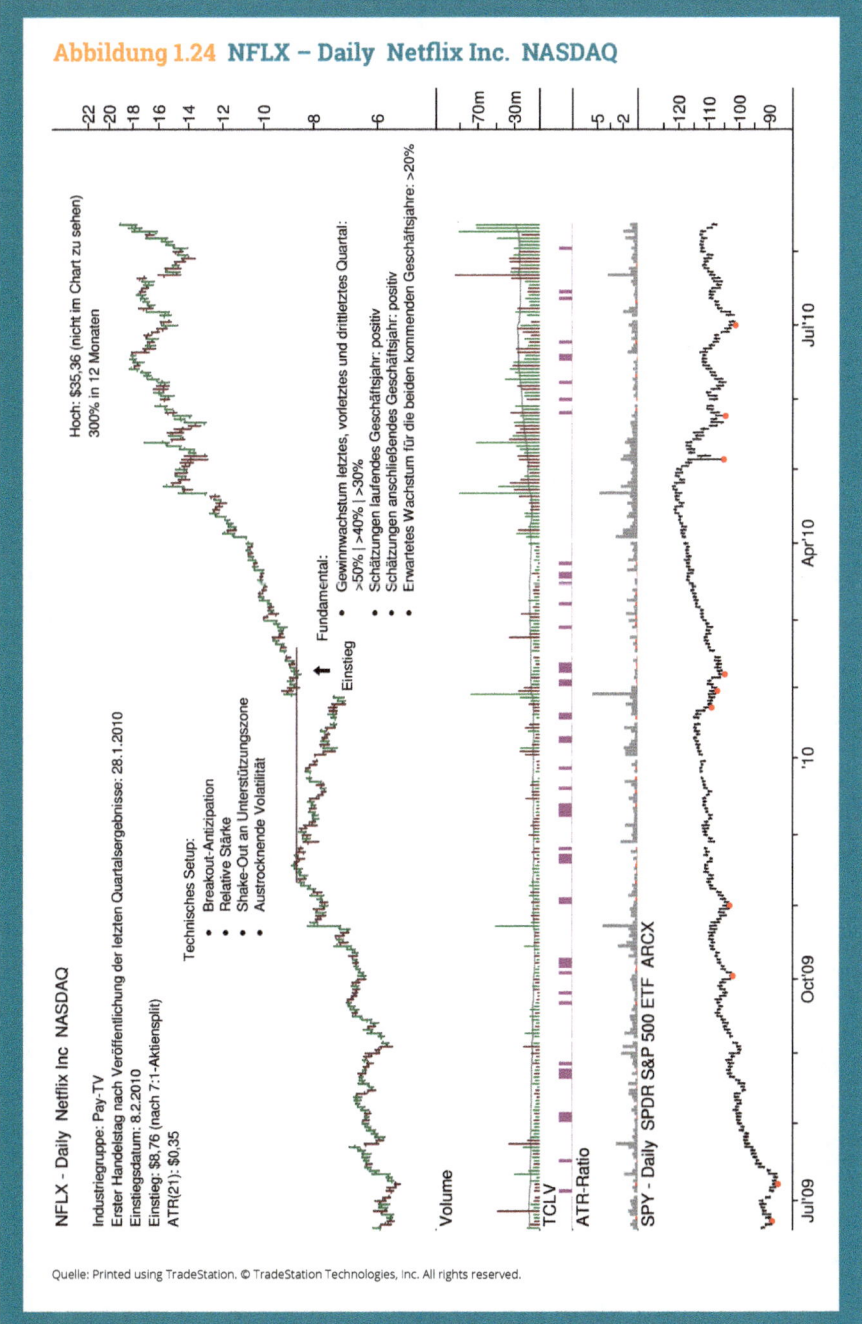

Abbildung 1.24 NFLX – Daily Netflix Inc. NASDAQ

NFLX - Daily Netflix Inc NASDAQ

Industriegruppe: Pay-TV
Erster Handelstag nach Veröffentlichung der letzten Quartalsergebnisse: 28.1.2010
Einstiegsdatum: 8.2.2010
Einstieg: $8,76 (nach 7:1-Aktiensplit)
ATR(21): $0,35

Hoch: $35,36 (nicht im Chart zu sehen)
300% in 12 Monaten

Technisches Setup:
• Breakout-Antizipation
• Relative Stärke
• Shake-Out an Unterstützungszone
• Austrocknende Volatilität

Fundamental:
• Gewinnwachstum letztes, vorletztes und drittletztes Quartal:
  >50% | >40% | >30%
• Schätzungen laufendes Geschäftsjahr: positiv
• Schätzungen anschließendes Geschäftsjahr: positiv
• Erwartetes Wachstum für die beiden kommenden Geschäftsjahre: >20%

Einstieg

Volume

TCLV

ATR-Ratio

SPY - Daily SPDR S&P 500 ETF ARCX

Jul'09   Oct'09   '10   Apr'10   Jul'10

TRADING-PHILOSOPHIE ODER WORAN ICH GLAUBE 2

Eines der Geheimnisse erfolgreicher Unternehmer, Trainer und Spitzensportler besteht darin, dass sie ihre eigene Sicht der Dinge entwickelt haben, die sich von derjenigen der breiten Masse abhebt. Wenn Sie als Trader oder aktiver Investor nachhaltig erfolgreich sein möchten, müssen Sie möglichst früh damit beginnen, Ihre eigene Denkweise sowie Ihre eigenen Verhaltensmuster – und damit eine eigene Trading-Philosophie – zu entwickeln.

In diesem Kapitel stelle ich Ihnen meine aus mehreren Teilen bestehende Trading-Philosophie vor. Sie können diese überwiegend aus Glaubenssätzen (Paradigmen) bestehende Sichtweise übernehmen oder aber als Ausgangspunkt für den Aufbau Ihres eigenen Glaubensgerüsts verwenden.

2.1 Wozu benötige ich eine Trading-Philosophie?

Warum ist es überhaupt wichtig, eine Philosophie zu entwickeln? Beim Trading lässt sich die Philosophie als eine Art Kompass einsetzen, der unter anderem für das Treffen von schnellen Entscheidungen in einem unvorhergesehenen Moment eingesetzt werden kann (Fall 1), aber auch hilft, die methodische Stringenz bezüglich der Strategieumsetzung zu wahren (Fall 2).

> **Beispiel zu Fall 1:**
> Eine Aktienposition wurde wenige Sekunden zuvor aufgebaut und plötzlich fällt die Aktie unter die Ausstiegsmarke. Gilt hier das in der Trading-Philosophie verankerte Grundprinzip „Verluste sind stets zu begrenzen, solange sie klein sind", muss nicht lange überlegt werden, wie auf das Kursverhalten zu reagieren ist.

Beispiel 1 zu Fall 2:

Ein reiner Value-Investor, der ein Unternehmen ausschließlich auf Basis fundamentaler Daten bewertet und in günstigen Fällen unabhängig vom Kursverlauf in der Vergangenheit Aktien des Unternehmens erwirbt, überlegt selbst dann, wenn keine neuen Unternehmensnachrichten vorliegen, aus dem Wert auszusteigen, sobald dieser ein bestimmtes Kurslevel unterschreitet. Hier fehlt die methodische Schlüssigkeit (Stringenz), da dieser Ansatz der Idee des Value-Ansatzes zuwiderläuft, gute Unternehmen zu einem möglichst günstigen Kurs zu erwerben (mit weiter fallenden Kursen nach dem ersten Einstieg werden die Bewertungskriterien des Unternehmens günstiger, sodass eher ein weiterer Kauf als ein Verkauf infrage käme). Die konsequente Umsetzung der Philosophie würde diesen Gedankengang unterbinden.

Beispiel 2 zu Fall 2:

Ein Gegenpart zu dem eben erwähnten Value-Investor ist ein kurz- bis mittelfristig orientierter Trader, der ausschließlich Aktien handelt, die über ein starkes Gewinn- und Umsatzwachstum verfügen. Diese Aktien zeichnen sich durch ein dynamisches Kurspotenzial aus und verlieren überproportional stark an Wert, sobald der breite Aktienmarkt nachgibt. Würde bei diesem Ansatz ohne Verlustbegrenzungsstopp gehandelt, widerspräche dies der zugrunde liegenden Handelsphilosophie von Wachstumswerten.

Darüber hinaus deckt eine sich im Laufe von Jahren entwickelnde Trading-Philosophie noch weitere bedeutende Gebiete ab, wie beispielsweise die Frage, was ich als Trader oder aktiver Investor eigentlich mit dem Trading erreichen möchte und wie. Insbesondere das „Wie" ist sehr vielschichtig und verlangt nach Antworten auf Fragen etwa nach der angestrebten Handelshäufigkeit, der Trefferquote (Anzahl der Trades, die im Plus geschlossen werden), dem maximal hinnehmbaren Kursrückschlag in der Depotentwicklung (dem sogenannten „maximalen Drawdown") und dem Verhältnis aus erzieltem Gewinn zu eingegangenem Risiko.

Obwohl eine herausragende Handelsphilosophie in den unterschied-lichsten Fällen als zeitsparende Entscheidungshilfe eingesetzt werden kann, muss sie sich nicht einschränkend auf die eigene Denkweise auswirken. So zählt zu meinen wichtigsten Glaubenssätzen die Erkenntnis, dass ich niemals auslerne und stets versuche, für neue Ideen und Ansätze offen zu sein.

2.2 Zusammensetzung meiner Trading-Philosophie

Die folgenden Teilbereiche bilden zusammengesetzt meine vollständige Handelsphilosophie. Sie haben sich im Laufe meiner Trading-Karriere über die letzten 17 Jahre Schritt für Schritt herauskristallisiert:

→ Trading-Mission und übergeordnete Ziele.
→ Denkweise rund um das Risiko-, Money- und Portfoliomanage-ment, inklusive des Verhaltens im Falle von echten Ausnahme-situationen (Worst-Case-Szenarien).
→ Generelle Glaubenssätze im Handelsbereich.
→ Spezielle Leitsätze für bestimmte Gebiete im Handelsbereich, beispielsweise zur Fundamentalanalyse oder Charttechnik.

Die beiden letztgenannten Bereiche werden von mir auf den folgenden Seiten unter dem Begriff „Trading-Bereich" zusammengefasst.

Den Kern meiner Handelsphilosophie bilden sogenannte Paradigmen (Glaubenssätze), die – einmal verinnerlicht – relativ leicht befolgt werden können. Die im Rahmen der Glaubenssätze getroffenen Aussagen oder Feststellungen sind entweder in sich logisch oder lassen sich mithilfe von Backtests belegen – wobei Ergebnisse in der Vergangenheit keine Garantie für ein entsprechendes zukünftiges Resultat sind. Allerdings ist es zumindest beruhigend zu wissen, dass ein Ansatz oder eine Methode in der Vergangenheit funktioniert hat.

2.2.1 Trading-Mission und übergeordnete Ziele

Kurz gefasst verfolge ich mit meinem Aktienhandel das Ziel, meine fi-nanzielle wie auch berufliche Unabhängigkeit zu wahren (Einsteiger und Trader mit Vorkenntnissen oder aktive Investoren verfolgen in der Regel als erstes Ziel, finanzielle und berufliche Unabhängigkeit zu erreichen).

Meine Mission besteht dabei nicht nur darin, in meinem eigenen Trading so erfolgreich wie möglich zu sein, sondern auch darin, andere Trader und aktive Investoren ebenfalls zu erfolgreichen Aktienhändlern auszubilden und in diesem Zusammenhang möglichst hochwertiges Ausbildungsmaterial (unter anderem dieses Buch) anzubieten.

Konkret lauten meine Zielvorgaben im Performance-Bereich für die hier vorgestellte Aktienstrategie:

1. Oberstes Ziel ist die Profitmaximierung bei kleinstmöglichem Risiko.
2. Verfolgt wird ein sogenannter „Total-Return-Ansatz". Das bedeutet: Unabhängig davon, ob ein Bullen- oder ein Bärenmarkt herrscht, wird auf Jahresbasis ein Profit angestrebt (auch wenn der Schwerpunkt der Aktivitäten auf der Long-Seite [Kaufseite] liegt).
3. Das Verhältnis zwischen der innerhalb eines Jahres erzielten Performance und dem maximalen Drawdown liegt bei über 2 zu 1. Beispiel: Wird eine Performance von 30 Prozent erreicht, sollte der Drawdown unter 15 Prozent liegen. Tatsächlich setze ich mir Jahr für Jahr das ehrgeizige Ziel, ein Verhältnis von mindestens 4 zu 1 zu erreichen (was mir manchmal gelingt und manchmal nicht).
4. Der maximale Drawdown sollte nicht mehr als x Prozent betragen; x beträgt in meinem Trading 8 Prozent – was extrem konservativ ist und nur funktioniert, wenn der Einstieg auf Intraday-Basis getimt wird (mehr dazu im Kapitel 6, Einstieg). Mit der hier vorgestellten Strategie nicht vertraute Trader und aktive Investoren sollten den maximalen Drawdown mehrere Prozent höher ansetzten. Mit Blick auf Paradigma 2 gilt: Je höher der akzeptable Drawdown, desto größer auch die Performance-Erwartung.

Der Drawdown ist der dominierende Begriff in diesen Zielvorgaben. In Kapitel 3.4, Portfoliomanagement, wird auf die Frage eingegangen, auf welcher Grundlage er berechnet wird.

2.2.2 Paradigmen zum Risiko-, Money- und Portfoliomanagement

Im Kapitel 3 wird das Thema Risiko-, Money- und Portfoliomanagement detailliert behandelt. Die folgenden Paradigmen werden dort als bekannt vorausgesetzt:

1. Es wird ohne Ausnahme mit Verlustbegrenzungsstopps gearbeitet.
2. Verluste werden konsequent begrenzt; es gilt der Grundsatz: „Die ersten Verluste sind stets die kleinsten."
3. Mit dem Einstieg in eine Position wird auch gleich der erste Ausstiegspunkt für die Platzierung des Verlustbegrenzungsstopps festgelegt.
4. Das Anfangsrisiko einer Position wird über den Abstand zwischen Einstiegskurs und Verlustbegrenzungsstopp berechnet.
5. Das Einzige, was ein Trader/Investor beim Aufbau einer Position selbst bestimmen kann, ist dieses Anfangsrisiko.
6. Der Einstieg in eine Position erfolgt nur dann, wenn das Profitpotenzial größer als das Anfangsrisiko ist. Dies ist dann der Fall, wenn der Einstieg zu einem mathematischen (statistischen) Vorteil führt – so wie es die in diesem Buch vorgestellte Einstiegsmethode in Kombination mit dem Übergeordneten Marktmodell und den Selektionsverfahren vorsieht.

2.2.3 Paradigmen für die generelle Denkweise im Trading-Bereich

In diesem Teil geht es darum, strategieübergreifend zu erklären, woran ich im Trading glaube und welche Schwerpunkte ich dabei setze. Speziell auf diesem Gebiet erweitert sich meine Liste an Glaubenssätzen kontinuierlich. So hat sich im Laufe der letzten 15 Jahre eine sehr umfangreiche Sammlung an Leitsätzen ergeben, von denen hier nur die bedeutendsten, in unmittelbarem Zusammenhang mit der vorgestellten Aktienstrategie stehenden angeführt werden.

Den Ausgangspunkt meiner Philosophie im Trading-Bereich bildet ein anschauliches Beispiel aus dem Bereich des Sports:

> Als Trainer sind Sie für die Aufstellung einer Mannschaft – beispielsweise im Basketball-, Hockey-, Handball- oder Fußballbereich – verantwortlich. Sie können frei wählen, welche Position Sie mit welchem Spieler besetzen. Der Verein hat Ihnen einen unbegrenzten finanziellen Spielraum eingeräumt und Sie können sich eine Mannschaft zusammenstellen, die aus den weltweit besten Spielern besteht.

Die Frage ist: Würden Sie als Trainer auf eine derartige Möglichkeit verzichten?

Ich kann diese Frage nur für mich beantworten: Natürlich würde ich nicht darauf verzichten wollen – und genau hier setzt meine Philosophie an.

Ein Trader oder aktiver Investor ist in der glücklichen Lage, selbst darüber entscheiden zu können, welche Strategie er wann einsetzt. Bis auf die Zeit, die es kostet, eine Strategie zu entwickeln, zu verstehen und umzusetzen, ist die Berücksichtigung mehrerer Strategien mit keinen Nachteilen verbunden. Das bedeutet: Sie können sich Ihre Mannschaft selbst zusammenstellen!

Um das in Kapitel 2.2.1 angeführte erste Ziel – Profitmaximierung bei kleinstmöglichem Risiko – mit dem Handel von Aktien zu erreichen, ist es notwendig, für verschiedene Marktphasen (wie Bullen- oder Bärenmarkt) diejenigen Strategien auszuwählen, die in der jeweiligen Marktphase über das größte Profit-zu-Risiko-Potenzial verfügen.

Daraus ergibt sich das erste Paradigma:

1. Für jede Marktphase sollten stets diejenigen Strategien zum Einsatz kommen, die über das größte Profit-zu-Risiko-Potenzial verfügen.

Dieses Paradigma wird durch weitere Leitsätze ergänzt:

2. Den Schwerpunkt im kurz- und mittelfristigen Aktienhandel bildet die Kaufseite (Long-Seite).

   Der Grund: Der breite Aktienmarkt, repräsentiert durch einen Index wie beispielsweise den S&P 500, hat sich über die letzten 25 Jahre zu mehr als 80 Prozent der Zeit in einem Bullenmarkt befunden (Details in Kapitel 4.3, Marktphasenmodell). Dies liegt unter anderem daran, dass Aktienmärkte schneller und mit größerer Dynamik fallen, als sie steigen. Eine Ausnahme bilden stark ausverkaufte Szenarien, in denen die Kurserholung eine hohe Dynamik ausbilden kann – Zeitpunkte, zu denen auch die hier vorgestellte Strategie bevorzugt einsteigt. In einen laufenden Bärenmarkt einzusteigen erweist sich aufgrund der geringen durchschnittlichen Bärenmarktdauer als schwierig und der Einstieg auf Basis einer Identifikation potenzieller Markttops als nicht möglich (siehe hierzu auch Kapitel 9, Shortselling – auf fallende Kurse setzen).

$SPX.X - Weekly S&P 500 Index CBOE

Hinzu kommt, dass sich in der Mehrzahl der Fälle – wie in Abbildung 2.1 auf Wochenbasis im S&P 500 Index gezeigt – das Top eines Bullenmarkts über Monate hinweg ausbildet. Das Hoch des S&P 500 Index vom Juli 2007 wurde erst wieder im Oktober 2007 getestet. Eine Bodenbildung des Index erfolgt hingegen in der Regel wesentlich dynamischer.

3. Die Selektion einer Aktie ist wichtiger als das Timing für den Einstieg in diese Aktie. Der Grund: das Industriegruppenverhalten von Aktien. Während eines Bullenmarkts gehen circa 40 Prozent der Bewegung einer Aktie auf die Bewegung der zugehörigen Gruppe zurück.

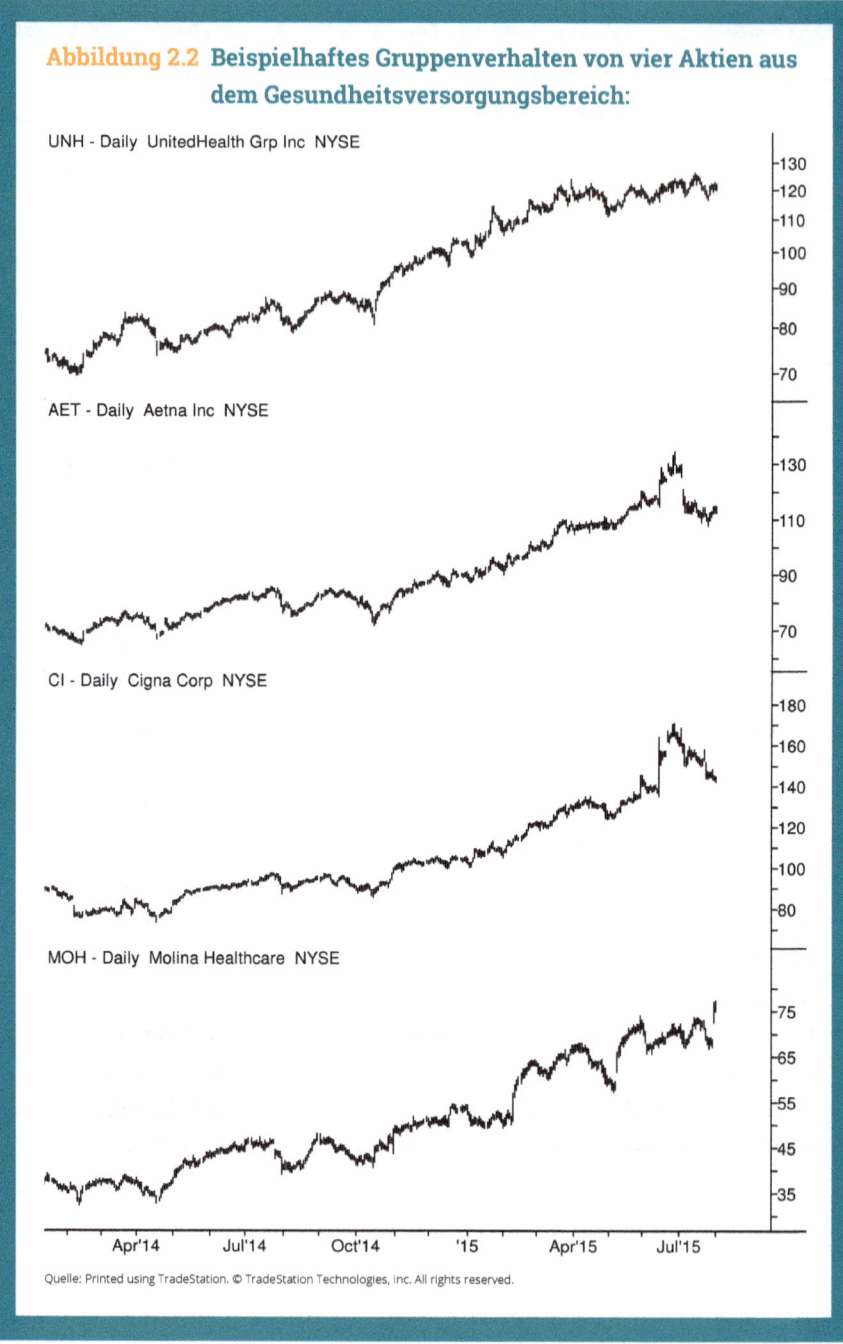

Abbildung 2.2 Beispielhaftes Gruppenverhalten von vier Aktien aus dem Gesundheitsversorgungsbereich:

In Abbildung 2.2 ist ein solches Gruppenverhalten anhand von vier Unternehmen aus dem Gesundheitsversorgungsbereich zu sehen: UnitedHealth (Symbol: UNH), Aetna (Symbol: AET), Cigna (Symbol: CI) und Molina Healthcare (Symbol: MOH). Alle vier Aktien laufen seit Mitte April 2014 im überwiegenden Teil der Zeit nahezu im Gleichschritt (in jüngster Zeit gab es Übernahmen, wodurch die Korrelationen unter den einzelnen Titeln etwas geringer ausgefallen sind).

4. Die Fundamentaldaten eines Unternehmens sollten stets berücksichtigt werden. Der Grund: Die Unternehmensdaten und hier insbesondere die Gewinn- und Umsatzschätzungen für das laufende und anschließende Geschäftsjahr sind es, die eine Aktie nachhaltig über Wochen, Monate und mitunter sogar Jahre steigen lassen.

5. Aus dem vorgenannten Grund gilt: Technische Analysemethoden und Fundamentalanalyse werden kombiniert. Dies erweist sich im Aktienhandel dort als am lukrativsten, wo Positionen über mehrere Tage (und länger) gehalten werden.

Hinzu kommen noch allgemeine Paradigmen im Bereich des Aktienhandels:

1. Handle systematisch und möglichst halbautomatisiert auf Basis von konkreten Regeln – nicht diskretionär aus dem Bauch heraus (siehe auch Paradigma 5).

2. Plane den Handelstag vor Börseneröffnung und handle dann nach Plan.

3. Handle so effizient wie möglich, also mit so viel Zeitaufwand wie nötig.

4. Investiere so viel Zeit wie möglich in das Studium der Strategie und insbesondere der historischen Marktbewegungen und Kursgewinner.

5. Greife zur Steigerung der Effizienz im täglichen Handel auf Programmierungen zurück, die das Auffinden potenzieller Kandidaten erleichtern und beim automatisierten Ein- und Ausstieg helfen.

6. Trade auf Basis von Fakten, also Kursverhalten, Fundamentaldaten, Stimmungsindikatoren sowie marktbreiten Daten.

7. Bilde dir stets eine eigene Meinung und höre nicht auf Dritte – und insbesondere nicht auf das, was in den Medien zu sehen, zu hören und zu lesen ist.

8. Habe stets ein offenes Ohr für Ideen im Handelsbereich, denn: Man lernt nie aus!

RISIKO-, PORTFOLIO- UND MONEY-MANAGEMENT

3.1 Begriffsdefinitionen

In diesem Kapitel stelle ich Ihnen den wichtigsten Baustein für den nachhaltigen Erfolg meiner Strategie vor. Ohne die konsequente, kontinuierliche Anwendung der folgenden Regeln und Methoden erleiden Sie als Trader früher oder später Schiffbruch.

Es geht um die drei Bereiche
- ➡ Risikomanagement
- ➡ Money-Management
- ➡ Portfoliomanagement

Alle drei Bereiche sind eng miteinander verknüpft, wodurch in einigen Fällen eine klare Abgrenzung der Begriffe nicht möglich ist. So lassen sich Themen aus dem Money-Management auch dem Gebiet des Portfoliomanagements zuordnen. Ebenso fallen Teile aus dem Risikomanagement in den Bereich Money- und Portfoliomanagement.

Die in diesem Kapitel verwendeten Definitionen entsprechen meinem persönlichen im Trading-Bereich angewandten Verständnis. Sie entsprechen teilweise nicht den in finanzwissenschaftlichen Lehrbüchern zu findenden Definitionen, die ich aus Sicht eines Traders und aktiven Investors für in einigen Punkten wenig praktikabel halte. Daher verzichte ich aus rein pragmatischen Gründen auf deren Wiedergabe an dieser Stelle.

3.1.1 Risiko und Risikomanagement
Risikomanagement definiere ich wie folgt:

Unter den Begriff Risikomanagement fallen im Zusammenhang mit der in diesem Buch vorgestellten Strategie spezielle Regeln, die zur Anwendung kommen, um die Wahrscheinlichkeit eines Verlusts in einem Trade wie auch im gesamten Portfolio bestmöglich zu minimieren.

Es ist dabei zu unterschieden zwischen einer Position, die neu aufgebaut wird, und einer bestehenden Aktienposition.

Das Risiko, dem ein Portfolio insgesamt unterliegt, wird als Portfoliorisiko bezeichnet und fällt in den Bereich Portfoliomanagement; siehe hierzu Kapitel 3.3. In diesen Bereich gehört auch das Kontrollieren und Überwachen des Sektor- und Industriegruppenrisikos.

Der Verlust, den ein Trader mit Aufnahme einer einzelnen Position oder aber in einer aktuell bestehenden Position hinzunehmen bereit ist, wird von mir als Risiko pro Trade bezeichnet. Ein Thema, das erstmals im vorherigen Kapitel aufgegriffen wurde und sich wie ein roter Faden durch das Buch zieht, besteht in der großen Bedeutung der strikten Anwendung von Verlustbegrenzungsstopps. Unter der Annahme, dass der Verlustbegrenzungsstopp bereits mit Aufnahme einer Position festgelegt wird, definiert sich das Risiko wie folgt:

Das Risiko pro Trade entspricht für neue Positionen dem Abstand zwischen dem Einstiegskurs und dem Verlustbegrenzungsstopp.

Im Falle bestehender Positionen lautet die angepasste Definition:

Das Risiko pro Trade für eine offene Position entspricht dem Abstand zwischen dem aktuellen Kurs und dem Level, an dem die Position nach aktuellem Stand spätestens liquidiert werden soll.

Das Risiko pro Trade ist somit gleichbedeutend mit einem Geldbetrag pro Aktie in der Währung, in der die Aktie gekauft wird. Wird beispielsweise eine Aktie zu 50 Euro gekauft und mit dem Einstieg der Verlustbegrenzungsstopp auf 46 Euro festgelegt, so entspricht dies einem Risiko in dem Trade von 4 Euro pro Aktie.

Aufgrund von Kurslücken zur Markteröffnung (sogenannten Gaps) kann natürlich der Verlust pro Trade größer ausfallen, als dies über die festgelegte Ausstiegsmarke definiert wird. Tatsächlich sind Gaps eine nicht zu unterschätzende Gefahr im Einzelaktienbereich. Sie können entgegen der Richtung oder in Richtung einer offenen Position entstehen. Im erstgenannten Fall kann das Ergebnis ein größerer Verlust sein, als ursprünglich angenommen. Die Gefahr, einer Kurslücke zur Markteröffnung ausgesetzt zu sein, sollte möglichst realistisch auf mathematischer (statistischer) Basis eingeschätzt werden. Im weiteren Verlauf dieses Kapitels wird dieses Thema daher nochmals aufgegriffen.

3.1.2 Money-Management

Im Rahmen eines Einstiegs gilt es nicht nur eine Antwort auf die Frage zu finden, welche Aktie wann und zu welchem Kurs gekauft wird, sondern auch, wie groß die Position in der gewählten Aktie ausfallen soll. Genau an diesem Punkt setzt das Money-Management ein. Meine Definition lautet:

> Mithilfe des Money-Managements wird die Anzahl der Aktien bestimmt, die gehandelt, also gekauft oder verkauft werden sollen.

Das Money-Management ist gleichbedeutend mit der Bestimmung der Positionsgröße. Die zugehörigen Techniken kommen sowohl im Einstiegs- als auch im Ausstiegsbereich zur Anwendung. In beiden Fällen kann der Handel zudem gestaffelt in mehreren Schritten erfolgen.

Speziell im Ausstiegsbereich gibt es eine Vielzahl von Möglichkeiten, Money-Management-Techniken anzuwenden. So können diese beispielsweise in Kombination mit technischen Ausstiegskriterien zur Anwendung kommen. Hierauf wird sowohl in diesem Kapitel als auch in Kapitel 7, Techniken und Richtlinien für den Ausstieg, eingegangen.

3.1.3 Portfoliomanagement und Portfoliorisiko

In Kapitel 3.1.1 wurde der Begriff Risiko pro Trade definiert. Ein Portfolio, das sich aus mehreren Einzelaktien zusammensetzt, weist für jede offene Position ein entsprechendes Risiko pro Trade auf.

Meine Definition für das Portfoliorisiko lautet:

> Die Summe aller Risiken, die pro Trade eingegangen werden, entspricht dem Portfoliorisiko.

Wird von dem Portfoliorisiko gesprochen, ist also das offene Gesamtrisiko des Depots gemeint.

Zum Portfoliomanagement gehört aber auch die Frage nach der Maximalgewichtung von Sektoren und Industriegruppen. Eine Vielzahl von Datenanbietern, darunter Standard & Poor's, Thomson Reuters und Morningstar, untergliedert das Aktienuniversum in mehrere Stufen (Level), die beispielsweise als Sektoren, Industriegruppen und Industrieuntergruppen bezeichnet werden. Auf diesem Weg kann jede Einzelaktie jeweils einem bestimmten Sektor sowie einer Industriegruppe und einer Untergruppe zugeordnet werden. Je nach Datenanbieter können die exakten Bezeichnungen für die Industriegruppen und die dazugehörigen Untergruppen unterschiedlich ausfallen. Zudem kann die Anzahl der Sektoren und Industriegruppen unterschiedlich hoch sein. Das gilt ebenfalls für die Anzahl der einzelnen Ebenen. So gibt es beispielsweise auch sogenannte Supersektoren, die den Sektoren übergeordnet sind.

Beispielsweise gehört die Aktie der Infineon AG zum Technologiesektor und innerhalb dieses Sektors zu der Gruppe der Halbleiter. Die Halbleiter-Industriegruppe wiederum ist untergliedert in die Bereiche „Speicher-Hersteller" und „Ausrüster und Materialzulieferer" sowie „Halbleiter – diversifiziert", entsprechend zählt Infineon AG zur letztgenannten Untergruppe. In dieselbe Industriegruppe fallen übrigens auch amerikanische Unternehmen wie Intel, AMD und Micron Technologies.

Auf Basis der Sektor- und Industriegruppenzuordnung kann für ein bestehendes Portfolio jeweils das offene Risiko pro Sektor, Industriegruppe und Untergruppe bestimmt werden. Von Bedeutung ist dabei nicht, ob der Datenanbieter von Supersektoren, Sektoren, Industriegruppen und so weiter spricht, sondern die Frage, wie die Untergliederung ausfällt, also zum Beispiel, wie viele Sektoren es gibt.

Nach meiner Erfahrung ist es vollkommen ausreichend, sich auf die Sektoren und Industriegruppen zu konzentrieren, solange diese fein genug unterteilt sind. Für das Portfoliomanagement bietet es sich an, einen Anbieter auszuwählen, der das Aktienuniversum in 9 bis maximal 20 Sektoren (oder wie auch immer die verwendete Bezeichnung des Datenanbieters für diese „Obergruppe" lautet) und in 80 bis maximal 200 Industriegruppen untergliedert.

Sowohl für das Portfoliorisiko als auch für das Sektor- und Industriegruppenrisiko sollten Maximalwerte definiert werden, um ungewöhnlich starken Gruppenbewegungen, die aufgrund von industrierelevanten Nachrichten entstehen können, entgegenzuwirken. Auf die Bestimmung geeigneter Risikomaximalwerte wird im Kapitel 3.4, Portfoliomanagement für den Aktienhandel, eingegangen.

Neben dem offenen Risiko pro Trade und dem Portfoliorisiko ist noch ein weiterer Aspekt zu berücksichtigen: die Gewichtung einer Position bezogen auf den Wert des gesamten Depots inklusive des nicht investierten Kapitals (Cash-Bestand). Daraus können dann zudem die Sektor- und die Industriegruppengewichtung berechnet werden. Auch für die Maximalgewichtung von Einzeltiteln, Sektoren und Industriegruppen innerhalb des Portfolios werden Maximalwerte festgelegt (siehe Kapitel 3.4).

Nachdem die wichtigsten Punkte im Bereich Portfoliomanagement und Portfoliorisiko dargelegt worden sind, kann jetzt auch der Begriff „Portfoliomanagement" definiert werden:

> Die Aufgabe des Portfoliomanagements besteht darin, sicherzustellen, dass die festgelegten Maximalwerte für das offene Risiko und die Gewichtungen im Einzelaktien-, Sektor- und Industriegruppenbereich nicht überschritten werden.

3.2 Risikomanagement für den Aktienhandel

Als Risiko wurde zu Beginn dieses Kapitels der Abstand zwischen dem aktuellen Kurs und der Ausstiegsmarke definiert, an der die Position verkauft wird. In diesem Zusammenhang wurde darauf hingewiesen, dass zwischen einer bestehenden und einer neuen Position, die in das Portfolio aufgenommen werden soll, zu unterscheiden ist. Für beide Fälle werden im Folgenden Regeln aufgestellt.

3.2.1 Risikomanagement neuer und bestehender Positionen

Die Verwendung von Ausstiegsmarken erlaubt es jedem Trader/aktiven Investor, bei Aufnahme einer Position festzulegen, wie weit vom Einstiegskurs entfernt der anfängliche Verlustbegrenzungsstopp platziert wird und wie groß die Positionsgröße dabei gewählt wird. Damit ist jeder Trader (Investor) ganz allein dafür verantwortlich, welches Risiko mit einer Position eingegangen wird.

Für jeden Trade gilt das bereits in Kapitel 2 angeführte und bis auf wenige Ausnahmen zutreffende Paradigma: Das Einzige, was ein Trader kontrollieren kann, ist sein anfängliches Risiko.

Das setzt die konsequente Umsetzung von Verlustbegrenzungsstopps, unmittelbar nach dem Einstieg in eine Position beginnend, voraus und steht für die oberste Regel der Risikokontrolle:

Regel 1: Vor dem Kauf wie vor dem Leerverkauf[1] einer Position wird ohne Ausnahme auch der Ausstiegspunkt, also der maximal hinnehmbare Verlust, festgelegt.

Regel 1 entspricht damit dem gleichlautenden Paradigma aus Kapitel 2.

Sobald eine Position in den Profit läuft, gilt es zu entscheiden, ob und in welchem Umfang die offenen Gewinne mit einem nachlaufenden Stopp abgesichert werden. Die verschiedenen Möglichkeiten werden in Kapitel 7, Techniken und Richtlinien für den Ausstieg, behandelt. Generell gilt die folgende Regel:

> **Regel 2**: Offene Gewinne werden ab einem bestimmten Zeitpunkt mit nachgezogenen Ausstiegsmarken abgesichert; solange dies noch nicht der Fall ist, bleibt der Verlustbegrenzungsstopp gültig.

In beiden Fällen kann die Kontrolle des offenen Risikos dann ausgehebelt werden, wenn zur Markteröffnung eine Kurslücke (Gap) entsteht, die zu einem größeren Verlust als ursprünglich angenommen führt.

Damit sind wir bei dem für mein eigenes Trading entscheidenden Schwerpunkt im Bereich des Risikomanagements angekommen: der Frage, wie die Wahrscheinlichkeit deutlich verringert werden kann, mit einer Einzelaktienposition in ein Gap zu laufen, das sich negativ auf die Performance auswirkt. Dieser Punkt betrifft offene wie neue Positionen gleichermaßen.

3.2.2 Untersuchungen von Kurslücken zur Markteröffnung

Eine negative Kurslücke zur Markteröffnung, auch als negatives Gap bezeichnet, entsteht in dem Moment, wo der Eröffnungskurs einer Aktie unter dem Vortagesschlusskurs liegt. Umgekehrt handelt es sich in dem Moment um ein positives Gap, wenn der Eröffnungskurs über dem Vortagesschlusskurs liegt.[2] Nach dieser Definition kommen fast jeden Tag zumindest kleine Gaps im Kursverlauf einer Aktie vor, weil nur in Ausnahmefällen der Eröffnungskurs identisch mit dem Vortagesschlusskurs ist. Einzig die Größe eines Gaps ist demnach entscheidend.

Wann aber ist ein Gap ein „großes Gap" und wann nicht? Bei Aktien mit einer geringen Tagesschwankung (Volatilität), wie sie bei der Mehrzahl der hoch kapitalisierten Konsum-Aktien in den USA zu beobachten ist (als Beispiele seien Wal-Mart Stores, Home Depot und Coca-Cola genannt), kann bereits ein Gap mit einer Größe von zwei Prozent als außergewöhnlich groß bezeichnet werden. Bei anderen Titeln wiederum ist aufgrund der hohen Grund-Tagesschwankung ein solches Gap eher als Normalfall zu sehen. Tesla und Twitter sind US-Beispiele, XING und Cancom Beispiele aus dem TecDAX (Stand: 31. Juli 2015).

Die Größe eines Gaps lässt sich am sinnvollsten mithilfe einer Normierung objektiv beurteilen. Zur Normierung wird die über 21 Handelstage berechnete Average True Range der Aktie, abgekürzt mit ATR(21), berechnet.

Die ATR(21) repräsentiert die durchschnittliche Differenz zwischen Tageshoch und Tagestief. Zur Markteröffnung auftretende Kurslücken, die in die 21-tägige Betrachtungsperiode fallen, werden berücksichtigt. Die konkrete Berechnung der ATR wird in Anhang A erklärt.

Zur Normierung wird für jede Aktie die ATR(21) berechnet und die jeweils an dem Tag zur Eröffnung entstehende Differenz zwischen heutigem Eröffnungskurs und Vortagesschlusskurs durch diesen Wert dividiert. Das Ergebnis ist eine auf die Volatilität (ATR[21]) normierte Gap-Größe. Ist der so ermittelte Wert positiv, handelt es sich um ein positives Gap, ist er negativ, lag der Eröffnungskurs unter dem Vortagesschlusskurs und es handelt sich um ein negatives Gap.

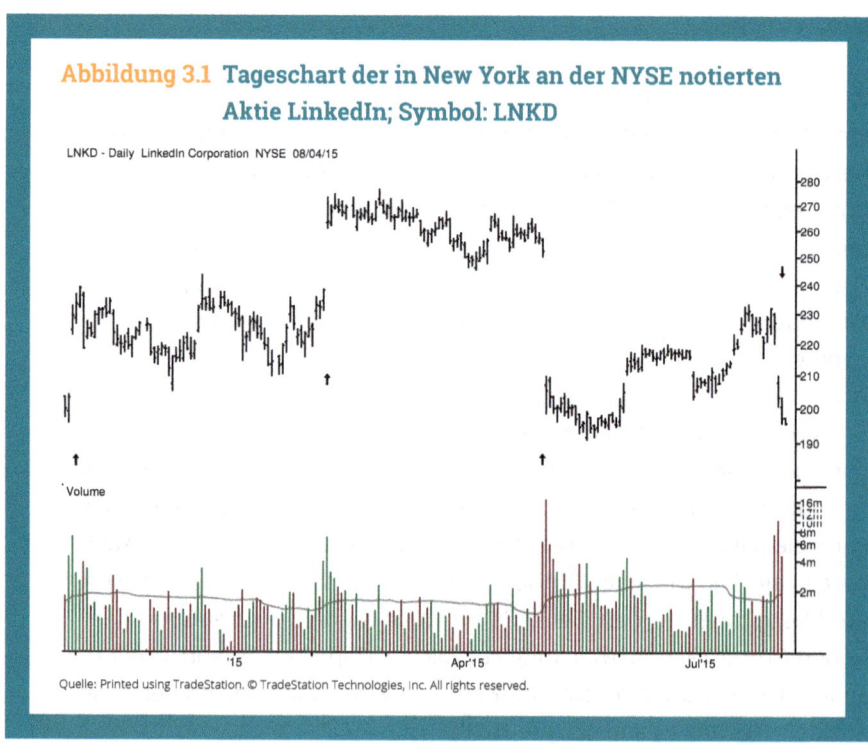

Abbildung 3.1 Tageschart der in New York an der NYSE notierten Aktie LinkedIn; Symbol: LNKD

NACHHALTIG ERFOLGREICH TRADEN

Einfach durchzuführende Beobachtungen des Aktienmarkts zeigen, dass mehr als 60 Prozent der negativen Gaps, die größer ausfallen als drei durchschnittliche Tagesschwankungen (größer 3*ATR[21]), mit der Veröffentlichung von Quartalszahlen zusammenfallen. In Abbildung 3.1 wird die Aktie von LinkedIn Inc. über den Zeitraum Oktober 2014 bis Anfang Juli 2015 gezeigt. Jede sichtbare und mit einem Pfeil im Chart gekennzeichnete Kurslücke fällt mit der Veröffentlichung von Quartalszahlen zusammen.

Auf Basis der vorgestellten Gap-Normierung in Kombination mit der Erkenntnis, dass die Veröffentlichung von Quartalszahlen eine wesentliche Rolle bei der Entstehung von Gaps spielt, habe ich eine Vielzahl von Auswertungen durchgeführt, deren zusammengefasste Ergebnisse sich im Anhang B, Untersuchungen von Kurslücken zur Markteröffnung, wiederfinden. Die Untersuchungen erstrecken sich über den Zeitraum Mai 2009 bis Juli 2015 und beinhalten über 34.000 Gaps, sodass von einer statistischen Aussagekraft der ermittelten Ergebnisse gesprochen werden kann.

Die wesentlichen aus den Auswertungen gewonnenen Erkenntnisse sind ebenfalls im Anhang B zu finden. In diesem Kapitel werden lediglich die aus den Untersuchungsergebnissen abgeleiteten Regeln und eventuell getroffene Annahmen angeführt.

3.2.3 Regeln zur Verringerung der Gap-Gefahr

Die meisten im Kursverlauf entstehenden Gaps mit einer Größe von mehr als der dreifachen ATR(21) fallen mit der Veröffentlichung von Quartalszahlen zusammen und lassen sich somit relativ gut vorhersagen. Alle anderen zur Markteröffnung entstehenden Kurslücken – beispielsweise aufgrund von Gewinnwarnungen des Unternehmens oder eines Wettbewerbers oder aber aufgrund exogener Einflüsse – lassen sich nicht im Vorfeld antizipieren.

Grundsätzlich gibt es vier Varianten, wie sich ein Trader im Vorfeld der Veröffentlichung von Quartalszahlen verhalten kann:

a. Anstehende Quartalszahlen werden stets ignoriert; dieser Fall kommt nach meiner Erfahrung von allen vier Varianten am häufigsten vor und ist insbesondere unter Tradern beliebt, die ohne weitere Untersuchungen durchzuführen täglich vom Computer generierte Signale umsetzen oder umsetzen lassen; diese Variante entspricht nicht meinem Verständnis von Risikomanagement.

b. Die offene Position wird grundsätzlich im Vorfeld des Termins geschlossen.

c. Die offene Position wird über den Termin gehalten, wenn sie um einen bestimmten Betrag im Plus liegt, andernfalls wird die Aktie verkauft.

d. Es erfolgt ein Teilverkauf der Position – mit oder ohne Berücksichtigung von Variante c.

Letztendlich entscheiden Sie, welche der hier angeführten Varianten zur Anwendung kommen.

In meinem eigenen Trading setze ich ein Gemisch aus den Varianten a, b und c ein und greife dafür auf die folgende Kategorisierung von Gaps zurück:

→ Kategorie 1: Aktien, die über die letzten sechs Quartalsergebnisse weder ein positives noch ein negatives Gap größer 1,5*ATR(21) ausgebildet haben.

→ Kategorie 2: Aktien, die über die letzten sechs Quartalsergebnisse maximal zwei positive oder negative Gaps ausgebildet haben, deren Größe zwischen 1,5 und 2,5*ATR(21) lag.

→ Kategorie 3: Aktien, die weder in Kategorie 1 noch in Kategorie 2 fallen.

Zur Kategorie 3 zählen unter anderem bekannte Unternehmen wie Amazon, Netflix, Twitter und die in Abbildung 3.1 gezeigte Aktie von LinkedIn.

Berechnungsgrundlage für die ATR(21) ist der letzte Handelstag vor der Veröffentlichung der Quartalszahlen. Die Definitionen der drei Kategorien sind nicht zwingend so anzuwenden. Beispielsweise bietet sich aus Gründen der leichteren Umsetzung durchaus auch die Aufrundung der ATR-Multiplikatoren an. Selbstverständlich kann auch eine andere ATR-Periode als die verwendeten 21 Handelstage gewählt werden.

Nach diesen Kategorien lauten meine Regeln für die Verringerung der Wahrscheinlichkeit, mit einer Position in ein negatives Gap zu laufen:

1. Aktien der Kategorie 1 werden über den Termin der Veröffentlichung von Quartalszahlen hinweg gehalten.
2. Aktien der Kategorie 2 werden nur dann über den Termin hinweg gehalten, wenn die Position mindestens um das Anfangsrisiko, also den Abstand zwischen Einstiegskurs und anfänglichem Verlustbegrenzungsstopp, im Plus liegt.
3. Aktien der Kategorie 3 werden zur Eröffnung des letzten Handelstags vor dem Termin der Veröffentlichung glattgestellt, es sei denn, der offene Gewinn beträgt mehr als das Dreifache des Anfangsrisikos. In diesem Fall wird die Position halbiert.

Mit diesen Regeln – umgesetzt im Rahmen der hier vorgestellten kurz- und mittelfristigen Strategie – ist es mir in den vergangenen fünf Jahren gelungen, jedes negative Gap, das größer als das Dreifache der ATR(21) war, zu antizipieren und somit zu umgehen. Es gibt keine Garantie dafür, dass dies auch in der Zukunft so sein wird, zeigt aber, wie effektiv die vorgestellten Regeln in der Praxis bislang waren.

3.2.4 Regeln für Aktien aus dem Biotech-Bereich

Die Aussage, dass die Mehrzahl der Gaps mit der Veröffentlichung von Quartalszahlen zusammenfällt, trifft auf eine bestimmte Gruppe von Aktien nicht zu: die Biotechnologie-Aktien, im Folgenden auch als Biotech-Aktien bezeichnet.

Biotech-Aktien nehmen aus mehreren Gründen eine Sonderrolle in meinem Trading ein. Zum einen schreiben nur sehr wenige Unternehmen aus dieser Gruppe überhaupt Gewinne, sodass sich fundamentale Kriterien, wie sie in Kapitel 5 vorgestellt werden, nur schwer anwenden lassen. Zum anderen ist der Handel mit Biotech-Aktien nicht ungefährlich, da die Wahrscheinlichkeit, einem nicht zu antizipierenden Gap ausgesetzt zu sein, größer als bei anderen Aktien ist und darüber hinaus negative Gaps regelmäßig überproportional groß ausfallen. Das gilt auch für etablierte Unternehmen mit einer Marktkapitalisierung von mehreren Milliarden

US-Dollar wie Biogen Incorporated (ich spreche hier aus eigener, im Jahr 2007 gemachter Erfahrung).

Abbildung 3.2 **Wochenchart der ehemals an der Nasdaq notierten Aktie Pharmacyclics Inc.; das Unternehmen wurde inzwischen übernommen.**

PCYC! - Weekly Pharmacyclics Inc NASDAQ

Volume

Quelle: Printed using TradeStation. © TradeStation Technologies, Inc. All rights reserved.

Was Biotech-Aktien so attraktiv macht, ist ihr Performance-Potenzial. So gehörten von den 20 größten Kursgewinnern der Jahre 2009 bis Mitte 2015 nicht weniger als 13 Aktien dieser Branche an. In Abbildung 3.2 ist der Kursverlauf der amerikanischen Aktie Pharmacyclics zu sehen. Nach einer beeindruckenden Performance, die zu einer Kurssteigerung um mehr als das 500-Fache geführt hat, ist das Unternehmen zwischenzeitlich übernommen worden.

Um Einzelaktien aus dem Biotech-Bereich erfolgreich zu handeln, ist es erforderlich, sich spezifisches Wissen über diesen Bereich anzueignen. Das Kurspotenzial von Biotech-Aktien ist enorm und rechtfertigt meines Erachtens die Mühe, sich das spezielle Fachwissen anzueignen.

Spezielles Fachwissen im Biotechnologiebereich zu erlangen kostet Zeit – auch wenn Sie dafür kein Arzt oder Chemiker sein müssen. Wer diese Zeit nicht investieren möchte oder nicht so lange mit der Umsetzung von Signalen warten kann, bis er dieses Wissen erlangt hat, hat die Möglichkeit, Biotech-Aktien in Form von ETFs[3], also börsennotierten Aktienfonds, zu handeln.

Meine Risikomanagement-Regeln für den Biotech-Bereich lauten:

Regel 1: Handle Einzelaktien aus der Biotech-Gruppe nur dann, wenn du über das notwendige Fachwissen verfügst.

Regel 2: Greife auf ETFs zurück, solange dieses spezielle Wissen noch nicht vorhanden ist.

Biotech-ETFs können wie Einzelaktien gehandelt werden. Fundamentale Kriterien bleiben dabei natürlich außen vor. In den Kapiteln 5 und 6, welche die Selektionsverfahren und den Einstieg behandeln, wird darauf näher eingegangen.

Der Vorteil, Biotech-ETFs zu berücksichtigen, besteht darin, dass gleichzeitig mehrere Aktien gehandelt werden und damit die Gap-Gefahr deutlich reduziert wird. Der Nachteil von ETFs besteht in der Beschneidung der Kursdynamik, die, wie bereits betont, bei Biotech-Einzelaktien enorm hoch ausfallen kann.

Zum Abschluss des Themas Biotech-Aktien noch eine Anmerkung: An mehreren Stellen in diesem Buch betone ich, dass die Ursprünge der vorgestellten Strategie auf das Jahr 1998 zurückgehen und seit dieser Zeit die Strategie kontinuierlich weiterentwickelt und verfeinert wurde. Eine solche Weiterentwicklung fand in den letzten zwei Jahren unter anderem im Biotechnologie-Bereich statt, indem ich für diese Branche Modelle entwickelt habe, die mir helfen, Biotech-Aktien anstelle von ETFs zu handeln. Auch wenn diese Modelle nicht Bestandteil des vorliegenden Buches sind, zeigt dieses Beispiel, über welches Erweiterungspotenzial die vorgestellte Strategie verfügt.

3.2.5 Weitergehendes Risikomanagement

Die bislang aufgestellten Regeln für das Risikomanagement beziehen sich ausschließlich auf das Verhalten bei offenen und neuen Positionen. Ein umfassendes Risikomanagement geht aber deutlich weiter und beinhaltet unter anderem auch Antworten auf folgende Fragen:

→ Technischer Bereich: Wie wird vorgegangen, wenn es Probleme mit der Internetverbindung, einen Hardware-Defekt, einen Software-Fehler oder einen Stromausfall gibt?

→ Externe Einflüsse: Wie sieht das Verhalten im Falle von unvorhersehbaren Ereignissen wie dem 11. September 2001, atomaren Katastrophen (Fukushima) oder eines bevorstehenden Wetterereignisses (Wirbelstürme, Extremkälte) aus? Wann wird gehandelt, wann nicht?

→ Persönlicher Bereich: Was tue ich im Falle von unvorhersehbaren Ereignissen in meinem privaten und beruflichen Umfeld wie Krankheit oder Unfällen von mir nahestehenden Personen oder aber bei plötzlichem Jobverlust oder der Trennung von meinem Partner?

Aus eigener Erfahrung weiß ich, dass es äußerst hilfreich ist, bereits im Vorfeld zumindest für die ersten zwei Bereiche vorbereitet zu sein und Verhaltensregeln sowie einen genauen Ablaufplan in der Schublade zu haben. Die oben genannten Fragen kann jeder Trader und jeder aktive Investor nur für sich selbst im Rahmen eines individuellen Trading-Plans beantworten.

3.2.6 Aufgaben zum Thema Risikomanagement

Die folgenden Aufgaben sind zur Vertiefung der vorherigen Inhalte gedacht.

Aufgabe 1:

→ Ausgangssituation: Sie möchten in eine Aktie einsteigen und wollen in diesem Rahmen die Regeln zur Verringerung der Gap-Gefahr untersuchen.

→ Fragen:

1. Wie gehen Sie vor, wenn die Aktie zur Gruppe der Biotechnologiewerte gehört?

2. Wie gehen Sie vor, wenn die Aktie dieser Gruppe nicht angehört?

Aufgabe 2:
➡ Ausgangssituation: Eine Aktie, die sich in Ihrem Depot befindet, veröffentlicht am nächsten Handelstag Quartalszahlen.
➡ Frage: Besteht Handlungsbedarf?

Aufgabe 3:
➡ Ausgangssituation: Eine Aktie hat vor Markteröffnung Quartalszahlen veröffentlicht und Sie tragen sich mit dem Gedanken, in den Wert einzusteigen.
➡ Frage: Was gilt es zu beachten?

Die Antworten finden Sie auf www.nachhaltig-erfolgreich-traden-com.

3.3 Money-Management für den Aktienbereich

Money-Management steht für die Antwort auf die Frage, wie viele Aktien zum Zeitpunkt des Einstiegs oder Ausstiegs gehandelt werden sollen. Auf den ersten Blick erscheint seine Rolle damit überschaubar. Tatsächlich kann auf Basis der Bestimmung von Positionsgrößen die Volatilität in der Wertentwicklung eines Portfolios vergleichsweise gut kontrolliert und damit auch gesteuert werden.

Money-Management reicht aber noch deutlich weiter. Bestimmte Verfahren, zu denen auch das von mir favorisierte und auf den nächsten Seiten vorgestellte Prozent-Risiko-Modell zählt, ermöglichen die Beurteilung und Einschätzung der Nachhaltigkeit einer Handelsstrategie auf Basis von Gewinn-zu-Risiko-Verhältnissen und Angaben aus der Trade-Statistik (wie unter anderem dem durchschnittlichen Gewinner-zu-Verlierer, der Trefferquote und Handelshäufigkeit).

Die Umsetzung von Money-Management und der dazugehörigen Modelle geht Hand in Hand mit der konsequenten Berücksichtigung der im vorherigen Absatz vorgestellten Regeln für das Risikomanagement. Die folgenden Ausführungen gehen davon aus, dass diese Regeln sowie die in Kapitel 2 angeführten Paradigmen berücksichtigt werden.

3.3.1 Modelle zur Bestimmung der Positionsgröße

In diesem Abschnitt wird zunächst ausschließlich auf diejenigen Verfahren eingegangen, die im Rahmen eines Einstiegs zur Bestimmung der Positionsgröße eingesetzt werden. Für den Aktienbereich gibt es ungefähr eine Handvoll Money-Management-Modelle (mit diversen Untervarianten), die zum Einsatz kommen.

Ein typisches Modell für den Daytrading-Bereich sieht so aus, dass unabhängig vom Aktienkurs und der Volatilität stets gleich viele Aktien gekauft werden. Der Hauptantrieb dieser Vorgehensweise besteht nicht etwa in einer tieferen Logik, sondern schlicht darin, möglichst schnell Positionen aufbauen und auch wieder schließen zu können, ohne Zeit für die Berechnung der Positionsgröße aufwenden zu müssen.

Für den kurz- und mittelfristigen Handel sind derartige auf einer fixen Anzahl gehandelter Aktien basierende Modelle untauglich. Schritt für Schritt, beginnend mit dem gängigsten Money-Management-Modell, soll nun erläutert werden, warum ich das sogenannte „Modifizierte Risiko-Prozent-Modell" präferiere und wie ich es einsetze.

3.3.1.1 Klassisches Modell

Das insbesondere unter längerfristig orientierten Investoren, Vermögensverwaltern und Fondsmanagern populärste Modell ist das „Gleichgewichtete Modell", das aufgrund seiner leichten Umsetzbarkeit zu den ältesten Modellen im Money-Management-Bereich zählt und darum von mir auch als „Klassisches Modell" bezeichnet wird.

In Abbildung 3.3 wird die Umsetzung des Klassischen Ansatzes beispielhaft an einem Portfolio gezeigt, das insgesamt zehn Unternehmen enthält, die entweder Mitglied im DAX oder im TecDAX sind. Mit Aufnahme der zehn Positionen in das Depot wird die Kontogröße durch die Anzahl der gewünschten Titel dividiert und so eine Gewichtung von zehn Prozent je Titel errechnet.

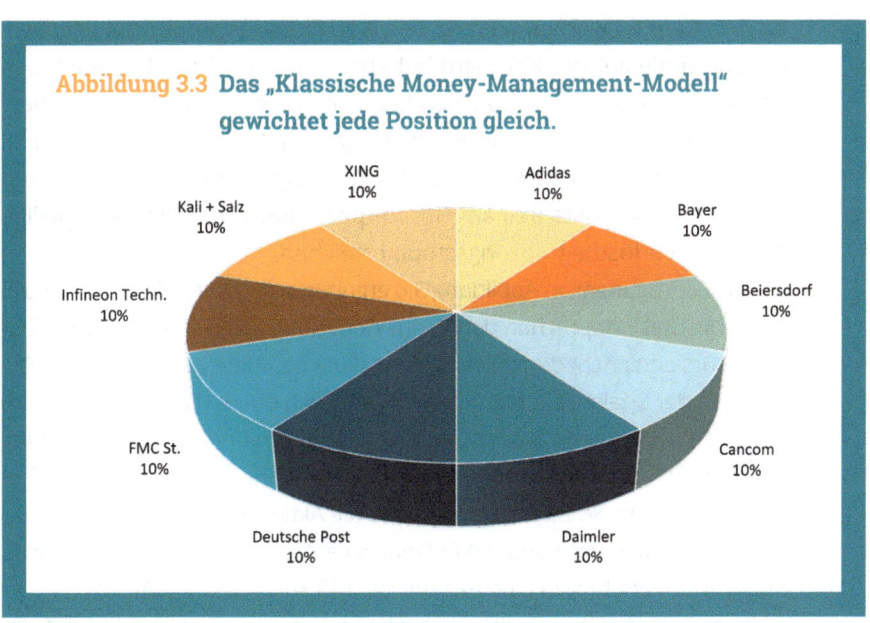

Abbildung 3.3 Das „Klassische Money-Management-Modell" gewichtet jede Position gleich.

Abbildung 3.4 Beispiel für ein Money-Management-Modell nach der „Klassischen Methode" mit identischer Gewichtung jeder Position

Aktienunternehmen	Einstiegs-kurs	Anzahl Aktien	Kauf-summe	Ausstiegs-stopp	Gesamtportfolio	
					Euro-Risiko	%-Risiko
Adidas	69,55 €	143	9.945,65 €	63,07 €	-926,64 €	-0,93 %
Bayer	125,85 €	79	9.942,15 €	111,01 €	-1.172,36 €	-1,17 %
Beiersdorf	75,10 €	133	9.988,30 €	68,46 €	-883,12 €	-0,88 %
Cancom	32,30 €	309	9.980,70 €	27,50 €	-1.483,20 €	-1,48 %
Daimler	82,75 €	120	9.930,00 €	72,35 €	-1.248,00 €	-1,25 %
Deutsche Post	26,14 €	382	9.985,48 €	23,66 €	-947,36 €	-0,95 %
FMC St.	73,85 €	135	9.969,75 €	67,65 €	-837,00 €	-0,84 %
Infineon Techn.	11,19 €	893	9.992,67 €	9,95 €	-1.107,32 €	-1,11 %
Kali + Salz	38,67 €	258	9.976,86 €	32,63 €	-1.558,32 €	-1,56 %
XING	147,50 €	67	9.882,50 €	121,62 €	-1.733,96 €	-1,73 %
Investitionssumme:			99.594,06 €			

In Abbildung 3.4 werden weitere Details zu diesen zehn Titeln angegeben. Die zugrunde gelegte Kontogröße beträgt 100.000 Euro. Die Spalten in Abbildung 3.4 beinhalten von links beginnend den Unternehmensnamen, den fiktiven Einstiegskurs, die Anzahl der gekauften Aktien, die Kaufsumme, einen Verlustbegrenzungsstopp (als „Ausstiegsstopp" tituliert) und den potenziellen Verlustanteil am Gesamtportfoliowert, sollte die jeweilige Aktie den Verlustbegrenzungsstopp erreichen.

Die Eintragungen in Abbildung 3.4 ergeben sich durch folgende Schritte: Die zehn Titel entsprechen denen aus Abbildung 3.3. Der angegebene Einstiegskurs entspricht dem XETRA-Schlusskurs der Aktie vom 3. Juli 2015. Die Werte in der Spalte „Kaufsumme" ergeben sich durch die Gewichtung pro Aktie von jeweils zehn Prozent, woraus wiederum unter Berücksichtigung der angenommenen Kontogröße von 100.000 Euro die Anzahl gekaufter Aktien resultiert. So wird beispielsweise die Aktie von Adidas zu 69,55 Euro mit einer Gewichtung von zehn Prozent gekauft, was 10.000 Euro entspricht. Abgerundet ergibt sich eine Anzahl von 143 zu kaufenden Aktien.

Der in der fünften Spalte angegebene Ausstiegsstopp basiert auf der durchschnittlichen Tagesvolatilität der jeweiligen Aktie, die mithilfe der in Kapitel 3.2.2 vorgestellten Average True Range berechnet wird. Der ATR-Wert wird über die letzten 21 Handelstage ermittelt und wie gehabt mit ATR(21) abgekürzt. In Spalte 5 von Abbildung 3.4 wird der Ausstiegsstopp so platziert, dass er um das Vierfache der ATR(21) unter dem Einstiegskurs liegt. [4]

Die Aktie von XING beispielsweise weist eine durchschnittliche Tagesschwankung (ATR[21]) von 6,47 Euro auf. Dieser Wert wird in Abbildung 3.4 nicht gezeigt, lässt sich aber aufgrund der übrigen dort gemachten Angaben leicht ermitteln. Entsprechend wird der Verlustbegrenzungsstopp um das Vierfache dieses Betrags, also 25,88 Euro, unter dem Einstiegskurs von 147,50 Euro platziert. Der Abstand zwischen Einstieg und Verlustbegrenzungsstopp beträgt damit 17,55 Prozent.

Ein anderes Bild ergibt sich für die Stammaktie von Fresenius Medical Care (FMC). Mit einer durchschnittlichen Tagesschwankung von 1,55 Euro liegt der Ausstiegsstopp lediglich 6,20 Euro und damit 8,40 Prozent vom Einstiegskurs entfernt.

An dieser Stelle nochmals der Hinweis: Aufgrund von Kurslücken zur Markteröffnung kann es zu schlechteren Ausstiegskursen kommen, als bei Aufnahme der Position beabsichtigt wurde. Mit dieser Gefahr muss ein Trader oder aktiver Investor aber leben. Die Wahrscheinlichkeit, dass aufgrund eines Gaps ein größerer Verlust als gewollt entsteht, kann lediglich mit den im Kapitel 3.2, Risikomanagement, beschriebenen Maßnahmen verringert werden.

Die wichtigsten Einträge in Abbildung 3.4 sind in den beiden rechten Spalten zu sehen. Hier wird das potenzielle Minus für den Fall angegeben, dass eine Aktie die Marke erreicht, an der der Verlust begrenzt und aus der Position ausgestiegen wird. Fällt beispielsweise die Aktie der Deutschen Post auf 23,66 Euro, ergibt sich ein Verlust auf das Gesamtkonto von 947,36 Euro, was 0,95 Prozent entspricht.

Ein Vergleich aller Werte zum Gesamtrisiko in Prozent (rechte Spalte) macht eine Problematik dieses klassischen Money-Management-Modells deutlich: Durch die Kombination aus identischer Gewichtung der Depottitel auf der einen und unterschiedlich starken Volatilitäten (Tagesschwankungen) auf der anderen Seite wirken sich Verlust-Trades unterschiedlich stark auf die Performance-Entwicklung des Kontos aus. Eine Verlustbegrenzung in der Stammaktie von FMC führt in dem 100.000-Euro-Konto lediglich zu einem Verlust von 0,84 Prozent, während eine Realisierung des Verlusts in Kali + Salz oder XING gleich zu 1,56 Prozent beziehungsweise 1,73 Prozent führt.

Das bedeutet, dass ein Portfolio, das überwiegend aus Aktien besteht, die wie XING oder Kali + Salz von hoher Volatilität geprägt sind, während Korrekturphasen sehr schnell acht bis zehn Prozent oder sogar mehr verlieren kann. Hierzu reicht ein unglücklich gewählter Zeitpunkt für die Aufnahme der Positionen, beispielsweise direkt vor dem Beginn einer starken Marktkorrektur, aus.

Damit wird deutlich: Das Ziel einer möglichst kontinuierlichen Wertentwicklung des Kontos ist mit diesem Ansatz nicht zu erreichen.

3.3.1.2 Prozent-Risiko-Modell

Einen anderen Ansatz zur Bestimmung der Positionsgröße verfolgt das Prozent-Risiko-Modell. Die Grundabsicht besteht darin, die Nachteile des Klassischen Money-Management-Modells zu eliminieren.

Vor Aufnahme einer Position wird bestimmt, wie viel Prozent des gesamten Depotwerts pro Position maximal riskiert werden sollen. Für das im vorherigen Abschnitt verwendete Portfolio-Beispiel würde ein Risiko von einem Prozent pro Trade 1.000 Euro entsprechen.

Abbildung 3.5 Prozent-Risiko-Modell mit 1 Prozent Risiko pro Position

Aktienunternehmen	Einstiegs-kurs	Anzahl Aktien	Kauf-summe	Ausstiegs-stopp	Gesamtportfolio Euro-Risiko	%-Risiko
Adidas	69,55 €	154	10.710,70 €	63,07 €	-997,92 €	-1,00 %
Bayer	125,85 €	67	8.431,95 €	111,01 €	-994,28 €	-0,99 %
Beiersdorf	75,10 €	150	11.265,00 €	68,46 €	-996,00 €	-1,00 %
Cancom	32,30 €	208	6.718,40 €	27,50 €	-998,40 €	-1,00 %
Daimler	82,75 €	96	7.944,00 €	72,35 €	-998,40 €	-1,00 %
Deutsche Post	26,14 €	403	10.534,42 €	23,66 €	-999,44 €	-1,00 %
FMC St.	73,85 €	161	11.889,85 €	67,65 €	-998,20 €	-1,00 %
Infineon Techn.	11,19 €	806	9.019,14 €	9,95 €	-999,44 €	-1,00 %
Kali + Salz	38,67 €	165	6.380,55 €	32,63 €	-996,60 €	-1,00 %
XING	147,50 €	38	5.605,00 €	121,62 €	-983,44 €	-0,98 %
Investitionssumme:			88.499,01 €			

In Abbildung 3.5 ist das bereits aus dem vorherigen Kapitel 3.3.1.1 bekannte Portfolio dargestellt. Die Zusammensetzung, die Einstiegskurse und die auf Volatilitätsbasis berechneten Verlustbegrenzungsstopps (Ausstiegsstopps) sind gegenüber Abbildung 3.4 identisch geblieben.

Nach der Definition des Risikos pro Trade erfolgt ein weiterer Schritt: die Bestimmung des Risikos pro Aktie. Dieses wird über den Abstand zwischen Einstiegskurs und Verlustbegrenzungsstopp definiert. Beispielsweise beträgt in der Abbildung 3.5 das Risiko in der Bayer-Aktie 125,85 Euro minus 111,01 Euro, was 14,84 Euro ergibt.

Mit einem Prozent Risiko pro Aktie, was im vorliegenden Fall 1.000 Euro entspricht, und dem 14,84-Euro-Risiko pro Aktie in Bayer berechnet sich im letzten Schritt die Positionsgröße: 1.000 Euro dividiert durch 14,84 Euro entspricht abgerundet 67 Aktien.

Mit den soeben durchgeführten Schritten wird die Positionsgröße für jede der gezeigten Positionen bestimmt. Es ergibt sich für jeden Depottitel ein identisches Risiko pro Trade. Gezeigt wird dies in den beiden rechten Spalten der Tabelle.

Auch wenn über den beschriebenen Weg (natürlich) nicht verhindert werden kann, dass eine Aktie auf die Marke zurückfällt, an der der Verlust zu realisieren ist, wird doch ein Ziel erreicht: Für jede Position entspricht das Risiko pro Trade einem identischen Wert. Diese Homogenität innerhalb des Portfolios führt dazu, dass auch im Falle der Realisierung eines Verlusts oder mehrerer Verluste hintereinander die Performance-Kurve im Vergleich zum klassischen Money-Management-Modell mit gleichgewichteten Depottiteln nicht unnötigen Schwankungen ausgesetzt ist. Damit kommt man dem übergeordnetem Ziel aus Kapitel 2, eine Performance-Kurve zu erzielen, die möglichst geringen Schwankungen (Drawdowns) unterliegt, einen entscheidenden Schritt näher.

An dieser Stelle noch eine weitere Anmerkung zur Abbildung 3.5: Dort wird ein Beispiel gezeigt, in dem das Prozent-Risiko-Modell auf ein Aktienportfolio angewendet wird, das mit volatilitätsabhängigen Verlustbegrenzungsstopps abgesichert ist. Volatilitätsabhängige Stopps zu verwenden ist jedoch nicht zwingend erforderlich, solange generell ein Ausstiegsstopp verwendet wird. In Kapitel 7, Techniken und Richtlinien für den Ausstieg, werden weitere Varianten zur Berechnung des Verlustbegrenzungsstopps vorgestellt, wie beispielsweise die Anwendung einer Chartanalyse zur Bestimmung von Ausstiegsmarken.

Einer der Vorzüge des Prozent-Risiko-Modells besteht darin, dass sich die Positionsgröße automatisch anpasst. In der Spalte „Kaufsumme" von Abbildung 3.5 ist zu erkennen, dass die Gewichtungen zwischen 11,89 Prozent (FMC-Stammaktie) und 5,61 Prozent (XING-Aktie) schwanken.

Es gilt:

> Je geringer der Abstand zwischen dem Einstiegskurs und dem potenziellen (schlechtesten) Ausstiegskurs, umso größer wird die Position.

Diesen Punkt sollten Sie aus bald deutlich werdenden Gründen stets im Hinterkopf behalten. In dem gezeigten Beispiel mit volatilitätsabhängigen

Stopps bedeutet das: Je geringer die Volatilität einer Aktie wie FMC, desto größer wird ihr Anteil am Gesamtdepot.

Zu berücksichtigen ist in Abbildung 3.5 auch der in der letzten Zeile unter „Investitionssumme" angegebene Betrag, der angibt, wie stark das Konto investiert ist. Der Investitionsgrad beträgt demnach 88,50 Prozent. Er liegt damit unter dem Investitionsgrad des Klassischen Ansatzes gemäß Abbildung 3.6, wonach jeder Titel gleichgewichtet wird und entsprechend das Konto zu 100 Prozent investiert ist.

Dieser Punkt macht die Anwendung des Prozent-Risiko-Modells wesentlich komplexer, als auf den ersten Blick ersichtlich ist, da es mit kleinen Abständen zwischen Einstiegskurs und Verlustbegrenzungsstopp zu sehr hohen Positionsgewichtungen kommen kann, die bis zu einem gewissen Grad zwar gewünscht, ab einer bestimmten Grenze aber nicht ungefährlich sind. Würde beispielsweise in Abbildung 3.5 der Abstand zwischen Einstiegskurs und Verlustbegrenzungsstopp von dem Vierfachen auf das Dreifache der ATR(21) verkleinert, wäre das Konto mit 117.991,58 Euro zu knapp 18 Prozent (über)investiert; siehe hierzu Abbildung 3.6.

Abbildung 3.6	**Prozent-Risiko-Modell mit 1 Prozent Risiko pro Position**						
Aktienunternehmen	**Einstiegs-kurs**	**Anzahl Aktien**	**Kauf-summe**	**Ausstiegs-stopp**	**Gesamtportfolio**		
					Euro-Risiko	**%-Risiko**	
Adidas	69,55 €	205	14.257,75 €	64,69 €	-996,30 €	-1,00 %	
Bayer	125,85 €	89	11.200,65 €	114,72 €	-990,57 €	-0,99 %	
Beiersdorf	75,10 €	200	15.020,00 €	70,12 €	-996,00 €	-1,00 %	
Cancom	32,30 €	277	8.947,10 €	28,70 €	-997,20 €	-1,00 %	
Daimler	82,75 €	128	10.592,00 €	74,95 €	-998,40 €	-1,00 %	
Deutsche Post	26,14 €	537	14.037,18 €	24,28 €	-998,82 €	-1,00 %	
FMC St.	73,85 €	215	15.877,75 €	69,20 €	-999,75 €	-1,00 %	
Infineon Techn.	11,19 €	1.075	12.029,25 €	10,26 €	-999,75 €	-1,00 %	
Kali + Salz	38,67 €	220	8.507,40 €	34,14 €	-996,60 €	-1,00 %	
XING	147,50 €	51	7.522,50 €	128,09 €	-989,91 €	-0,99 %	
Investitionssumme:			**117.991,58 €**				

In allen drei gezeigten Money-Management-Modellvarianten wird angenommen, dass sämtliche Positionen zeitgleich aufgebaut werden. Diese Annahme entspricht natürlich nicht der Praxis und sollte möglichst vermieden werden. Die gezeigten Beispiele sind vor diesem Hintergrund nur als Lehrbeispiele gedacht. Ist ein zeitgleicher Einstieg in mehrere Positionen aber dennoch gewünscht, kann auf das daraus entstehende erhöhte Gesamtrisiko für das Portfolio beispielsweise dadurch reagiert werden, dass das Risiko pro Trade von beispielsweise 1 Prozent auf 0,8 Prozent verringert wird. Hierauf wird im Kapitel 3.4, Portfoliomanagement für den Aktienhandel, eingegangen.

Zusammengefasst ergibt sich folgende Situation: Das „Klassische Money-Management-Modell", das für jede Position einen gleich großen Investitionsbetrag vorsieht, hat sich als ungenügend herausgestellt. Für das Erreichen der in Kapitel 2 genannten übergeordneten Ziele ist das Prozent-Risiko-Modell die bessere Wahl, wobei dieses Modell allerdings auch seine Nachteile hat. Die Verknüpfung aus Stoppentfernung, Positionsgewichtung und Investitionsgrad ist es, die den Einsatz des Prozent-Risiko-Modells komplexer macht, als es auf den ersten Blick den Anschein hat, und zu einer Modifikation des Prozent-Risiko-Modells in meinem eigenen Trading geführt hat.

3.3.1.3 Modifiziertes Prozent-Risiko-Modell

Das Modifizierte Prozent-Risiko-Modell ist der von mir im kurz- und mittelfristigen Aktienhandel präferierte Ansatz. Gegenüber dem einfachen Prozent-Risiko-Modell erfolgt die Berechnung des Risikos pro Trade auf einer anderen Grundlage.

In den vorherigen Beispielen zum Prozent-Risiko-Modell (Abbildungen 3.5 und 3.6) basierte die Berechnung des Risikos pro Trade auf dem Gesamtkontostand, der sich aus dem Wert der offenen Positionen und dem Cash-Betrag errechnet. Unter der Annahme, dass alle Positionen zeitgleich aufgenommen werden, ließ sich das Risiko pro Trade unkompliziert auf den anfänglichen Kontostand von 100.000 Euro berechnen. Doch was geschieht, wenn im weiteren Verlauf Positionen ins Plus laufen, irgendwann geschlossen und neue aufgebaut werden? Auf welcher Basis erfolgt dann die Bestimmung des Risikos pro Trade?

An dieser Stelle ist zwischen vier verschiedenen Kontostandberechnungen zu unterscheiden:

→ dem aktuellen Gesamtkontostand, auch als „Total Equity" bezeichnet,

→ dem mit Verlustbegrenzungsstopps und nachlaufenden Stopps abgesicherten Kontostand, auch als „Core Equity" bezeichnet,

→ dem mit Verlustbegrenzungsstopps und Stopps an der Gewinnschwelle abgesicherten Kontostand, von mir auch als „Reduced Core Equity" bezeichnet,

→ dem ausschließlich mit Verlustbegrenzungsstopps abgesicherten Kontostand, von mir auch als „Maximum Reduced Core Equity" bezeichnet. [5]

Die „Total Equity" entspricht dem Gesamtkontostand, der sich aus dem aktuellen Cash-Bestand zuzüglich dem aktuellen Wert der offenen Positionen berechnet.

Hingegen berechnet sich die „Core Equity" aus dem aktuellen Cash-Betrag zuzüglich des Wertes der offenen Positionen, der sich für den Fall ergibt, dass der Ausstieg aus der Aktie jeweils exakt an der vorgesehenen Stoppmarke erfolgt. Offene Gewinne, die bereits mit nachlaufenden Stopps abgesichert worden sind, wirken sich also positiv auf den Kontostand aus. Die Core Equity kann niemals höher liegen als die Total Equity.

Die „Reduced Core Equity" setzt sich zusammen aus dem aktuellen Cash-Betrag und dem Wert der offenen Positionen, der sich wie folgt ergibt: Für offene Positionen, deren aktuelle Ausstiegsmarke (Stopp) noch unter dem Einstiegsniveau liegt, greift der Verlustbegrenzungsstopp. Für diejenigen Werte, deren aktuelle Ausstiegsmarke bereits über dem Einstiegskurs liegt, wird der Break-even-Punkt für die Berechnung zugrunde gelegt.

Die „Maximum Reduced Core Equity" berechnet sich aus dem aktuellen Cash-Betrag zuzüglich des Wertes der offenen Positionen, der sich für den Fall ergibt, dass ausschließlich der Verlustbegrenzungsstopp in sämtlichen offenen Positionen greift. Der Wert, den die Maximum Reduced Core Equity angibt, ist somit der niedrigste der drei vorgestellten Varianten.

Alle vier Equity-Varianten weisen einen identischen Kontostand auf, wenn es keine offenen Positionen im Portfolio gibt. Sobald auch nur eine offene Position existiert, weicht mindestens die Total Equity von den anderen drei Werten ab.

Damit ergeben sich vier Möglichkeiten, das Risiko pro Trade im Rahmen des Prozent-Risiko-Modells zu ermitteln.

Ich bevorzuge in meinem eigenen Trading seit Jahren die Reduced Core Equity, die aus diesem Grund im folgenden Kapitel zum Thema Portfoliomanagement als einzige Variante verwendet wird. Auf die übrigen Kontostand-Berechnungsvarianten wird lediglich im Rahmen der Diskussion über die Berechnungsgrundlage des maximalen Drawdowns eingegangen.

3.3.2 Aufgaben zum Thema Money-Management

Bevor es an das letzte Thema dieses Kapitels, das Portfoliomanagement, geht, hier noch ein paar Aufgaben zur Vertiefung der vorherigen Inhalte zum Thema Money-Management.

Aufgabe 1:
➡ Annahme: Sie möchten das Risiko pro Trade berechnen und dafür auf das Modifizierte Prozent-Risiko-Modell zurückgreifen.
➡ Frage:
   1. Welche Vorgaben benötigen Sie?
   2. Welche Möglichkeiten haben Sie, die Positionsgröße zu berechnen?

Aufgabe 2:
➡ Annahmen:
   ▪ Aktie xy gibt ein Kaufsignal.
   ▪ Es besteht keine offene Position.
   ▪ Kontogröße: 50.000 €.
   ▪ Gewünschtes Risiko pro Trade: 0,75 %.
   ▪ Voraussichtlicher Einstiegspunkt: 51,50 €.
   ▪ Volatilität der Aktie: ATR(21) = 0,85 €.
➡ Fragen:
   1. Wie groß ist jeweils die Positionsgröße, wenn der Verlustbegrenzungsstopp um eine ATR(21), um das Zwei- oder das Dreifache der ATR(21) unter dem Einstiegskurs liegt?
   2. Was wäre zu beachten, wenn das Risiko pro Trade von 0,75 Prozent auf 1,2 Prozent erhöht würde?

3. Angenommen, Sie möchten mit einem Verlustbegrenzungsstopp arbeiten, der 7 Prozent unter dem Einstiegskurs liegt. Welche Positionsgröße ergäbe sich, wenn Sie 1 Prozent Risiko pro Trade ansetzen würden?

Aufgabe 3:

➡ Annahmen:

- Ihr Risiko pro Trade beträgt 1 Prozent auf den jeweils gültigen Kontostand.
- Es ist immer maximal eine Position offen.
- Ihre Trefferquote beträgt 48 Prozent, das bedeutet, 48 von 100 Trades enden im Plus.
- Pro Trade erzielen Sie einen durchschnittlichen Gewinn, der das Doppelte des Anfangsrisikos beträgt.
- Sie handeln durchschnittlich 5-mal pro Monat.

➡ Fragen:

1. Wie groß ist Ihr Profit pro Monat (in Prozent)?
2. Wie hoch ist Ihr Gewinn pro Jahr (12 Monate)?
3. Wie hoch muss die Trefferquote mindestens sein, damit kein Verlust generiert wird?

Die Antworten finden Sie auf www.nachhaltig-erfolgreich-traden.com.

3.4 Portfoliomanagement für den Aktienhandel

Als Einleitung für das Thema Portfoliomanagement dient eine Wiederholung der beiden in Kapitel 3.1.3 angegebenen und im Folgenden als bekannt vorausgesetzten Definitionen zum Portfoliorisiko und Portfoliomanagement:

➡ Die Summe aller Risiken, die pro Trade eingegangen werden, entspricht dem Portfoliorisiko.

➡ Die Aufgabe des Portfoliomanagements besteht darin, sicherzustellen, dass die festgelegten Maximalwerte für das offene Risiko und die Gewichtungen im Einzelaktien-, Sektor- und Industriegruppenbereich nicht überschritten werden.

Das Modifizierte Prozent-Risiko-Modell wird zur Verbesserung der Kontrolle des Portfoliorisikos um Regeln aus dem Portfoliomanagement-Bereich ergänzt. Als Ergebnis steht am Ende die Form von Risiko-, Money- und Portfoliomanagement, die ich seit vielen Jahren praktiziere.

3.4.1 Bestimmung der Portfolio-Parameter

Die Bestimmung der Positionsgröße fußt auf der Angabe, wie hoch das Risiko pro Trade ausfallen darf. In meinem Trading ist eine Position, die neu aufgebaut wird, einem maximalen Risiko von 0,75 Prozent ausgesetzt. Dieses Risiko berechnet sich auf den Kontostand, der nach der Reduced-Core-Equity-Methode berechnet wird.

Die 0,75 Prozent Risiko pro Trade werden jedoch nicht mit einem Einstieg eingegangen, sondern in mehreren Schritten über ein sogenanntes Scaling-In, auch bekannt als Pyramidisieren. Die exakte Vorgehensweise wird im Kapitel 3.4.2 erläutert.

Bei vollen 0,75 Prozent Risiko pro Trade bin ich bereit, maximal fünf Positionen gleichzeitig im Portfolio zu haben, die noch mit dem maximal angesetzten Verlust ausgestoppt werden können, sodass sich insgesamt auf mein Portfolio ein Rückschlagpotenzial von 3,75 Prozent ergeben kann. Da ich aber gestaffelt einsteige, kann es durchaus vorkommen, dass mehr als fünf offene Positionen aufgebaut werden, von denen noch keine mit einem Break-even-Stopp abgesichert ist. Insgesamt möchte ich aber von meiner Reduced Core Equity zu keiner Zeit mehr als die genannten 3,75 Prozent verlieren.

Erst wenn für mindestens eine Position der Stopp an die Gewinnschwelle herangezogen werden kann, ist die Aufnahme neuer Positionen möglich. Werden alle Titel im Depot ausgestoppt, analysiere ich die Gründe, halte mich an meinen Plan und gehe so vor, wie es die Strategie vorsieht. Das heißt: Kaufsignale werden weiter befolgt. Durch das gewählte Modifizierte Prozent-Risiko-Modell wird das Risiko pro Trade in solchen Drawdown-Phasen automatisch kleiner. Um die Wahrscheinlichkeit zu verringern, dass aufgrund eines schlechten Timings gleichzeitig in allen neu aufgenommenen Aktien der Verlustbegrenzungsstopp ausgelöst wird, nehme ich zudem innerhalb eines Tages nicht mehr als drei neue Aktien ins Portfolio auf.

Alle zuvor genannten Vorgaben (0,75 Prozent Risiko pro Trade, nicht mehr als drei neue offene Positionen pro Tag, weniger als 3,75 Prozent offenes Risiko) können natürlich frei gewählt werden. Trader, die höhere Schwankungen in ihrer Kontoentwicklung aushalten, können durchaus das Risiko pro Trade auf bis zu 1,2 Prozent hochschrauben. Darüber hinauszugehen macht allerdings mit der in diesem Buch vorgestellten Strategie wenig Sinn, da die Verlustbegrenzungsstopps in der Regel so dicht am Einstiegskurs liegen, dass ansonsten die Positionsgrößen zu groß werden (sofern sie es nicht schon sind). In Extremfällen kann es vorkommen, dass sich nur ein oder zwei Werte im Depot befinden. Wie viel Risiko pro Trade sinnvoll gefahren werden sollte, hängt zudem maßgeblich von der Wahl der Ausstiegsregeln und davon ab, bis zu welchem Grad offene Gewinne laufen gelassen werden.

Darüber hinaus sollte es, wie bereits zu Beginn des Kapitels betont, maximale Grenzen für die Gewichtung von Einzelaktien, Sektoren und Industriegruppen sowie für das offene Risiko im Industriegruppen-Bereich geben.

Konkret verwende ich hier folgende Vorgaben:

→ Die Maximalgewichtung pro Einzelaktie sollte bei Aufnahme nicht mehr als 20 Prozent des Kontostands (Reduced Core Equity) ausmachen; läuft die Aktie ins Plus, ist eine Gewichtung von bis zu 35 Prozent erlaubt.

→ Die Maximalgewichtung einer Industriegruppe sollte mit Aufnahme einer zusätzlichen, neuen Position nicht mehr 40 Prozent betragen; im Falle von Kursgewinnen ist eine Maximalgewichtung von bis zu 60 Prozent erlaubt.

→ Das maximal offene Risiko der zu einer Industriegruppe gehörenden Aktien sollte nicht mehr als zwei Prozent betragen; diese zwei Prozent Verlustrisiko beziehen sich auf die Reduced Core Equity.

→ Für die Sektor-Gewichtung greift lediglich eine Regel: Im Falle eines Investitionsgrads von 95 Prozent und mehr sollten mindestens drei verschiedene Sektoren im Portfolio vertreten sein.

Werden nach dem Einstieg aufgrund von Kursgewinnen die angegebenen Maximalwerte überschritten, sind Teilverkäufe (sogenanntes Scaling-Out) oder das Platzieren von engen Gewinnmitnahmestopps sinnvoll. Natürlich ist auch eine Kombination aus diesen beiden Varianten möglich.

Abbildung 3.7 Portfoliomanagement-Beispiel in der Praxis (Auszug)

Kontostand bei Start:	$ 50.000	Core Equity:	$ 61.096
Aktueller Kontostand:	$ 63.280	Reduced Core Equity (RCE):	$ 59.528
Anteil Aktien:	$ 47.275	Maximum Reduced Core Equity:	$ 58.561
Anteil Cash:	$ 16.005	Anzahl Positionen unter Einstiegskurs:	2
Maximales Risiko pro Trade:	-0,75 %	Offenes Risiko auf RCE-Basis:	-1,14 %

Aktie Symbol	Aktie Name	Industriegruppe	Aktien	Einstiegskurs	Anfangsstopp	Aktueller Kurs	Aktueller Stopp	Aktuelle Gewichtung
FB	Facebook Inc	Internet-Social Media	110	$ 88,30	$ 85,20	$ 94,06	$ 88,95	16,35 %
INTC	Intel Corp	Halbleiter-Hersteller	250	$ 30,75	$ 29,50	$ 29,13	$ 29,50	11,51 %
HD	Home Depot Inc	Einzelhandel-Baumärkte	90	$ 102,50	$ 99,15	$ 117,53	$ 106,75	16,72 %
MU	Micron Technology	Halbleiter-Hersteller	400	$ 19,32	$ 18,40	$ 19,01	$ 18,40	12,02 %
AAPL	Apple Inc	Computer Hardware	100	$ 98,50	$ 95,25	$ 114,64	$ 109,64	18,12 %

In Abbildung 3.7 ist ein Beispiel zu sehen, wie das Portfoliomanagement in der Praxis aussieht. Im gezeigten Fall handelt es sich um eine Excel-Tabelle, in der ein Musterportfolio zu sehen ist. Die Kurse werden täglich auf Tagesschlusskursbasis automatisch aktualisiert, sodass die Mehrzahl der Berechnungen automatisch erfolgt.

3.4.2 Scaling-In und Scaling-Out

Unter Scaling-Out wird der Teilverkauf einer offenen Position verstanden. Fondsmanager und Vermögensverwalter, die bemüht sind, Aktien möglichst lange zu halten und gleichzeitig nicht zu viel von offenen Gewinnen wieder abzugeben, greifen gerne auf diese Methode zurück. Sofern nicht aus diesen oder den oben genannten Gründen (Übergewichtung einer Position oder Industriegruppe) ein Scaling-Out erfolgt, halte ich von dieser Methode allerdings nicht viel. In meinen Augen bedeutet ein Scaling-Out, dass ich als Trader oder aktiver Investor nicht weiß, wie mit der aktuellen Situation umzugehen ist. Entweder eine Aktie wird gehalten oder sie wird verkauft – so lautet meine Einstellung.

Anders sieht es hingegen beim Scaling-In aus. Hier wird eine Position schrittweise aufgebaut. Scaling-In ist auch unter dem Begriff „Pyramidisieren" bekannt. Im Zusammenhang mit der in diesem Buch vorgestellten Strategie ist ein Scaling-In deswegen besonders sinnvoll, weil die identifizierten Einstiegspunkte in dem Moment entstehen, wo der breite Aktienmarkt bereits korrigiert hat und natürlich die Gefahr besteht, dass diese Korrektur sich fortsetzt.

Das von mir praktizierte Pyramidisieren findet nicht über mehrere Wochen hinweg statt, sondern kann innerhalb weniger Stunden erfolgen, sobald nach dem ersten Einstieg die Aktie weiter in die gewünschte Richtung gelaufen ist.

Mithilfe des Pyramidisierens kann die Wahrscheinlichkeit, das volle mit dem Einstieg in eine Position einkalkulierte Risiko zu verlieren, reduziert werden. Nicht selten kommt es vor, dass sich eine Aktie nur in den ersten 30 bis 60 Minuten stark verhält und danach – zumeist im Einklang mit dem breiten Aktienmarkt – zu fallen beginnt.

Die für das Scaling-In verwendeten exakten Timing-Methoden werden in Kapitel 6 zum Thema Einstieg vorgestellt. An dieser Stelle soll lediglich erläutert werden, wie das Risiko pro Trade pro eingegangene Teilposition aussieht:

Annahme: Das Risiko pro Trade beträgt 0,75 Prozent auf die Reduced Core Equity.

Dann erfolgt der gestaffelte Einstieg wie folgt:

Schritt 1: Berechnung der gesamten Positionsgröße, zum Beispiel: 500 Aktien.
Schritt 2: Einstieg mit 300 Aktien am vorgesehenen Einstiegspunkt.
Schritt 3: Einstieg mit der verbleibenden Restposition (200 Aktien), sobald der Wert um einen bestimmten Betrag gestiegen ist.

Schritt 4: Leichtes Anheben des Verlustbegrenzungsstopps, sodass tatsächlich lediglich 0,75 Prozent als Risiko in dem Trade entstehen.

Um welchen Wert genau die Aktie steigen sollte, bevor ein zweiter Einstieg erfolgt, wird in Kapitel 6 erklärt.

3.4.3 Berechnung des maximalen Drawdowns

Die Bestimmung des maximalen Drawdowns, also der Kursschwankung der Performance-Kurve eines Portfolios, ist für die Definition von übergeordneten Zielen wie in Kapitel 2.2 von Bedeutung.

Der maximale Drawdown kann auf verschiedene Weisen berechnet werden. Das gängigste Verfahren basiert darauf, täglich den aktuellen Gesamtkontostand (Total Equity) zu erfassen und darauf basierend den Drawdown zu berechnen. Diese Methode hat jedoch für den in diesem Buch vorgestellten Ansatz, Aktien kurz- bis mittelfristig zu halten, einen Nachteil: Offene Gewinne werden in der Regel mit nachgezogenen Gewinnmitnahmestopps abgesichert, die der Aktie Luft geben, um sich entfalten zu können. Kommt es irgendwann zu einer Korrektur, kann sofort ein nicht unerheblicher Drawdown dadurch entstehen, dass ein Teil der offenen Gewinne zunächst abgegeben worden ist, bevor der Gewinnmitnahmestopp ausgelöst wurde. Dieses Problem hat in den letzten zehn bis 15 Jahren speziell innerhalb der Hedgefonds-Szene dazu geführt, dass vermehrt Strategien zur Anwendung kommen, die im Ausstiegsbereich möglichst schnell offene Gewinne realisieren. Offene Gewinne schnell zu realisieren führt aber dazu, dass die Haltedauer von Gewinnern deutlich verkürzt wird, während Verlierer wesentlich länger gehalten werden. Meines Erachtens ist diese Tendenz ungesund und sollte vermieden werden.

Die Lösung besteht in der Möglichkeit, den Drawdown auf Basis der geschlossenen Equity-Kurve zu berechnen. Die sogenannte „Closed Equity Curve" ergibt sich aus dem Kontostand zu Beginn einer Periode (beispielsweise dem 1. Januar) zuzüglich aller Gewinne und Verluste der seit diesem Zeitpunkt geschlossenen Trades. Damit wird die Gewichtung der Berechnung ausschließlich auf den zwischenzeitlich im Konto tatsächlich entstehenden Verlust gelegt, nicht auf entgangene (also offene und nicht realisierte) Gewinne.

Meine in Kapitel 2.2.1 wiedergegebenen Zielvorgaben zum maximalen Drawdown fußen auf dieser Berechnungsgrundlage.

3.5 Entwicklung eines Trading-Plans

Nun gilt es, den ersten Schritt in Richtung eines Trading-Plans zu gehen. Dieser besteht darin, für die folgenden Punkte Vorgaben zu machen, also Parameter festzulegen und Antworten zu geben:

1. Wie hoch wähle ich das Risiko pro Trade?
2. Wie viele Positionen bin ich bereit, maximal pro Tag zu eröffnen?
3. Wie groß darf mein maximaler offener Verlust sein, wenn alle offenen Positionen, die noch nicht mit einem Break-even-Stopp abgesichert sind, ihren Verlustbegrenzungsstopp erreichen?
4. Wie groß darf die Gewichtung einer einzelnen Industriegruppe maximal sein, wenn
   a. eine zusätzliche Position aufgebaut wird oder
   b. die offenen Positionen an Wert zunehmen?
5. Welches maximal offene Risiko (bezogen auf die Reduced Core Equity) setzte ich für eine Industriegruppe an?
6. Welche minimale Diversifikation möchte ich im Sektor-Bereich haben?

Es empfiehlt sich, die Antworten auf diese Fragen zu notieren und darauf zurückzugreifen, sobald Sie Erfahrung mit der vorgestellten Aktienstrategie gesammelt haben.

Fußnoten:

[1] Auf das Thema Leerverkäufe wird in Kapitel 9 eingegangen. Dort wird auch erklärt, was genau eigentlich ein Leerverkauf ist.

[2] Hierbei handelt es sich um meine eigene Definition. In der Trading-Literatur gibt es keine einheitliche Definition für ein Gap. Die am häufigsten anzutreffende Definition besagt, dass im Falle eines negativen Gaps der Eröffnungskurs unter dem Vortagestief (also nicht nur dem Vortagesschlusskurs, wie in meiner Definition) und im Falle eines positiven Gaps über dem Vortageshoch liegen muss.

[3] ETF steht für Exchange-Traded Funds; ETFs haben gegenüber normalen Aktienfonds den Vorteil, dass sie wie Einzelaktien jederzeit an der Börse gehandelt werden können.

[4] In diesem Zusammenhang ist es wichtig zu berücksichtigen, dass es sich hier lediglich um ein Beispiel handelt. Inwieweit letztlich der Abstand zwischen Einstiegskurs und Verlustbegrenzungsstopp tatsächlich dem Vierfachen der ATR(21) entsprechen sollte, wird in Kapitel 7 detailliert erörtert.

[5] Die verwendeten englischen Begriffe „Total Equity" und „Core Equity" sind im Trading-Bereich gängige Begriffe; hingegen sind die beiden anderen verwendeten Begriffe „Reduced Core Equity" und „Maximum Reduced Core Equity" eigene und aus meiner Sicht logische Kreationen.

ÜBERGEORDNETES MARKTMODELL

Das Übergeordnete Marktmodell ist ein wesentlicher Bestandteil der in diesem Buch vorgestellten Aktienstrategie. Auf den folgenden Seiten erfahren Sie, welches die Aufgaben des Modells sind, worin seine Grundideen bestehen, aus welchen Komponenten das Modell besteht und wie die Anwendung in der Praxis aussieht.

4.1 Idee, Aufbau und Bedeutung

Das Übergeordnete Marktmodell spielt für den nachhaltigen Erfolg der in diesem Buch vorgestellten kurz- und mittelfristigen Aktienstrategie eine tragende Rolle. Selbst bei meinem Daytrading, das ich regelmäßig als Ergänzung zur kurz- und mittelfristigen Strategie umsetze, greife ich auf bestimmte Komponenten zurück.

Durch die Berücksichtigung des Übergeordneten Marktmodells gelingt es, die Ergebnisse im Aktienhandel deutlich zu verbessern. Auf den folgenden Seiten wird gezeigt, warum dem so ist.

Eines der in Kapitel 2.2 genannten Ziele und Paradigmen besteht darin, in dem Moment in eine Aktie einzusteigen, wo die größtmögliche Chance auf eine nachhaltige Bewegung – und damit einhergehend ein sehr gutes Verhältnis von Gewinn zu Risiko – besteht, und zwar selbst dann, wenn dies eine längere Cash-Periode nach sich zieht, weil auf die entsprechende Gelegenheit gewartet wird. Das Übergeordnete Marktmodell spielt eine entscheidende Rolle dabei, dieses Ziel zu erreichen. Die Mehrzahl seiner Grundideen ist ebenfalls auf das Erreichen dieses Ziels ausgerichtet.

4.1.1 Einordnung des Übergeordneten Marktmodells

Die in diesem Buch vorgestellte kurz- und mittelfristige Strategie setzt sich aus den in Abbildung 4.1 gezeigten Teilen zusammen.

Abbildung 4.1 Zusammensetzung der kurz- und mittelfristigen Aktienstrategie

Auf das Risiko-, Money- und Portfoliomanagement wurde bereits im vorherigen Kapitel ausführlich eingegangen. Das Übergeordnete Marktmodell wird in diesem Kapitel vorgestellt. Die übrigen drei Teile, bestehend aus diversen Aktienselektionsverfahren, den Timing-Methoden und den technischen Setups für den Einstieg sowie den Ausstiegstechniken, werden in den Kapiteln 5 bis 7 detailliert erörtert.

Jeder Baustein der Strategie ist von Bedeutung. Erst das Zusammenspiel aller Teile führt zu einer vollständigen Strategie. Das Weglassen auch nur einer Komponente macht die Strategie unvollständig und führt über kurz oder lang ins (Trading-)Desaster. Letztlich gilt der in Abbildung 4.1 gezeigte Aufbau unabhängig von der in diesem Buch vorgestellten Strategie allgemein für jede Aktienstrategie, die einen sogenannten „Top-Down-Ansatz" fährt, also vor einem Einstieg in eine Aktie zunächst einmal das übergeordnete Marktverhalten einzuschätzen versucht. Die andere Variante, der sogenannte „Bottom-Up-Ansatz" wird von Investoren bevorzugt, die einen Value-Ansatz fahren und Aktien von ihrer Meinung nach unterbewerteten Unternehmen erwerben, ohne den Kursverlauf oder den übergeordneten Markt zu berücksichtigen.

4.1.2 Aufgabe des Übergeordneten Marktmodells

Die Aufgabe des Übergeordneten Marktmodells besteht in einer mehrstufigen Analyse des breiten Aktienmarkts. Mithilfe eindeutig definierter Vorgehensweisen (Regeln) und einer Vielzahl von Untermodellen wird das aktuelle Marktgeschehen so genau untersucht, dass auf Basis der Analyseergebnisse konkrete Anlageentscheidungen getroffen werden können.

Der breite Aktienmarkt wird dabei vorrangig repräsentiert durch den S&P 500 Index. In einigen Fällen wird bei den Analysen der Nasdaq Composite Index hinzugezogen. Die im Folgenden vorgestellten Untersuchungen beziehen sich alle auf den amerikanischen Aktienmarkt, können aber mit einigen Modifikationen auch auf andere Aktienmärkte übertragen werden. Wie eine mögliche Umsetzung des Übergeordneten Marktmodells für den europäischen und speziell den deutschen und den Schweizer Aktienmarkt aussehen kann, wird in Kapitel 4.5.3 gezeigt.

Sämtliche Analyseschritte, die das Übergeordnete Marktmodell vorsieht, dienen dazu, neue Positionen aufzubauen. Das Übergeordnete Marktmodell wird nicht als Entscheidungshilfe hinzugezogen, wenn es darum geht, was mit aktuell offenen Positionen geschehen soll. Das Managen offener Portfoliopositionen erfolgt über das Risiko- und Portfoliomanagement sowie die in Kapitel 7 vorgestellten Ausstiegsregeln.

Das Übergeordnete Marktmodell wird ausschließlich auf Aktien angewendet, die einer Industriegruppe angehören, die eine hohe Korrelation mit den marktbreiten Aktienindizes aufweist, also in der überwiegenden Zeit auf Sicht von mehreren Tagen mit dem breiten Aktienmarkt im Gleichschritt läuft (was bei über 80 Prozent der notierten Aktien in den USA und Europa der Fall ist).

Typische Ausnahmen kommen während unterschiedlicher Marktphasen aus dem Edelmetallbereich (insbesondere Gold- und Silberminen-Aktien), Energiebereich (Öl-Aktien) oder dem Immobilien- und Hausbaubereich. Allerdings wäre es ein Fehler, sich nur auf diese Bereiche zu konzentrieren, wenn es darum geht zu identifizieren, ob eine Abkopplung vom breiten Aktienmarkt vorliegt. Alle Gruppen sollten regelmäßig auf ihre Korrelation hin untersucht werden.

Im oberen Teil der Abbildung 4.2 ist der Kursverlauf des SPY, eines börsennotierten Fonds (ETF), der den S&P 500 Index nahezu identisch abbildet, und darunter der „Dow Jones US Home Construction Index" als

Repräsentant für die Hausbau-Industriegruppe zu sehen. Während des Zeitraums November 2001 bis Anfang Juli 2002 gelang es der Industriegruppe, sich vom breiten Aktienmarktverhalten abzukoppeln. Erst als der SPY im Juli 2002 – in der Abbildung als vertikale Linie eingezeichnet – in eine beschleunigte Abwärtsphase überging, folgte im Rahmen einer allgemeinen Verkaufspanik auch ein deutlicher Kursrückschlag in dieser Gruppe.

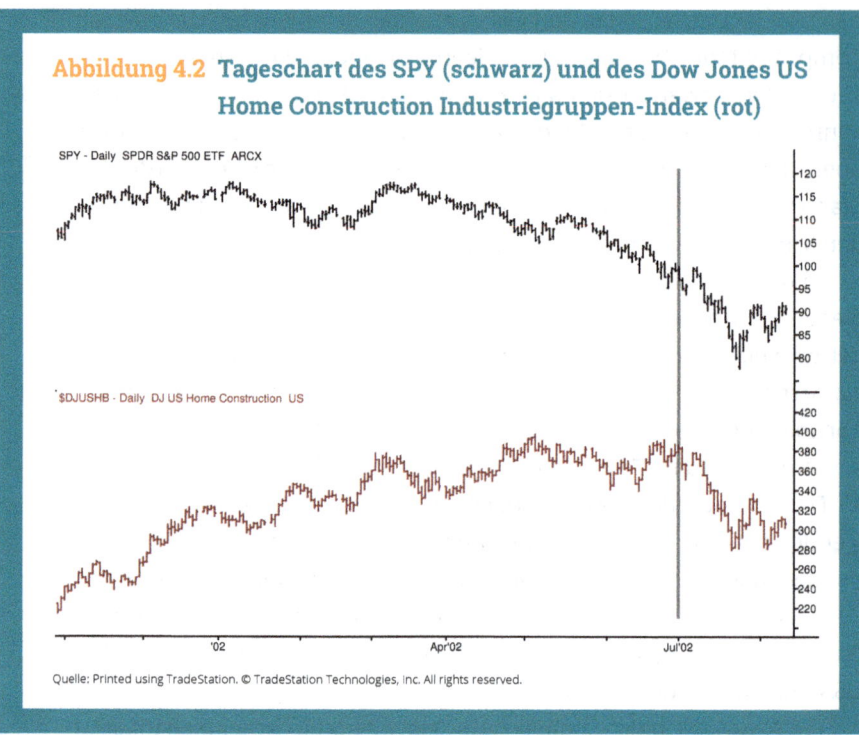

Abbildung 4.2 Tageschart des SPY (schwarz) und des Dow Jones US Home Construction Industriegruppen-Index (rot)

Auch in den vergangenen Jahren gab es verschiedene Industriegruppen, die sich vom breiten Aktienmarkt abgekoppelt und während der Bullenmarktphase im S&P 500 Index von Mitte 2012 bis Mitte 2015 deutlich nachgegeben haben. Darunter sind unter anderem Öl- und Gas-Titel sowie Aktien aus dem Gold-, Silber- und Kohlebereich.

Aktien, die zum Zeitpunkt der Analyse zu einer Industriegruppe gehören, die nicht mit dem breiten Aktienmarkt korreliert, fallen durch das „Analyseraster" und bleiben von dem Ergebnis der Analyse unberührt.

Das bedeutet, dass die aus der Analyse gewonnenen Erkenntnisse auf diese Industriegruppen nicht angewendet werden. Besteht keine Abhängigkeit der Industriegruppe vom breiten Aktienmarktverhalten, empfiehlt es sich, eigenständige Modelle für diese Gruppen zu entwickeln, die dann entsprechende, vom breiten Aktienmarkt unabhängige Signale für die Long- wie auch die Short-Seite (Leerverkaufsseite) liefern. Derartige Modelle sind als weitergehende Ergänzungen zu der in diesem Buch vorgestellten Aktienstrategie zu sehen und werden daher nicht weiter verfolgt.

4.1.3 Grundideen des Übergeordneten Marktmodells
In diesem Abschnitt wird der Frage nachgegangen, wozu das Übergeordnete Marktmodell eigentlich benötigt wird und welche Ideen ihm zugrunde liegen.

Die erste Grundidee basiert auf einer einfachen Beobachtung: Drei von vier Aktien fallen auf Sicht von mehreren Wochen, wenn der breite Aktienmarkt, repräsentiert durch Indizes wie den S&P 500 Index in den USA oder den Prime All Share Index in Deutschland, über mehrere Wochen nachgibt. Diese Aussage ließe sich anhand von statistischen Untersuchungen untermauern, ist aber so einleuchtend, dass an dieser Stelle darauf verzichtet wird.

Mathematisch gesehen ist es daher für einen Trader mit kurz- bis mittelfristigem Anlagehorizont sinnvoll zu versuchen, die eine Aktie zu finden, die es schafft, sich vom breiten Aktienmarkt abzukoppeln – zumal das vorherige Beispiel in Abbildung 4.2 zeigt, dass auch lange Zeit mit dem breiten Aktienmarkt nicht korrelierende Industriegruppen plötzlich ihr Verhalten ändern und im Einklang mit dem Aktienmarkt fallen können.

Dem Trend des breiten Aktienmarkts zu folgen bietet selbst während kleinerer Korrekturphasen im Aufwärtstrend und Kurserholungen im längerfristigen Abwärtstrend bereits einen mathematischen Vorteil, den es um weitere Kriterien zu ergänzen und so auszubauen gilt. Doch jeder Trend hat eine begrenzte Lebensdauer und das gilt insbesondere für langfristige Abwärtsbewegungen – worauf gleich eingegangen wird. Zunächst einmal lässt sich als simple Idee festhalten:

Die erste Grundidee des Übergeordneten Marktmodells besteht darin, täglich den übergeordneten (langfristigen) Trend des breiten Aktienmarkts zu identifizieren und bis auf den Sonderfall, dass ein bereits nachhaltiger Abwärtstrend entstanden ist, auch in dieser Richtung zu handeln.

Wie in Kapitel 2 bereits erklärt, liegt der Schwerpunkt der in diesem Buch vorgestellten Strategie auf der Kaufseite, sodass es in der ersten Grundidee neben der Trendbestimmung lediglich um die Frage geht, ob ein langfristiger Abwärtstrend vorliegt und ob dieser Trend gegebenenfalls mit hoher Wahrscheinlichkeit bereits kurz davor ist, zu drehen.

Auch die zweite Grundidee basiert auf einer Marktbeobachtung, die anschaulich mithilfe eines Beispiels erläutert werden kann. In Abbildung 4.3 ist die an der Nasdaq notierte Aktie der Ambarella Inc. (Symbol: AMBA) zu sehen. Über den gezeigten Zeitraum von Februar 2013 bis Juli 2015 erfüllte das Unternehmen auch die fundamentalen Kriterien, die in Kapitel 5 definiert werden. In der Abbildung wird neben dem Kursverlauf der Gleitende Durchschnitt über 50 Tage (dunkelgelb) und 200 Tage (blau) gezeigt. Die vertikalen Linien markieren diejenigen Punkte, die aus Sicht eines kurz- und mittelfristigen Traders ideale Zeitpunkte für einen Kauf der Aktie darstellen.

Charakterisiert sind die hervorgehobenen idealen Einstiegspunkte für den Aufbau einer Long-Position durch eine moderate bis nicht vorhandene Gegenbewegung dadurch, dass die Position jeweils nur gering bis überhaupt nicht ins Minus läuft. An dieser Stelle lässt sich sogar ohne Ausstiegsregeln von einem bestmöglichen Szenario (das ein Trader und ein Investor natürlich anstreben sollten) sprechen, bestehend aus der Kombination eines idealen kurz- bis mittelfristigen Trades mit perfektem Verhältnis von Gewinn zu Risiko.

Die in Abbildung 4.3 gezeigten Einstiegspunkte sind im Nachhinein leicht zu erkennen und es stellt sich die berechtigte Frage, ob eine derart

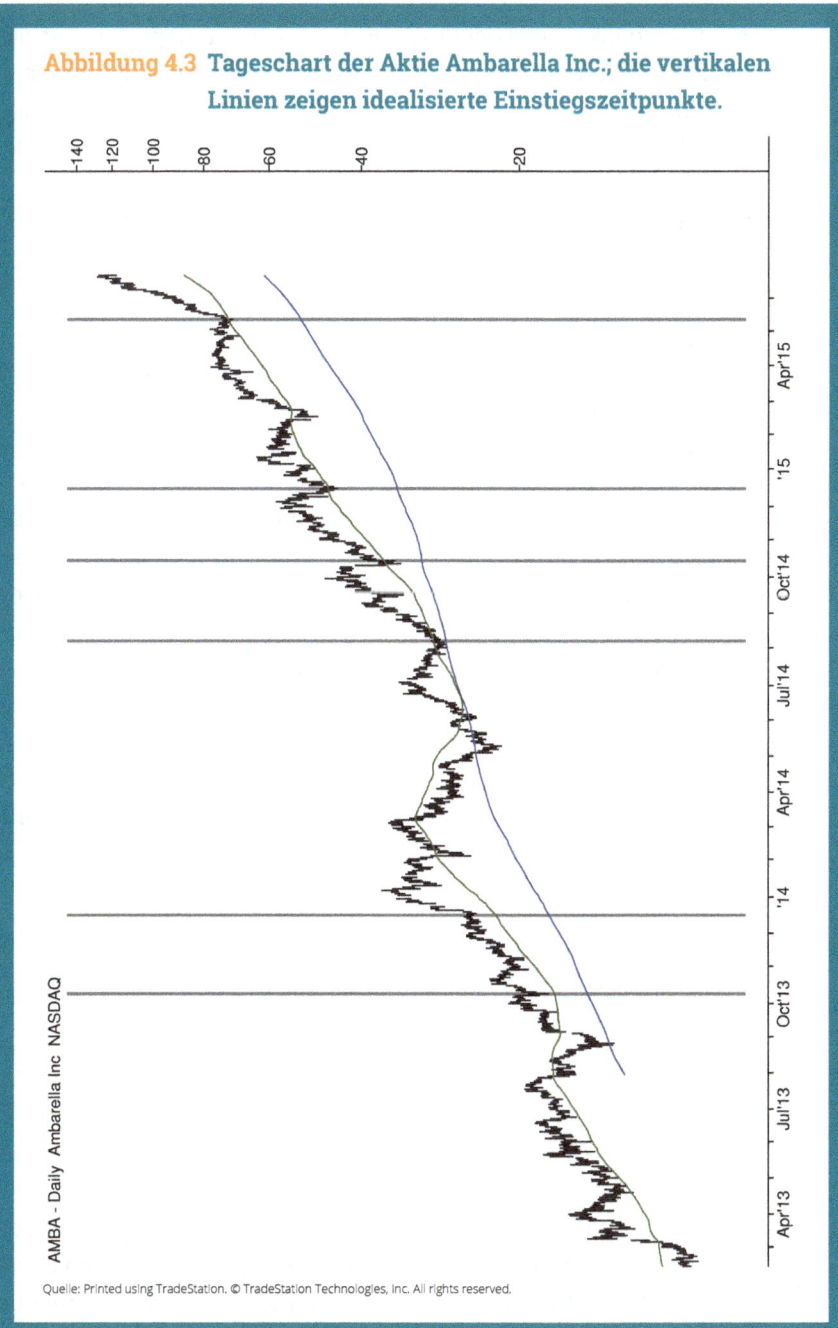

Abbildung 4.3 Tageschart der Aktie Ambarella Inc.; die vertikalen Linien zeigen idealisierte Einstiegszeitpunkte.

Quelle: Printed using TradeStation. © TradeStation Technologies, Inc. All rights reserved.

perfekte Identifikation in der Praxis auch nur annäherungsweise möglich wäre. Die Antwort auf diese Frage lautet: In der Mehrzahl der gezeigten Fälle ist beziehungsweise war eine Identifikation dieser Punkte tatsächlich möglich! Der Grund: Die markierten Punkte fallen mit Wendepunkten des breiten Aktienmarkts zusammen, repräsentiert durch den S&P 500 Index. In Abbildung 4.4 ist nochmals AMBA mit den aus Abbildung 4.3 bereits bekannten idealisierten Einstiegspunkten zu sehen. Ergänzt wird die Abbildung um den darunter platzierten SPY.

Zu betonen ist, dass das in Abbildung 4.4 gezeigte Beispiel keine Ausnahme, sondern den Regelfall darstellt. Die in Kapitel 1 vorgestellten 24 Modellbeispiele untermauern diese Aussage.

Beim AMBA-Beispiel wurden die potenziellen idealisierten Einstiegspunkte in einem Umfeld generiert, in dem der langfristige Trend des breiten Aktienmarkts aufwärts gerichtet war und die Rücksetzer in einem kleineren, untergeordneten Zeitfenster erfolgten (eine Ausnahme bildet das Signal Mitte Oktober 2014, was an dieser Stelle aber für die Deutung keine entscheidende Rolle spielt). Damit kann im vorliegenden Fall von Signalen gesprochen werden, die nach einer Korrektur in Richtung des langfristigen Aufwärtstrends entstanden und damit als Trendfolgesignale zu bezeichnen sind.

Daraus lässt sich die zweite Grundidee des Übergeordneten Marktmodells ableiten:

> Die zweite Grundidee des Übergeordneten Marktmodells besteht darin, Zeitpunkte zu identifizieren, an denen es mit hoher Wahrscheinlichkeit zu einem Wendepunkt am breiten Aktienmarkt in Richtung des übergeordneten, längerfristigen Trends kommt.

Die zweite Grundidee bedarf einer Erweiterung um diejenigen Fälle, die nicht in den Trendfolgebereich fallen. Konkret geht es um die Signale, die gegen den langfristigen Trend gehandelt werden, also auf eine Trendbeendigung setzen und zu den sogenannten Countertrend-Signalen zählen.

Aktie Ambarella (oben) mit SPY (unten), jeweils im
Tageschart; die vertikalen Linien markieren Stellen, an
denen die Wendepunkte im S&P Index mit den idealisierten Einstiegspunkten in der Aktie zusammenfallen.

Quelle: Printed using TradeStation. © TradeStation Technologies, Inc. All rights reserved.

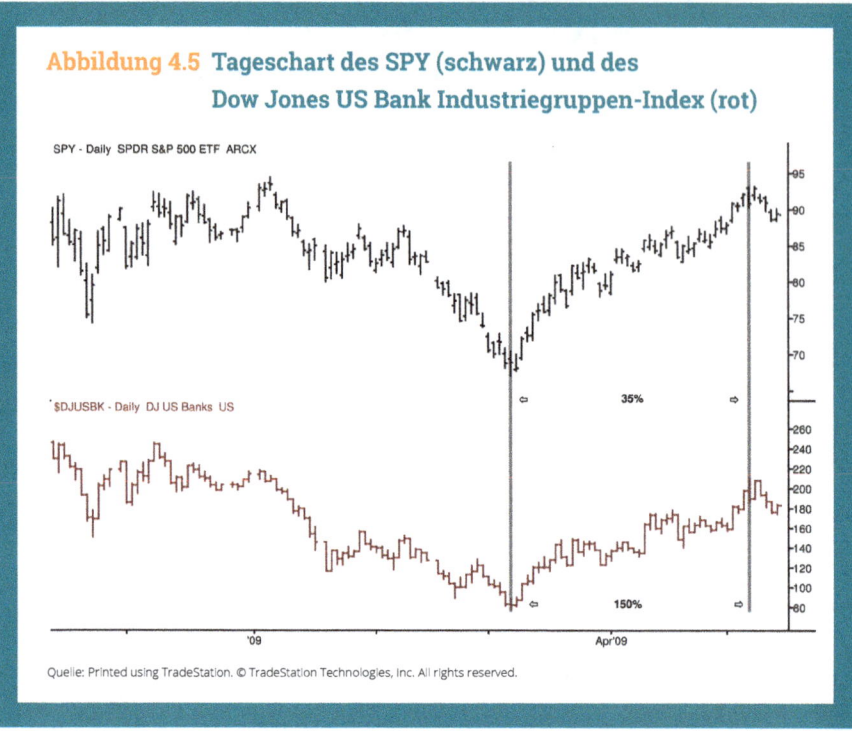

Abbildung 4.5 illustriert anhand des Dow Jones US Bank Index die grundlegende Idee von Countertrend-Signalen: Stark gefallene Titel (wie Bank-Aktien während der Finanzkrise 2007-2008) verfügen an Wendepunkten des langfristigen Trends über ein besonders hohes Kurspotenzial. Im gezeigten Beispiel legte der Bank-Index (in Rot unter dem SPY dargestellt) im Zeitraum 6. März bis 7. Mai 2009 um über 150 Prozent zu, während der S&P 500 Index lediglich ein Plus von 35 Prozent aufwies.

Die dritte Grundidee des Übergeordneten Marktmodells besteht darin, Zeitpunkte zu identifizieren, an denen es mit hoher Wahrscheinlichkeit zu einer nachhaltigen Bewegung gegen den vorherrschenden langfristigen Trend kommt.

Damit kommen wir zur vierten und letzten Grundidee des Übergeordneten Marktmodells.

Wie in den Kapiteln 4.2 und 4.4 noch gezeigt werden wird, muss zwecks sinnvoller Durchführung einer Identifikation zwischen unterschiedlichen Klassen von Wendepunkten unterschieden werden. Der Schwerpunkt der Betrachtung liegt dabei auf der Identifikation potenzieller Einstiegspunkte für die Kaufseite. Leerverkaufssignale treten zugunsten von Cash-Perioden (also Phasen, in denen nicht investiert wird) in den Hintergrund. Die Hintergründe werden in Kapitel 9 erläutert, in dem das Thema Leerverkäufe behandelt wird.

Die vierte Grundidee basiert auf einem der in Kapitel 2 im Rahmen meiner grundsätzlichen Denkweise vorgestellten Leitsätze (Paradigmen), wonach das Ziel eines jeden Traders stets die Profitmaximierung bei kleinstmöglichem Risiko sein sollte.

Den maximalen Profit zu erzielen ist am Aktienmarkt nur möglich, wenn für verschiedene Marktphasen, wie Bullen- oder Bärenmarkt, diejenigen Strategien selektiert werden, die für die jeweilige Marktphase das größtmögliche Verhältnis aus Profit zu Risiko versprechen. Zu diesem Zweck wird die in diesem Buch vorgestellte Aktienstrategie in Abhängigkeit von der Marktphase modifiziert. Diese Modifikation erfolgt durch Anpassung aller zur Strategie gehörenden Komponenten, beginnend mit dem Risiko-, Money- und Portfoliomanagement über die Aktienselektionsverfahren bis hin zum Ein- und Ausstieg.

Beispielsweise ist es während eines reifen Bullenmarkts sinnvoll, Ausstiegsregeln anzuwenden, die der Position verhältnismäßig wenig Luft geben, indem die Gewinne relativ schnell realisiert werden. Eine solche Vorgehensweise ist in jüngeren und etablierten Bullenmärkten weniger effektiv, aber möglich. Auch im Einstiegsbereich kann und sollte variiert werden, wie unter anderem beim Scaling-In (Pyramidisieren) und bei der Wahl der technischen Setups. Die Scaling-In-Methode wurde bereits in Kapitel 3 vorgestellt. Alle anderen Möglichkeiten werden in diesem und den Kapiteln 5 bis 8 besprochen.

Damit lässt sich als vierte Grundidee festhalten:

> Mithilfe des Übergeordneten Marktmodells werden Regeln für die Anpassung der Strategieparameter aufgestellt, die sich auf Basis historischer Untersuchungen und praktischer Erfahrung für das jeweilige Marktumfeld als am chancenreichsten herauskristallisiert haben. Dieser „Strategiemodifikationsprozess", der für andere Aktienmarktstrategien als die in diesem Buch vorgestellten auch in Form einer Strategieselektion umgesetzt werden kann, beinhaltet zudem, dass diejenigen Selektionsverfahren und technischen Setups deaktiviert werden, die in dem aktuellen Marktumfeld nur marginal oder gar nicht profitabel sind.

4.1.4 Ziele des Übergeordneten Marktmodells

Die Ziele des Übergeordneten Marktmodells lassen sich aus den zuvor dargelegten Grundideen ableiten. Oberstes Ziel der Analyse ist es, eine möglichst genaue und zuverlässige Aussage über den aktuellen Zustand des breiten Aktienmarkts bezüglich seiner aktuellen und zu erwartenden Richtung zu treffen und so im Falle des Aufbaus neuer Positionen das Risiko einschätzen zu können.

Im Rahmen der Analyse soll mindestens auf folgende Fragen eine Antwort gefunden werden:

- ➡ Wie nachhaltig, also gesund, ist der aktuelle Trend?
- ➡ Wie ist das Alter des aktuellen Bullen- oder Bärenmarkts?
- ➡ Befinden wir uns in der Nähe eines potenziellen Wendepunkts, ist also die Wahrscheinlichkeit für eine in naher Zukunft stattfindende Gegenbewegung wesentlich höher als die Wahrscheinlichkeit, dass sich der aktuelle Trend fortsetzt?
- ➡ Von welcher typischen Trenddauer kann ich ausgehen und welche Haltedauer ist im aktuellen Umfeld am sinnvollsten?
- ➡ Welche Ausstiegsvarianten sollte ich wählen? Offensive oder

eher defensive Verfahren (hierzu mehr in Kapitel 7, Techniken und Richtlinien für den Ausstieg)?

Zur Beantwortung dieser Fragen sind einzelne Komponenten entwickelt worden, die wiederum einzelne Modelle beinhalten und in den Kapiteln 4.2 und 4.3 vorgestellt werden.

4.1.5 Zusammensetzung des Übergeordneten Marktmodells

Das Übergeordnete Marktmodell setzt sich aus drei Komponenten zusammen, die ihrerseits wiederum aus mehreren Modellen bestehen und jeweils unterschiedliche Aufgaben wahrnehmen.

Die Bestandteile des Übergeordneten Marktmodells sind (vergleiche Abbildung 4.6):

- → das Marktrichtungsmodell,
- → das Marktphasenmodell,
- → das Marktnachhaltigkeitsmodell.

Das Marktrichtungsmodell hat die Aufgabe, den aktuellen Trend zu bestimmen. Es unterscheidet zwischen kurz-, mittel- und langfristigen Bewegungen. Zusätzlich hat das Marktrichtungsmodell die Aufgabe, auf Basis des Kursverhaltens des verwendeten, den breiten Aktienmarkt repräsentierenden Index konkrete Signale zu generieren. Diese technischen Signale führen isoliert betrachtet noch zu keinem Einstiegssignal. Dafür ist es notwendig, dass die im Marktnachhaltigkeitsmodell enthaltenen Timing-Modelle für die Identifikation potenzieller Marktwendepunkte ebenfalls grünes Licht für den Einstieg geben. Jedoch ist es für das Generieren eines Einstiegssignals zwingend erforderlich, dass auch ein vom Marktrichtungsmodell generiertes Signal vorliegt. Hierauf wird in Kapitel 4.2 detailliert eingegangen.

Das Marktphasenmodell soll die aktuelle Bewegung verschiedenen Kategorien zuordnen, die nach Dauer und Art einer Bewegung definiert werden. Eine typische Modellaussage lautet: „Der breite Aktienmarkt vollzieht derzeit eine tiefe Korrektur innerhalb eines reifen Bullenmarkts."

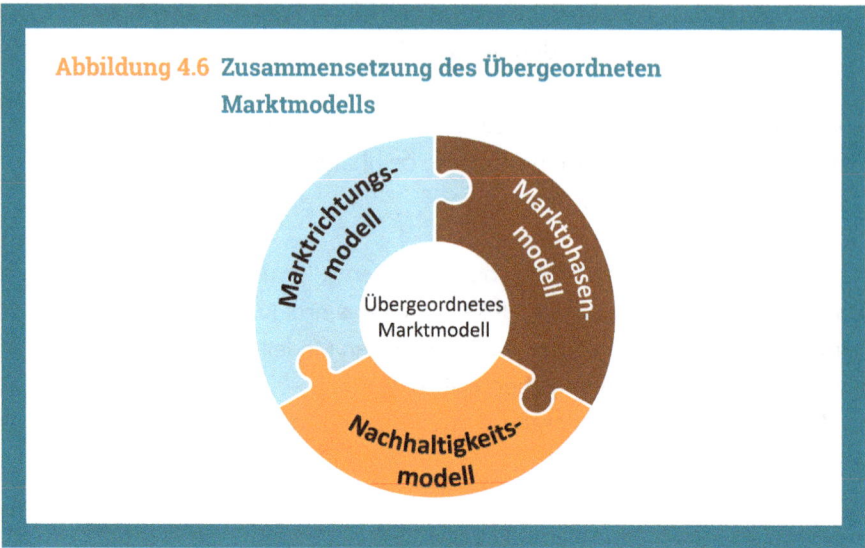

Abbildung 4.6 Zusammensetzung des Übergeordneten Marktmodells

Marktrichtungs-modell

Marktphasen-modell

Übergeordnetes Marktmodell

Nachhaltigkeits-modell

Als dritte Komponente kommt das Marktnachhaltigkeitsmodell zum Einsatz. Es besteht zum einen aus Modellen zur Bewertung der Trendqualität und zum anderen aus Timing-Modellen, die zur Bestimmung potenzieller Trendwendepunkte eingesetzt werden.

In Abbildung 4.7 werden die Aufgaben aller drei Komponenten des Übergeordneten Marktmodells gegenübergestellt. In den Kapiteln 4.2 bis 4.4 wird detailliert auf jede Komponente eingegangen.

Abbildung 4.7 Aufgaben (Kurzform) der drei zum Übergeordneten Marktmodell gehörenden Komponenten

Marktrichtungsmodell	Marktphasenmodell	Marktnachhaltigkeitsmodell
➡ Bestimmung des kurz-, mittel- und langfristigen Trends	➡ Identifikation von Bullen- und Bärenmärkten	➡ Messung der Trendqualität
➡ Identifikation potenzieller Wendepunkte auf reiner Kursbasis	➡ Messung der Dauer und Performance von Bullen- und Bärenmärkten	➡ Beurteilung der Wahrscheinlichkeit für eine Trendumkehr mithilfe von Timing-Modellen
	➡ Kategorisierung des aktuellen Marktes bezüglich seines Alters	➡ Generierung von Trendfolge- und Countertrend-Signalen

4.1.6 Wahl des repräsentativen Index

Auf den vorherigen Seiten wurde wiederholt von einem den breiten Aktienmarkt repräsentierenden Index gesprochen. An dieser Stelle soll kurz darauf eingegangen werden, welches die infrage kommenden Indizes sind und was bei der Auswahl der Indizes zu beachten ist.

Der S&P 500 Index ist wie der Nasdaq Composite Index nach Marktkapitalisierung gewichtet. Die Marktkapitalisierung berechnet sich aus der Anzahl verfügbarer Aktien (dem sogenannten Free Float) multipliziert mit dem aktuellen Aktienkurs. Aus diesem Grund haben Kursveränderungen größerer Unternehmen wie Apple, Exxon Mobile, General Electric und Microsoft stärkere Auswirkungen auf den Index als die kleinerer Unternehmen. Dies führt wiederum dazu, dass es sinnvoll ist, die Marktbreite, zu der unter anderem die Frage zählt, wie viele Aktien an den jeweiligen Börsen gefallen oder gestiegen sind, separat zu messen.

Im gesamten Buch wird schwerpunktmäßig auf den S&P 500 Index und ab und an auf den Nasdaq Composite Index zurückgegriffen. Ein Punkt ist dabei besonders wichtig: In beiden Fällen handelt es sich um sogenannte Kursindizes. Das bedeutet: Der Indexstand wird ausschließlich anhand der Aktienkurse ermittelt und nur um Erträge aus Bezugsrechten und Sonderzahlungen bereinigt. Kapitalmaßnahmen wie Aktiensplits haben keinen Einfluss auf den Index. Dividendenzahlungen werden somit, anders als bei sogenannten Performance-Indizes (auch als Total-Return-Indizes bekannt), nicht berücksichtigt.

Dieser Punkt ist zu beachten, wenn es um die Frage geht, welche Aktienindizes in Deutschland und der Schweiz für die Analyse dieser Märkte verwendet werden können. So wird in Deutschland der von mir favorisierte Prime-All-Share-Index (genauso wie beispielsweise der DAX) sowohl als Performance- als auch als Kursindex berechnet. Aufgrund der zuvor genannten Punkte wäre eigentlich der Kursindex zu bevorzugen. Dieser wird jedoch lediglich einmal pro Tag auf Schlusskursbasis berechnet, sodass es Sinn macht, auf den auch auf Intraday-Basis berechneten Performance-Index zurückzugreifen.

Ein weiterer wichtiger Punkt bei der Wahl geeigneter, den breiten Aktien repräsentierender Indizes ist die Frage der Diversifikation. Ein geeigneter Index sollte aus mindestens 100 (besser 200) Aktien bestehen, die sich auf mindestens neun Sektoren verteilen.

4.2 Marktrichtungsmodell

Im Folgenden wird das Marktrichtungsmodell auf den S&P 500 Index als Repräsentant des breiten Aktienmarkts angewendet. Diese Fokussierung auf die amerikanischen Börsen bedeutet allerdings nicht, dass das Marktrichtungsmodell lediglich an diesen Börsen funktioniert. In Kapitel 4.5 wird dargelegt, wie eine von mehreren Anwendungsmöglichkeiten auf den deutschen und den Schweizer Aktienmarkt aussehen kann.

4.2.1 Aufgaben des Marktrichtungsmodells

Zu den Aufgaben des Marktrichtungsmodells zählen zwei Dinge:

1. Bestimmung des aktuellen kurz-, mittel- und langfristigen Trends des breiten Aktienmarkts, repräsentiert durch einen diversifizierten Index wie den S&P 500.
2. Identifikation potenzieller Marktwendepunkte, basierend auf dem reinen Kursverhalten.

Damit trägt das Marktrichtungsmodell bereits einen wesentlich Teil zur Realisierung der in Kapitel 4.1.3 vorgestellten Grundideen des Übergeordneten Marktmodells bei.

4.2.2 Trendmodell zur Identifikation der Marktrichtung

Die Richtung des Marktes wird mithilfe eines simplen Trendmodells bestimmt. Es unterscheidet zwischen einem kurz-, mittel- und langfristigen Trend. Die folgenden Definitionen beinhalten feste Vorgaben (konkrete Zahlenangaben) und entsprechen den von mir für mein eigenes Trading gewählten Einstellungen zur Trendidentifikation.

Die Definition für die Bestimmung eines Aufwärtstrends lautet:

→ Ein langfristiger Aufwärtstrend liegt vor, wenn das letzte 120-Tage-Hoch nach dem letzten 120-Tage-Tief erreicht worden ist.
→ Ein mittelfristiger Aufwärtstrend liegt vor, wenn das letzte 43-Tage-Hoch nach dem letzten 43-Tage-Tief erreicht worden ist.
→ Ein kurzfristiger Aufwärtstrend liegt vor, wenn das letzte 17-Tage-Hoch nach dem letzten 17-Tage-Tief erreicht worden ist.

Alle drei Trendvarianten werden separat bestimmt. Sobald beispielsweise der den breiten Aktienmarkt repräsentierende Index ein neues 17-Tage-Hoch erreicht, ist der kurzfristige Trend aufwärtsgerichtet.

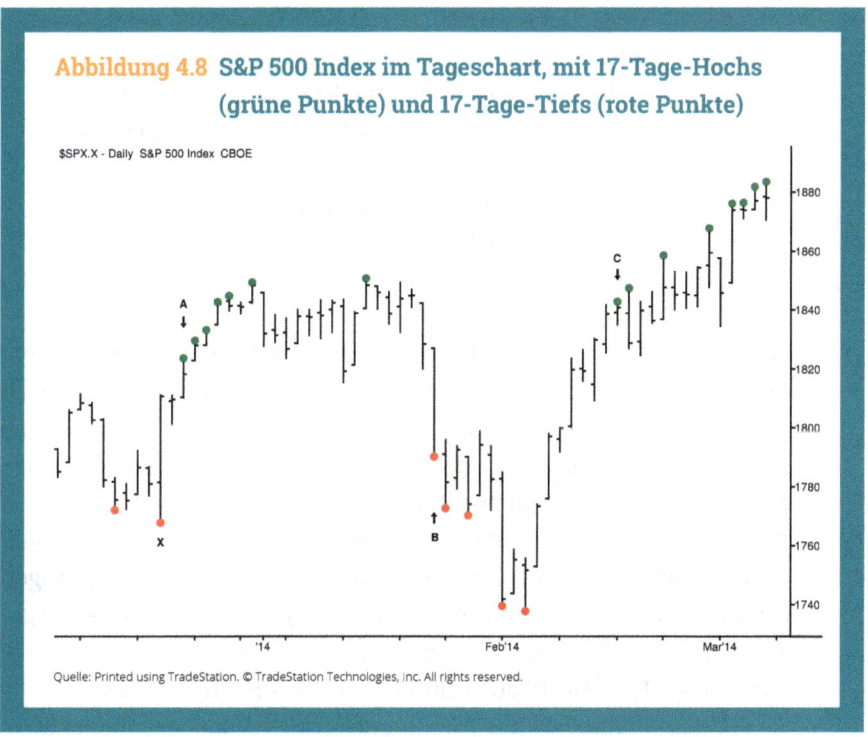

Abbildung 4.8 **S&P 500 Index im Tageschart, mit 17-Tage-Hochs (grüne Punkte) und 17-Tage-Tiefs (rote Punkte)**

$SPX.X - Daily S&P 500 Index CBOE

Quelle: Printed using TradeStation. © TradeStation Technologies, Inc. All rights reserved.

In Abbildung 4.8 wird der S&P 500 Index im Tageschart gezeigt. Die grünen Punkte entsprechen jeweils einem neuen 17-Tage-Hoch und die roten Punkte einem neuen 17-Tage-Tief. Nachdem am Punkt X das letzte 17-Tage-Tief markiert wurde, entsteht zwei Tage später am Punkt A ein neues 17-Tage-Hoch. Der kurzfristige Trend dreht somit nach oben. Damit nun der Trend wieder nach unten drehen kann, muss ein neues 17-Tage-Tief entstehen, was am Punkt B geschieht. Schließlich dreht am Punkt C der Trend wieder nach oben.

Analog zu diesem Beispiel wird auch für die mittel- und langfristige Trendbestimmung vorgegangen.

Dementsprechend lautet die Definition für die Bestimmung eines Abwärtstrends:

→ Ein langfristiger Abwärtstrend liegt vor, wenn das letzte 120-Tage-Tief nach dem letzten 120-Tage-Hoch erreicht worden ist.

→ Ein mittelfristiger Abwärtstrend liegt vor, wenn das letzte 43-Tage-Tief nach dem letzten 43-Tage-Hoch erreicht worden ist.

→ Ein kurzfristiger Abwärtstrend liegt vor, wenn das letzte 17-Tage-Tief nach dem letzten 17-Tage-Hoch erreicht worden ist.

Wird nach einem 120-Tage-Hoch ein neues 120-Tage-Tief erreicht, dreht der langfristige Trend also gemäß vorangegangener Definition nach unten. Aufgrund der Trenddefinition für Auf- und Abwärtsbewegungen bedeutet dies, dass sowohl der mittelfristige als auch der kurzfristige Trend in diesem Moment ebenfalls nach unten zeigen müssen, weil ein 120-Tage-Tief gleichbedeutend mit einem 43-Tage-Tief wie auch einem 17-Tage-Tief ist. Umgekehrt gilt dies natürlich auch für den langfristigen Aufwärtstrend. Entsprechend muss an dem Tag, an dem ein mittelfristiger Trend dreht, auch der kurzfristige Trend in dieselbe Richtung zeigen, weil ein 43-Tage-Tief (-Hoch) auch ein 17-Tage-Tief (-Hoch) beinhaltet.

Für das Verständnis des Trendmodells ist ein Punkt besonders wichtig: Kurz- wie auch mittelfristiger Trend können in eine andere Richtung zeigen als der langfristige Trend. Eine solche Konstellation entsteht in dem Moment, wo nach dem Ausbilden eines langfristigen Aufwärtstrends eine mehrtägige Korrektur oder aber innerhalb eines langfristigen Abwärtstrends eine mehrtägige Kursrallye einsetzt.

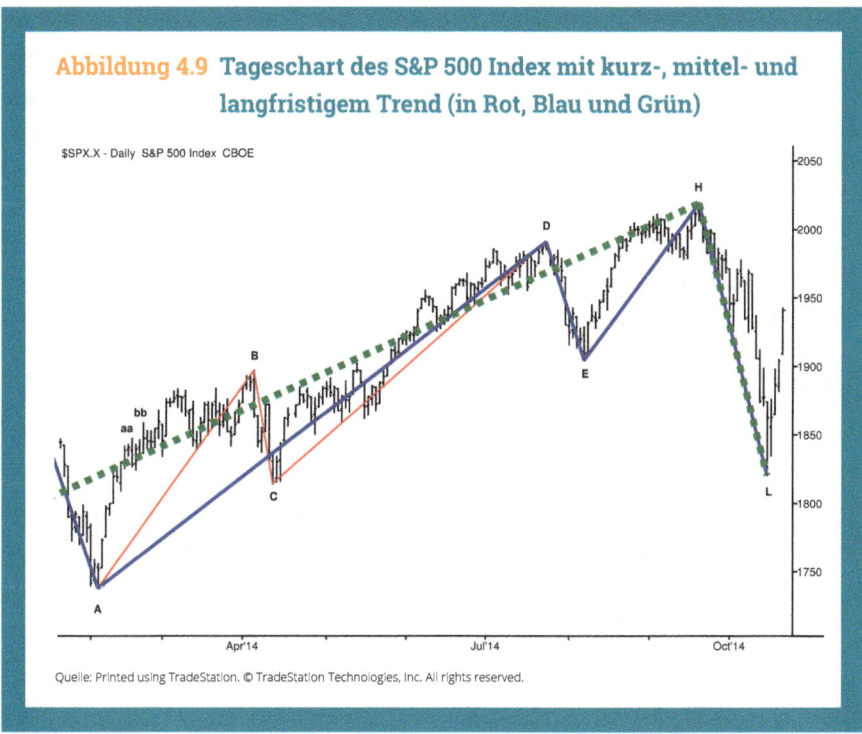

Abbildung 4.9 Tageschart des S&P 500 Index mit kurz-, mittel- und langfristigem Trend (in Rot, Blau und Grün)

$SPX.X - Daily S&P 500 Index CBOE

Abbildung 4.9 zeigt den zuerst genannten Fall anhand eines Tagescharts des S&P 500 Index. Bis Ende September 2014 (Punkt H) befindet sich der S&P 500 Index in einem langfristigen Aufwärtstrend, gekennzeichnet durch grüne Punkte. Der Beginn der Aufwärtsbewegung geht zurück auf den 4. Oktober 2011 und wird nicht in der Abbildung gezeigt. Der langfristige Trend dreht erst am 15. Oktober 2014 nach unten (Punkt L), dem Tag, an dem ein neues 120-Tage-Tief markiert wird. Damit wird der Punkt H vom Trendmodell nachträglich als Hoch des letzten langfristigen Aufwärtstrends identifiziert.

In Abbildung 4.9 werden neben dem langfristigen Trend (grüne Punkte) auch der mittelfristige Trend (blaue Linie) sowie der in Rot dargestellte kurzfristige Trend gezeigt. Die Trendlinien verbinden jeweils das letzte höchste Hoch des Aufwärtstrends vor Ausbildung eines neuen Abwärtstrends mit dem tiefsten Tief der Abwärtsbewegung.

Punkt A markiert das Tief der Abwärtsbewegung Anfang 2014. In der daran anschließenden Kursrallye dreht im Laufe des Februars 2014 zunächst der kurzfristige Trend am Punkt aa (entspricht einem neuen 17-Tage-Hoch) und wenig später auch der mittelfristige Trend (Punkt bb, entspricht einem neuen 43-Tage-Hoch) nach oben. Punkt B leitet eine Korrektur bis zum Punkt C ein, die dazu führt, dass im Laufe der Bewegung ein neues 17-Tage-Tief und somit ein kurzfristiger Abwärtstrend entsteht. Bis zum Tief am Punkt C wird kein neues 43-Tage-Tief erreicht, sodass nicht nur der langfristige, sondern auch der mittelfristige Trend aufwärtsgerichtet bleiben. Von den in Abbildung 4.10 gezeigten Trendkombinationen entspricht dieses Szenario dem Fall B.

Abbildung 4.10 **Trendmodell-Kombinationen, bestehend aus kurz-, mittel- und langfristigen Auf- oder Abwärtstrends**

Fall	Langfristiger 120-Tage-Trend	Mittelfristiger 43-Tage-Trend	Kurzfristiger 17-Tage-Trend
A	⇑	⇑	⇑
B	⇑	⇑	⇓
C	⇑	⇓	⇑
D	⇑	⇓	⇓
E	⇓	⇑	⇑
F	⇓	⇑	⇓
G	⇓	⇓	⇑
H	⇓	⇓	⇓

Nachdem auch der kurzfristige Trend Ende April 2014 wieder nach oben gedreht hat, wird im Juli am Punkt D ein neues Hoch markiert. Die darauf folgende Korrektur bis zum Punkt E lässt sowohl den kurz- als auch den mittelfristigen Trend nach unten drehen, während der langfristige Aufwärtstrend ungebrochen bleibt. Damit ergibt sich gemäß Abbildung 4.10 der Fall D.

In Abbildung 4.10 werden alle acht möglichen Kombinationen aus Auf- und Abwärtstrends gezeigt. Am häufigsten tritt in der Praxis der Fall A auf, also die Variante, in der kurz-, mittel- sowie langfristiger Trend aufwärtsgerichtet sind. Am seltensten kommen diejenigen Fälle vor, in denen langfristiger und kurzfristiger Trend zusammenfallen und nur der mittelfristige Trend in die entgegengesetzte Richtung zeigt (die Fälle C und F).

Fall F ergibt sich immer dann, wenn nach einem langfristigen Abwärtstrend der breite Aktienmarkt sich zu erholen beginnt und nach einem 120-Tage-Tief ein neues 43-Tage-Hoch markiert, ohne gleichzeitig ein neues 120-Tage-Hoch auszubilden. Entsteht im Rahmen einer Korrektur ein neues 17-Tage-Tief, aber noch kein neues 43-Tage-Tief, liegt Szenario F vor.

Aus den vorherigen Erläuterungen geht hervor, dass sich die Bestimmung der Marktrichtung aus der Kombination von drei Trendmodellen unterschiedlicher Länge zusammensetzt. Diese Dreierkombination der Trendmodelle entspricht dem Marktrichtungsmodell:

> Das Marktrichtungsmodell setzt sich aus der Kombination von kurz-, mittel- und langfristigem Trendmodell zusammen und kann die in Abbildung 4.10 aufgeführten Zustände einnehmen.

4.2.3 Berücksichtigung des Russell 1000 und des Nasdaq Composite Index

Für die Analyse der amerikanischen Aktienmärkte wende ich das Marktrichtungsmodell in erster Linie auf den S&P 500 Index an. Ich bevorzuge diesen Index, weil er die größten börsennotierten US-Unternehmen und damit sowohl an der Nasdaq wie auch an der NYSE gelistete Unternehmen beinhaltet. Auf diesem Weg können quasi beide Haupthandelsplätze in den USA abgedeckt werden.

Allerdings kommen durchaus Alternativen zum S&P 500 Index infrage, unter anderem der Russell 1000 Index. Der einzige Grund, warum ich diesen Index nicht zur Grundlage für die mit dem Übergeordneten Marktmodell durchgeführten Analysen gemacht habe, ist ein historischer: Als ich 1998 mit der Entwicklung des Übergeordneten Marktmodells begann, war die verfügbare historische Zeitreihe des Russell 1000 Index nicht lang genug. Sie ging damals auf Tagesbasis lediglich bis 1986 zurück.

Nachdem im Jahr 1999 eine (vorübergehende) Abkopplung zwischen dem Nasdaq und dem S&P 500 Index stattfand, ziehe ich den Nasdaq Composite Index zur Verifikation von mittel- und langfristigen Signalen hinzu. In dem Moment, wo der S&P 500 Index beispielsweise ein neues 120-Tage-Tief erreicht, überprüfe ich, ob auch der langfristige Abwärtstrend des Nasdaq Composite Index nach unten gedreht hat. Ist dies nicht der Fall, ist der Abwärtstrend noch nicht bestätigt.

Auf die Frage, unter welchen Umständen es aus mathematischer Sicht sinnvoll ist, abzuwarten, bis das Marktrichtungsmodell für beide Indizes den gleichen Zustand eingenommen hat, werde ich im Rahmen des Marktnachhaltigkeitsmodells in Kapitel 4.4 zurückkommen.

4.2.4 Identifikation potenzieller Marktwendepunkte auf Basis des Kursverhaltens

Zu den Grundideen des Übergeordneten Marktmodells zählt die Identifizierung von Zeitpunkten, an denen eine nachhaltige, also starke und über mehrere Wochen andauernde, Kursbewegung am Aktienmarkt sehr wahrscheinlich ist. Der Schwerpunkt liegt dabei aus den in Kapitel 2.2 genannten Gründen auf der Identifikation von Aufwärtsbewegungen.

Abbildung 4.11 Mögliche Wendepunkte im SPY-Tageschart; rote Pfeile zeigen nachhaltige, schwarze Pfeile kurzfristige Anschlussbewegungen.

SPY - Daily SPDR S&P 500 ETF ARCX

In Abbildung 4.11 wird der SPY gezeigt, ein börsengehandelter Fonds (ETF), der den S&P 500 Index nachbildet. Im dargestellten Zeitraum von September 2013 bis Anfang Juni 2014 ist ein (nicht eingezeichneter) langfristiger Aufwärtstrend zu erkennen, der regelmäßig von Korrekturen unterschiedlichen Ausmaßes und unterschiedlicher Dauer unterbrochen wird. In der Abbildung sind diejenigen Tiefpunkte dieser Korrekturen markiert, die gleichzeitig als Trendwendepunkte bezeichnet werden können (aber nicht müssen), da sie für den Beginn einer neuen Aufwärtsbewegung stehen.

Anhand dieses Beispiels wird deutlich, dass sich der Versuch, in einem Aufwärtstrend Trendwendepunkte zu identifizieren, als kompliziert erweisen kann. Es ist nämlich nicht klar definiert, welches die Bedingungen dafür sind, dass nach dem Eintreten einer Korrektur ein Tiefpunkt den Auftakt zu einer nachhaltigen Kursrallye darstellt.

Konkret stellen sich zwei Fragen:

1. Welche Wendepunkte möchte ich überhaupt handeln, das heißt, wann bezeichne ich einen Wendepunkt eigentlich als „nachhaltig"?
2. Ist jeder Wendepunkt gleich oder ist es sinnvoll, zwischen verschiedenen Typen von Marktwendepunkten zu unterscheiden?

Zur Beantwortung dieser beiden Fragen wird auf das Marktrichtungsmodell, bestehend aus der Dreierkombination der Trendmodelle, zurückgegriffen.

Zur Erkennung von Marktwendepunkten ist eine Unterscheidung in zwei Kategorien erforderlich:

⇒ Kategorie 1: Trendfortsetzungssignale
⇒ Kategorie 2: Countertrend-Signale

Kaufsignale, die in einem langfristigen Aufwärtstrend generiert werden, sind Einstiegspunkte in Richtung des vorherrschenden langfristigen Trends. Abbildung 4.11 zeigt einen solchen Fall. Countertrend-Signale entstehen hingegen, wenn in einem langfristigen Abwärtstrend gegen diesen Trend Kaufsignale generiert werden.

Für die Identifikation der beiden Kategorien gilt:

Trendbestätigender Fall:

➡ Marktwendepunkte in Form von trendbestätigenden Signalen treten auf, wenn der langfristige Trend aufwärts gerichtet ist und der Aktienmarktindex mindestens ein 17-Tage-Tief erzielt. Abbildung 4.9 zeigt einen solchen Fall an den Punkten C und E.

➡ Hierbei handelt es sich in der Regel um kurz- bis mittelfristige Signale, also um Signale mit einer Haltedauer zwischen 3 und 30 Handelstagen (Details in Kapitel 4.4, Marktnachhaltigkeitsmodell).

Countertrend-Fall:

➡ Marktwendepunkte in Form von Countertrend-Signalen treten auf, wenn der langfristige Trend des Aktienmarktindex abwärts gerichtet ist und mindestens ein 43-Tage-Tief markiert wird (ein 120-Tage-Tief ist nicht zwingend erforderlich, wohl aber ein bestehender langfristiger Abwärtstrend).

➡ Die Haltedauer nach einem Signal liegt regelmäßig bei über drei Wochen und kann sogar sechs Monate übersteigen (Details in Kapitel 4.4, Marktnachhaltigkeitsmodell).

Mit diesen Regeln lassen sich potenzielle, nachhaltige Wendepunkte auf Basis des Kursverhaltens bestimmen. Zwecks Steigerung der Erfolgswahrscheinlichkeit wird diese rein technische Vorgehensweise mit Timing-Modellen, die unter anderem auf Datenreihen wie der Anzahl steigender und fallender Aktien basieren, in Kapitel 4.4, in dem das Marktnachhaltigkeitsmodell vorgestellt wird, kombiniert. Das Marktrichtungsmodell ist als fester technischer Bestandteil in jedem der dort vorgestellten Timing-Modelle integriert.

Das vorgestellte Trendmodell basiert auf den Hoch- und Tiefkursen des den breiten Aktienmarkt repräsentierenden Index. Im Zusammenhang mit der Verwendung der in Kapitel 4.4 vorgestellten Timing-Modelle und der Bestimmung eines 17-, 43- und 120-Tage-Tiefs oder -Hochs kann es aber zudem hilfreich sein, neben den Tagestiefs beziehungsweise -hochs auch noch zu überprüfen, ob der Schlusskurs der tiefste oder höchste der vergangenen 17, 43 und 120 Tage ist.

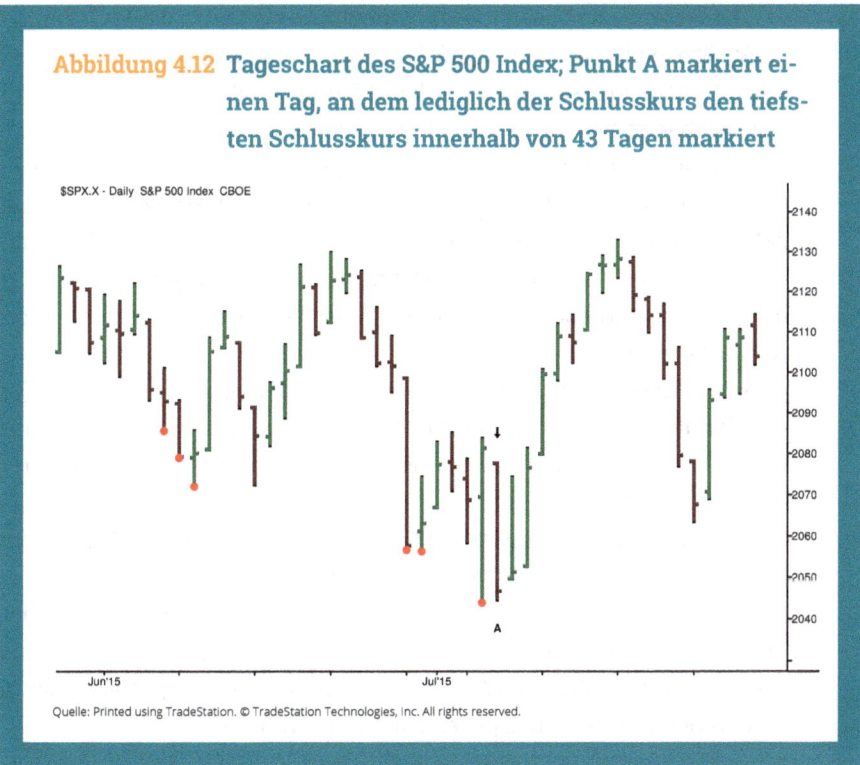

Abbildung 4.12 Tageschart des S&P 500 Index; Punkt A markiert einen Tag, an dem lediglich der Schlusskurs den tiefsten Schlusskurs innerhalb von 43 Tagen markiert

Abbildung 4.12 zeigt einen Fall im S&P 500 Index: Das Tief des Handelstags vor Punkt A markiert ein 17-Tage-Tief. Punkt A selbst ist ein Tag, an dem der Schlusskurs der niedrigste Schlusskurs über die letzten Tage ist. Damit markieren beide Tage (Punkt A und der Tag vor Punkt A) einen potenziellen Wendepunkt, der allerdings nur zu einem gültigen Signal führt, wenn zusätzlich noch mindestens ein Timing-Modell ein Long-Signal gibt.

4.2.5 Vor- und Nachteile des Marktrichtungsmodells

Die Vorteile des Marktrichtungsmodells bestehen unter anderem in seiner leichten Umsetzbarkeit und in der Trendfolgelogik, die darin besteht, spätestens dann einen Trendwechsel zu identifizieren, wenn ein neues x-Tage-Hoch oder -Tief erreicht wird. Durch diese Methode kann kein Trend verpasst werden.

Der wesentliche Nachteil des Trendmodells besteht in der für Trendfolge-Ansätze typischen Eigenschaft, Trends verhältnismäßig spät, nämlich in dem Moment zu erkennen, wo sich der Trend bereits etabliert hat, er also klar sichtbar ist. Das gilt insbesondere für den langfristigen 120-Tage-Trend. Genau hierin besteht einer der Gründe, warum Countertrend-Signale eine wesentliche Rolle innerhalb der gesamten Strategie spielen: Sie geben innerhalb eines langfristigen Abwärtstrends den Zeitpunkt an, an dem mit hoher Wahrscheinlichkeit eine dynamische Gegenbewegung zu erwarten ist – und damit den frühestmöglichen Einstieg in einen neuen Aufwärtstrend.

Ein weiterer Nachteil besteht darin, dass der vorgestellte Ansatz für die Identifikation nachhaltiger Wendepunkte auf Kursbasis zwangsweise dazu führt, dass es irgendwann Fehlsignale geben wird, weil sich der Abwärtstrend fortsetzt.

Für das Verständnis der gesamten Strategie ist von großer Bedeutung: Fehlsignale gehören zur Strategie dazu und werden vorkommen!

Behalten Sie stets im Hinterkopf: Es gibt keine Anlagestrategie, mit der Sie immer richtig liegen. Selbst bekannte Investoren, die über ein ganzes Heer an hochqualifizierten Analysten verfügen, liegen regelmäßig falsch. Zu den bekanntesten Beispielen zählt Warren Buffett.

4.2.6 Individuelle Anpassung des Marktrichtungsmodells

Ein weiterer Vorteil des Marktrichtungsmodells besteht in der Möglichkeit, das Modell an die eigenen Bedürfnisse anzupassen. Sie können für sich selbst entscheiden, wann ein Wendepunkt für Sie nachhaltig ist, welche Typen von Marktwendepunkten Sie überhaupt handeln möchten und wie Sie diese definieren.

Die von mir gewählten Parameter (17, 43 und 120 Tage) sind nicht aufgrund von Optimierungen entstanden, sondern das Ergebnis aus einer Mischung von geeigneten Einstellungen (43 Handelstage entsprechen zwei Monaten) und Zahlen, die nicht von Millionen von Tradern verwendet werden, wie dies beispielsweise bei Perioden von 20, 50 und 150 Tagen der Fall wäre. Prinzipiell spricht allerdings auch gegen diese geraden Zahlen nichts, da das Trendmodell nicht direkt gehandelt wird.

Mein Tipp: Sobald Sie Erfahrung mit der in diesem Buch vorgestellten Strategie gesammelt haben, bietet es sich an, die für die Trendmodell-Dreierkombination angegebenen Vorgaben von 17, 43 und 120 Tagen zur Identifikation kurz-, mittel- und langfristiger Trends dahingehend zu überprüfen, inwieweit sie Ihren eigenen Bedürfnissen entsprechen. Eine solche Überprüfung kann beispielsweise durch die Zurückverfolgung des Trendmodells über die letzten 20 bis 25 Jahre geschehen. So sollten Sie ziemlich schnell erkennen, dass auch Einstellungen wie 18, 50 und 150 Tage funktionieren.

Folgende Anmerkungen können für das Auffinden geeigneter eigener Einstellungen hilfreich sein:

1. Die Erfahrung hat gezeigt, dass die Abstände zwischen den drei Vorgaben (17, 43 und 120) jeweils nicht mehr als den Faktor 3 betragen sollten, also beispielsweise maximal 15, 45 (3*15) und 135 (3*45). Andernfalls wird die Idee des Übergeordneten Marktmodells ausgehebelt.

2. Für den kurzfristigen Trend ist eine Periode von mindestens 10 Tagen sinnvoll; von kürzeren Perioden ist abzuraten (für die Begründung siehe den nächsten Punkt).

3. Je kleiner die gewählte Anzahl Tage, die für die Bestimmung des kurzfristigen Trends verwendet wird, desto mehr Signale gibt es. Dies geht jedoch zulasten der Trefferquote, also der Anzahl der Trades, die im Gewinn abgeschlossen werden. Wie in Kapitel 2 dargelegt, führt eine niedrigere Trefferquote bis zu einem gewissen Grad nicht zwangsweise zu schlechterer Performance. Sie kann sogar zu einem höheren Profit führen. Allerdings ist es wichtig zu verstehen, dass irgendwann ein Punkt erreicht ist, an dem der mathematische Vorteil, der mit dem hier vorgestellten Ansatz angestrebt wird, verloren geht. Darüber hinaus sind Strategievarianten mit niedriger Trefferquote aus psychologischer Sicht auf Dauer nur sehr schwer kontinuierlich umzusetzen (siehe hierzu auch das Kapitel 11, Psychologie).

Wie bereits betont, werden Sie erst nach einer gewissen Zeit ein Gefühl dafür entwickeln, welches die für Sie geeigneten Trendbestimmungs-Parameter sind. So lange empfiehlt es sich, auf die hier angegebenen 17, 43 und 120 Tage zurückzugreifen.

4.3 Marktphasenmodell

4.3.1 Idee, Aufgaben und Ziel

In Kapitel 4.2 wurde im Rahmen der Einführung des Marktrichtungsmodells ein Trendmodell vorgestellt, das ausschließlich zur Bestimmung der Marktrichtung eingesetzt wird. Das im Folgenden vorgestellte Marktphasenmodell geht einen Schritt weiter. Es misst auf Basis einer genauen Definition für die Identifikation von Bullen- und Bärenmärkten zusätzlich deren Dauer und Ausmaß. Aus den so gewonnenen Angaben lässt sich eine Vielzahl von Informationen und konkreten Regeln für den Handel ableiten. So kann beispielsweise über die Reife eines Bullenmarkts auf die geeignete Haltedauer geschlossen werden, wodurch wiederum im Ausstiegsbereich bestimmte Varianten bevorzugt werden (siehe Kapitel 7, Techniken und Richtlinien für den Ausstieg). Weitere Anwendungsmöglichkeiten werden in Kapitel 4.3.6 besprochen.

Ziel der Analyse mit dem Marktphasenmodell ist es, fundierte Aussagen über die Frage, ob ein Bullen- oder ein Bärenmarkt vorliegt, und über die Dauer des Marktes zu treffen. Ein typisches Ergebnis der Marktphasenanalyse wäre folgende Aussage:

> „Aktuell befindet sich der breite Aktienmarkt in einer leichten Korrekturphase innerhalb eines Bullenmarkts. Dieser Bullenmarkt existiert seit mehr als 300 Tagen und kann somit als reifer Bullenmarkt angesehen werden."

Die Anforderungen an das Marktphasenmodell sind wie folgt:

➡ Definieren von Bullen- und Bärenmärkten
➡ Identifizieren dieser Bullen- und Bärenmärkte mithilfe konkreter technischer Regeln
➡ Einstufung und Auswertung der Dauer eines Bullen- oder Bärenmarkts

4.3.2 Wahl einer geeigneten Vorgehensweise

Den Ausgangspunkt bildet die Frage, wie ein Bullen- und ein Bärenmarkt überhaupt definiert werden kann. Tatsächlich gibt es in der Fachliteratur zu diesem Thema die unterschiedlichsten Methoden und Angaben. Jede Variante hat dabei ihre Vor- und Nachteile. Das „ideale" Verfahren gibt es nicht. Im Laufe der Zeit haben sich zwei Varianten herauskristallisiert: die Identifikation mithilfe des langfristigen Trendmodells und die Verwendung eines einfachen Prozent-Modells. Von diesen beiden Varianten ist schlussendlich diejenige in den Fokus gerückt, die zumindest aus meiner Sicht die geringsten Nachteile aufweist.

Der erste Gedanke und einfachste Weg besteht darin, Bullen- und Bärenmärkte mithilfe des zum Marktrichtungsmodell gehörenden langfristigen Trendmodells zu identifizieren. Das hätte den Vorteil, dass auf ein bereits eingeführtes Verfahren zurückgegriffen werden könnte und die Komplexität des übergeordneten Marktmodells nicht unnötig vergrößert würde. Allerdings hat die Anwendung des Trendmodells unabhängig davon, für welche Dauer (17, 43 oder 120 Tage) es berechnet wird, einen gravierenden Nachteil: Es berücksichtigt nicht das Ausmaß der Bewegung, also wie weit sich der Index von seinem Hoch entfernt hat (für die Definition eines Bärenmarkts) beziehungsweise sich vom Tief erholt hat (für die Definition eines Bullenmarkts). So kann ein neuer Bärenmarkt bereits nach einer Korrektur von nur wenigen Prozentpunkten identifiziert werden – was aber nicht gewollt ist. Ein Bärenmarkt soll für eine Marktphase stehen, in der der Index, der den breiten Aktienmarkt repräsentiert, deutlich nachgegeben hat. Der umgekehrte Fall gilt für den Bullenmarkt.

Der Nachteil des langfristigen Trendmodells, in langen, flachen Seitwärtsbewegungen bereits nach einer Korrektur von nur wenigen Prozentpunkten in eine Abwärtsbewegung überzugehen, wird beispielhaft in Abbildung 4.13 anhand eines Tagescharts des S&P 500 Index gezeigt. Am 24. Mai 2006, in der Abbildung mit Punkt B (1.245 Index-Punkte) bezeichnet, wird ein neues 120-Tage-Tief erreicht, wodurch der langfristige Trend nach unten dreht. Zuvor wurde am Punkt A (1.326 Index-Punkte), der dem letzten 120-Tage-Hoch entspricht, die Korrektur eingeleitet (genau genommen einen Tag nach Punkt A). Der Abstand zwischen Punkt A und B beträgt jedoch lediglich sechs Prozent – und damit ein für einen Bärenmarkt nicht gerade repräsentatives Minus.

Abbildung 4.13 Korrektur des Jahres 2006 im S&P 500 Index (Tageschart); eingezeichnet sind 120-Tage-Hochs (grüne Punkte) und 120-Tage-Tiefs (rote Punkte).

$SPX.X - Daily S&P 500 Index CBOE

Das gezeigte Beispiel ist kein Einzelfall. Eine ähnliche Konstellation entstand am 6. August 2004. Die Korrektur wurde am 5. März 2004 eingeleitet und hatte in der Spitze ein Minus von knapp neun Prozent.

Ein weiterer Nachteil des Trendmodells steht in unmittelbarem Zusammenhang mit dem vorherigen Punkt: In dynamischen Märkten – damit sind Bewegungen im Index gemeint, die entweder einen starken Kursverfall oder einen starken Kursanstieg binnen weniger Tage vollziehen – wird ein Abwärts- beziehungsweise Aufwärtstrend einfach zu spät erkannt.

Aus den zuvor genannten Gründen ist das Trendmodell für die Identifikation von Bullenmärkten ungeeignet. Seit vielen Jahren greife ich daher auf die eingangs erwähnte zweite Möglichkeit zurück: auf ein simples Prozent-Modell.

4.3.3 Regeln und Beispiele

Das Marktphasenmodell basiert auf einer einfachen Prozentrechnung, die mit einer Mindestdauer für die Laufzeit eines Bullenmarkts kombiniert wird. Das Modell wird für den amerikanischen Markt auf den S&P 500 Index angewendet und kann auf andere Aktienmärkte (beispielsweise in Europa) angepasst werden.

Das Regelwerk für das Marktphasenmodell lautet wie folgt:

> ➡ Es liegt ein neuer Bärenmarkt vor, wenn der Schlusskurs des Index mindestens neun Prozent unter dem letzten Bullenmarkt-hoch notiert.
>
> ➡ Ein Bullenmarkt liegt vor, wenn der Index-Schlusskurs mindestens neun Prozent über dem tiefsten Tief des letzten Bärenmarkts liegt und zudem dieses Bärenmarkttief mindestens zwölf Tage alt ist.

Damit gibt das Marktphasenmodell an, ob sich der breite Aktienmarkt aktuell in einem Bullen- oder Bärenmarkt befindet, und unterscheidet damit lediglich zwischen zwei Phasen. Das bedeutet, Seitwärtsbewegungen werden immer entweder einem Bullen- oder einem Bärenmarkt zugeordnet. Die Einschätzung, ob es sich aktuell um einen Bullen- oder Bärenmarkt handelt, basiert somit nicht auf komplexen Kurs- oder Kurs-Volumen-Analysen, sondern ausschließlich auf dem Ausmaß der Bewegung.

Zu betonen ist, dass das Marktphasenmodell keine direkten Handelssignale liefert. Mit modifizierten Parametern kann das Modell zwar auch als langfristige Long-Strategie verwendet werden, darauf gehe ich im Rahmen dieses Buches aber nicht ein.

Quelle: Printed using TradeStation. © TradeStation Technologies, Inc. All rights reserved.

In Abbildung 4.14 wird der S&P 500 Index über den Zeitraum Juli 2013 bis Ende 2014 gezeigt. In Dunkelrot ist zusätzlich das zur Bärenmarktidentifikation benötigte 9-Prozent-Korrektur-Level eingezeichnet.

Während des gezeigten Zeitraums erreichte das Tagestief des S&P 500 Index lediglich zweimal, am 15. und 16. Oktober 2014, dieses 9-Prozent-Korrektur-Level (in der Abbildung mit einem dunkelroten Pfeil markiert). Allerdings lag der Schlusskurs des Index an beiden Tagen über diesem Niveau, sodass der Bullenmarkt intakt blieb.

Abbildung 4.15 zeigt einen Fall von Bärenmarktidentifikation und anschließender Bullenmarktidentifikation aus dem Jahr 2012. In dem Moment, wo am Punkt X der Schlusskurs unter das 9-Prozent-Korrektur-Level fällt, wird die Korrektur gemäß Marktphasenmodell-Regelwerk als Bärenmarkt

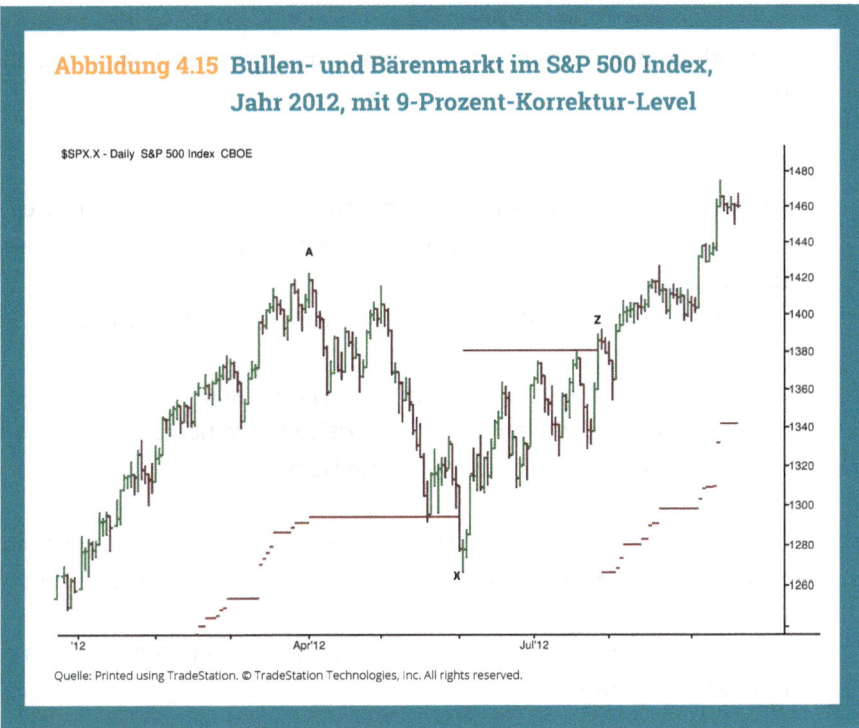

Abbildung 4.15 Bullen- und Bärenmarkt im S&P 500 Index, Jahr 2012, mit 9-Prozent-Korrektur-Level

$SPX.X - Daily S&P 500 Index CBOE

identifiziert. Als Beginn des Bärenmarkts wird in diesem Moment rückwirkend der Tag A identifiziert. Tag A entspricht dem höchsten Hoch des vorangegangenen Bullenmarkts. Der erste Handelstag nach Punkt A repräsentiert Tag 1 des Bärenmarkts.

An Punkt Z überschreitet der Schlusskurs des S&P 500 Index das 9-Prozent-Level, das sich aus dem einen Tag nach Punkt X entstehenden Tief berechnet, indem zu dem Tagestief neun Prozent hinzugezählt werden. In dem Moment, wo der Schlusskurs höher als neun Prozent über dem tiefsten Tief der Bewegung liegt, wird ein Bullenmarkt identifiziert, dessen Tief einen Tag nach Punkt X, also dem tiefsten Tief der Bewegung, liegt.

Zu berücksichtigen ist noch, dass der Zeitraum, der zwischen Punkt Z und dem Tag nach Punkt X liegt, wie im Regelwerk zum Marktphasenmodell vorgestellt, mindestens zwölf Handelstage beträgt. Benötigt eine Kurserholung für eine 9-Prozent-Bewegung weniger Zeit, kann der

Bullenmarkt erst identifiziert werden, wenn er zwölf Handelstage alt ist (und dann noch immer neun Prozent oder mehr über dem letzten tiefsten Tief liegt).

4.3.4 Auswertungen

Mit dem Regelwerk für das Marktphasenmodell besteht die Möglichkeit, in Abhängigkeit von der Dauer des jeweiligen Bullen- beziehungsweise Bärenmarkts eine Klassifizierung vorzunehmen.

Generell unterscheide ich zwischen folgenden Marktphasen:

⟹ Junger Bullen- beziehungsweise Bärenmarkt
⟹ Etablierter Bullen- beziehungsweise Bärenmarkt
⟹ Reifer Bullen- beziehungsweise Bärenmarkt

Die genaue Angabe, ab welcher Dauer eine Bewegung zu einer bestimmten Kategorie gehört, ergibt sich nach einer statistischen Auswertung, deren Ergebnisse im Folgenden vorgestellt werden.

Die Annahmen für die Berechnung der Dauer von Bullen- und Bärenmärkten lauten:

⟹ Untersuchter Index: S&P 500.
⟹ Zeitraum: 7. Dezember 1981 bis 31. Juli 2015.
⟹ Angewendet werden die in Kapitel 4.3.3 angegebenen Regeln für das Marktphasenmodell:
  ⟼ 9 %-Level für Bullen- und Bärenmarktidentifikation (Stop-and-Reverse-Ansatz)
  ⟼ Übergang vom Bären- zum Bullenmarkt kann frühestens nach zwölf Handelstagen erfolgen.
⟹ Die Identifizierung der für den Start und das Ende einer Bewegung verantwortlichen S&P-500-Hochs und -Tiefs erfolgt nachträglich – so wie anhand der Abbildung 4.15 in Kapitel 4.3.3 erklärt.
⟹ Die Angabe der Länge eines Bullen- oder Bärenmarkts erfolgt in Handelstagen – nicht in Kalendertagen.

In Abbildung 4.16 ist ein Auszug der Untersuchungsergebnisse zu den letzten fünf Bullen- und Bärenmärkten zu sehen. Der betrachtete Zeitraum reicht vom 7. Dezember 1981 bis 31. Juli 2015. Angegeben sind Anfangs- und Enddatum sowie die daraus berechnete Dauer der Bewegung.

Abbildung 4.16 Auszug der Untersuchungsergebnisse zur Dauer von Bullen- und Bärenmärkten

	S&P 500 Index	Start	Ende	Dauer
1	Bullenmarkt	June 5, 2012	July 31, 2015	794
2	Bärenmarkt	April 3, 2012	June 4, 2012	43
3	Bullenmarkt	November 28, 2011	April 2, 2012	87
4	Bärenmarkt	October 28, 2011	November 25, 2011	20
5	Bullenmarkt	October 5, 2011	October 27, 2011	17
6	Bärenmarkt	September 1, 2011	October 4, 2011	23
7	Bullenmarkt	August 10, 2011	August 31, 2011	16
8	Bärenmarkt	May 3, 2011	August 9, 2011	69
9	Bullenmarkt	July 2, 2010	May 2, 2011	210
10	Bärenmarkt	April 27, 2010	July 1, 2010	47

Abbildung 4.17 Statistische Auswertung der Bullen- und Bären- märkte im Zeitraum 7. Dezember 1981 bis 31. Juli 2015

Statistics			
Sum of all trading days	8478	Number of Bull/Bear Markets:	33
Bull Market Statistics Period 1983-7/2015:		**Bear Market Statistics Period 1983-1/2015:**	
Bull Market Trading Days Total:	6840	Bear Market Trading Days Total:	1638
Bull Market Trading Day Total as % of all days:	80,68	Bear Market Trading Day Total as % of all days:	19,32
Longest Bull Market:	1093	Longest Bear Market:	199
Average Bull Market Length:	207	Average Bear Market Length:	50
Median Bull Market Length	73	Median Bear Market Length:	38
Average length of the 11 shortest bull markets:	17	Average length of the 11 shortest bear markets:	19
Average length of the 11 longest bull markets:	471	Average length of the 11 longest bear markets:	89

In Abbildung 4.17 werden die statistischen Auswertungen der Bullen- und Bärenmärkte über die vergangenen 34 Jahre gezeigt. Insgesamt sind 8.478 Handelstage und 33 Bullen- sowie 33 Bärenmärkte berücksichtigt worden. In knapp 81 Prozent der Zeit befand sich der S&P 500 Index in einem Bullenmarkt. Der längste bis zum 31. Juli 2015 registrierte Bullenmarkt lief 1.093 Tage. Im Gegensatz dazu dauerte der längste Bärenmarkt lediglich 199 Handelstage.

Aus dieser Statistik wird deutlich, dass der vorgestellte Ansatz, sich ausschließlich auf die Long-Seite zu konzentrieren, wohlbegründet ist. Abwärtstrends mit einem Ausmaß von mehr als neun Prozent haben im S&P 500 Index eine nur geringe Dauer von durchschnittlich 50 Handelstagen und lassen sich entsprechend deutlich schwerer handeln als Bullenmärkte mit einer durchschnittlichen Dauer von 207 Handelstagen.

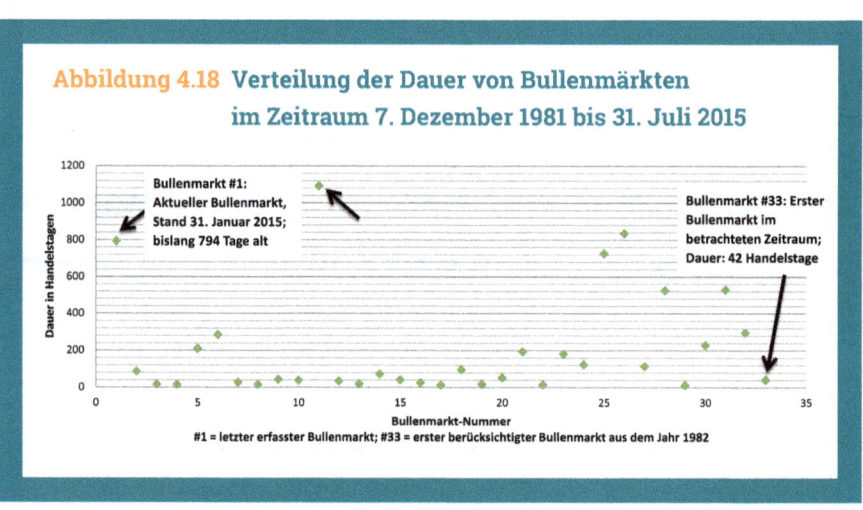

Abbildung 4.18 Verteilung der Dauer von Bullenmärkten im Zeitraum 7. Dezember 1981 bis 31. Juli 2015

Die Angabe zur durchschnittlichen Dauer eines Bullenmarkts ist allerdings mit großer Vorsicht zu genießen. Die Verteilung der Dauer von Bullenmärkten, wie sie in Abbildung 4.18 gezeigt wird, unterliegt einer großen Streuung. Zu erkennen ist dies auch an dem Zentralwert (Median) der Bullenmarktdauer: Dieser liegt mit 73 Handelstagen deutlich niedriger als der Durchschnittswert mit 207 Handelstagen. Auffallend ist, dass 23 von 33 Bullenmärkten eine Dauer von weniger als 200 Handelstagen aufweisen, sodass sich aus dieser Beobachtung bereits eine Vorgabe für die Grenze zwischen etabliertem und reifem Bullenmarkt gewinnen lässt.

In Abbildung 4.19 ist die Verteilung der Dauer von Bärenmärkten über den genannten Zeitraum zu sehen. Die Streuung ist hier deutlich geringer, auch wenn Mittelwert (mit 50 Handelstagen) und Zentralwert (Median, mit 19 Handelstagen) deutlich voneinander abweichen.

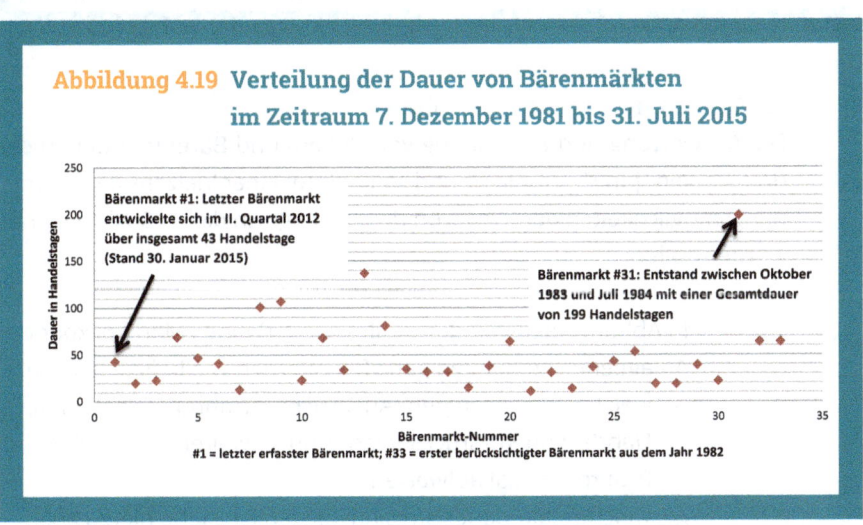

Abbildung 4.19 Verteilung der Dauer von Bärenmärkten im Zeitraum 7. Dezember 1981 bis 31. Juli 2015

4.3.5 Definition der Marktphasen

Die folgenden Definitionen spiegeln eine Möglichkeit wider, die unterschiedlichen Reifezyklen eines Bullen- und Bärenmarkts auf Basis der im vorigen Kapitel präsentierten Auswertungen zu definieren. Aufgrund der breiten Streuung, insbesondere bezogen auf die Dauer von Bullenmärkten, gibt es hier einen verhältnismäßig großen Entscheidungsspielraum. Ich verwende seit Jahren die in Abbildung 4.20 angegebenen Definitionen für die Identifikation des Stadiums der Bewegungen.

Abbildung 4.20 Definition junger, etablierter und reifer Bullen- beziehungsweise Bärenmärkte

Stadium der Bewegung	Bullenmarkt	Bärenmarkt
Frühstadium (junger Trend)	<= 20 Handelstage	<= 20 Handelstage
Etabliertes Stadium (nachhaltige Bewegung)	> 20 Handelstage	> 20 Handelstage
Spätphase (reifer Markt)	> 200 Handelstage	> 50 Handelstage

4.3.6 Anwendungsmöglichkeiten

Die Auswertung und Einordnung von Bullen- und Bärenmärkten in die drei Stadien „jung", „etabliert" und „reif" ebnet einer Vielzahl von Anwendungsmöglichkeiten den Weg, von denen einige an dieser Stelle genannt werden sollen:

→ In Abhängigkeit von der „Reife" (Dauer) eines Marktes können Anlageentscheidungen getroffen werden wie beispielsweise:
- welche Strategietypen (Ausbruchsverfahren [Breakouts], Handel von Kursrücksetzern und so weiter) das größte Profitpotenzial aufweisen.
- welche Haltedauer am sinnvollsten ist; siehe hierzu auch Kapitel 9 zum Thema Ausstieg.
- über das Risiko pro Trade und das gesamte zulässige (offene) Portfoliorisiko.
- ob gegebenenfalls eine Anpassung der Ausstiegsstrategie angebracht ist; siehe hierzu auch den Abschnitt „Ausstiegsvarianten" in Kapitel 7; Beispiel: Im reifen Bullenmarkt empfiehlt es sich, auf offensive Ausstiegsstrategien zurückzugreifen.
→ Ein Vergleich der historischen Länge von Bullen- und Bärenmärkten ermöglicht es, die aktuelle Marktsituation objektiv einzuschätzen. Typische Eigenschaften junger, etablierter und reifer Bullenmärkte können so detailliert analysiert werden – was im Rahmen von Ein- und Ausstiegstechniken noch auf den weiteren Seiten Thema sein wird.

4.3.7 Individuelle Anpassung des Marktphasenmodells

Das Marktphasenmodell kann natürlich an vielen Stellen individuell angepasst werden. So ist es denkbar, das 9-Prozent-Level höher zu setzen und auf diesem Weg Bullen- und Bärenmarkte von längerer Dauer zu erhalten.

Die von mir in diesem Kapitel vorgestellten Regeln und Einstellungen haben sich allerdings als nachhaltig sinnvoll herauskristallisiert. Es empfiehlt sich daher, erst in dem Moment an eine Modifikation des Marktphasenmodells zu denken, wenn Sie das Gefühl haben, über ausreichende Erfahrung mit der Strategie zu verfügen.

4.4 Marktnachhaltigkeitsmodell

Sinn und Zweck des Nachhaltigkeitsmodells besteht darin, die aktuelle Bewegung des Aktienmarkts durch die Analyse von Volatilitäten und marktbreiten Daten zu bewerten und eine Aussage darüber zu machen, wie das Volatilitätsverhalten, die aktuelle Trendqualität und die Wahrscheinlichkeit für eine potenzielle Trendumkehr einzuschätzen sind. Das Marktnachhaltigkeitsmodell beurteilt also sozusagen die Qualität der aktuellen Bewegung des breiten Aktienmarkts, repräsentiert durch den S&P 500 Index und (mit im Folgenden noch näher definierten Abstrichen) den Nasdaq Composite Index.

Zu den marktbreiten Daten, die im Rahmen der nachfolgend vorgestellten Modelle täglich benötigt werden, zählen:

⟶ Anzahl der gegenüber dem Vortagesschlusskurs gestiegenen Aktien.

⟶ Anzahl der gegenüber dem Vortagesschlusskurs gefallenen Aktien.

⟶ Anzahl der gegenüber dem Vortagesschlusskurs unverändert gebliebenen Aktien.

⟶ Volumen der gehandelten Aktien, die gegenüber dem Vortagesschlusskurs gestiegen sind.

⟶ Volumen der gehandelten Aktien, die gegenüber dem Vortagesschlusskurs gefallen sind.

⟶ Anzahl der Aktien, die ein neues 52-Wochen-Hoch erreicht haben.

⟶ Anzahl der Aktien, die ein neues 52-Wochen-Tief erreicht haben.

Diese Angaben werden börsentäglich von den amerikanischen Börsen veröffentlicht. Zudem sind sie bis auf wenige Ausnahmen fester Bestandteil von Datenanbietern, die täglich Kursdaten zu den an der NYSE (New York Stock Exchange) und der Nasdaq notierten Aktien zur Verfügung stellen. Außerdem sind die Angaben kostenfrei im Internet zu finden (siehe Anhang C).

Für die europäischen Märkte und speziell Deutschland sowie die Schweiz sind entsprechende Datenreihen etwas schwieriger zu bekommen. Wie aber in Kapitel 4.5 erläutert wird, ist diese Schwierigkeit überwindbar.

4.4.1 Was ist ein Timing-Modell?

Ein Timing-Modell kann als „erweiterter Indikator" wie auch als Teil einer Strategie verstanden werden. Wie die folgenden Ausführungen verdeutlichen werden, darf ein Timing-Modell aber auf keinen Fall als eine reine Strategie verstanden werden, weil (mindestens) die Ausstiegskriterien fehlen.

Ein Timing-Modell identifiziert Situationen, in denen eine hohe mathematische Wahrscheinlichkeit besteht, dass der breite Aktienmarkt steigt oder fällt – und zwar über einen Zeithorizont, der vorgegeben werden kann.

Inwieweit die identifizierte Situation direkt für einen Einstieg oder aber als Ergänzung zu den Signalen weiterer verwendeter Modelle verwendbar ist, kann von Modell zu Modell entschieden werden. Da die hier vorgestellten Timing-Modelle regelmäßig mehrere Zeitreihen und auch unterschiedliche Indizes parallel analysieren, kann im vorliegenden Fall ein Timing-Modell auch als erweiterter oder komplexer Indikator bezeichnet werden.

4.4.2 Idee und Aufgabe des Marktnachhaltigkeitsmodells

Eine der Besonderheiten des Marktnachhaltigkeitsmodells besteht darin, dass die Analyse ohne Berücksichtigung des Kursverhaltens der beiden vorgenannten Indizes erfolgt. Die Richtung des Marktes wird vom Marktrichtungsmodell identifiziert.

Das Ziel des Marktnachhaltigkeitsmodells besteht darin, mithilfe der Analyseergebnisse in Kombination mit dem Marktphasenmodell und dem Marktrichtungsmodell die aktuelle Bewegung sinnvoll in verschiedene

Kategorien zu untergliedern. Basierend auf dieser Gliederung lassen sich dann, wie in Kapitel 4.1 dargelegt, in den Bereichen Aktienselektion, Ein- und Ausstieg diejenigen Varianten selektieren, deren Einsatz im aktuellen Marktumfeld die besten Profit-zu-Risiko-Profile aufweisen.

Als Qualitätsmesser für die Marktbewegung eignet sich das Marktnachhaltigkeitsmodell auch zur Einschätzung des aktuell sinnvollen Investitionsgrads: Kommt es zu einer deutlichen Abweichung zwischen dem vom Modell vorgeschlagenen und dem tatsächlichen Investitionsgrad, ist dies als deutliches Anzeichen dafür zu sehen, dass Handlungsbedarf besteht. Konkrete Maßnahmen, die in diesem Fall eingeleitet werden können, werden in diesem und den Kapiteln 5, 6, und 7 dargelegt. Letztendlich wird diese Situation immer dann entstehen, wenn der breite Aktienmarkt über Wochen eine Aufwärtsbewegung vollzieht, ohne dass der kurzfristige 17-Tage-Trend auch nur ein einziges Mal dreht.

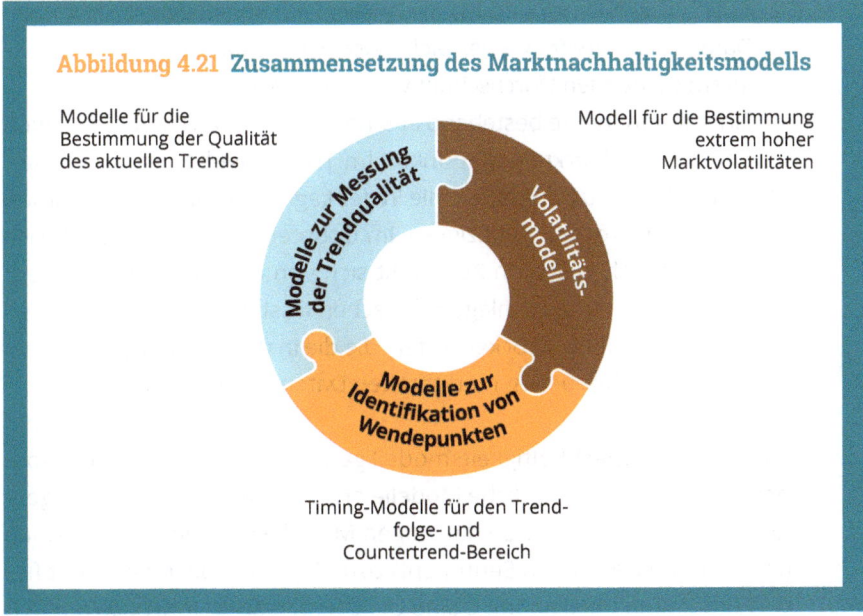

Abbildung 4.21 Zusammensetzung des Marktnachhaltigkeitsmodells

Modelle für die Bestimmung der Qualität des aktuellen Trends

Model für die Bestimmung extrem hoher Marktvolatilitäten

Modelle zur Messung der Trendqualität

Volatilitäts-modell

Modelle zur Identifikation von Wendepunkten

Timing-Modelle für den Trend-folge- und Countertrend-Bereich

Das Marktnachhaltigkeitsmodell besteht aus drei Komponenten, die jede für sich genommen wiederum aus einem oder mehreren

Modellen bestehen. Auch wenn dieses Thema auf den folgenden Seiten nicht weiter vertieft wird, sei an dieser Stelle angemerkt, dass sich die vorgestellten Modelle nach kleineren Modifikationen auch als Einzelstrategien, beispielsweise mit börsennotierten Indexfonds (ETFs), handeln lassen.

Das Marktnachhaltigkeitsmodell besteht aus drei Komponenten:

1. Einer Komponente für die Bestimmung der Volatilitätsphase, in der sich der S&P 500 Index aktuell befindet. Diese Komponente greift lediglich auf ein Modell zurück, das zur Identifikation extrem hoher Volatilitätsperioden eingesetzt wird.
2. Einer Komponente für die Analyse der Nachhaltigkeit des aktuellen Trends. Steht das Verhalten der Einzelaktien im Einklang mit dem vorherrschenden Trend oder läuft es zu diesem konträr? Wie verhalten sich hochkapitalisierte Titel – wie die Werte mit niedrigerer Kapitalisierung? Hierzu wird unter anderem auf ein Modell zurückgegriffen, das mehrere Abstufungen kennt und für die Analyse auf abgeleitete, marktbreite Daten zurückgreift, wie beispielsweise die Anzahl der Aktien, die über ihrem Gleitenden Durchschnitt von 200 Tagen liegen.
3. Einer Komponente bestehend aus Timing-Modellen zur Identifikation potenzieller Marktwendepunkte: Im Trendfolgebereich gilt es, auf Methoden zurückzugreifen, die in der Lage sind, mit hoher Präzision Wendepunkte zu identifizieren. Im Countertrend-Bereich stellt sich die Frage, ab welchem Zeitpunkt sich von einem Totalausverkauf mit Panik unter den Anlegern sprechen lässt. Im letztgenannten Fall wird auf Modelle zurückgegriffen, die die in der Einleitung zu diesem Kapitel beschriebenen marktbreiten Daten verarbeiten.

Alle zum Marktnachhaltigkeitsmodell gehörenden Komponenten können natürlich um zusätzliche Modelle ergänzt werden. Auf den folgenden Seiten stelle ich Ihnen diejenigen Modelle vor, die auf Zeitreihen (marktbreite Daten und Sentiment) zurückgreifen, die im Internet frei verfügbar sind (im Anhang C sind die Quellen aufgeführt). Es handelt sich dabei um die Grundmodelle meiner hier vorgestellten Strategie. Im Laufe der letzten Jahre ist unter anderem noch eine Handvoll weiterer Modelle im Timing-Bereich (siehe oben genannte Komponente

3) hinzugekommen, deren Berechnung jedoch nur mithilfe von Programmierungen erfolgen kann – und die damit nicht zur Zielsetzung des Buches passen, nachvollziehbare und plattformunabhängige Methoden vorzustellen.

4.4.3 Volatilitätsmodell

Die einzige Aufgabe des Volatilitätsmodells besteht darin, Marktphasen zu identifizieren, die von extrem hoher Volatilität geprägt sind. Wie noch bei der Einführung der Timing-Modelle in Kapitel 4.4.4 zu sehen sein wird, besteht für den Fall des Generierens von Signalen im Trendfolgebereich die Gefahr, dass in einen schnell fallenden Markt mehrere Signale hintereinander generiert werden können. Und auch wenn eine solche Kaskade von Signalen aufgrund der Setup-Regeln nur selten zu Einstiegen in Einzelaktien führt, ist es aus Gründen der Vorsicht ratsam, eine Methode zu haben, die imstande ist, solche Phasen in der Mehrzahl der Fälle herauszufiltern.

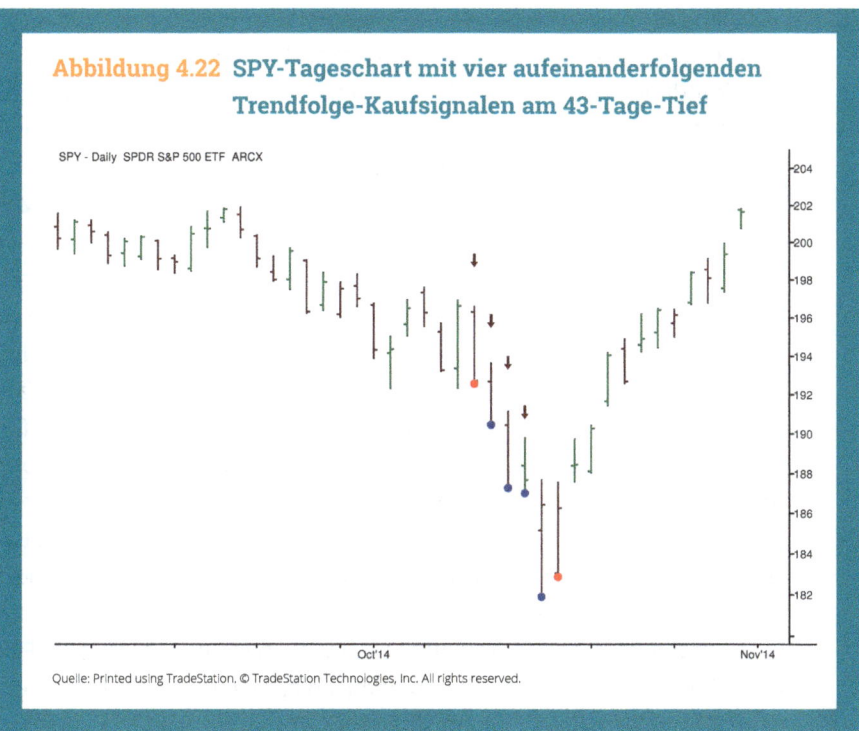

Abbildung 4.22 SPY-Tageschart mit vier aufeinanderfolgenden Trendfolge-Kaufsignalen am 43-Tage-Tief

SPY - Daily SPDR S&P 500 ETF ARCX

In Abbildung 4.22 wird ein Fall vom Oktober 2014 im ETF auf den S&P 500 Index mit vier aufeinanderfolgenden Signalen gezeigt. Zur Veranschaulichung werden lediglich die durch das Marktrichtungsmodell auf Kursbasis generierten Signale angewendet – der Einsatz von Timing-Modellen bleibt hier noch außen vor. Die mit Pfeilen markierten Signaltage entsprechen 43-Tage-Tiefs, entweder auf Schlusskursbasis (gekennzeichnet mit roten Punkten) oder auf Tagestiefbasis (Tage mit blauen Punkten). Die Abfolge von Signalen erfolgt noch während der langfristige 120-Tage-Trend aufwärtsgerichtet ist. Erst am tiefsten Punkt wird ein 120-Tage-Tief erreicht, was auch den langfristigen 120-Tage-Trend nach unten drehen lässt. In diesem Moment werden gemäß Marktrichtungsmodell-Regeln keine Umkehrsignale mehr für den Trendfolgebereich, sondern nur noch für den Countertrend-Bereich generiert (weswegen ab diesem Tag keine weiteren Pfeile eingezeichnet sind).

Ein Vergleich der Tagesspannen in Abbildung 4.22 vor Ende September mit denjenigen ab der zweiten Oktoberwoche deutet eine erhöhte Volatilität an – die auch tatsächlich gegeben war.

Das Ziel des Volatilitätsmodells besteht darin, während dieser Phasen Trendfolgesignale auszublenden, um der potenziellen Gefahr einer Kaskade von Fehlsignalen vorzubeugen (was letztlich wiederum als eine Art Risikomanagement gesehen werden kann).

Nun stellt sich die Frage: Welche der vielfältigen Möglichkeiten zur Volatilitätsmessung sollte eingesetzt werden?

Aktienmärkte fallen in der Regel deutlich schneller, als sie steigen. So war es in den Bullenmärkten der Jahre 2012 bis Mitte 2015 keine Seltenheit, dass mit nur einem bis zwei negativen Tagen im S&P 500 Index die Gewinne einer ganzen Woche, teilweise sogar eines ganzen Monats wieder abgegeben wurden. In solchen Phasen steigt die Volatilität für die jeweilige Korrekturperiode an. Gängige und zumeist auch sinnvolle Volatilitätsmessungen greifen aber auf eine Glättung zurück und reagieren entsprechend träge, weil sie über mehrere Tage berechnet werden. Ein Beispiel zeigt die in Kapitel 3 angewendete Average True Range, die dort über 21 Tage berechnet wird.

Benötigt wird aber eine Volatilitätsmessung, die einerseits im Fall einer Zunahme in der Lage ist, dynamisch zu reagieren, und andererseits dieses Verhalten auch im Fall einer Abnahme zeigt. Aus diesem

Grund sind technische Indikatoren, die eine Glättung verwenden, keine gute Wahl.

Der Aktienmarkt bietet allerdings noch eine weitere, wertvolle Messung der Volatilität, speziell auf den S&P 500 Index bezogen, an: den Volatilitätsindex der Chicago Board Options Exchange (CBOE), abgekürzt mit VIX. Dieser Index stellt ein Maß für die implizite Volatilität der Optionen auf den S&P 500 dar und offeriert damit eine Bezugsgröße für die Volatilität des Aktienmarkts, die sich nicht auf den Indexkurs selbst bezieht. Der VIX steigt in der Regel, wenn der S&P 500 Index nachgibt, und umgekehrt.

Konkret sieht das von mir verwendete Volatilitätsmodell wie folgt aus:

Volatilitätsmodell – Komponente des Marktnachhaltigkeitsmodells:

Anwendung:

⟹ Datenreihe: VIX der Chicagoer Optionsbörse (CBOE)

⟹ Berechnung eines Gleitenden Durchschnitts über 100 Tage (GD100) auf den VIX.

⟹ Berechnung eines Prozentbands, das 35-45 Prozent über dem GD100 des VIX liegt.

⟹ In diesem Buch werden 40 Prozent als Prozentband verwendet.

⟹ Eine extrem hohe Volatilität liegt vor, wenn der Schlusskurs des VIX über dem Prozentband liegt.

⟹ Ist dies der Fall,
- ➤ werden diejenigen Timing-Modelle, die für die Generierung von Trendfolge-Signalen verantwortlich sind, deaktiviert und
- ➤ stattdessen wird ausschließlich auf Signale der Timing-Modelle gewartet, die für den Countertrend-Bereich verantwortlich sind.

Auf diesem Weg können hochvolatile Phasen, die innerhalb eines langfristigen Aufwärtstrends entstehen, zu einer vorübergehenden Deaktivierung der Timing-Modelle im Trendfolgebereich führen.

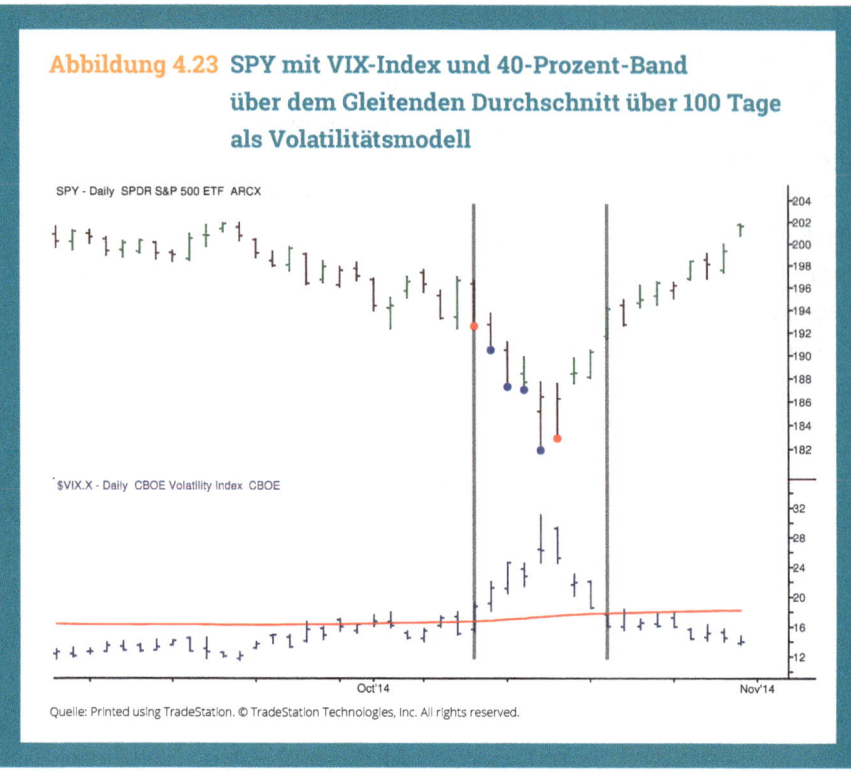

Abbildung 4.23 SPY mit VIX-Index und 40-Prozent-Band
über dem Gleitenden Durchschnitt über 100 Tage
als Volatilitätsmodell

In Abbildung 4.23 wird das Volatilitätsmodell auf das Beispiel aus der vorherigen Abbildung 4.22 angewendet. Unter dem SPY ist der VIX mit einem 40 Prozent über dem (nicht gezeigten) über 100 Tage berechneten Gleitenden Durchschnitt (GD100) zu sehen. Mit dem ersten 43-Tage-Tief im Oktober (erster Tag mit rotem Punkt) schließt der VIX 40 Prozent über dem GD100-Band. Aufgrund der in diesem Moment vorherrschenden extrem hohen Volatilität werden nur noch Countertrend-Signale befolgt. Erst als acht Tage später der VIX wieder unter das Band fällt, deaktiviert sich das Volatilitätsmodell wieder.

Die für das Modell angewendeten Parameter sind nicht optimiert und können natürlich individuell angepasst werden. Zu Lernzwecken bietet es sich an, die vorgeschlagenen und von mir verwendeten Einstellungen zu überprüfen. Eventuelle Veränderungen sollten nur vorgenommen werden, wenn diese im Rahmen der Trading-Stil-Anpassung erfolgen – und auf keinen Fall aus Gründen der Strategie-Optimierung.

4.4.4 Modelle zur Identifikation potenzieller Wendepunkte

In diesem Kapitel stelle ich Ihnen bewährte Timing-Modelle für das Generieren von Signalen im Trendfolge- wie auch im Countertrend-Bereich vor. Jedes der Modelle kann mithilfe frei im Internet zugänglicher Daten und eines Tabellenkalkulationsprogramms abgebildet und die Signale so auf täglicher Basis berechnet werden. In Anhang C sind Internetseiten angeführt, denen die benötigten Daten entnommen werden können.

Abbildung 4.24 Übersicht der vorgestellten Timing-Modelle

Timing-Modell Name	Trendfolge- Signale	Countertrend- Signale
1. Double TRIN	x	
2. VIX Stretch	x	
3. U/D Total Ratio	x	
4. A-D Summation	x	
5. Net New Highs Percent		x
6. New Lows Percent		x
7. Magic-T	x	x

Konkret werden auf den folgenden Seiten die in Abbildung 4.24 genannten Timing-Modelle vorgestellt. In Kapitel 4.2.4 wurden Regeln für die Identifikation von Trendfortsetzungssignalen wie auch Countertrend-Signalen auf reiner Kursbasis eingeführt, die das Marktrichtungsmodell verwenden. Für die im Folgenden vorgestellten Timing-Modelle ist das Marktrichtungsmodell bereits in das Regelwerk des Modells integriert, sodass eine Kategorisierung in Trendfolge- und Countertrend-Bereich nach den in Kapitel 4.2.4 angegebenen Regeln erfolgen kann.

Das jüngste der in Abbildung 4.24 genannten Timing-Modelle, Modell 1, wird von mir seit 2004 angewendet. Die Modelle 3, 5, 6 und 7 sind bereits seit der zweiten Jahreshälfte 1998 im Einsatz. Für sämtliche Modelle gilt: Die angegebenen Parametereinstellungen haben sich im Laufe der Jahre nur in Ausnahmefällen verändert, die dadurch entstanden sind, dass bei der Einführung noch nicht genügend historische Daten zu Verfügung standen, um eine zuverlässige Aussage über die Testergebnisse und damit zu den Parametereinstellungen zu erhalten.

Hinzu kommt, dass die Bedeutung der Nasdaq erst Ende der 90er-Jahre entscheidend zugenommen hat. Bis zum Jahr 1995 war diese Börse, an der bis heute schwerpunktmäßig Aktien aus dem Technologiebereich notiert sind, noch verhältnismäßig unbedeutend – und entsprechende Modelle auf Basis von marktbreiten Indikatoren ohne echte Aussagekraft für den breiten Aktienmarkt. Durch die wachsende Bedeutung wurde es notwendig, ab Ende 1999 auch das marktbreite Verhalten der Nasdaq in die Mehrzahl der Timing-Modelle mit einfließen zu lassen.

Aus diesem Grund greifen die im Folgenden vorgestellten Timing-Modelle in den meisten Fällen sowohl auf NYSE- als auch Nasdaq-Daten zurück.

4.4.4.1 Double-TRIN-Modell

Aufgabe:

Generieren von Trendfolgesignalen im SPY

Hintergrundinformationen:

„TRIN" ist eine gängige Abkürzung und steht für „Trading Index". Er wird auch als ARMS Index bezeichnet und ist ein Indikator, der 1967 von Richard W. Arms, Jr. eingeführt wurde. Der TRIN kombiniert das Volumen steigender und fallender Aktien mit der Anzahl steigender und fallender Aktien. Entsprechend kann er für jede Börse berechnet werden. Im vorliegenden Fall wird der TRIN für die NYSE wie auch die Nasdaq verwendet.

Ein besonderes Merkmal des TRIN besteht darin, dass er im Gegensatz zu den meisten Indikatoren dann ein Kaufsignal gibt, wenn er einen sehr hohen Wert erreicht.

In der Literatur wird der TRIN häufig mithilfe eines gleitenden Durchschnitts kleiner Periode (wie beispielsweise drei bis fünf Tage) geglättet und ein Kaufsignal wird in dem Moment generiert, wenn der geglättete Wert über beispielsweise 1,3 liegt. Bereits Ende der 90er-Jahre durchgeführte Tests haben gezeigt, dass diese Vorgehensweise aufgrund der Glättung häufig zu verspäteten Signalen führt. Ich verwende daher seit dem Jahr 2004 für das Timing den TRIN in nicht geglätteter Form.

Berechnung des TRIN:

→ TRIN = Z / N (Zähler durch Nenner)

→ Z = Anzahl steigender Aktien / Anzahl fallender Aktien

→ N = Volumen steigender Aktien / Volumen fallender Aktien

Praktischerweise bietet eine Vielzahl von frei zugänglichen Internetquellen den TRIN bereits als Wert an, sodass eine eigene Berechnung nicht notwendig ist.

Regeln für die Signalgenerierung mit dem TRIN-Modell

Das TRIN-Modell kann auf zwei verschiedenen Wegen Kaufsignale generieren:

1. NYSE-TRIN oder Nasdaq-TRIN notieren über der Marke von 2 und unter 3; der langfristige Trend des Marktrichtungsmodells (NYSE wie auch Nasdaq) muss aufwärtsgerichtet und der kurzfristige Trend abwärtsgerichtet sein; zudem wird ein neues 17-Tage-Tief erreicht (was gemäß dem Regelwerk aus Kapitel 4.2.4 zur Identifikation potenzieller Marktwendepunkte immer gegeben sein muss – einen Ausnahmefall bildet der folgende zweite Weg).

2. NYSE-TRIN oder Nasdaq-TRIN notieren über oder sind identisch mit der Marke von 3; der langfristige Trend des Marktrichtungsmodells ist aufwärtsgerichtet und der kurzfristige Trend abwärtsgerichtet. Allerdings muss im Gegensatz zu vorstehender Variante 1 kein neues 17- und auch kein neues 43-Tage-Tief mit der Signalgenerierung zusammenfallen.

Da das TRIN-Modell entweder auf Basis der NYSE- oder der Nasdaq-Daten Signale generieren kann, wird es von mir als „Double-TRIN-Modell" bezeichnet.

In Abbildung 4.25 werden drei Beispiele für die Signale gezeigt, die das TRIN-Modell in dem dargestellten Zeitraum auf den SPY auf Basis der NYSE-Daten generiert hat (der Nasdaq-TRIN wird hier nicht gezeigt, da er in dem Zeitraum entweder keine oder lediglich redundante Signale generiert hat).

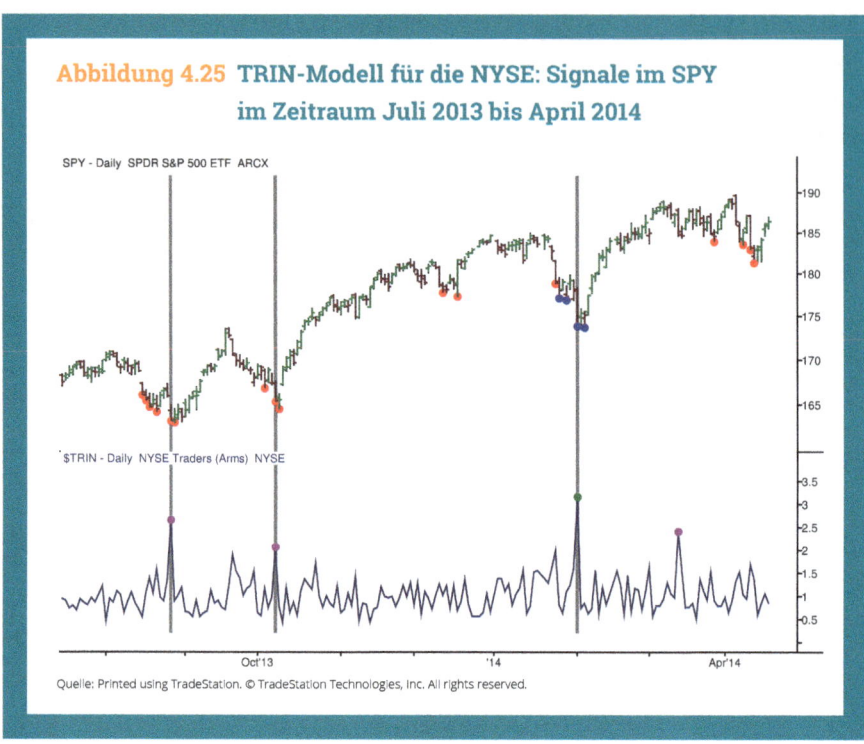

Abbildung 4.25 TRIN-Modell für die NYSE: Signale im SPY im Zeitraum Juli 2013 bis April 2014

Die ersten beiden Signale, am 27. August und am 8. Oktober 2013, werden gemäß Variante 1 generiert: An beiden Tagen fällt ein neues 17-Tage-Tief mit einem NYSE-TRIN-Wert von über 2 zusammen (magenta gefärbte Punkte in der TRIN-Datenreihe). Gleichzeitig liegt der TRIN unter 3.

Anders hingegen beim dritten Signal: Hier liegt der NYSE-TRIN über 3 (markiert durch einen grünen Punkt) und gleichzeitig hat bereits der kurzfristige Trend sechs Tage vorher nach unten gedreht (zu erkennen an dem roten Punkt im SPY, der ein neues 17-Tage-Tief markiert; 43-Tage-Tiefs sind mit blauen Punkten im SPY gekennzeichnet). Unabhängig davon, ob der Tag, an dem der NYSE-TRIN einen Wert größer 3 markiert, mit einem neuen 17-Tage-Tief zusammenfällt, wird ein Signal generiert. Im

NACHHALTIG ERFOLGREICH TRADEN

gezeigten Beispiel wird an dem Tag sogar ein neues 43-Tage-Tief erreicht, was jedoch gemäß Regelwerk, Variante 2, kein notwendiges Kriterium ist.

Das letzte TRIN-Signal, das in Abbildung 4.25 zu sehen ist, entstand am 13. März 2014. Da der TRIN-Wert unter 3 geblieben ist, ist für die Generierung eines gültigen Signals mindestens ein neues 17-Tage-Tief erforderlich. Dies war hier aber nicht gegeben.

Ergebnisse zum Double-TRIN-Modell

Bevor an dieser Stelle die Untersuchungsergebnisse zum Double-TRIN-Modell vorgestellt werden, ist es erforderlich, eine einheitliche Vorgehensweise für die Untersuchung zu definieren, die idealerweise einen Vergleich der einzelnen Timing-Modelle erlaubt und zudem möglichst noch eine Aussage darüber macht, welches die jeweils sinnvollsten Halteperioden sind.

Ein solches Verfahren wird im folgenden Kapitel eingeführt und beispielhaft auf das Double-TRIN-Modell angewendet. Im Anschluss werden die Ergebnisse erörtert. Erst danach werden die übrigen Timing-Modelle und die zugehörigen Ergebnisse vorgestellt.

4.4.4.2 Exkurs: Analyseverfahren für Timing-Modelle

In diesem Kapitel wird anhand des Double-TRIN-Modells erläutert, wie mein einheitlich durchgeführtes Analyseverfahren für die Timing-Modelle im Trendfolge-Bereich aussieht (im Countertrend-Bereich ist das Verfahren aufgrund der niedrigen Anzahl generierter Trades nicht sinnvoll).

Das von mir verwendete Verfahren basiert auf dem sogenannten „Edge-Ratio", abgekürzt „E-Ratio". Es bezieht sich auf den Vorteil, der sich für den Einstieg nach einer Haltedauer von x Tagen ergibt. Die dem E-Ratio zugrunde liegende Berechnungsidee reicht bis in die 1980er-Jahre zurück, erlangte aber erst durch die Vorstellung in dem Bestseller „Way of the Turtle" von Curtis Faith[1] aus dem Jahr 2007 einen höheren Bekanntheitsgrad. Die Methode ist zu meiner eigenen Überraschung bis heute jedoch weniger weit verbreitet, als man aufgrund der hohen Aussagekraft vermuten sollte. Das lässt sich unter anderem daran erkennen, dass die Mehrzahl der Plattformen, die das Testen von Strategien ermöglichen, die Berechnung des Edge-Ratios als Standardkennzahl in statistischen Auswertungen bislang nicht aufgenommen hat.

Die E-Ratio-Methode eignet sich universell zur Analyse jedes Indikators, der für den Einstieg verwendet werden soll – und sie eignet sich sogar für das Testen komplexer Einstiegsmethoden, die beispielsweise auch auf bekannten Chartmustern wie „Doppelte Böden" oder „Flaggen" basieren können. Voraussetzung ist natürlich, dass die Regeln programmierbar sind. (Eine manuelle Auswertung ist ebenfalls möglich, allerdings extrem zeitaufwendig, insbesondere wenn das E-Ratio für ganze Aktienportfolios ermittelt werden soll.)

Für das Verständnis und die Herleitung des E-Ratios wird ein praxisbezogener Ansatz gefahren: Ausgangsbasis bildet die Berechnung, wie hoch der Gewinn oder Verlust x Tage nach dem Generieren eines Signals ausfällt. Diese Idee findet sich übrigens auch in einem der ersten Trading-Bücher über das Testen von Indikatoren mithilfe von Computern aus dem Jahr 1991[2] wieder und kann meines Erachtens als einer der wenigen logischen und objektiven Wege bezeichnet werden, Tests mit Indikatoren durchzuführen.

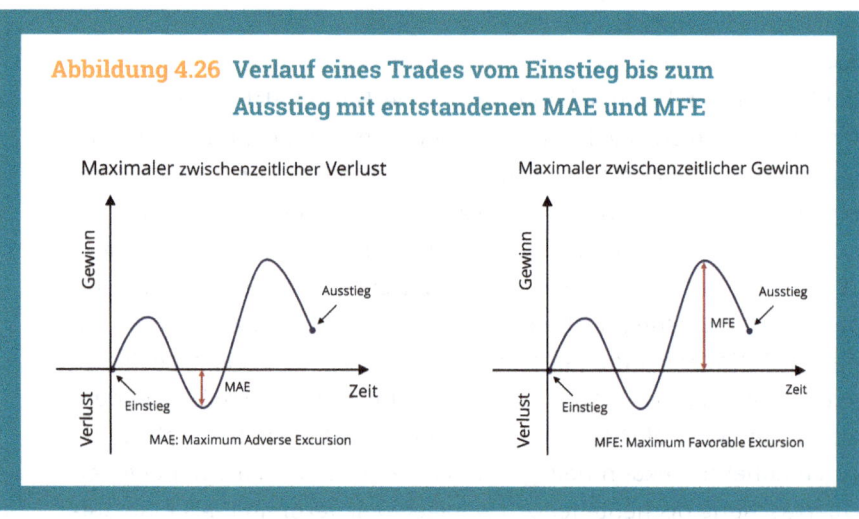

Abbildung 4.26 Verlauf eines Trades vom Einstieg bis zum Ausstieg mit entstandenen MAE und MFE

Doch das Wissen darüber, wie die Performance nach x Tagen aussieht, reicht nicht aus, um zu beurteilen, ob ein Trade als gut oder schlecht zu bezeichnen ist und was genau eigentlich „gut" und „schlecht" bedeuten. Eine solche Quantifizierung ist möglich, wenn für jeden Trade berechnet wird, wie weit dieser während seiner Lebensdauer in der Spitze im Plus und im Minus lag.

In Abbildung 4.26 wird anhand des Gewinn-Verlust-Verlaufs eines Trades gezeigt, wie sich die drei wichtigsten Kennzahlen eines Trades berechnen lassen:

→ Gewinn oder Verlust, mit dem der Trade abgeschlossen wird: Abstand zwischen Ein- und Ausstiegskurs.

→ Größter offener Gewinn während der Trade-Dauer; auch als MFE (Maximum Favorable Excursion) bezeichnet.

→ Maximaler offener Verlust während der Trade-Dauer; auch als MAE (Maximum Adverse Excursion) bezeichnet.

Die Berechnung von MAE und MFE erfolgt für jeden Trade und jede sich im Portfolio befindende Aktie über den gewünschten Zeitraum. Im Falle der Timing-Modelle bedeutet dies, dass die jeweiligen Signale auf den SPY ausgewertet werden.

In Abbildung 4.26 werden der offene Gewinn und Verlust jeweils als Dollarbetrag angegeben. Aktien und Indizes (hierzu zählt auch der SPY) unterliegen aber unterschiedlichen Schwankungen. Entsprechend kann beispielsweise eine 2-Dollar-Bewegung in einer Aktie eine große oder kleine Bewegung (oder etwas dazwischen) bedeuten. Analog der in Kapitel 3.2 vorgestellten Betrachtungen von Kurslücken zur Markteröffnung ist es auch an dieser Stelle sinnvoll, eine Normalisierung des Dollarbetrags durchzuführen, indem er durch die durchschnittliche Tagesvolatilität dividiert wird. Wie in Kapitel 3.2.2 wird zur Volatilitätsmessung auf die Average True Range, berechnet über 21 Tage, die ATR(21), zurückgegriffen.

Das E-Ratio wird nun über folgende Schritte bestimmt:

1. Zu jedem Trade wird das normalisierte MAE und das normalisierte MFE berechnet.
2. Die Normalisierung erfolgt, indem der Dollarbetrag des MAE und des MFE durch die einen Tag vor dem Einstieg bestimmte ATR(21) dividiert wird.
3. Die so ermittelten Werte werden jeweils für den MFE und den MAE summiert und anschließend durch die Anzahl der Trades dividiert.

4. Das E-Ratio ergibt sich, indem der MFE-Wert durch den MAE-Wert dividiert wird.

Ein Edge liegt in dem Moment vor, wenn das E-Ratio einen Wert größer 1 hat. Beispiel: Ein Wert von 1,2 besagt, dass ein Trade während seiner Lebensdauer (die durch die vorgegebene Haltedauer bestimmt wird) im Durchschnitt 20 Prozent mehr ins Plus gelaufen ist als ins Minus. Mithilfe des E-Ratios lässt sich eine zuverlässige Aussage darüber treffen, ob die verwendeten Timing-Modelle jeweils für sich genommen einen „Edge" aufweisen, wie hoch dieser ist und welches geeignete Halteperioden sind, das heißt ab welchem Zeitpunkt der Vorteil nachlässt – sofern er überhaupt vorhanden ist. Darüber hinaus lassen sich mithilfe des E-Ratios die Timing-Modelle miteinander vergleichen, was einen nicht unerheblichen Vorteil darstellt.

Um den „wahren" Vorteil nach einem Einstiegssignal zu ermitteln, wird bei der E-Ratio-Analyse auf die Berücksichtigung eines Verlustbegrenzungsstopps verzichtet. Das ist insbesondere im vorliegenden Fall sinnvoll, weil die verwendeten Timing-Modelle ebenfalls keine Verlustbegrenzungsstopps verwenden und als einzigen im Rahmen der Tests verwendeten Ausstieg den zeitbasierten Ausstieg nach x Tagen Haltedauer berücksichtigen. Die Verwendung von Verlustbegrenzungsstopps ist für die Timing-Modelle auch deswegen nicht sinnvoll, weil diese lediglich für das Generieren von Einstiegssignalen zum Einsatz kommen. Nachdem ein Long-Signal generiert worden ist, erfolgen die nächsten Schritte in Form einer Aktienselektion (Kapitel 5), der Identifikation von Einstiegs-Setups und danach des Timings für den Einstieg (Kapitel 6). Die Timing-Modelle spielen hier keine weitere Rolle. Während sich eine Position im Depot befindet, gibt es keinen weiteren Bezug zu den Timing-Modellen (die zu erwartende ungefähre Haltedauer ist bereits mit dem Einstieg taxiert worden).

Ein Punkt ist allerdings bei der Verwendung des E-Ratios unbedingt zu beachten: Es kann auch dann über der Marke von 1 liegen, wenn mehr Trades mit einem Minus als mit einem Plus abgeschlossen werden. Im Extremfall kann es sogar vorkommen, dass alle Trades im Verlust enden, das E-Ratio aber einen „Edge" ermittelt. Das wäre beispielsweise dann der Fall, wenn regelmäßig Trades direkt nach dem Einstieg zunächst deutlich in den Gewinn laufen, aber erst geschlossen werden, wenn sie leicht im Minus liegen.

Im Rahmen der Untersuchung der Timing-Modelle empfiehlt es sich daher, neben dem E-Ratio auch zu ermitteln, wie hoch die Trefferquote (also die Anzahl der Signale, die nach x Tagen im Plus liegen) ist. Alle Angaben zusammen liefern dann eine aussagekräftige Indikation für den tatsächlichen mathematischen Vorteil, der mit einem Einstieg und einer bestimmten Halteperiode verknüpft ist.

Ergebnisse für das Double-TRIN-Modell

Die Regeln für das Generieren von Signalen wurden in Kapitel 4.4.4.1 erläutert. Im Falle des Double-TRIN-Modells ergeben sich über den Zeitraum 1. Januar 1994 bis 31. Juli 2015 mit Halteperioden von 1 bis 65 Handelstagen die in Abbildung 4.27 gezeigten E-Ratios (die miteinander verbundenen Punkte ergeben die obere Linie).

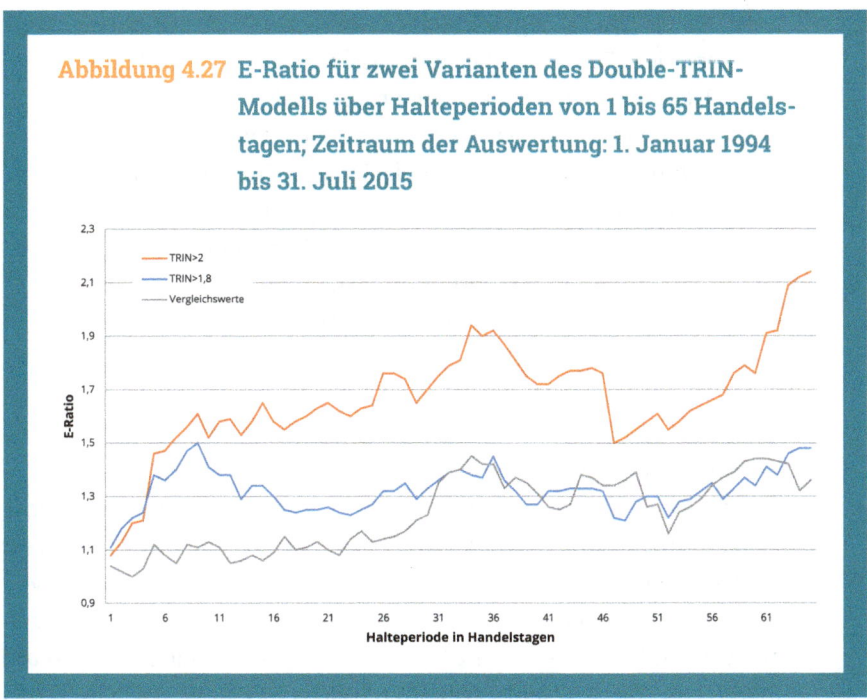

Abbildung 4.27 E-Ratio für zwei Varianten des Double-TRIN-Modells über Halteperioden von 1 bis 65 Handelstagen; Zeitraum der Auswertung: 1. Januar 1994 bis 31. Juli 2015

In der Abbildung sind noch zwei weitere E-Ratio-Kurven zu sehen. In dem einen Fall handelt es sich um eine Modifizierung des in Kapitel

4.4.4.1 vorgestellten TRIN-Modells. Hier wird das Signal bereits dann generiert, wenn der TRIN die Marke von 1,8 (als Signal-Level bezeichnet) überschreitet und ein langfristiger Aufwärtstrend im S&P 500 Index und Nasdaq Composite mit einem neuen 17-Tage-Tief zusammenfällt. In beiden Fällen (TRIN größer 2 sowie TRIN größer 1,8) wird zusätzlich noch dann ein Signal generiert, wenn der TRIN über der Marke von 3 liegt und gleichzeitig der langfristige Trend für beide Indizes aufwärts- sowie der kurzfristige Trend abwärtsgerichtet ist – auch ohne dass dies mit einem neuen 17-Tage-Tief zusammenfällt.

Im zweiten Fall handelt es sich um ein E-Ratio, das zu Vergleichszwecken und zur Einstufung des mit dem Einstieg erzielten Vorteils dienen soll: den Vergleichswerten (diese lassen sich auch als „Benchmark" bezeichnen).

Berechnung von Vergleichswerten (Benchmark):

Für die Beurteilung des E-Ratios ist es sinnvoll, die Ergebnisse mit dem Fall zu vergleichen, dass das Timing-Modell ohne TRIN-Kriterien, also auf reiner Kursbasis, gehandelt wird. Diese Vorgehensweise entspricht dem Handel des Marktrichtungsmodells im Trendfolgebereich. Danach ergibt sich ein Kaufsignal, wenn ein neues 17-Tage-Tief im SPY erreicht wird und gleichzeitig der langfristige Trend für den S&P 500 Index und den Nasdaq Composite aufwärtsgerichtet ist. Der Ausstieg erfolgt dann wie für alle Timing-Modelle, die im Trendfolgebereich mithilfe der E-Ratio-Analyse beurteilt werden, nach x Handelstagen.

Die Betrachtung der in Abbildung 4.27 gezeigten E-Ratio-Kurven zeigt, dass die Werte für das in Kapitel 4.4.4.1 vorgestellte TRIN-Modell über den gesamten Zeitraum die Vergleichswerte deutlich übertreffen. Direkt mit dem ersten Handelstag nach dem Einstieg ergibt sich ein E-Ratio von über 1 und damit ein Einstiegsvorteil. Unter kleineren Schwankungen steigt das E-Ratio bis zu einer Haltedauer von 35 Handelstagen auf über 1,9 an. Meine Erfahrungen im Bereich der E-Ratio-Analyse haben gezeigt, dass jeder Wert über 1,2 als sehr gut zu bezeichnen ist. Vor diesem Hintergrund ist das gezeigte Ergebnis für diese TRIN-Variante also exzellent.

Liefert das Double-TRIN-Modell ein Signal, kann aufgrund der in Abbildung 4.27 gezeigten Ergebnisse davon ausgegangen werden, dass eine Position mit hoher Wahrscheinlichkeit über mehrere Wochen gehalten werden kann.

Diese Aussage kann natürlich nur unter der Annahme gemacht werden, dass die von uns nach einem Signal des Double-TRIN-Modells selektierten Aktien sich auch tatsächlich im Einklang mit dem breiten Aktienmarkt bewegen. Diesbezügliche Tests wie auch die Anwendung der in den nächsten Kapiteln vorgestellten Selektionskriterien und Einstiegsmethoden – untermauert durch praktische Erfahrungen – haben gezeigt, dass diese Annahme als sehr realistisch bezeichnet werden kann.

Die E-Ratio-Ergebnisse für das modifizierte TRIN-Modell mit einem Buy-Level von 1,8 ergeben ein anderes Bild. Hier steigen die Werte bis zu einer Haltedauer von zehn Handelstagen (zwei Wochen) deutlich an, bevor sich dieser Anstieg verflacht. Ab 35 Handelstagen liegt dann der „Edge" im Bereich der Vergleichswerte – was allerdings weit weniger schlimm ist, als es den Anschein hat, da das E-Ratio noch immer über 1,2 liegt und damit akzeptabel ist.

Was den Fall des modifizierten TRIN-Modells betrifft, ergibt sich eine interessante Erkenntnis: Vor dem Hintergrund, dass mit einem Signal-Level von 1,8 mehr Signale generiert werden dürften (die genaue Betrachtung folgt weiter unten), sollten Trader, deren Anlagehorizont ausschließlich bis zu zehn Handelstage beträgt, diese TRIN-Variante handeln – sofern die Trefferquote diese Aussage untermauert.

Für eine vollständige Einschätzung der E-Ratio-Ergebnisse bedarf es zusätzlich noch der Untersuchung mindestens einer weiteren statistischen Auswertung, denn wie erwähnt berücksichtigt die E-Ratio-Berechnung nicht, ob ein Trade im Plus oder im Minus abgeschlossen wurde.

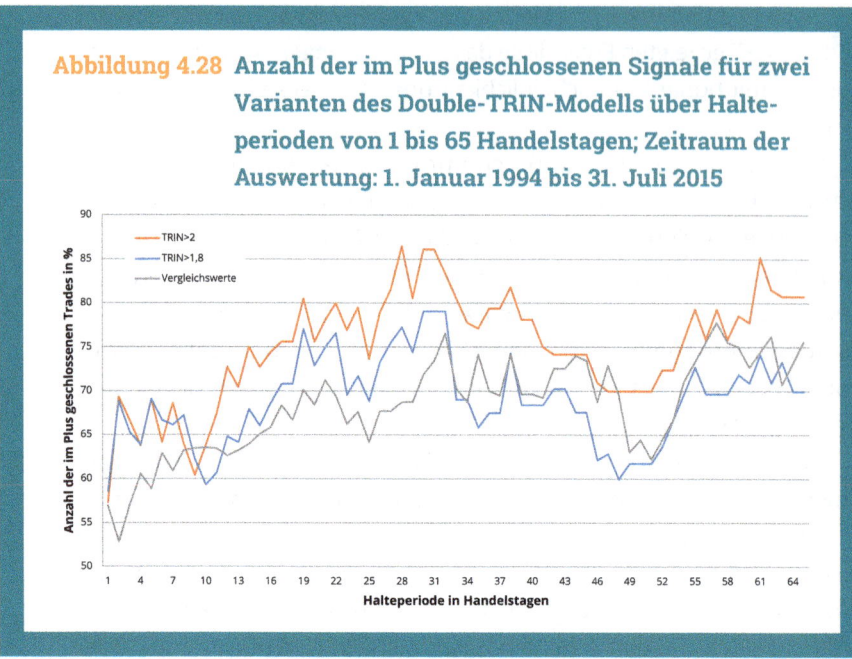

Abbildung 4.28 Anzahl der im Plus geschlossenen Signale für zwei Varianten des Double-TRIN-Modells über Halteperioden von 1 bis 65 Handelstagen; Zeitraum der Auswertung: 1. Januar 1994 bis 31. Juli 2015

In Abbildung 4.28 wird die Trefferquote für beide besprochenen TRIN-Modell-Varianten sowie für die Benchmark in Abhängigkeit von der Haltedauer gezeigt. Es zeigt sich, dass bei bis zu 31 Tagen Haltedauer, wie schon bei der E-Ratio-Analyse, die Ergebnisse über den Vergleichswerten liegen (modellabhängige Ausnahmen finden sich zwischen neun und elf Handelstagen).

So lagen die von dem TRIN-Modell mit einem Kauf-Level von 2 generierten Signale nach 14 Handelstagen in 75 Prozent und nach 29 Handelstagen in über 85 Prozent der Fälle im Plus.

Für das modifizierte TRIN-Modell mit dem Kauf-Level von 1,8 ergibt sich für die ersten acht Handelstage eine sehr ähnliche Trefferquote wie für das Modell mit dem Kauf-Level von 2.

Dies bestätigt (unter leichter Anpassung) die zuvor gemachte Aussage, dass das TRIN-Modell mit einem Kauf-Level von 1,8 für kurzfristig orientierte Trader mit einem Anlagehorizont von bis zu acht (statt zehn) Handelstagen aufgrund der höheren Signal-Anzahl zu bevorzugen ist.

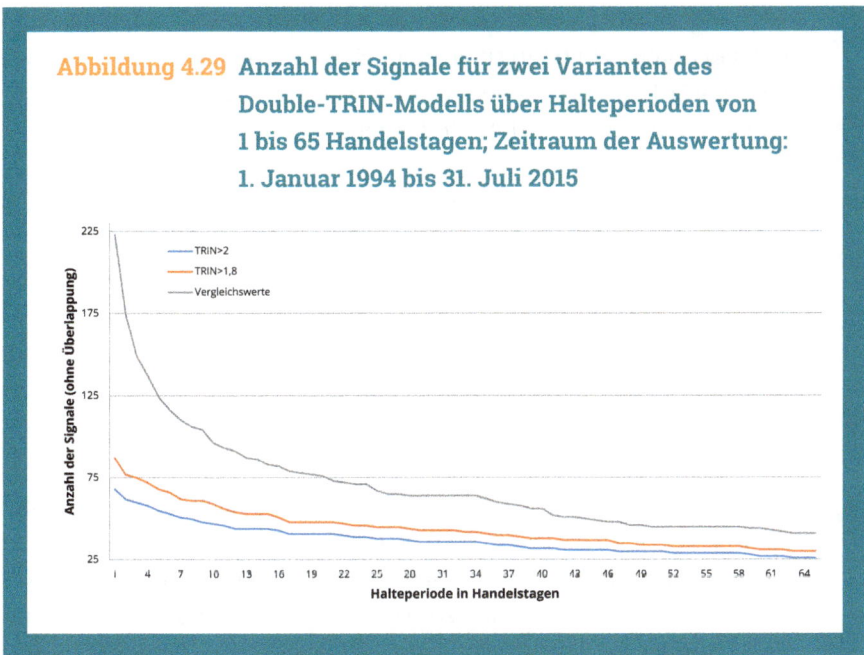

Abbildung 4.29 Anzahl der Signale für zwei Varianten des Double-TRIN-Modells über Halteperioden von 1 bis 65 Handelstagen; Zeitraum der Auswertung: 1. Januar 1994 bis 31. Juli 2015

In Abbildung 4.29 wird dargestellt, wie die Anzahl der generierten Signale für die einzelnen Varianten in Abhängigkeit von der Haltedauer abnimmt. Die Abnahme ist darauf zurückzuführen, dass keine doppelten Signale berücksichtigt werden. So steigt die Wahrscheinlichkeit, dass mit zunehmender Länge der Haltedauer einer Position weitere Signale generiert werden, die dann ignoriert werden und nicht in die Auswertung mit einfließen.

Die Anzahl aller generierten Signale, die in die Auswertung einfließen, liegt bei 68 beziehungsweise 87 Signalen und kann damit zumindest aus meiner Sicht als aussagekräftig bezeichnet werden. Für die Vergleichswerte liegt die Anzahl bei 223 Signalen. Über den betrachteten Zeitraum von 21,5 Jahren ergeben sich somit im Durchschnitt drei bis vier Signale pro Jahr. Hier ist allerdings noch zu beachten, dass es sich um Trendfolgesignale handelt, die auf einem Timing-Modell basieren: In Jahren wie 1994, 2001, 2002 sowie 2007, 2008 und dem zweiten Halbjahr 2011 wurden aufgrund des dominierenden langfristigen Abwärtstrends keine bis nur sehr wenig Signale generiert, wodurch die Anzahl der TRIN-Signale während aufwärtsgerichteter Langfristtrends im S&P 500 Index und Nasdaq Composite deutlich ansteigt. So gab es in den Jahren 2009 bis Ende Juli 2015 pro Jahr jeweils vier bis sechs Signale.

Wie gut die mit dem TRIN-Modell generierten Signale tatsächlich sind, lässt sich natürlich erst erkennen, wenn die anderen drei Timing-Modelle für den Trendfolgebereich ausgewertet worden sind. Die Ergebnisse werden auf den folgenden Seiten präsentiert.

4.4.4.3 VIX-Stretch-Modell
Aufgabe:
Generieren von Trendfolgesignalen im SPY

Hintergrundinformationen:
Als VIX wird der bekannteste und älteste Volatilitätsindex der CBOE bezeichnet. CBOE steht für „Chicago Board of Options Exchange". Die Börse zählt zu den größten Handelsplätzen für Optionen in den USA und auch weltweit. Der Volatilitätsindex VIX wird auf Basis der Impliziten Volatilität der Optionen auf den S&P 500 Index mit einer Laufzeit von 30 Tagen in Prozentpunkten berechnet. Ein hoher VIX-Wert bedeutet, dass Optionsschreiber (Optionsverkäufer) hohe Prämien für Put- und Call-Optionen vom Käufer verlangen, weil sie davon ausgehen, dass der S&P 500 Index (und damit der Aktienmarkt allgemein) unruhigeren Zeiten entgegengeht oder sich bereits in einem unruhigen Umfeld befindet, wie beispielsweise im zweiten Halbjahr 2008. Zwischen dem VIX und dem S&P 500 liegt eine hohe gegenläufige Korrelation vor. Ein steigender VIX geht regelmäßig mit fallenden S&P-500-Kursen einher.

Im September des Jahres 2003 wurde die Berechnung des VIX umgestellt. Zuvor basierte diese auf dem S&P 100 Index (der die nach Marktkapitalisierung größten 100 amerikanischen Unternehmen beinhaltet), seitdem auf den tatsächlich an der CBOE gehandelten Optionen auf den S&P 500 Index.

Die CBOE hat den VIX Index rückwirkend bis 1990 auf Schlusskursbasis berechnet und führt seit der Umstellung parallel die alte Berechnung unter dem Symbol VXO (das „O" steht für „old", also „alt") fort. Für die Umsetzung wie auch für Tests des Timing-Modells ist es wichtig, darauf zu achten, nicht versehentlich die alte Berechnung zu verwenden.

Insbesondere bei Backtests ist darauf zu achten, dass die Zeitreihe des VIX bis September 2003 nicht der alten Berechnung entspricht, sondern tatsächlich der rückwirkend durchgeführten Berechnung.

Der VIX wird im Timing-Bereich als Stimmungsindikator verwendet. Ein Signal wird dann generiert, wenn der VIX kurzfristig stark ausschlägt und somit großen Pessimismus unter den Optionshändlern bezüglich der weiteren Entwicklung des S&P 500 Index über die kommenden Tage anzeigt.

Das VIX-Stretch-Modell wird als Timing-Modell für das Generieren von Signalen im Trendfolgebereich eingesetzt und darf nicht mit dem Volatilitätsmodell verwechselt werden, das eine der drei Komponenten des Marktnachhaltigkeitsmodells ist und in Kapitel 4.4.3 eingeführt wurde.

Aufgrund der beschriebenen Umstellung der VIX-Berechnung im Spätsommer 2003 wird das VIX-Stretch-Modell erst seit 2003 als Timing-Modell angewendet.

Berechnung des VIX-Stretch-Modells:

Formel für die Berechnung des oberen VIX-Bands:

- → VIX_Stretch_Band = GD(VIX_Schlusskurs,x)*(1+VIX_Prozentwert)
- → VIX_Schlusskurs: Schlusskurs des VIX, täglich von der CBOE berechnet
- → GD: Gleitender Durchschnitt des VIX, berechnet über x Perioden, beispielsweise zwölf Tage
- → VIX_Prozentwert: Prozentband über dem Gleitenden Durchschnitt, zum Beispiel 0,10 (10 %)

Für die Berechnung des VIX-Stretch-Bands wird der Gleitende Durchschnitt über eine Periode von beispielsweise zwölf Tagen berechnet und zu diesem Wert dann x Prozent hinzuaddiert. Die Berechnung erfolgt also rein auf Schlusskursbasis des VIX Index. Hoch- und Tiefkurse spielen keine Rolle.

Vorteilhafterweise bietet eine Vielzahl von frei zugänglichen Internetquellen den tagesaktuellen Wert des VIX an, sodass die Berechnung des Gleitenden Durchschnitts auf den VIX und das zugehörige Prozentband mithilfe frei zugänglicher Chart-Plattformen durchgeführt werden kann.

Regeln für die Signalgenerierung mit dem VIX-Stretch-Modell:

Der Schlusskurs des VIX Index liegt über dem oberen 10-Prozent-Band des Gleitenden Durchschnitts von zwölf Tagen (abgekürzt mit GD[12]). Gleichzeitig ist der langfristige Trend des Marktrichtungsmodells sowohl für den S&P 500 Index als auch für den Nasdaq Composite aufwärtsgerichtet, während der kurzfristige Trend im S&P 500 Index abwärtsgerichtet ist. Ein Signal kann zudem nur erzeugt werden, wenn gleichzeitig noch ein neues 17-Tage-Tief entstanden ist (was gemäß dem Regelwerk aus Kapitel 4.2.4 zur Identifikation potenzieller Marktwendepunkte immer gegeben sein muss).

Abbildung 4.30 SPY mit VIX Index, zugehörigem GD(12) und 10%-Band; eingezeichnet sind die Signale im Zeitraum Dezember 2012 bis Mai 2013.

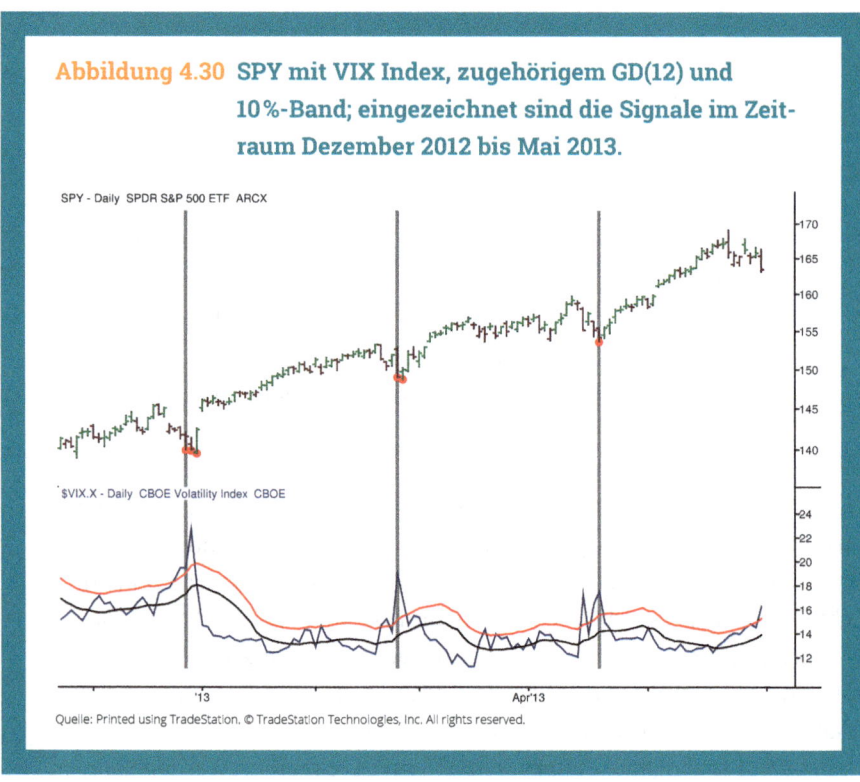

SPY - Daily SPDR S&P 500 ETF ARCX

$VIX.X - Daily CBOE Volatility Index CBOE

In Abbildung 4.30 wird der SPY mit seinen 17-Tage-Tiefs (rote Punkte) gezeigt, darunter der VIX Index mit zugehörigem GD(12) und einem oberen Prozentband, das zehn Prozent über dem GD(12) liegt. Zu sehen sind alle drei Signale, die sich im Zeitraum Dezember 2012 bis Mai 2013 ergeben haben.

Gut zu sehen ist, dass erst die Kombination aus den beiden Bedingungen, dass der VIX-Schlusskurs über dem 10 %-Band des GD(12) liegen und gleichzeitig ein neues 17-Tage-Tief im S&P 500 Index markiert werden muss, ein exaktes Timing ermöglicht. Ohne die zweite Bedingung wären das Signal im Dezember 2012 bereits zwei Tage vorher und die beiden Signale im Februar und April 2013 sogar drei Tage vorher generiert worden.

Ergebnisse zum VIX-Stretch-Modell

Um eine Vergleichbarkeit unter den Timing-Modellen für den Trendfolgereich zu ermöglichen, erfolgt die Auswertung für das VIX-Stretch-Modell analog zu der des Double-TRIN-Modells. Das bedeutet insbesondere auch: Neben der Berechnung des E-Ratios, der Trefferquote und der Anzahl generierter Signale wird auf identische Vergleichswerte zurückgegriffen, die sich ergeben, wenn ausschließlich das implementierte Marktrichtungsmodell (langfristiger Trend in beiden Indizes aufwärtsgerichtet, Einstieg bei einem neuen 17-Tage-Tief) gehandelt wird. Zudem bleibt die untersuchte Haltedauerperiode von 1 bis 65 Handelstagen identisch, ebenso wie der betrachtete Zeitraum, der vom 1. Januar 1994 bis 31. Juli 2015 reicht.

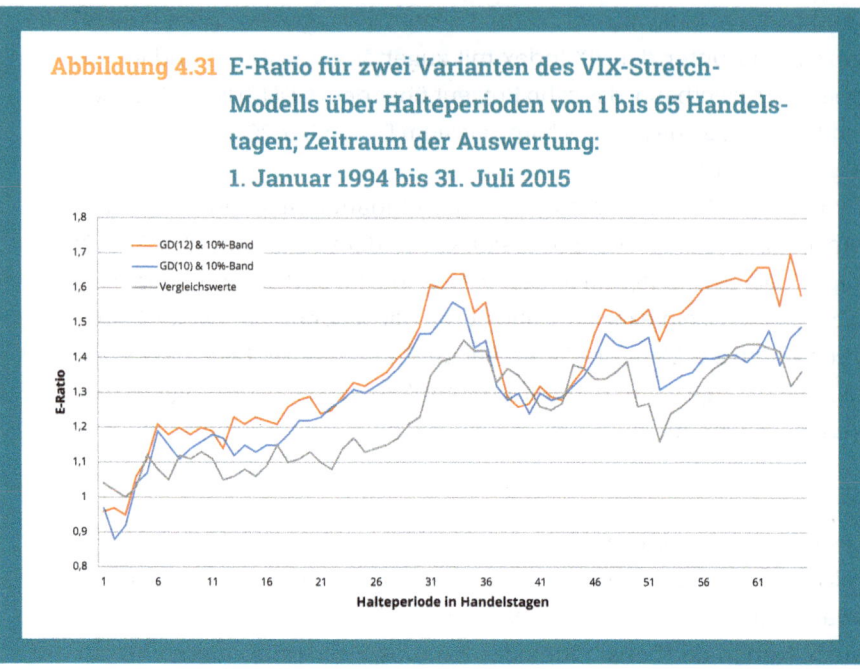

Abbildung 4.31 E-Ratio für zwei Varianten des VIX-Stretch-Modells über Halteperioden von 1 bis 65 Handelstagen; Zeitraum der Auswertung: 1. Januar 1994 bis 31. Juli 2015

In Abbildung 4.31 wird das E-Ratio für zwei Varianten des VIX-Stretch-Modells gezeigt. In dem einen Fall handelt es sich um die exakte Nachbildung des oben genannten Regelwerks (10 %-Band, das auf einen GD[12] des VIX angewendet wird) und im zweiten Fall um eine kleine Abweichung: Hier wird das 10 %-Band auf den GD(10) des VIX berechnet. Mit dieser zusätzlichen Variante soll lediglich der Spielraum angedeutet werden, den es im Untersuchungsbereich dieses Timing-Modells gibt.

Für die gemäß obigem Regelwerk generierten Signale (Verwendung des GD[12] und des 10 %-Bands auf den VIX) liegt die E-Ratio-Kurve ab einer Haltedauer von sechs Handelstagen deutlich höher als die Vergleichswerte. Dieser Vorteil nimmt erst ab einer Haltedauer von 33 Handelstagen (was knapp sieben Kalenderwochen entspricht) wieder ab, bleibt aber bis zum Ende der betrachteten Haltedauer von 65 Handelstagen deutlich über der E-Ratio-Marke von 1,2 – was, wie bereits betont, ein exzellenter Wert ist.

Somit lässt sich festhalten: Das VIX-Stretch-Modell generiert Signale, die – davon kann aufgrund der in Abbildung 4.31 gezeigten Ergebnisse ausgegangen werden – einen so hohen mathematischen (statistischen)

Vorteil aufweisen, dass dieser über einen Zeitraum von mehreren Wochen nachwirkt.

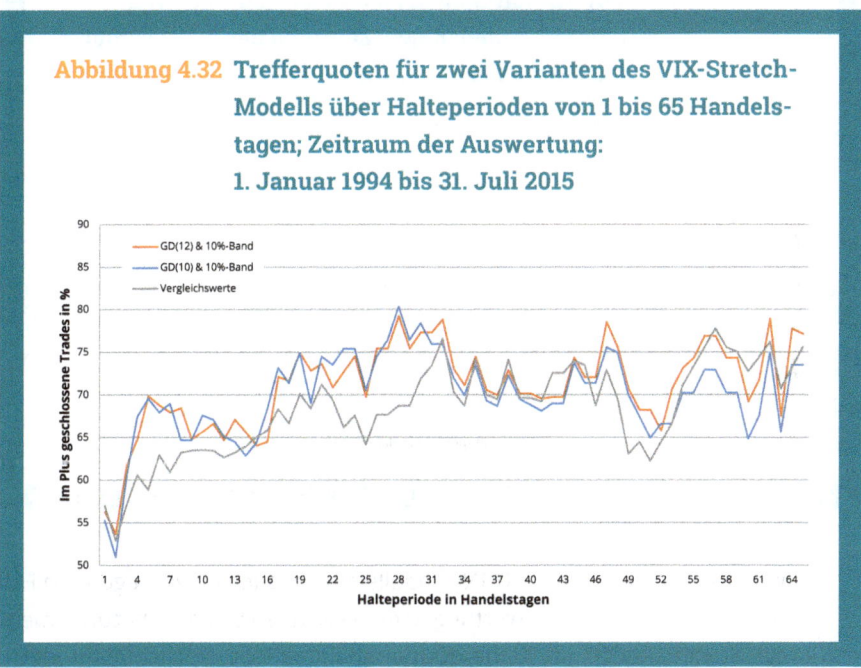

Abbildung 4.32 Trefferquoten für zwei Varianten des VIX-Stretch-Modells über Halteperioden von 1 bis 65 Handelstagen; Zeitraum der Auswertung: 1. Januar 1994 bis 31. Juli 2015

Dass dieses vorteilhafte E-Ratio für das VIX-Stretch-Modell nicht zulasten der Trefferquote geht, zeigt Abbildung 4.32. Mit Halteperioden zwischen vier und acht Handelstagen liegt die Anzahl der sich im Plus befindenden Signale deutlich über derjenigen der Vergleichswerte. So ergibt sich beispielsweise nach fünf Handelstagen für beide VIX-Stretch-Modelle eine Trefferquote von knapp 70 Prozent, was gegenüber den 59 Prozent für die Vergleichswerte eine Verbesserung um 18 Prozent bedeutet.

Bis auf ganz wenige Ausnahmen liegen die Trefferquoten für beide VIX-Stretch-Timing-Modelle für die gesamte Haltedauer über denen der Vergleichswerte – was meines Erachtens mit Blick auf das durchgehend hohe E-Ratio beeindruckend ist.

In Abbildung 4.33 wird die Anzahl der generierten Trades gezeigt. Das VIX-Stretch-Modell mit GD(12) und 10 %-Band generiert 135 Signale, während das zweite Modell mit GD(10) und 10 %-Band 123 Signale generiert.

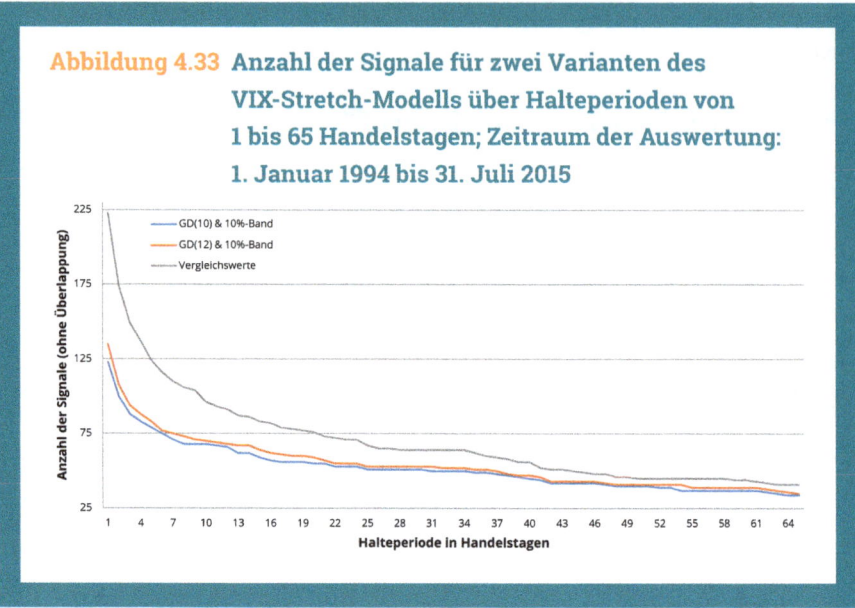

Abbildung 4.33 Anzahl der Signale für zwei Varianten des VIX-Stretch-Modells über Halteperioden von 1 bis 65 Handelstagen; Zeitraum der Auswertung: 1. Januar 1994 bis 31. Juli 2015

Wie im Falle des Double-TRIN-Modells nimmt auch im vorliegenden Fall die Anzahl der in die Auswertungen einfließenden Signale mit zunehmender Haltedauer ab, da keine doppelten Signale berücksichtigt werden. Insgesamt ist die Anzahl der Trades, die generiert werden, deutlich größer als beim oben betrachteten Double-TRIN-Modell.

Während langfristiger Aufwärtstrends hat das VIX-Stretch-Modell seit März 2009 durchschnittlich 0,75 Signale pro Monat generiert (also drei Signale innerhalb von vier Monaten). Vor dem Hintergrund der über die E-Ratio-Analyse zu erwartenden Haltedauer und im Hinblick auf die Tatsache, dass es sich um eines von vier Timing-Modellen für den Trendfolgebereich handelt, ist das eine Signalhäufigkeit, mit der sich gut handeln lässt.

4.4.4.4 Up/Down-Volume-Ratio-Modell

Aufgabe:

Generieren von Trendfolgesignalen im SPY

Hintergrundinformationen:

Das Modell basiert auf der Anzahl aller gegenüber dem Vortag gestiegenen und gefallenen Aktien. Schließt eine Aktie heute über ihrem Vortagesschlusskurs, wird ihr Volumen (Anzahl der Aktien) dem sogenannten „Up Volume" zugerechnet, liegt sie unter ihrem Vortagesschlusskurs, wird ihr Volumen dem „Down Volume" zugeordnet. Beide Volumenangaben beziehen sich dabei auf die Anzahl gehandelter Aktien und nicht auf das Dollar-Volumen, das sich aus dem Schlusskurs multipliziert mit der Anzahl der gehandelten Aktien ergibt.

Das Up und Down Volume kann für jede Börse bestimmt werden. In den USA stellen die größten Börsen (NYSE und Nasdaq) die zugehörigen Daten bereits seit den 70er-Jahren per Tagesende zur Verfügung.

Zu berücksichtigen ist, dass die Volumenangaben von Datenanbieter zu Datenanbieter aus vielfältigen Gründen voneinander abweichen. So gibt es Anbieter, die auch das vorbörsliche und nachbörsliche Volumen berücksichtigen oder das nachbörsliche Volumen bereits dem nächsten Tag zurechnen. Zudem fließen bei dem einen oder anderen Datenanbieter die Umsätze an den Regionalbörsen mit ein, während wiederum andere das Volumen ausschließlich auf Aktien berechnen und beispielsweise die in börsennotierten Indexfonds (ETFs) entstandenen Umsätze herausrechnen. Damit besteht die Gefahr, je nach Datenanbieter unterschiedliche Signale zu generieren. Durch die kontinuierliche Verwendung desselben Datenanbieters kann dieser Problematik entgegengewirkt werden.

Berechnung des Up/Down-Volume-Ratio-Modells:

Formel für die Berechnung des Ratios:

Up/Down_Volume_Ratio = (Sum[Up1,x]+Sum[Up2,x])/(Sum[Dn1,x]+Sum[Dn2,x])

➡ Sum = Summe über die Periode x (Summierungsperiode)
➡ UV1: Up Volume an der NYSE

- ⇒ DV1: Down Volume an der NYSE
- ⇒ UV2: Up Volume an der Nasdaq
- ⇒ DV2: Down Volume an der Nasdaq

Das Up Volume der jeweiligen Börse (NYSE und Nasdaq) wird über eine Periode von beispielsweise x = 5 Handelstagen aufaddiert. Dasselbe geschieht mit dem Down Volume. Danach wird die Summe des Up Volumes beider Börsen durch die Summe des Down Volumes beider Börsen dividiert.

Die benötigten Daten sind im Internet leicht zu finden. In Anhang C wird unter anderem eine Auswahl von Internetseiten aufgeführt, die freien Zugang zu den benötigten Daten gewähren, sodass die Berechnung mit einem Tabellenkalkulationsprogramm problemlos durchführbar sein sollte.

Regeln für die Signalgenerierung mit dem Up/Down Volume Ratio

Das Up/Down Volume Ratio, berechnet über eine Aufsummierung von fünf Tagen, fällt unter die Marke von 0,6. Zusätzlich ist der langfristige Trend sowohl für den S&P 500 Index als auch für den Nasdaq Composite aufwärtsgerichtet; der mittelfristige Trend des S&P 500 Index ist unbedeutend und kann abwärts-, aber auch aufwärtsgerichtet sein. Hingegen muss der kurzfristige Trend im S&P 500 Index abwärtsgerichtet und gleichzeitig noch ein neues 17-Tage-Tief entstanden sein.

Die genannten Regeln sind das Ergebnis einer Vielzahl von Untersuchungen und in der Praxis erprobt. Eine Vielzahl von ebenfalls Erfolg versprechenden Variationen ergibt sich, wenn die Summierungsperiode und das Ratio-Level verändert werden. An dieser Stelle lohnt es sich, eigene Untersuchungen durchzuführen und mit den auf den folgenden Seiten zu findenden Ergebnissen zu vergleichen.

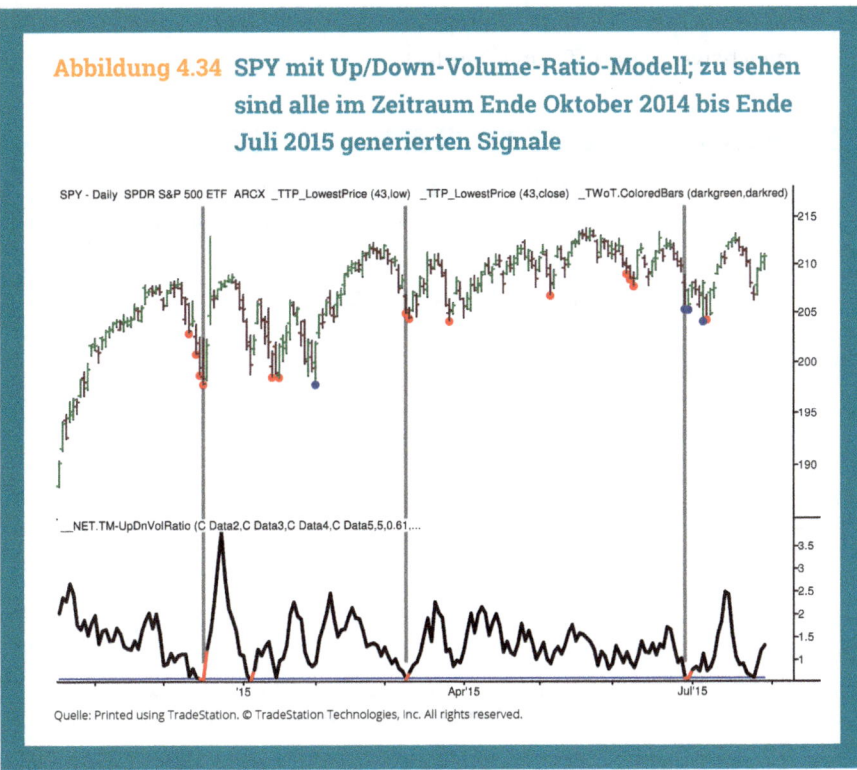

Abbildung 4.34 SPY mit Up/Down-Volume-Ratio-Modell; zu sehen sind alle im Zeitraum Ende Oktober 2014 bis Ende Juli 2015 generierten Signale

Drei Signale, die im Zeitraum Dezember 2014 bis Juli 2015 entstanden sind, zeigt Abbildung 4.34. Im oberen Bereich ist der SPY zu sehen. Die zugehörigen 17-Tage-Tiefs (rote Punkte) und 43-Tage-Tiefs (blaue Punkte) sind eingezeichnet. Während der gesamten Periode war der langfristige Trend aufwärtsgerichtet. Unter dem SPY ist das Up/Down-Volume-Ratio mit dem eingezeichneten Level von 0,6 zu sehen.

Anfang Januar 2015 liegt das Up/Down Volume Ratio unter der Marke von 0,6. Dennoch wird kein Signal generiert, da dieses nicht mit einem neuen 17-Tage-Tief zusammenfällt. Die anschließende Kursrallye war dann auch nur von entsprechend kurzer Dauer.

Ergebnisse zum Up/Down-Volume-Ratio-Modell

Wie für die beiden vorherigen Timing-Modelle bleiben auch für das Up/Down-Volume-Ratio-Modell die Rahmenbedingungen, was den untersuchten Zeitraum, Halteperioden und das Zurückgreifen auf Vergleichswerte betrifft, unverändert.

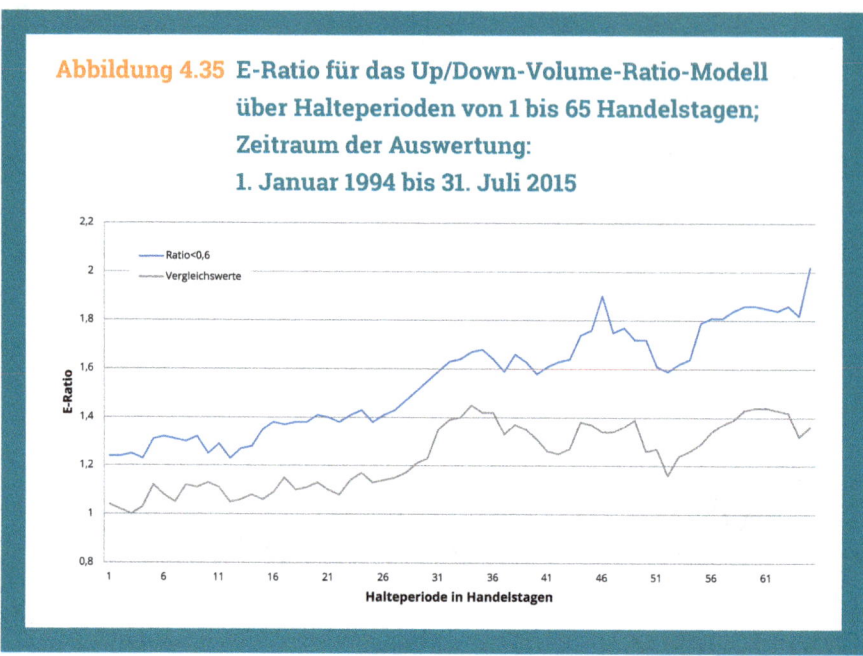

Abbildung 4.35 E-Ratio für das Up/Down-Volume-Ratio-Modell über Halteperioden von 1 bis 65 Handelstagen; Zeitraum der Auswertung: 1. Januar 1994 bis 31. Juli 2015

Wird das zuvor definierte Regelwerk zur Signalgenerierung angewendet, ergibt sich die in Abbildung 4.35 gezeigte E-Ratio-Kurve. Für sämtliche Halteperioden gilt: Das E-Ratio liegt deutlich über dem der Vergleichswerte und fällt in keinem Fall unter den Wert von 1,2.

Die E-Ratios nehmen bis zu einer Haltedauer von 46 Handelstagen beinahe kontinuierlich zu – ein Zeichen dafür, dass der mathematische (statistische) Vorteil, der sich mit dem Einstieg ergibt, mehr als drei Monate anhält (unter der Annahme, dass, wie bereits im Falle des Double-TRIN-Modells betont, die nach einem Signal gekauften Aktien sich auch tatsächlich mit dem breiten Aktienmarkt bewegen).

Wie Abbildung 4.36 zeigt, führt im Falle des Up/Down-Volume-Modells ein hohes E-Ratio über alle Halteperioden nicht notwendigerweise auch zu einer gegenüber den Vergleichswerten höheren Trefferquote. In den ersten zwölf Tagen nach der Eröffnung einer

Position liegen die Signale in mehreren Fällen sogar deutlich unter den Vergleichswerten.

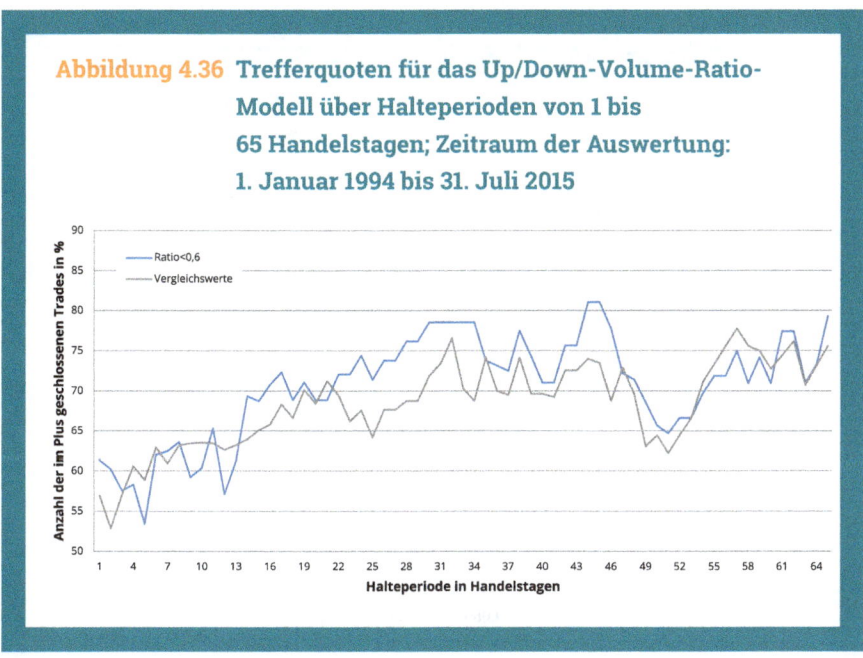

Abbildung 4.36 **Trefferquoten für das Up/Down-Volume-Ratio-Modell über Halteperioden von 1 bis 65 Handelstagen; Zeitraum der Auswertung: 1. Januar 1994 bis 31. Juli 2015**

Dieses Ergebnis lässt sich so interpretieren, dass die Signale des Timing-Modells weniger gut für den Handel im kurzfristigen Bereich geeignet sind. Um noch einen Schritt weiterzugehen, lässt sich meines Erachtens aus der Abbildung 4.36 sogar ableiten, dass der Verlustbegrenzungsstopp für eine Position, die aufgrund eines durch das Up/Down-Volume-Ratio-Modell generierten Signals aufgebaut wird, weiter vom Einstiegskurs entfernt liegen sollte, als dies nach Signalen der beiden anderen bislang vorgestellten Timing-Modelle der Fall ist. Auf diesem Weg würde im Falle eines weiteren Kursrückgangs des breiten Aktienmarkts (repräsentiert durch den SPY) eine Position weniger schnell ausgestoppt werden. Auf das Thema Stopp-Platzierung wird in Kapitel 7 ausführlich eingegangen.

In Abbildung 4.37 wird die Anzahl der generierten Trades gezeigt. Mit 88 Trades liegt die Zahl leicht über der des Double-TRIN-Modells (mit TRIN>2) und unter der für das VIX-Stretch-Modell.

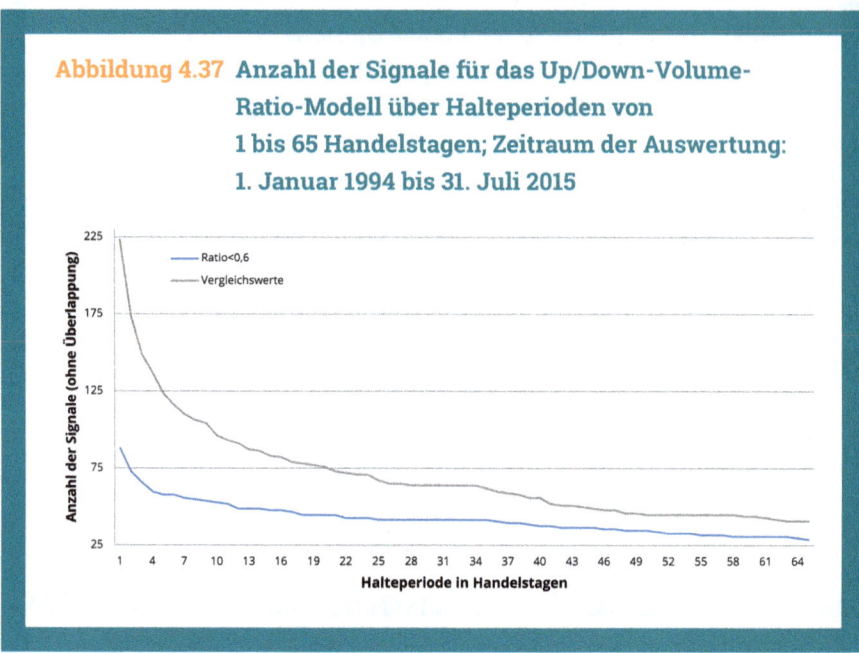

Abbildung 4.37 **Anzahl der Signale für das Up/Down-Volume-Ratio-Modell über Halteperioden von 1 bis 65 Handelstagen; Zeitraum der Auswertung: 1. Januar 1994 bis 31. Juli 2015**

Damit ergibt sich für das Up/Down-Volume-Ratio-Modell eine ähnlich hohe Zahl generierter Signale wie für das Double-TRIN-Modell. Die Signale der beiden Timing-Modelle ergänzen sich dabei regelmäßig, das heißt, wenn ein Modell kein Signal generiert, zeigt häufig das andere ein Signal an – wobei allerdings ein Anteil redundanter Signale zwischen 60 und 70 Prozent (wie generell für alle Timing-Modelle) unumgänglich ist. Details dazu finden sich in Kapitel 4.5: Zusammenführung der Komponenten.

4.4.4.5 A-D-Summation-Modell
Aufgabe:
Generieren von Trendfolgesignalen im SPY

Hintergrundinformationen:

Das letzte der vier in diesem Buch für den Trendfolgebereich vorgestellten Timing-Modelle greift auf die Anzahl steigender und fallender Aktien zurück. Beide Angaben beziehen sich auf den Vortagesschlusskurs. Schließt eine Aktie heute über ihrem Vortagesschlusskurs, wird sie zu den sogenannten „Advancing Issues" gezählt, liegt sie unter ihrem Vortagesschlusskurs, wird sie den „Declining Issues" zugeordnet.

Advancing und Declining Issues können für jede Börse bestimmt werden. Viele Börsen weltweit stellen zum Tagesende diese Zahlen zur Verfügung. Unglücklicherweise weichen auch hier – wie im Falle des Up und Down Volume für das Up/Down-Volume-Ratio-Modell – die Werte von Datenanbieter zu Datenanbieter voneinander ab. In diesem Fall lassen sich die Unterschiede entweder auf die Berücksichtigung beziehungsweise Nichtberücksichtigung von Regionalbörsen oder auf eine Berechnungsmethode zurückführen, die lediglich die an der jeweiligen Börse notierten Stammaktien (englisch: Common Stocks) berücksichtigt.

Der Gefahr, je nach Datenanbieter unterschiedliche Signale zu generieren, kann letztlich nur dadurch begegnet werden, dass kontinuierlich derselbe Anbieter verwendet wird. Nach meiner Erfahrung lassen sich so zwar unterschiedliche, datenanbieterabhängige Signale nicht vollständig vermeiden, aber deren Anzahl deutlich eindämmen – zumal auch noch die Möglichkeit besteht, dass im Falle eines Unterschieds mindestens eines der drei zuvor eingeführten Timing-Modelle ein Signal generiert (womit der Vorzug von [teilweise] vorhandenen doppelten Signalen erklärt wäre).

Berechnung des A-D-Summation-Modells:

A-D_Summation = (Sum[Adv1,x]-Sum[Dec1,x]+Sum[Adv2,x]-Sum[Dec2,x])/(2*x)

- ⟹ Sum = Summe über die Periode x, mit zum Beispiel x = 5 (Summierungsperiode)
- ⟹ Adv1: Advancing Issues an der NYSE
- ⟹ Dec1: Declining Issues an der NYSE
- ⟹ Adv2: Advancing Issues an der Nasdaq
- ⟹ Dec2: Declining Issues an der Nasdaq

Die Anzahl steigender Aktien wird für jede Börse (NYSE und Nasdaq) über eine Periode von beispielsweise fünf Tagen aufaddiert. Dasselbe geschieht mit der Anzahl fallender Aktien. Danach wird die Summe der fallenden Aktien von der Summe der steigenden Aktien subtrahiert. Damit ergibt sich eine Differenz für jede Börse. Die beiden Werte werden addiert. Das Ergebnis wird schließlich noch durch das Zweifache der Summierungsperiode (hier fünf Tage) dividiert, um eine Aussage für einen Tag zu erhalten.

Aus der Berechnungsformel leitet sich auch der Name des Modells, „A-D Summation", ab. Wie für alle bislang vorgestellten Timing-Modelle sind die benötigten Angaben im Internet zu finden.

Regeln für die Signalgenerierung mit dem A-D-Summation-Modell:

Der A-D-Summation-Wert, berechnet über eine Summierungsperiode von fünf Tagen, fällt unter die Marke von -750. Der langfristige Trend ist sowohl für den S&P 500 Index als auch für den Nasdaq Composite aufwärtsgerichtet. Der mittelfristige Trend des S&P 500 Index ist unbedeutend, kann also entweder abwärts- oder aufwärtsgerichtet sein. Zudem muss das Unterschreiten der Marke von -750 mit einem neuen 17-Tage-Tief zusammenfallen (was zumindest den kurzfristigen Trend nach unten drehen lässt).

Diese Regeln sind das Ergebnis intensiver Untersuchungen sowie echter Trades. Die Marke von -750 als A-D-Summation-Wert wird von mir bereits seit 1998 kontinuierlich verwendet, obwohl die Anzahl der an den Börsen notierten Aktien vorübergehend während der Bärenmarktphasen 2001/2002 und 2008 gegenüber der Zahl während Bullenmärkten deutlich gesunken war.

Dennoch sind auch andere Werte als -750 für den A-D Summation als Signallevel möglich. In den unten gezeigten Ergebnissen, ab Abbildung 4.39, werden die Ergebnisse einmal für den Fall gezeigt, dass der A-D Summation unter -750 fällt, und einmal für den Fall, dass er unter -900 liegen muss, bevor ein Long-Signal erzeugt wird.

Das A-D-Summation-Modell identifiziert also Situationen, in denen der breite Aktienmarkt einen kurzfristig starken Ausverkauf erlitten hat, der dadurch gekennzeichnet ist, dass in den letzten fünf Handelstagen besonders viele Aktien gefallen sind.

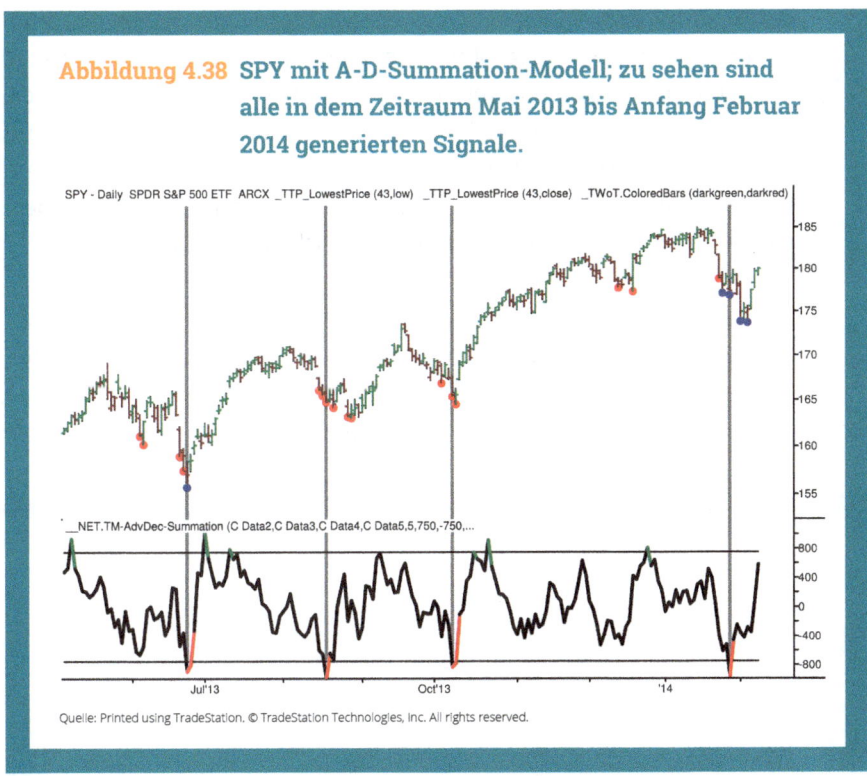

Abbildung 4.38 **SPY mit A-D-Summation-Modell; zu sehen sind alle in dem Zeitraum Mai 2013 bis Anfang Februar 2014 generierten Signale.**

In Abbildung 4.38 sind vier solcher Situationen im SPY zu sehen. Der S&P 500 Index wie auch der Nasdaq Composite befinden sich während des gesamten Zeitraums in einem langfristigen Aufwärtstrend. Nur wenn der A-D-Summation-Wert unter die Marke von -750 fällt und dieses Ereignis mit einem neuen 17-Tage-Tief (rote Punkte im SPY-Kursverlauf) oder 43-Tage-Tief (blaue Punkte) zusammenfällt, ist das Signal gültig.

Das erste Signal, generiert im Juni 2013, ist als „perfekt" zu bezeichnen, weil es direkt den Tiefpunkt als Wendepunkt identifiziert. Das darauf folgende Signal vom August 2013 kommt hingegen etwas zu früh. Inwieweit ein daran anschließender Kauf von Einzelaktien tatsächlich in den folgenden Tagen zu einem Verlust geführt hat, hängt natürlich von den gewählten Aktien und deren Kursverhalten ab (von einem oder mehreren Gewinn-Trades kann während solcher Phasen keinesfalls immer ausgegangen werden – Details in Kapitel 5). Der dritte Fall datiert vom Oktober 2013 und ist erneut als perfekt zu bezeichnen, während das letzte gezeigte Signal im Februar 2014, ähnlich wie das August-Signal, verfrüht kommt. Die vier in Abbildung 4.38 gezeigten Signale sind sehr repräsentativ für das A-D-Summation-Modell: Im Idealfall wird exakt der Marktwendepunkt identifiziert. Wenn das Modell nicht ganz so perfekt funktioniert, kommt das Signal einige Tage zu früh (wobei ich betonen möchte, dass natürlich auch Signale generiert werden, die nach mehreren Handelstagen immer noch im Minus liegen).

Ergebnisse zum A-D-Summation-Modell

Die Rahmenbedingungen für die Ermittlung von E-Ratios, Trefferquoten und Trade-Anzahl bleiben für das A-D-Summation-Modell gegenüber den vorherigen drei Timing-Modellen unverändert.

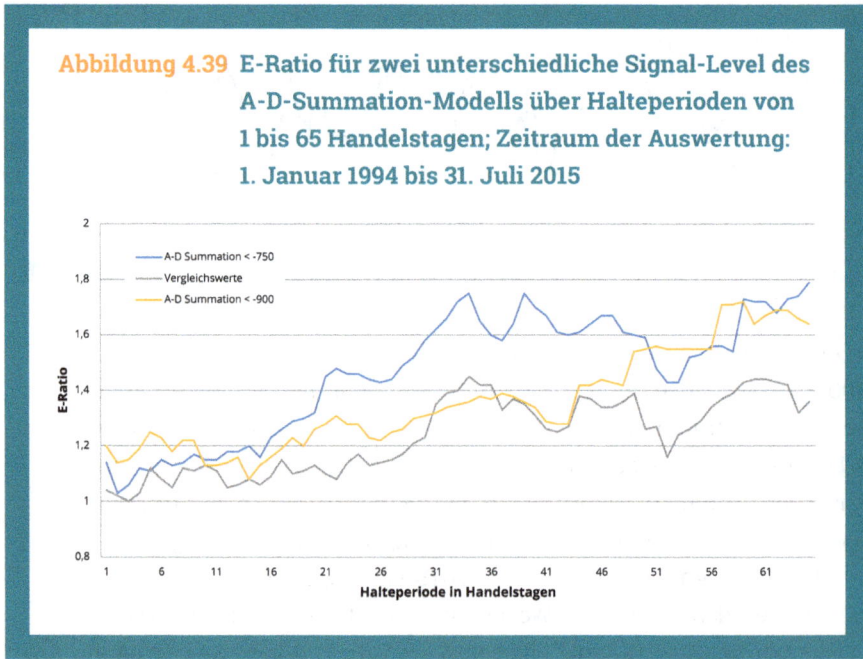

Abbildung 4.39 E-Ratio für zwei unterschiedliche Signal-Level des A-D-Summation-Modells über Halteperioden von 1 bis 65 Handelstagen; Zeitraum der Auswertung: 1. Januar 1994 bis 31. Juli 2015

NACHHALTIG ERFOLGREICH TRADEN

Wie im Rahmen der Regelwerkvorstellung bereits erwähnt, beruht die Signal-Generierungsmarke von -750 auf Tests vom Ende der 90er-Jahre und auf praktischen Erfahrungen. In Abbildung 4.39 wird zusätzlich noch die E-Ratio-Kurve für den Fall gezeigt, dass ein Signal generiert wird, wenn der A-D-Summation-Wert unter -900 fällt.

Abbildung 4.39 zeigt, dass das Ergebnis für die ersten zehn Handelstage eher die Signalmarke von -900 favorisiert. Erst danach setzt sich die von mir bevorzugte Variante mit einem Signal-Level von -750 durch. Daraus könnte geschlossen werden, dass Trader, die lediglich einen kurzfristigen Anlagehorizont von wenigen Tagen verfolgen, mit dem Level von -900 besser fahren. Diese Einschätzung sollte allerdings im Hinblick auf die Trefferquote und insbesondere auch die gegenüber dem 750er-Signal-Level geringere Handelshäufigkeit genau abgewogen werden.

Auffallend ist zudem, dass im letzteren Fall das E-Ratio ab Tag 2 bis zum 35. Handelstag kontinuierlich zunimmt und bis auf eine Ausnahme (Haltedauer von fünf Handelstagen) über den Vergleichswerten liegt.

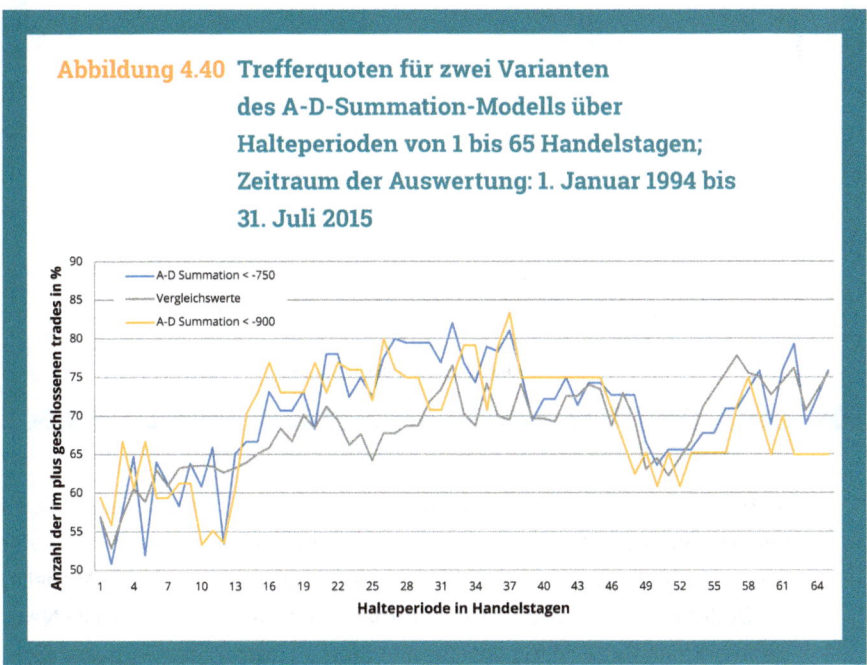

Abbildung 4.40 Trefferquoten für zwei Varianten des A-D-Summation-Modells über Halteperioden von 1 bis 65 Handelstagen; Zeitraum der Auswertung: 1. Januar 1994 bis 31. Juli 2015

Die Trefferquote für die beiden unterschiedlichen Level des A-D-Summation-Modells werden in Abbildung 4.40 gezeigt. Bis zu einer Haltedauer von zwölf Handelstagen liegen in beiden Fällen die Trefferquoten mal über und mal unter den Vergleichswerten. Erst ab dem 13. Handelstag fällt die Trefferquote besser als jene für die Vergleichswerte aus. Dieses Verhalten hält allerdings nur bis Halteperioden von ungefähr 30 Handelstagen an.

Insgesamt lässt sich festhalten, dass die Trefferquote des A-D-Summation-Modells für Halteperioden von mehr als zwölf Handelstagen im Bereich der Vergleichswerte und teilweise leicht darüber liegt. Wie anhand von Abbildung 4.39 gezeigt und erläutert wurde, steht diesem kleinen Manko allerdings der Vorteil eines hohen E-Ratios entgegen.

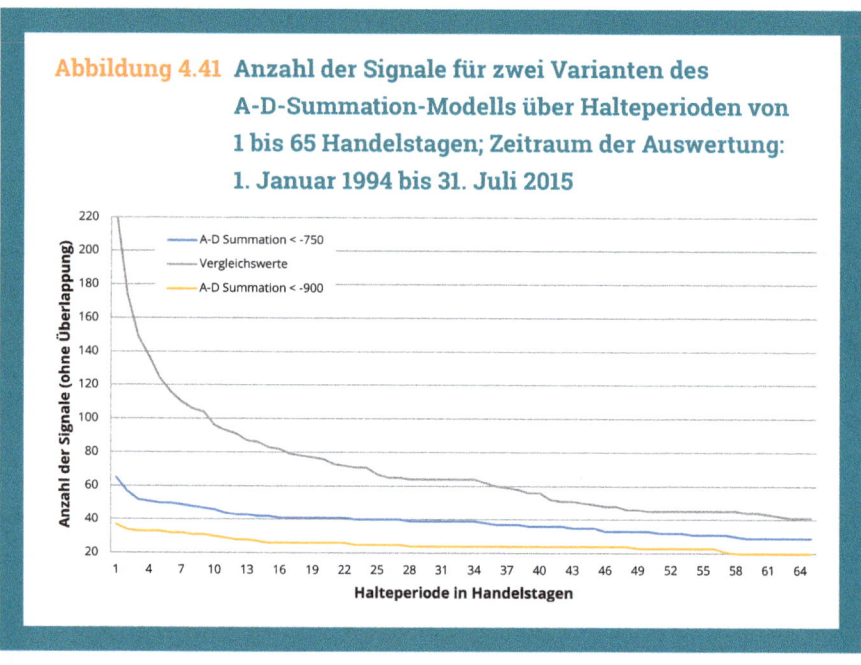

Abbildung 4.41 Anzahl der Signale für zwei Varianten des A-D-Summation-Modells über Halteperioden von 1 bis 65 Handelstagen; Zeitraum der Auswertung: 1. Januar 1994 bis 31. Juli 2015

In Abbildung 4.41 wird die Anzahl der generierten Trades gezeigt. Mit 65 generierten Signalen für das Level von -750 und 37 für das Level von -900 liegen die Zahlen unter denen der zuvor eingeführten drei Timing-Modelle.

Bedeutet das, dass das A-D-Summation-Modell überflüssig ist? Nein, denn die Signale werden teilweise an Wendepunkten generiert, an denen weder der Double-TRIN noch der VIX-Stretch noch das Up/Down-Volume-Ratio ein Signal geben.

Das A-D-Summation-Modell stellt somit eine wertvolle Ergänzung der vier in diesem Buch vorgestellten Timing-Modelle dar, die für die Signalgenerierung im Trendfolgebereich zuständig sind. Auf den folgenden Seiten werden nun drei Modelle für das Generieren von Countertrend-Signalen vorgestellt.

4.4.4.6 Einführung von Countertrend-Modellen

In den Kapiteln 4.4.4.1 bis 4.4.4.5 wurden insgesamt vier Timing-Modelle vorgestellt, die für den Trendfolgebereich Signale generieren. Als Grundvoraussetzung für die Entstehung solcher Trendfolgesignale muss der langfristige Trend beider den breiten amerikanischen Aktienmarkt repräsentierenden Indizes S&P 500 und Nasdaq Composite aufwärtsgerichtet sein.

Auf den folgenden Seiten werden zwei Modelle vorgestellt, deren Aufgabe darin besteht, Countertrend-Signale zu generieren: Das „Net-New-Highs-Percent-Modell" und das „New-Lows-Percent-Modell". Countertrend-Signale entstehen gemäß Kapitel 4.2.4 dann, wenn der langfristige Trend des Aktienmarktindex (S&P 500) abwärtsgerichtet ist und mindestens ein 43-Tage-Tief markiert wird. Zu berücksichtigen ist dabei, dass ein Signal nicht mit einem neuen 120-Tage-Tief zusammenfallen muss.

Die beiden genannten und im Folgenden vorgestellten Countertrend-Modelle erfüllen diese technischen Kriterien „indirekt": Seit 1978 wurde von den beiden Modellen kein Signal generiert, das nicht mit einem langfristigen Abwärtstrend zusammengefallen wäre.

Das dritte Timing-Modell, das zur Identifikation von potenziellen nachhaltigen Marktwendepunkten im Countertrend-Bereich zum Einsatz kommt, ist das „Magic-T-Modell". Dieses Modell kann allerdings auch – in seltenen Fällen – im Trendfolgebereich Signale erzeugen. Die Spezialität des Modells besteht darin, doppelte Böden im S&P 500 Index sowie im Nasdaq Composite Index mit hoher Erfolgswahrscheinlichkeit zu identifizieren.

Aus der oben angeführten Definition für Countertrend-Signale lässt sich bereits an dieser Stelle ableiten, dass der breite Aktienmarkt deutlich und über mehrere Wochen nachgeben muss, bevor die Timing-Modelle für diesen Bereich greifen. Derartige Situationen kommen, verglichen mit dem Trendfolgebereich, selten vor. Entsprechend generieren die drei Modelle daher über den Zeitraum 1. Januar 1994 bis 31. Juli 2015 lediglich knapp 20 Signale (wobei doppelte Signale einfach gezählt werden).

Durch die geringe Signalanzahl erweist sich eine genaue statistische Auswertung, wie sie im Trendfolgebereich erfolgt ist, als sinnlos. Aus meiner Sicht führt hier nur ein Weg zum Ziel: Jedes Signal und die Marktreaktion darauf muss einzeln betrachtet werden, um so ein Gefühl für das typische Verhalten nach einem Signal zu entwickeln. Für die folgenden drei Timing-Modelle werden daher keine statistischen Auswertungen, sondern lediglich mehrere Beispiele gezeigt, wie sich der Markt (repräsentiert durch den S&P 500 Index) nach der Signalgenerierung entwickelt hat. Die Vorgaben für die Modell-Einstellungen basieren dabei auf Werten, die ich seit vielen Jahren beziehungsweise seit Jahrzehnten anwende.

> **Bereits vor der Einführung der drei Timing-Modelle möchte ich an dieser Stelle noch eine Warnung aussprechen:**
> Countertrend-Signale werden in dem Moment generiert, wo Panik das Kursverhalten des Aktienmarkts bestimmt. Diese Situationen sind geprägt von Nachrichten und Beiträgen in Zeitungen und Internetforen, die „Weltuntergangsstimmung" verbreiten. Jeder Marktteilnehmer vom Amateur bis zum Profi scheint nur noch ans Verkaufen zu denken – und genau in diesem Moment steigen Sie ein?
> Psychologisch gesehen ist dies der schwerste Moment, sich gegen die breite Masse für einen Kauf einer oder mehrerer Aktien zu entscheiden. Seien Sie also gefasst darauf, dass Ihnen der Einstieg schwerfallen wird, und versuchen Sie, das in Kapitel 3 dargelegte Risiko-, Money- und Portfoliomanagement in den Vordergrund zu rücken und Ihren ungefähren maximalen Verlust so (oder ähnlich) wie dort beschrieben mit dem Einstieg zu bestimmen.

4.4.4.7 Net-New-Highs-Percent-Modell
Aufgabe:
Generieren von Countertrend-Signalen im SPY

Hintergrundinformationen:

Das Net-New-Highs-Percent-Modell greift zur Identifikation nachhaltig ausverkaufter Zeitpunkte auf die Anzahl der Aktien zurück, die ein neues Jahreshoch und ein neues Jahrestief markiert haben. Als „New Highs" wird die Anzahl der Aktien bezeichnet, die an dem jeweiligen Tag auf Schlusskursbasis ein 52-Wochen-Hoch (52wH) erreicht haben, als „New Lows" die Aktien, die auf Schlusskursbasis ein 52-Wochen-Tief (52wL) erreicht haben.

52wH und 52wL können für jede Börse bestimmt werden. Viele Börsen weltweit stellen diese Zahlen zum Tagesende zur Verfügung. Analog zu den Timing-Modellen für den Trendfolgebereich weichen auch diese Zahlen von Datenanbieter zu Datenanbieter voneinander ab. Genau wie bei der Bestimmung der an einer Börse gegenüber dem Vortagsschlusskurs gestiegenen und gefallenen Aktien (siehe Kapitel 4.4.4.5) gibt es Anbieter, die sich die Mühe machen, ausschließlich die „Common Stocks" (Stammaktien) zu zählen, die ein neues 52wH und 52wL erzielen, und alle anderen Aktien wie „Preferred Stocks" (Vorzugsaktien) und börsennotierte Indexfonds (ETFs) herausrechnen. Dementsprechend fallen die 52wH- und 52wL-Werte bei diesen Anbietern niedriger aus.

Dieser Effekt wird im Falle des Net-New-Highs-Percent-Modells jedoch fast vollständig dadurch egalisiert, dass das Modell auf Prozentbasis errechnet wird, indem die 52wH- und 52wL-Datenreihe auf die Gesamtzahl der an der Börse notierten Aktien bezogen wird und diese Gesamtzahl in Abhängigkeit davon, ob nur die „Common Stocks" berücksichtigt werden oder nicht, ebenfalls entsprechend größer oder kleiner ausfällt.

Für diejenigen Leser, die ihre eigenen Untersuchungen durchführen möchten, noch ein wichtiger Hinweis: Für die New York Stock Exchange (NYSE) werden die 52wH- und 52wL-Werte erst seit 1978 auf Basis eines rollenden 52-Wochen-Fensters berechnet. Vor 1978 wurde mit verschiedenen anderen Zeitfenstern (unter anderem 13 und 26 Wochen) experimentiert, die sich letztlich aber nicht durchgesetzt haben.

Berechnung des Net-New-Highs-Percent-Modells:

Net_New_Highs_Percent = 100*GD((52wH-52wL)/(Adv+Dec+Unc), x)

⇒ GD: Gleitender Durchschnitt mit der Periode x, zum Beispiel x = 5.
⇒ Adv: Advancing Issues an der NYSE

→ Dec: Declining Issues an der NYSE

→ Unc: Unchanged Issues an der NYSE

Die Summe aus der Anzahl der gegenüber dem Vortagesschlusskurs gestiegenen, gefallenen und unverändert gebliebenen Aktien ergibt die Gesamtanzahl der gehandelten Aktien (die hierfür verwendeten Abkürzungen wurden in Kapitel 4.4.4.5 eingeführt). Der Net-New-Highs-Percent-Wert wird berechnet, indem zunächst die Differenz aus 52-Wochen-Hoch und -Tief ermittelt und diese dann durch die Anzahl aller gehandelten Aktien dividiert wird. Das Ergebnis wird schließlich durch Verwendung eines Gleitenden Durchschnitts (GD) über x Tage geglättet. Die zur Berechnung benötigten Angaben lassen sich problemlos im Internet finden und sind inzwischen fester Bestandteil von kostenpflichtigen Datenanbietern.

Das Net-New-Highs-Percent-Modell wird lediglich für die an der NYSE notierten Werte berechnet. Natürlich kann das Modell auch für die Nasdaq berechnet werden. Allerdings stellt sich in diesem Fall die Frage, ob ein Signal, das ausschließlich auf Nasdaq-Titeln basiert, mit Blick darauf, dass mehr als 70 Prozent der dort notierten Unternehmen aus dem Technologiebereich kommen, tatsächlich aussagekräftig genug wäre. Ich bin nicht dieser Meinung (auch wenn sie natürlich diskussionswürdig ist) und lasse daher ausschließlich Signale zu, die auf den NYSE-Daten basieren.

Der Wert für den Net-New-Highs-Percent ist positiv, wenn die Anzahl der 52-Wochen-Hochs größer ist als die der 52-Wochen-Tiefs. Für den Einsatz als Timing-Modell im Countertrend-Bereich bedeutet dies: Je negativer (niedriger) der Wert, desto größer die Wahrscheinlichkeit, dass der Aktienmarkt nachhaltig dreht.

Regeln für die Signalgenerierung mit dem Net-New-Highs-Percent-Modell:

Der Net-New-Highs-Percent-Wert wird über fünf Tage geglättet. Ein Signal entsteht in dem Moment, wo dieser Wert über dem des Vortags liegt und der Vortageswert unter der Marke von -15 Prozent notiert hat. Zudem muss der langfristige Trend für den S&P 500 Index wie auch (optional) für den Nasdaq Composite abwärtsgerichtet sein. Der mittelfristige Trend des S&P 500 Index ist ebenfalls abwärtsgerichtet. Zudem muss mit dem Unterschreiten der Minus-15-Prozent-Marke am Vortag auch ein neues 43-Tage-Tief entstanden sein. Die Richtung des kurzfristigen Trends spielt keine Rolle.

Sowohl die Glättung über fünf Tage als auch die Marke für das Auslösen des Signals von -15 wird von mir seit über 13 Jahren verwendet. Allerdings lässt sich das Modell auch mit einer Glättung von drei oder vier Tagen sehr gut handeln. Die hier vorgestellten Einstellungen sind sinnvoll, wenn, wie im vorliegenden Fall, die Anzahl der Signale möglichst gering und dafür die Trefferquote verhältnismäßig hoch gehalten werden soll (mehr Signale liefern die beiden weiter hinten vorgestellten Countertrend-Modelle).

In Abbildung 4.42 werden zwei im Jahr 2011 generierte Signale gezeigt. Die Pfeile markieren den jeweiligen Signaltag (der Einstieg in Aktien erfolgt am darauffolgenden Tag).

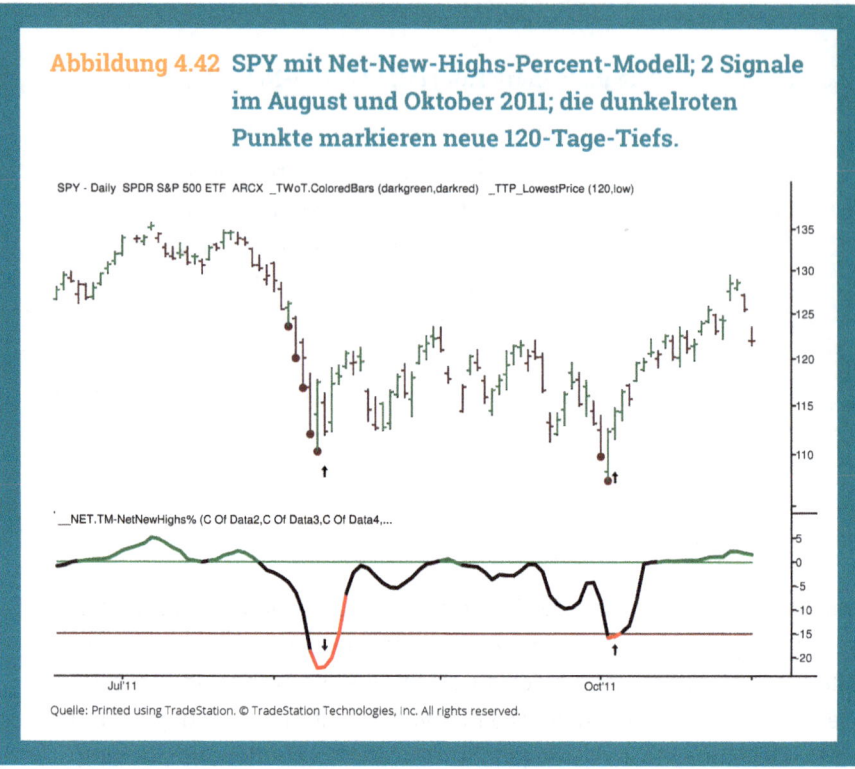

Abbildung 4.42 SPY mit Net-New-Highs-Percent-Modell; 2 Signale im August und Oktober 2011; die dunkelroten Punkte markieren neue 120-Tage-Tiefs.

Im ersten Fall erfolgt das Signal am Tief des SPY (auf Schlusskursbasis) und damit zum bestmöglichen Zeitpunkt. Das anschließende Marktverhalten ist vor dem Hintergrund des starken Kurseinbruchs ab der zweiten Julihälfte nicht untypisch für den SPY und führte in Abhängigkeit von der nach diesem Signal gewählten Aktien (Details hierzu in Kapitel 5, Aktienselektion) durchaus zu profitablen Trades.

Das August-Tief wird schließlich Anfang Oktober erneut getestet und führt einen Tag später zu einem weiteren Einstiegssignal.

Abbildung 4.42 zeigt eine weitere Möglichkeit, das Net-New-Highs-Percent-Modell zu handeln: Doppelte Böden lassen sich im Falle einer auftretenden Divergenz handeln. Konkret bedeutet dies: Während der SPY Anfang Oktober das Tief vom August nochmals testet, liegt der Net-New-Highs-Wert im Oktober über dem des Wertes, der am August-Tief markiert wird.

Die Phase mit den historisch betrachtet bislang meisten Signalen wird in Abbildung 4.43 gezeigt. Sie entstand zwischen Juli 2008 und März 2009, als gleich sechs Signale generiert wurden. Im Chart werden neben den Signalen auch die neuen 120-Tage-Tiefs (dunkelrote Punkte) sowie die neuen 43-Tage-Tiefs (blaue Punkte) gezeigt. Die 43-Tage-Tiefs basieren dabei in diesem Fall auf den Schlusskursen des SPY (was gemäß Trendmodelldefinition, wonach der Trend sowohl auf Tageshochs und Tagestiefs wie auch auf Schlusskursbasis betrachtet wird, korrekt ist; siehe Kapitel 4.2.2).

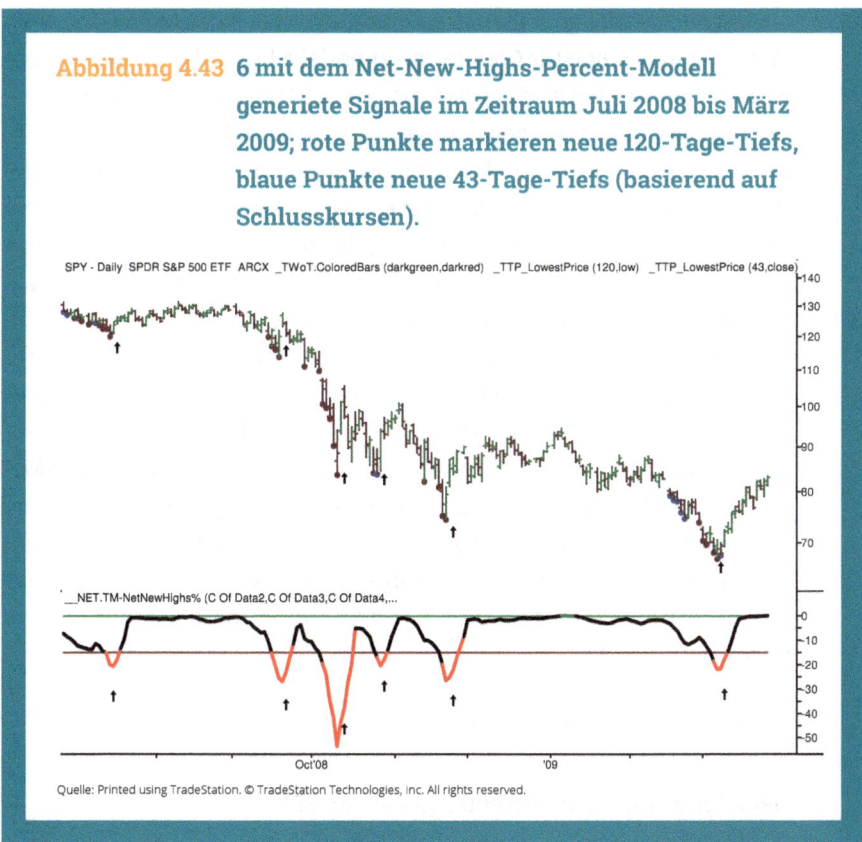

Abbildung 4.43 **6 mit dem Net-New-Highs-Percent-Modell generierte Signale im Zeitraum Juli 2008 bis März 2009; rote Punkte markieren neue 120-Tage-Tiefs, blaue Punkte neue 43-Tage-Tiefs (basierend auf Schlusskursen).**

Das erste Signal, das im Juli 2008 entsteht, ist ein sehr gutes Signal: Der SPY stieg danach fast einen Monat lang (auch wenn dies aufgrund der

Skalierung nur schwer in der Abbildung zu erkennen ist). In dieser positiven Marktphase, die bis Anfang September anhielt, waren Gewinne im Einzelaktienbereich möglich (und wurden auch erzielt). Das danach folgende Signal im September 2008 kam schlichtweg zu spät und war ein Fehlsignal – ebenso das daran anschließende im Oktober generierte Signal.

Dieses Verhalten gilt es sich einzuprägen: Das Net-New-Highs-Percent-Modell reagiert aufgrund der Glättung von fünf Tagen regelmäßig etwas „träge" und generiert Signale in (gerundet) acht von zehn Fällen erst mit ein bis zwei Tagen Verspätung. Im Gegenzug werden so aber nachhaltige Wendepunkte wie Ende November 2008 und März 2009 identifiziert.

Ungeachtet der gezeigten drei Fehlsignale erzielt das Modell seit 1994 immerhin noch eine für Countertrendmodelle beachtliche Trefferquote von 66 Prozent – bei einer Haltedauer von 20 Handelstagen. Für eine geringere Haltedauer von beispielsweise zehn Handelstagen (die nicht der antizipierten Haltedauer im Falle der Identifikation potenzieller Marktwendepunkte im Countertrend-Bereich entspricht) beträgt die Trefferquote 70 Prozent. Die Anzahl der Trades liegt für den Zeitraum 1. Januar 1994 bis 31. Juli 2015 allerdings nur bei zehn. Wie bereits oben erwähnt, fällt die Zahl der von Countertrend-Modellen generierten Signale ohnehin niedrig aus, im vorliegenden Fall des Net-New-Highs-Percent-Modells aber ist sie von allen drei Countertrend-Modellen die mit Abstand niedrigste.

Die Signale des Net-New-Highs-Percent-Modells sind zudem vor dem Hintergrund zu sehen, dass das als Nächstes vorgestellte Countertrend-Modell „New-Highs-Percent" in der Mehrzahl der gezeigten Fälle bereits ein bis zwei Tage vorher ein Signal generiert hat und damit die gezeigten Fehlsignale umgangen werden konnten. (Die Daseinsberechtigung des Net-New-Highs-Percent-Modells wird im weiteren Verlauf dieses Kapitels noch begründet.)

4.4.4.8 New-Lows-Percent-Modell
Aufgabe:
Generieren von Countertrend-Signalen im SPY

Hintergrundinformationen:
Das New-Lows-Percent-Modell hat große Ähnlichkeit mit dem vorangegangenen Timing-Modell. Die zum Net-New-Highs-Percent-Modell

angeführten Hintergründe und verwendeten Abkürzungen gelten daher auch für das New-Lows-Percent-Modell.

Der Unterschied zwischen den beiden Modellen liegt in der zugrunde liegenden Berechnung: Das New-Lows-Percent-Modell berücksichtigt keine 52wH-Angaben. Dadurch können sich unterschiedliche Signale ergeben. Zudem empfiehlt es sich, zwecks besserer Ergänzung der Signale für beide Modelle auf unterschiedliche Glättungen der Daten zurückzugreifen. Da das Net-New-Highs-Percent-Modell wie dargelegt mit der empfohlenen Glättung über fünf Tage verhältnismäßig träge reagiert, wird das New-Lows-Percent-Modell über eine kürzere Periode geglättet.

Der New-Lows-Percent-Wert wird berechnet, indem die Anzahl der Aktien, die ein neues 52-Wochen-Tief markiert haben, durch die Gesamtzahl der an der Börse gehandelten Aktien dividiert wird.

Wie auch für das Net-New-Highs-Percent-Modell gilt: Für Daten, die auf der NYSE basieren, sollte für Backtests nicht weiter als bis 1978 zurückgegangen werden, da erst ab diesem Jahr die Werte auf Basis eines rollenden 52-Wochen-Fensters ermittelt werden.

Berechnung des New-Lows-Percent-Modells:

New_Lows_Percent = 100*GD(52wL/(Adv+Dec+Unc), x)

⟹   GD: Gleitender Durchschnitt mit der Periode x, zum Beispiel x = 2
⟹   Adv: Advancing Issues an der NYSE
⟹   Dec: Declining Issues an der NYSE
⟹   Unc: Unchanged Issues an der NYSE

Als Gesamtzahl für die an der jeweiligen Börse gehandelten Aktien ergibt sich die Summe aus der Anzahl der gegenüber dem Vortagesschlusskurs gestiegenen, gefallenen und unverändert gebliebenen Aktien. Zur Bestimmung des New-Lows-Percent-Werts auf Prozentbasis wird die Anzahl der Aktien, die ein neues 52-Wochen-Tief markiert haben (52wL), durch die Summe aller an der Börse gehandelten Aktien dividiert. Anschließend wird das Ergebnis noch mithilfe eines Gleitenden Durchschnitts (GD) über x Tage geglättet.

Der so berechnete Wert ist stets positiv. Je höher der New-Lows-Percent-Wert, umso stärker ist der aktuelle Ausverkauf an den Börsen einzuschätzen – und umso größer ist die Wahrscheinlichkeit, dass der Aktienmarkt kurzfristig nachhaltig nach oben dreht.

Der Wert wird aus demselben Grund wie im Falle des Net-New-Highs-Percent-Modells ausschließlich auf Basis der an der NYSE notierten Aktien ermittelt. (Nochmals sei betont, dass dies der von mir gewählte Weg ist. Andere Varianten, wie beispielsweise die zusätzliche Berücksichtigung der Nasdaq-Werte, sind auch möglich.)

Regeln für die Signalgenerierung mit dem New-Lows-Percent-Modell:

Der New-Lows-Percent-Wert wird über zwei Tage geglättet. Im Anschluss wird überprüft, ob gemäß den Regeln für das Marktphasenmodell (Kapitel 4.3) ein Bullen- oder ein Bärenmarkt vorliegt. Ist Letzteres der Fall, wird das Alter des Bärenmarkts bestimmt.

Ein Signal wird in dem Moment generiert, wo der über zwei Tage geglättete New-Lows-Percent-Wert unter dem des Vortags liegt und gleichzeitig der Wert am Vortag über einem bestimmten Level, dem „Trigger-Level", notiert.

Dieses „Trigger-Level" fällt je nach Marktlage unterschiedlich aus.
1. 15 %: Solange das Signal noch während eines Bullenmarkts generiert wird.
2. 20 %: Solange gemäß Marktphasenmodell ein Bärenmarkt vorliegt, der nicht älter als 90 Tage ist.
3. 25 %: Für Bärenmärkte die bereits älter als 90 Tage sind.

Zusätzlich ist es erforderlich, dass der langfristige Trend für den S&P 500 Index wie auch (optional) für den Nasdaq Composite abwärtsgerichtet ist. Der mittelfristige Trend des S&P 500 Index muss ebenfalls abwärtsgerichtet sein. Zudem muss mit dem Überschreiten des Trigger-Levels am Vortag auch ein neues 43-Tage-Tief entstanden sein. Die Richtung des kurzfristigen Trends spielt keine Rolle.

NACHHALTIG ERFOLGREICH TRADEN

Das New-Lows-Percent-Modell wende ich bereits seit der „Geburtsstunde" der von mir entwickelten Countertrend-Modelle an. Allerdings repräsentiert das vorgestellte Regelwerk die „konservative Variante" des Timing-Modells, die ich Ihnen empfehle, solange Sie noch keine praktischen Erfahrungen mit Countertrend-Signalen gesammelt haben.

Gegenüber der aggressiveren, von mir ebenfalls verwendeten Variante, die unter anderem auf eine Glättung des New-Lows-Percent-Werts verzichtet, hat die hier eingeführte Variante den Vorteil einer deutlich höheren Trefferquote. Dies kann sich vor dem bereits in Kapitel 4.4.4.6 geschilderten psychologischen Hintergrund bei der Umsetzung der Signale als vorteilhaft erweisen.

In Abbildung 4.44 wird ein Fall aus dem Oktober 2014 gezeigt. Einen Tag, nachdem der SPY ein neues 120-Tage-Tief markiert hat (siehe dunkelroter Punkt), fällt der New-Lows-Percent-Wert unter den des Vortags.

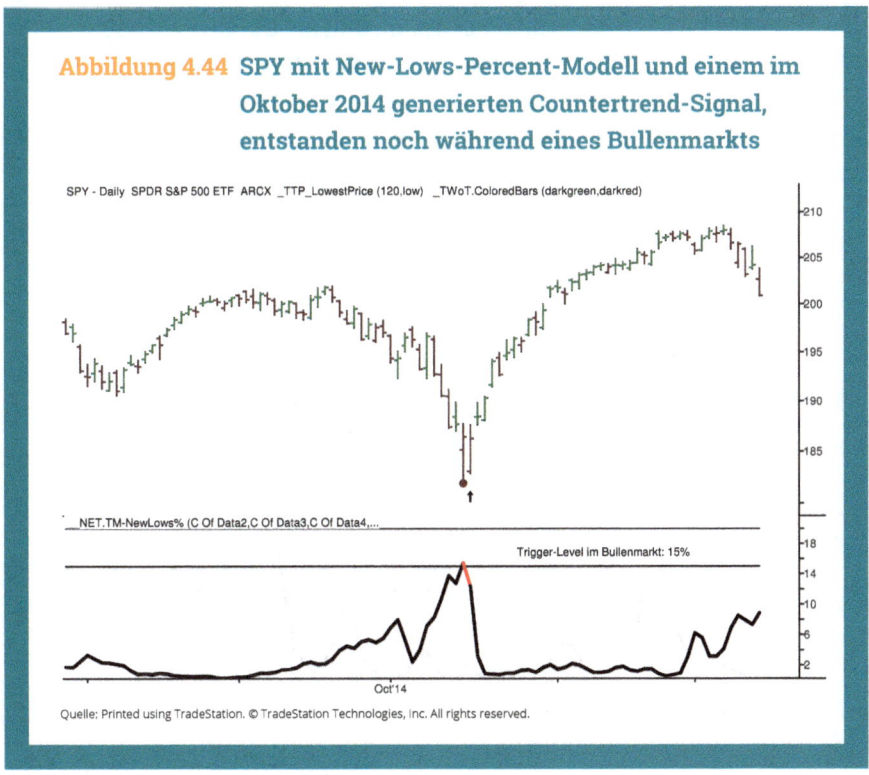

Abbildung 4.44 SPY mit New-Lows-Percent-Modell und einem im Oktober 2014 generierten Countertrend-Signal, entstanden noch während eines Bullenmarkts

SPY - Daily SPDR S&P 500 ETF ARCX _TTP_LowestPrice (120,low) _TWoT.ColoredBars (darkgreen,darkred)

NET.TM-NewLows% (C Of Data2,C Of Data3,C Of Data4,...

Trigger-Level im Bullenmarkt: 15%

Oct'14

Da am Vortag der Wert über 15 Prozent lag, war dies gleichbedeutend mit einem Signal. Der schwarze Pfeil markiert den Signal-Tag (der Einstieg in Aktien erfolgt am darauffolgenden Tag).

Warum aber wird der 15-Prozent-Wert als Trigger-Level verwendet? Weil der SPY einen Tag vor dem Signal, also am 120-Tage-Tief, von seinem letzten, im September 2015 erzielten Hoch auf Schlusskursbasis noch keine neun Prozent gefallen ist und sich somit gemäß des Regelwerks für das Marktphasenmodell noch in einem Bullenmarkt befindet.

Zwei andere Szenarien ergeben sich in Abbildung 4.45: Das erste Signal entsteht im August 2011 und wird in einem Bärenmarkt generiert, der 68 Tage alt ist. Damit gilt gemäß dem oben aufgeführten Regelwerk als Trigger-Level die 20-Prozent-Marke. Der New-Lows-Percent-Wert läuft

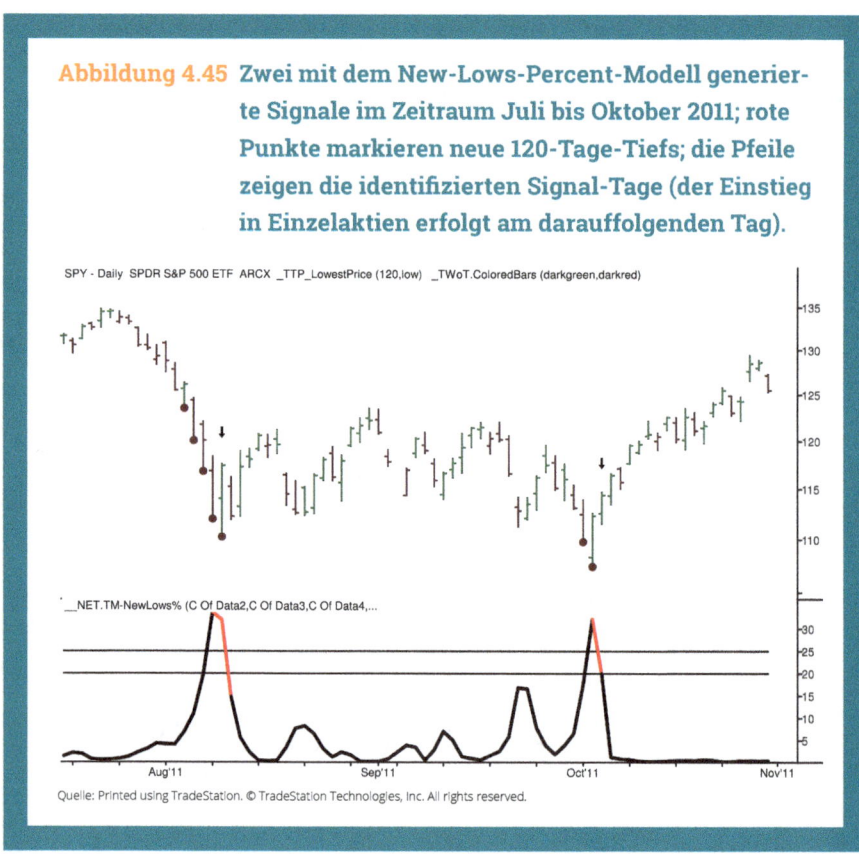

Abbildung 4.45 Zwei mit dem New-Lows-Percent-Modell generierte Signale im Zeitraum Juli bis Oktober 2011; rote Punkte markieren neue 120-Tage-Tiefs; die Pfeile zeigen die identifizierten Signal-Tage (der Einstieg in Einzelaktien erfolgt am darauffolgenden Tag).

SPY - Daily SPDR S&P 500 ETF ARCX _TTP_LowestPrice (120,low) _TWoT.ColoredBars (darkgreen,darkred)

__NET.TM-NewLows% (C Of Data2,C Of Data3,C Of Data4,...

NACHHALTIG ERFOLGREICH TRADEN

zwar auch über den Wert von 25 Prozent hinaus, dies wäre jedoch nicht nötig, um ein gültiges Signal zu generieren. Mit dem schwarzen Pfeil wird der Signal-Tag markiert, der dem ersten Handelstag entspricht, an dem der Net-New-Highs-Percent-Wert unter dem des Vortags liegt.

Das zweite in Abbildung 4.45 gezeigte Signal entsteht 40 Handelstage nach dem ersten gezeigten Signal. Der Bärenmarkt ist zu diesem Zeitpunkt bereits 108 Tage alt. Damit gilt als Trigger-Level die 25-Prozent-Marke. Tatsächlich erreicht der Net-New-Lows-Wert Anfang Oktober 2011 sogar einen Wert von über 30 Prozent, bevor er dann zurückfällt und an dem mit einem Pfeil markierten Handelstag ein Kaufsignal generiert.

Abbildung 4.46 Zu sehen sind alle mit dem New-Lows-Percent-Modell generierten Signale im Zeitraum Juli 2008 bis März 2009; Punkte im SPY-Kursverlauf markieren neue 120-Tage-Tiefs.

Ebenfalls in die Kategorie „Signale im Bärenmarkt" fallen die in Abbildung 4.46 gezeigten Signale. Im Vergleich zu den durch das Net-New-Highs-

Percent-Modell während des Zeitraums Juli 2008 bis März 2009 generierten Signalen (gezeigt in Abbildung 4.43) gibt es mehrere Unterschiede: So entstehen die beiden im Juli und September 2008 mit dem New-Lows-Percent-Modell erzeugten Signale einen Handelstag früher als beim Net-New-Highs-Percent-Modell. Das dritte Signal (Anfang Oktober 2008) wird von beiden Modellen zum selben Zeitpunkt angezeigt. Danach ergibt sich allerdings ein Unterschied: Der grüne Pfeil zeigt einen Fall, in dem der Bärenmarkt bereits älter als 90 Tage ist und somit ein Signal vom New-Lows-Percent-Modell erst ausgelöst werden kann, wenn das Trigger-Level die Marke von 25 Prozent überschreitet – was hier nicht passiert. Ein Vergleich mit Abbildung 4.43 zeigt, dass hingegen das Net-New-Highs-Percent-Modell an dieser Stelle ein Signal generiert hat.

Dieses Beispiel erklärt, warum sowohl das Net-New-Highs-Percent-Modell als auch das New-Lows-Percent-Modell, ungeachtet der Vielzahl doppelter (redundanter) Signale, in meinem Trading als Countertrend-Modelle zum Einsatz kommen: Nur ein unterschiedliches Signal während eines Bärenmarkts – generiert an einem nachhaltigen Wendepunkt (was in der Abbildung 4.46 nicht der Fall ist, aber durchaus hätte sein können) – kann für mehrere Monate großen Einfluss auf die Performance haben (in Kapitel 4.4.5 wird eine Methode vorgestellt, die es ermöglicht, auch dann noch Signale zu generieren, wenn der eigentliche Wendepunkt vom Bären- zum Bullenmarkt verpasst worden ist).

Beide Countertrend-Modelle generierten übrigens im Jahr 2010 kein einziges Signal, was darauf hindeutet, dass mindestens ein weiteres Countertrend-Modell zum Einsatz kommen sollte. Ein solches wird im folgenden Kapitel vorgestellt. Es handelt sich um das von mir sehr geschätzte sogenannte „Magic-T-Modell".

4.4.4.9 Magic-T-Modell

Aufgabe:
Generieren von Countertrend-Signalen im SPY

Hintergrundinformationen:
Das Magic-T-Modell rundet den Bestand an Countertrend-Modellen ab. Das Modell basiert auf der „Magic T Theory", die in den 80er-Jahren von dem Amerikaner Terry Laundry für das Timing des NYSE Composite Index

entwickelt wurde. Populär wurde die Theorie durch das Buch „Pit Bull" von Marty Schwartz, einem der Top-Trader der 80er-Jahre, der in dem ersten Buch „Market Wizards" („Magier der Märkte") von Jack Schwager interviewt wurde. Die „Magic T Theory" besagt im Grundsatz, dass Akkumulationsphasen (Phasen, in denen es aufgrund hoher Nachfrage zu einer positiven Kursbewegung kommt) und Distributionsphasen (Abgabe- oder Cash-Aufbauphasen) in Aktienmärkten symmetrisch, also von identischer Dauer, sind (wobei unter Abgabephasen nicht nur negative, sondern auch Seitwärtsbewegungen sowie mitunter auch schwache Aufwärtsbewegungen verstanden werden). [3]

Die T-Theorie ist kein Bestandteil des in diesem Buch verwendeten Magic-T-Timing-Modells, sondern lediglich der von Terry Laundry damals eingeführte Indikator, den ich bei der Implementierung in meinem eigenen Handel zu Ehren des Urhebers ebenfalls als Magic T bezeichnet habe. [4]

Der Magic T wird zur Identifikation von doppelten Böden eingesetzt. Eine Identifikation erfolgt in dem Moment, wo eine Divergenz zu einer Datenreihe, die sich aus der Anzahl steigender und fallender Aktien berechnet, entsteht. Da neun von zehn Signalen innerhalb eines langfristigen Abwärtstrends generiert werden, zählt das Magic-T-Modell zu den Countertrend-Modellen – auch wenn es sogar doppelte Böden innerhalb eines Aufwärtstrends erkennt und von mir für deren Handel eingesetzt wird.

Berechnung des Magic T:

Magic_T = EGD(Adv-Dec, x)

- → EGD: Exponentieller Gleitender Durchschnitt mit der Periode x, zum Beispiel x = 18
- → Adv: Advancing Issues an der NYSE oder Nasdaq
- → Dec: Declining Issues an der NYSE oder Nasdaq

Für die Berechnung des Magic-T-Indikators wird zunächst die Differenz aus der Anzahl steigender und fallender Aktien der jeweiligen Börse gebildet und hierauf dann der Exponentielle Gleitende Durchschnitt (EGD) über x Tage berechnet.

Damit verwendet der Magic-T-Indikator keine Prozentangaben, sondern absolute Werte, die sowohl positiv als auch negativ sein können. Die

Werte selbst werden für beide Börsen jeweils getrennt berechnet. Das Ergebnis ist ein Magic-T-Indikator für die NYSE und einer für die Nasdaq.

Regeln für die Signalgenerierung mit dem Magic-T-Modell:

Die Differenz aus der Anzahl steigender und fallender Aktien wird mithilfe eines Exponentiellen Gleitenden Durchschnitts über eine Periode von 18 Tagen geglättet (Magic-T-Wert). Berechnet wird der Magic-T-Wert sowohl für die NYSE als auch für die Nasdaq.

Ein Kaufsignal entsteht, wenn einer der beiden Fälle eintritt:
1. Der S&P 500 Index testet ein 43-Tage-Tief, das vor sechs oder mehr Handelstagen entstanden und nicht älter als 80 Handelstage ist. Der Test dieses Tiefs führt zu einem Einstieg, wenn der Magic-T-Wert für die NYSE eine Divergenz aufweist. Eine solche Divergenz entsteht, wenn der aktuelle Magic-T-Wert über dem Magic-T-Wert liegt, der mit Ausbildung des ersten Tiefs im S&P 500 Index markiert worden ist. Ein gültiges Signal wird in dem Moment generiert, wo das Vortageshoch im S&P 500 Index überboten wird.
2. Der Nasdaq Composite Index testet ein 43-Tage-Tief, das vor sechs oder mehr Handelstagen entstanden und nicht älter als 80 Handelstage ist. Der Test dieses Tiefs führt zu einem Einstieg, wenn der Magic-T-Wert für die Nasdaq eine Divergenz aufweist. Eine solche Divergenz entsteht, wenn der aktuelle Magic-T-Wert (Nasdaq) über dem Magic-T-Wert der Nasdaq liegt, der mit Ausbildung des ersten Tiefs im S&P 500 Index markiert worden ist. Ein gültiges Signal wird in dem Moment generiert, wo das Vortageshoch im Nasdaq Composite und parallel im S&P 500 Index überboten wird.

Weitere Bedingungen bezüglich der Richtung des langfristigen Trends gibt es keine.

Die gewählte Länge für den Exponentiellen Gleitenden Durchschnitt (EGD) entspricht der ursprünglichen, im Rahmen der Magic-T-Theorie verwendeten Länge. Eigene, im Zusammenhang mit der in diesem Buch vorgestellten Methode durchgeführte Untersuchungen haben gezeigt, dass Perioden zwischen 15 und 25 Tagen zu sehr guten Ergebnissen führen.

Zum Fall 1 ist anzumerken, dass anstelle des S&P 500 Index natürlich auch der NYSE Composite Index verwendet werden kann. Tatsächlich wurde dieser Index bis zum Jahr 2002 auch von mir verwendet. Danach nutzte ich den S&P 500 Index, da der NYSE Composite Index zur damaligen Zeit unter anderem durch die Berücksichtigung von börsennotierten Indexfonds (ETFs) zunehmend verwässerte. Darauf reagierte die NYSE, indem sie ab 2003 die Berechnungsmethode für den Composite Index umstellte.[5] Seit dieser Umstellung ist der Index meines Erachtens (wieder) als repräsentativ anzusehen und eignet sich somit auch für die Anwendung des Magic-T-Modells.

Abbildung 4.47 zeigt anhand eines repräsentativen Beispiels aus dem Jahr 2012, wie das Magic-T-Modell ein Signal generiert.

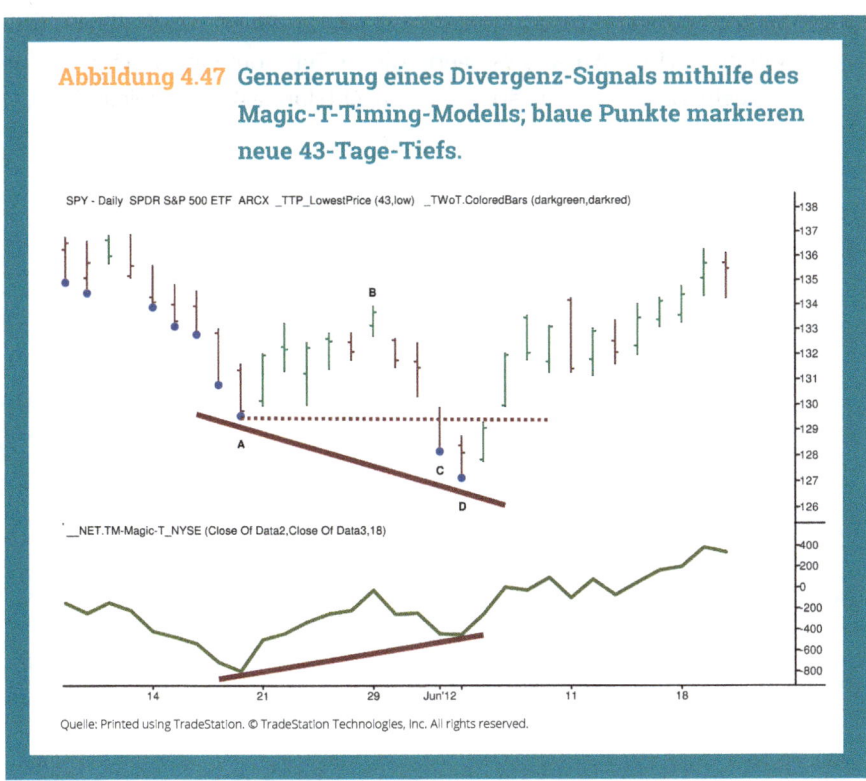

Abbildung 4.47 Generierung eines Divergenz-Signals mithilfe des Magic-T-Timing-Modells; blaue Punkte markieren neue 43-Tage-Tiefs.

SPY - Daily SPDR S&P 500 ETF ARCX _TTP_LowestPrice (43,low) _TWoT.ColoredBars (darkgreen,darkred)

`_NET.TM-Magic-T_NYSE (Close Of Data2,Close Of Data3,18)`

Am Punkt (A) entsteht ein neues 43-Tage-Tief, das den Auftakt für eine Kurserholung bis zum Punkt (B) bildet. Am Punkt (C) wird das Tief von (A) zum ersten Mal getestet. Unabhängig davon, wo der Schlusskurs von (C) liegt, wird ab diesem Tag täglich nach Börsenschluss ein Kauf-Stopp-Auftrag erteilt, der in dem Moment zu einem Einstieg führt, wo der Kurs das Vortageshoch überschreitet.

In Abbildung 4.47 erfolgt der Einstieg einen Tag nach (C) in dem Moment, wo das Hoch von (D) überschritten wird. Voraussetzung ist dabei, dass der Magic-T-Indikator am Punkt (D) eine Divergenz aufweist, das heißt einen Wert, der über dem von Punkt (A) liegt.

Die im oben aufgeführten Regelwerk angegeben Mindest- und Höchstabstände von sechs und 80 Handelstagen können als Richtlinien verstanden werden: Innerhalb eines langfristigen Abwärtstrends kommt es zu erfolgreichen doppelten Bodenbildungen, die zu einer nachhaltigen mehrmonatigen Kurserholung führen, in der Regel innerhalb von drei Monaten (circa 65 Handelstagen). Dieser Zeitraum gilt jedoch nicht für doppelte Böden im Aufwärtstrend, wie Abbildung 4.48 beispielhaft zeigt.

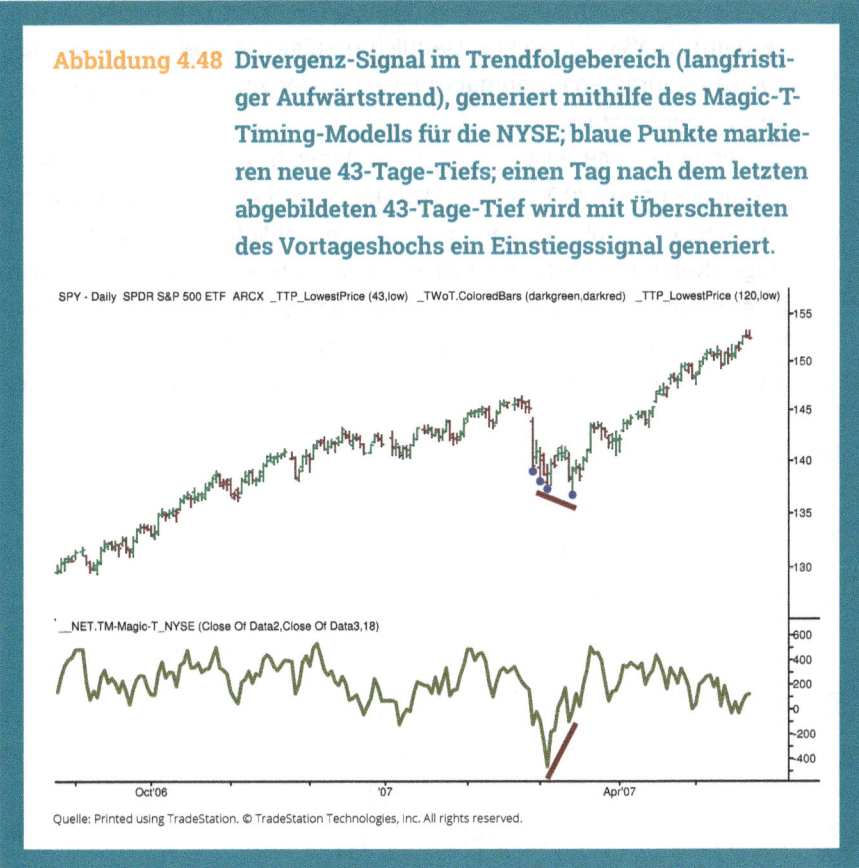

Abbildung 4.48 Divergenz-Signal im Trendfolgebereich (langfristiger Aufwärtstrend), generiert mithilfe des Magic-T-Timing-Modells für die NYSE; blaue Punkte markieren neue 43-Tage-Tiefs; einen Tag nach dem letzten abgebildeten 43-Tage-Tief wird mit Überschreiten des Vortageshochs ein Einstiegssignal generiert.

Die Abbildung zeigt die kurze, aber heftige Korrektur im SPY vom Februar/März 2007. Ein neues 120-Tage-Tief wird während der Korrekturphase nicht erzielt, sodass der langfristige Aufwärtstrend weiterhin seine Gültigkeit behält. Hingegen werden aber neue 43-Tage-Tiefs (markiert mit blauen Punkten) ausgebildet. Die im Anschluss an die erste Abwärtsbewegung folgende Kurserholung erweist sich als zu schwach. Es folgt ein Test des Tiefs, der mit einem höheren Wert des Magic-T-Indikators einhergeht. Tatsächlich drehen die Kurse daraufhin und es kommt bereits einen Tag nach Ausbildung des zu diesem Zeitpunkt noch als „potenziell" zu bezeichnenden doppelten Bodens zu einem Einstiegssignal.

Allerdings kommt diese Art von Magic-T-Signalen (wie bereits betont) verhältnismäßig selten vor. Deutlich häufiger entstehen Kaufsignale nach ausgeprägten Bärenmarktphasen, in denen der langfristige Trend abwärtsgerichtet ist.

Abbildung 4.49 zeigt einen Fall aus dem Jahr 2010. Die roten Punkte markieren neue 120-Tage-Tiefs. Das Kaufsignal Anfang Juli 2010 bildete innerhalb einer volatilen Bärenmarktphase den Auftakt zu einer mehrwöchigen Kursrallye – führte jedoch nicht direkt zu einem Trendwechsel im langfristigen Bereich. In der Abbildung nicht zu sehen sind die anschließende Korrektur im August 2010, die bei knapp 104 Punkten stoppte, und die nach Ankündigung von Quantitative Easing II im Anschluss folgende

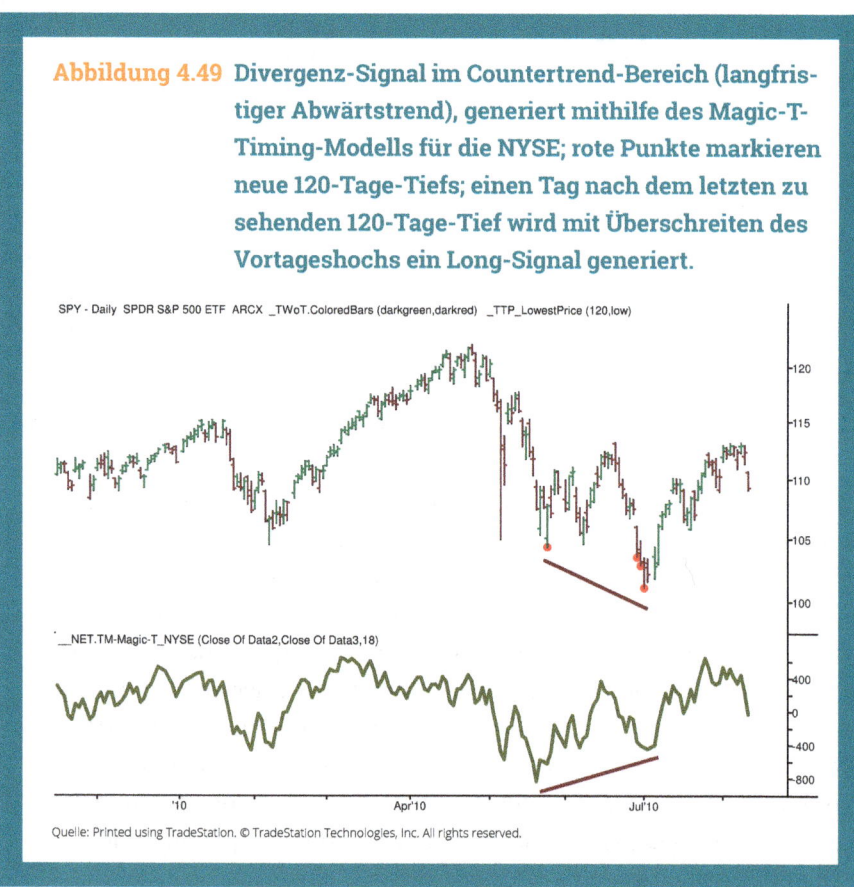

Abbildung 4.49 Divergenz-Signal im Countertrend-Bereich (langfristiger Abwärtstrend), generiert mithilfe des Magic-T-Timing-Modells für die NYSE; rote Punkte markieren neue 120-Tage-Tiefs; einen Tag nach dem letzten zu sehenden 120-Tage-Tief wird mit Überschreiten des Vortageshochs ein Long-Signal generiert.

NACHHALTIG ERFOLGREICH TRADEN

Aufwärtsbewegung. Der gezeigte, zwischen Mai und Juli ausgebildete doppelte Boden markierte also das tatsächliche Tief des Bärenmarkts.

Das Magic-T-Modell ergänzt sich ideal mit den beiden bereits vorgestellten Timing-Modellen für den Countertrend-Bereich, da es regelmäßig dann Signale generiert, wenn weder das Net-New-Highs- noch das New-Lows-Percent-Modell dies tun.

Ein solches Beispiel zeigt Abbildung 4.50 aus dem Jahr 2003. Das im März 2003 generierte Kaufsignal wurde von keinem anderen Timing-Modell identifiziert, da sich im Vorfeld keine extreme Ausverkaufssituation am Markt ergeben hatte. Das Signal bildete schließlich den Auftakt zu einem Bullenmarkt, der gemäß Marktphasenmodell eine Dauer von 1.093 Handelstagen hatte und damit den längsten Bullenmarkt der letzten 40 Jahre repräsentierte.

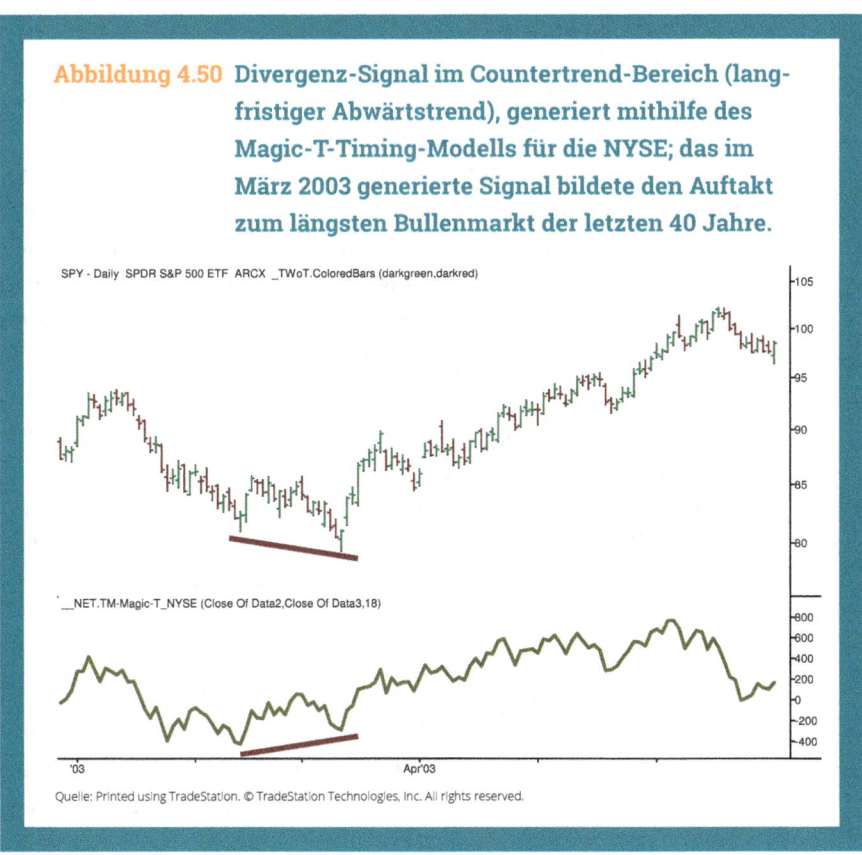

Abbildung 4.50 Divergenz-Signal im Countertrend-Bereich (langfristiger Abwärtstrend), generiert mithilfe des Magic-T-Timing-Modells für die NYSE; das im März 2003 generierte Signal bildete den Auftakt zum längsten Bullenmarkt der letzten 40 Jahre.

SPY - Daily SPDR S&P 500 ETF ARCX _TWoT.ColoredBars (darkgreen,darkred)

__NET.TM-Magic-T_NYSE (Close Of Data2,Close Of Data3,18)

4.4.5 Modelle zur Bestimmung der Trendqualität

Auf den vorherigen Seiten wurden Modelle zur Identifikation potenzieller Marktwendepunkte (Kapitel 4.4.4) sowie ein Volatilitätsmodell zur Erkennung hochvolatiler Marktphasen (Kapitel 4.4.3) eingeführt. Beide Komponenten sind Bestandteile des Marktnachhaltigkeitsmodells.

Zur Vervollständigung des Marktnachhaltigkeitsmodells wird nun ein Modell vorgestellt, das es ermöglicht, die Nachhaltigkeit eines langfristig aufwärtsgerichteten Trends zu bestimmen. Im Mittelpunkt steht dabei eine Methode, die leicht mithilfe von im Internet frei zugänglichen Daten umsetzbar ist. Durch Modifikation der Vorgaben und der verwendeten Zeitreihen lassen sich zudem mit dieser Methode viele weitere Modelle entwickeln – was allerdings nicht Thema dieses Buches ist.

In Kapitel 4.4.4 wurden vier Timing-Modelle zur Identifikation potenzieller Marktwendepunkte für den Trendfolgebereich eingeführt. Jedes der dort vorgestellten Modelle kann frühestens in dem Moment ein Signal generieren, wo innerhalb eines langfristigen 120-Tage-Aufwärtstrends der kurzfristige 17-Tage-Trend abwärtsgerichtet ist.

Nun kann es aber vorkommen, dass eine Abwärtsbewegung, die den kurzfristigen Trend nach unten drehen lässt, über mehrere Wochen und gegebenenfalls sogar Monate ausbleibt und der Aktienmarkt immer weiter hochläuft. Die Folge ist ein niedriger Investitionsgrad in einem kurz-, mittel- und langfristigen Aufwärtstrend – eine Situation, die ein kurz- und mittelfristiger Trader vermeiden möchte.

Für diesen nicht selten vorkommenden Fall ist es von Vorteil, auf ein weiteres Modell zurückgreifen zu können, das auch dann ein aus mathematischer Sicht möglichst zuverlässiges Long-Signal für den Einstieg in Einzelaktien gibt, wenn die zum Trendfolgebereich zählenden Timing-Modelle zur Identifikation potenzieller Marktwendepunkte dies nicht tun. Genau dazu dient das folgende Trendqualitätsmodell.

Aufgabe:

Beurteilung der aktuellen Kursbewegung des breiten Aktienmarkts: Wird der Trend von der Mehrzahl der Aktien gestützt oder lediglich von wenigen hochkapitalisierten Titeln, die den größten Einfluss auf marktbreite Indizes wie den S&P 500 Index (der auf Basis der Marktkapitalisierung berechnet wird) haben? Im ersten Fall kann – sofern der langfristige

Trend aufwärtsgerichtet ist – von einem gesunden und im zweiten Fall von einem ungesunden (nicht nachhaltigen) Trend gesprochen werden.

Liegt ein gesunder langfristiger Aufwärtstrend vor, wird in dem Moment grünes Licht für einen Einstieg in Einzelaktien gegeben, wo ein niedriger Investitionsgrad vorliegt. (Ich verwende hier 90 Prozent als Grenze; das bedeutet, ich möchte in einem nachhaltigen Aufwärtstrend möglichst voll investiert sein.)

Hintergrundinformationen:

Für die Beurteilung des breiten Aktienmarktverhaltens greift das Trendqualitätsmodell auf zwei Aktienindizes zurück: den S&P 500 Index als Repräsentanten der größten amerikanischen Unternehmen und den Russell 2000 Index, der Unternehmen mit niedriger bis mittlerer Marktkapitalisierung repräsentiert. Für beide Indizes wird täglich ermittelt, wie viele der jeweiligen Index-Mitglieder über ihrem Gleitenden Durchschnitt (GD) liegen.

Von besonderer Bedeutung für die Berechnung ist, dass der berechnete Wert in Prozent angegeben wird. Während der S&P 500 Index stets die maximal mögliche Aktienanzahl beinhaltet, ist dies beim Russell 2000 nicht der Fall: Die Zusammenstellung – und damit die vollständige Auffüllung auf 2.000 Aktien – erfolgt einmal pro Jahr per Ende Juni. Neu an der Börse notierte Unternehmen (IPOs) können zwar unter bestimmten Bedingungen auch während eines Jahres in den Index aufgenommen werden, diese Anzahl wiegt aber in der Regel nicht die Zahl derjenigen Unternehmen auf, die im Laufe eines Jahres ihre Notierung an der Börse einstellen, sodass die Zahl der enthaltenen Aktien regelmäßig unter 2.000 liegt.

Berechnung des Trendqualitätsmodells (TQM):

TQM = (SP500_Stocks_above_GD(s,z) > x%) UND (Russell2000_Stocks_above_GD(s,z) > y%)

→ SP500_Stocks_above_GD200: Prozentanteil der Aktien, die zum S&P 500 Index gehören und deren Schlusskurs (s) über ihrem Gleitenden Durchschnitt GD(z) von beispielsweise z = 200 Tagen liegt; der Wert muss über x Prozent liegen, damit die Bedingung erfüllt ist; Beispiel: x = 80 %.

→ Russell2000_Stocks_above_GD: Prozentanteil der Aktien, die zum Russell 2000 Index gehören und deren Schlusskurs (s) über ihrem Gleitenden Durchschnitt GD(z) von beispielsweise z = 200 Tagen liegt; der Wert muss über y Prozent liegen, damit die Bedingung erfüllt ist; Beispiel: y = 60 %.

Das Trendqualitätsmodell nimmt somit lediglich zwei Zustände an: Es ist „wahr", wenn beide Bedingungen erfüllt sind, und „falsch", wenn eine oder beide Bedingungen nicht zutreffen. Ist der Zustand „wahr", liegt ein gesunder Trend liegt vor, andernfalls nicht.

Regeln für die Signalgenerierung mit dem Trendqualitätsmodell:

Sowohl für die Mitglieder des S&P 500 Index als auch für diejenigen des Russell 2000 wird die Anzahl der Aktien berechnet, deren Schlusskurs über ihrem GD200 liegt.

Ein Kaufsignal entsteht, wenn die folgenden vier Bedingungen eintreten:
1. Die Anzahl der S&P-500-Aktien, die über ihrem GD200 liegen, ist höher als 80 Prozent.
2. Die Anzahl der Russell-2000-Aktien, die über ihrem GD200 liegen, ist höher als 60 Prozent.
3. Der langfristige Trend des S&P 500 Index ist aufwärtsgerichtet.
4. Die Bedingungen 2 und 3 dürfen maximal 65 Tage (3 Monate) hintereinander gültig gewesen sein; andernfalls kann kein Signal generiert werden.

Weitere Bedingungen bezüglich der Richtung des langfristigen Trends gibt es keine.

Jeder Trend – und sei er noch so „gesund" – legt früher oder später eine Atempause ein. Bedingung 4 des Regelwerks trägt diesem Umstand Rechnung, indem die Dauer gemessen wird, die sich ein langfristiger

Aufwärtstrend bereits in einem „Nachhaltigkeitsmodus" befindet. Meine Untersuchungen in diesem Bereich haben ergeben, dass ab drei Monaten Dauer der mathematische Vorteil eines Einstiegs auf Basis der Regeln 1 bis 3 langsam (aber kontinuierlich) abnimmt.

Eine Auswertung der Signale, die auf Basis des Regelwerks generiert werden, ergibt für den Zeitraum 1. Januar 1994 bis 31. Juli 2015 das in Abbildung 4.51 gezeigte Ergebnis (mit Mehrfacheinstiegen und einem Ausstieg in dem Moment, wo weniger als 60 Prozent der zum Russell 2000 gehörenden Aktien über ihrem GD200 liegen).

Abbildung 4.51 **Auswertung der mit dem Trendqualitätsmodell auf den SPY generierten Signale; Zeitraum: 1.1.1994 bis 31.7.2015; berücksichtigt wird jedes erzeugte Signal, der Ausstieg erfolgt, sobald weniger als 60 Prozent der zum Russell 2000 Index gehörenden Aktien über ihrem GD200 liegen.**

Auswertung Trendqualitätsmodell	
Anzahl Signale	679
Durchschnittlicher Gewinn/Verlust in %	3,39
Durchschnittliche Haltedauer in Handelstagen	81,07
Anzahl Gewinner in %	65,98
Durchschnittlicher Gewinner in %	6,10
Durchschnittlicher Verlierer in %	-1,86

Mit einer Trefferquote von knapp 66 Prozent liegt das Trendqualitätsmodell im Bereich der Timing-Modelle für den Trendfolgebereich. Weitere Vergleiche mit den Ergebnissen aus dem Trendfolge-Timing-Bereich (Kapitel 4.4) sind nicht möglich, da im vorliegenden Fall mit sich überlappenden Signalen gearbeitet wird (um jedes generierte Signal berücksichtigen zu können) und dadurch eine E-Ratio-Analyse unbrauchbar wird. Allerdings deutet das sehr hohe Verhältnis aus durchschnittlichem Gewinner zu Verlierer (6,10 Prozent zu -1,86 Prozent) an, dass die mit dem Trendqualitätsmodell generierten Signale keinesfalls minderwertig sind.

In Abbildung 4.51 ist zu beachten, dass die durchschnittliche Haltedauer 81 Handelstage beträgt und dadurch die Höhe des durchschnittlichen Gewinn-zu-Verlust-Trades von 3,39 Prozent etwas relativiert wird.
Ein Jahr hat circa 252 Handelstage, wodurch sich ohne Zinseszinseffekt
eine Jahresperformance von etwas über (immer noch sehr guten) zehn
Prozent ergibt.

Die Bedeutung des Trendqualitätsmodells für den Handel der in
diesem Buch vorgestellten kurz- und mittelfristigen Aktienstrategie wird

Abbildung 4.52 **SPY mit Trendqualitätsmodell im Jahr 2013;
nachdem der langfristige Trend bereits im vier-
ten Quartal 2012 nach oben gedreht hatte, zeigt
das Trendqualitätsmodell ab dem 14. Januar 2013
(schwarzer Pfeil) einen nachhaltigen (gesunden)
Trend an, der für weitere Einstiege in Einzelaktien
genutzt werden kann; das Modell stuft bis Mitte
August lediglich zweimal für kurze Zeit den Trend
als nicht „gesund" ein.**

SPY - Daily SPDR S&P ETF ARCX _TWoT.ColoredBars (darkgreen,darkred) _TTP_LowestPrice (17,low) _TTP_HighestPrice (120,high)

+ST:SPX_MA200.TXT - Daily NASDAQ Custom 1 Line (80,0,false,"")

+ST:RUT_MA200.TXT - Daily NASDAQ Custom 1 Line (60,0,false,"")

Quelle: Printed using TradeStation. © TradeStation Technologies, Inc. All rights reserved.

NACHHALTIG ERFOLGREICH TRADEN

anhand Abbildung 4.52 deutlich: In den ersten knapp zwei Monaten des Jahres 2013 läuft der S&P 500 Index ohne eine nennenswerte Korrektur kontinuierlich nach oben. Erst Ende Februar 2013 erfolgt eine Korrektur, die den kurzfristigen 17-Tage-Trend (rote Punkte) nach unten drehen lässt und somit den Timing-Modellen aus dem Trendfolgebereich überhaupt erst die Möglichkeit gibt, potenzielle Marktwendepunkte zu identifizieren.

Auch nach dieser ersten Korrektur folgen bis Ende Mai zwei weitere lange Perioden, in denen der Index kontinuierlich steigt: Anfang März bis Anfang April und Mitte April bis Mitte Mai 2013.

Nur das Trendqualitätsmodell stellt in dieser Zeit sicher, dass Signale generiert werden, die nach einem Selektionsprozess (Kapitel 5) und nach Überprüfung gültiger Einstiegs-Setups (Kapitel 6) zu einem Einstieg in Einzelaktien genutzt werden können.

Nachdem bereits Ende des Jahres 2012 die Anzahl der über dem GD200 liegenden Aktien im Russell 2000 über die erforderliche Marke von 60 Prozent gestiegen ist, übersteigt die Prozentzahl der über ihrem GD200 liegenden zum S&P 500 Index gehörenden Aktien am 14. Januar 2013 die Marke von 80 Prozent (in Abbildung 4.52 markiert mit einem schwarzen Pfeil). Der langfristige Aufwärtstrend hatte bereits im vierten Quartal 2012 nach oben gedreht (in der Abbildung nicht gezeigt). Bis auf eine kurze Unterbrechung im April (roter Pfeil) kann der Trend gemäß Trendqualitätsmodell für den gesamten Zeitraum bis Mitte Juni 2013 als „gesund" eingestuft werden. Bereits wenige Tage nach der Mai/Juni-Korrektur wird die Trendqualität wieder als „gesund" oder „nachhaltig" eingestuft. Dabei bleibt es bis Mitte August. Inwieweit es während dieser gesunden Trends tatsächlich zu einem hohen Investitionsgrad kommt, hängt natürlich maßgeblich davon ab, zu welchen Zeitpunkten die Selektions- und Timing-Kriterien für den Einstieg von einer Aktie erfüllt werden und wie sie sich nach Aufnahme in das Depot weiter entwickeln.

Abschließend noch eine Bemerkung zum Trendqualitätsmodell und den von Ihnen selbst entwickelten Varianten:

Generell gilt es zu unterscheiden zwischen einem Einstieg auf Basis von Markt-Timing-Modellen (Kapitel 4.4) und einem Einstieg ohne Markt-

Timing, aber unter Berücksichtigung des vorherrschenden Trends und seiner Qualität. Der Handel der ersten Variante schließt den Handel der zweiten Variante nicht aus – und genau darum ging es in diesem Kapitel. Zu berücksichtigen ist ferner, dass die mit dem Trendqualitätsmodell generierten Signale im Vergleich zu den Timing-Modellen für den Trendfolgebereich eine geringere Kursdynamik aufweisen, weil der Einstieg nicht in einem Moment erfolgt, wo der breite Aktienmarkt und die ihn repräsentierenden Indizes eine (potenzielle) Trendwende vollziehen, an der typischerweise die Mehrzahl der Trader und Anleger falschliegt. Aus diesem Grund wird im Einstiegsbereich (Kapitel 6) genau differenziert zwischen Situationen, in denen es zu einem Einstieg auf Basis des Trendqualitätsmodells einerseits und auf Grundlage der zum Trendfolgebereich zählenden Timing-Modelle andererseits kommt.

4.5 Zusammenführung der Komponenten

Nachdem nunmehr alle zum Übergeordneten Marktmodell gehörenden Komponenten vorgestellt worden sind, soll im Folgenden der Frage nachgegangen werden, wie diese Komponenten miteinander kombiniert im praktischen Handel zum Einsatz kommen.

4.5.1 Zusammenspiel der Komponenten

Mithilfe der zum Übergeordneten Marktmodell gehörenden Modelle und Methoden wird täglich eine Analyse des breiten Aktienmarkts durchgeführt. Wie bereits im Rahmen der Einführung des Übergeordneten Marktmodells in Kapitel 4.1 betont, dient die tägliche Untersuchung ausschließlich der Aufnahme neuer Positionen. Bestehende (offene) Positionen bleiben von dem Ergebnis der Analyse unberührt. Für diese gelten die später in Kapitel 7 vorgestellten Ausstiegsregeln, auf die lediglich das Marktphasenmodell zur Bestimmung der Dauer (Reife) des aktuell vorliegenden Bullen- oder Bärenmarkts einen Einfluss hat.

Eine tägliche Untersuchung auf Basis des Übergeordneten Marktmodells ist natürlich nur dann sinnvoll, wenn das Regelwerk für das Risiko-, Money- und Portfoliomanagement (Kapitel 3) die Aufnahme weiterer Positionen erlaubt. Andernfalls ist ausschließlich das Managen der offenen Positionen ein Thema.

Ist die Aufnahme weiterer Aktien in das Depot möglich, erfolgt die Durchführung der Analyse in mehreren Schritten. Die Reihenfolge, die ich für die tägliche Analyse des amerikanischen Aktienmarkts einhalte, sieht wie folgt aus:

1. Bestimmung des kurz-, mittel- und langfristigen Trends im S&P 500 und im Nasdaq Composite Index gemäß Marktrichtungsmodell.
2. Zuordnung der aktuellen Marktphase mithilfe des Marktphasen-modells: Handelt es sich um einen jungen, etablierten oder reifen Bullen- oder Bärenmarkt? Diese Angabe ist nicht nur für die eventuelle Anwendung des New-Lows-Percent-Countertrend-Modells von Bedeutung, sondern auch für die mit dem Einstieg prognostizierte Haltedauer der Position (dazu mehr in Kapitel 6) und damit für die Frage, ob ein Signal lediglich für den kurzfristig orientierten Trader oder auch für mittelfristig ausgerichtete Trader und Investoren geeignet ist.
3. Überprüfung des Volatilitätsmodells: Liegt eine Phase extrem hoher Volatilität vor? Wenn ja, sind lediglich die Signale der Timing-Modelle aus dem Countertrend-Bereich gültig. Ist der langfristige Trend im S&P 500 Index aufwärtsgerichtet, bedeutet dies, dass lediglich das Magic-T-Timing-Modell als einziges Modell, das zum Countertrend-Bereich gehört und keinen langfristigen Abwärtstrend im S&P 500 Index voraussetzt, ein Signal generieren kann. Befindet sich der Index in einem langfristigen Abwärtstrend, können alle drei zum Countertrend-Bereich zählenden Timing-Modelle ein Signal erzeugen.
4. Überprüfung der Timing-Modelle für die Identifikation potenzieller Marktwendepunkte: In Abhängigkeit von der Richtung des kurz-, mittel- und langfristigen Trends (Schritt 1) und dem Volatilitätsmodell (Schritt 3) erfolgt eine Überprüfung der vier zum Trendfolgebereich oder der drei zum Countertrend-Bereich gehörenden Timing-Modelle.
5. Überprüfung des Trendqualitätsmodells: Diese erfolgt, wenn ein langfristiger Aufwärtstrend im S&P 500 Index vorliegt und gleichzeitig kein Signal von den Timing-Modellen im Trendfolgebereich generiert wird.

Die Analyse kann manuell oder automatisiert mithilfe von Programmierungen durchgeführt werden. Die Reihenfolge, in der die fünf Schritte durchgeführt werden, ist nicht vorgeschrieben. Steht am Ende der fünf Schritte als Ergebnis ein Kaufsignal, folgt der nächste Schritt, die Selektion geeigneter Einzelaktien (in Kapitel 5 wird erklärt, wie die einzelnen Selektionskriterien aussehen). Andernfalls ist die Analyse für den Handelstag beendet.

4.5.2 Mehrfachsignale und Gültigkeit von Signalen

Die Durchführung der täglichen Analyse für den Einstiegsbereich kann zu dem Ergebnis führen, dass gleich mehrere Timing-Modelle sowie das Trendqualitätsmodell ein Kaufsignal generieren. Auswertungen haben gezeigt, dass derartige Situationen keinen „zusätzlichen" (erhöhten) mathematischen Vorteil für eine potenzielle Trendumkehr aufweisen.

Für die Umsetzung der Timing-Modell-Signale gilt: Die Anzahl der für den anstehenden Handelstag mithilfe der Timing-Modelle generierten Signale ist unerheblich. Das Risiko pro Trade und auch das maximale Portfoliorisiko sollten keinesfalls aufgrund von Mehrfachsignalen erhöht werden.

Eine weitere Frage, die sich im Rahmen der Umsetzung in der Praxis ergibt, lautet: Wie lange ist ein von Timing-Modellen generiertes Signal eigentlich gültig?

Die Antwort auf diese Frage hängt davon ab, um welche Art von Signal es sich handelt und wie sich der den breiten Aktienmarkt repräsentierende Index (für die USA der S&P 500 Index) nach dem Signal entwickelt.

Für den Fall von Countertrend-Signalen gilt: Das Signal ist jeweils nur für den darauf folgenden (einen) Handelstag gültig. Hingegen können Signale, die von Timing-Modellen aus dem Trendfolgebereich stammen, eine längere Gültigkeit haben – nämlich dann, wenn sich der S&P 500 Index nach Entstehung des Signals noch nicht deutlich nach oben bewegt hat.

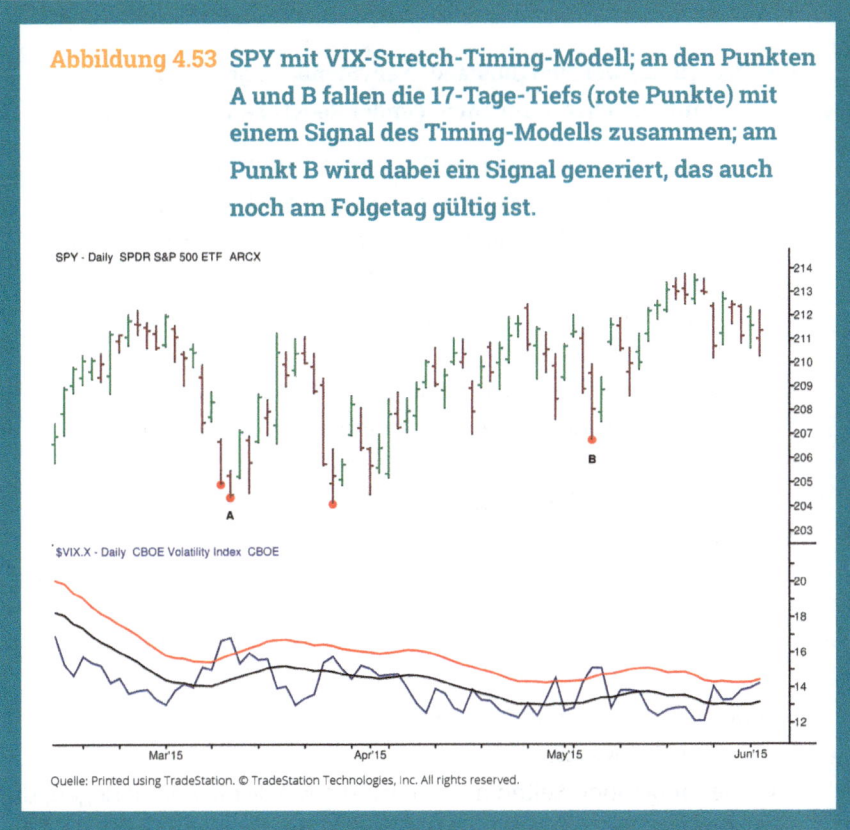

Abbildung 4.53 SPY mit VIX-Stretch-Timing-Modell; an den Punkten A und B fallen die 17-Tage-Tiefs (rote Punkte) mit einem Signal des Timing-Modells zusammen; am Punkt B wird dabei ein Signal generiert, das auch noch am Folgetag gültig ist.

In Abbildung 4.53 wird das VIX-Stretch-Timing-Modell unter dem SPY über den Zeitraum Februar bis Anfang Juni 2015 gezeigt. Das Timing-Modell generiert am 10. und 11. März (Punkt A) sowie am 6. Mai (Punkt B) jeweils ein Signal. Einen Tag nach Punkt A, am 12. März, legt der SPY allerdings so stark zu, dass das Signal nach diesem Tag nicht mehr gültig ist. Am 6. Mai wird ein weiteres Signal generiert. Der SPY entwickelt sich daraufhin zwar am nächsten Tag positiv, jedoch gelingt es ihm nicht, das Hoch des Signaltags zu überbieten. Dadurch ist das Signal auch noch einen Tag später gültig.

Die Frage, unter welchen Umständen ein Signal länger als einen Handelstag Gültigkeit hat, kann mit folgender Regel beantwortet werden:

Eine deutliche Reaktion (Bewegung) auf ein Timing-Modell-Signal liegt vor, wenn der S&P 500 Index nach der Signalentstehung um mehr als 80 Prozent der ATR(21) ansteigt. Die Berechnung des Anstiegs erfolgt, indem die Distanz zwischen dem Schlusskurs des Signaltags und dem Hoch des darauf folgenden Tages (beziehungsweise der darauf folgenden Tage) berechnet wird.

Die einzige Ausnahme von dieser Regel besteht dann, wenn sich an den Signaltag ein oder mehrere sogenannte „Inside Days" anschließen, für die das Hoch unter dem des Signaltags sowie das Tief über dem des Signaltags liegen. In diesem Fall ist unerheblich, wie groß die Anschlussbewegung ausfällt (ein Beispiel für diese Ausnahmesituation wird in Abbildung 4.51, Punkt B, gezeigt).

4.5.3 Anwendung auf den deutschen und den Schweizer Aktienmarkt

Auf den folgenden Seiten möchte ich die Möglichkeiten darlegen, das vorgestellte Übergeordnete Marktmodell auf die europäischen Aktienmärkte – und hier speziell auf den deutschen und den Schweizer Markt – anzuwenden.

Prinzipiell gibt es zwei Möglichkeiten (mit diversen Untervarianten), das Übergeordnete Marktmodell universell für Aktienmärkte einzusetzen:

1. Indem das Übergeordnete Marktmodell inklusive seiner Bestandteile (Marktphasenmodell, Marktrichtungsmodell, Marktnachhaltigkeitsmodell) für den jeweiligen europäischen Aktienmarkt losgelöst von anderen Aktienmärkten berechnet wird. Hierfür bedarf es entsprechender Berechnungen und letztlich auch Programmierungen, da anders als für die USA für die Mehrzahl der europäischen Länder, darunter Deutschland und die Schweiz, von den Börsenplätzen keine täglichen marktbreiten Daten zu Verfügung gestellt werden. Damit

fehlen wichtige Angaben wie die Anzahl gestiegener und gefallener Aktien, die zugehörigen Volumina (Up und Down Volume) sowie die Anzahl der Aktien, die ein neues 52-Wochen-Hoch und -Tief ausgebildet haben.

2. Durch Projektion des für den amerikanischen Aktienmarkt berechneten Übergeordneten Marktmodells auf die europäischen Märkte: Die Signale werden auf Basis der amerikanischen Börsendaten generiert; sobald ein Kaufsignal entsteht, erfolgt die Analyse des europäischen Aktienmarkts.

Variante 1 repräsentiert den prinzipiellen, allerdings auch deutlich aufwendigeren Weg, den ich in meinem eigenen Trading erst im zweiten Quartal 2015 konsequent für den deutschen Aktienmarkt eingeschlagen habe. Bis zu diesem Zeitpunkt wurde von mir Variante 2 umgesetzt, die ich im Folgenden näher erläutern möchte.

Der Ansatz, Kaufsignale auf Basis einer Analyse der amerikanischen Aktienmärkte zu generieren, kann nur von Erfolg gekrönt sein, wenn die US-Börsen als Leitbörse der europäischen Märkte fungieren – was bis auf wenige kurze Ausnahmen in den letzten 20 Jahren stets der Fall war. Diese hohe Korrelation zwischen den europäischen und den amerikanischen Aktienmärkten ist die Grundvoraussetzung für die Umsetzung der zweiten Variante.

Ergibt sich aus der Analyse des Übergeordneten Marktmodells ein Kaufsignal, besteht der nächste Schritt darin, den deutschen Aktienmarkt (oder den Aktienmarkt irgendeines anderen Landes, das eine hohe Korrelation mit dem amerikanischen Aktienmarkt aufweist) zu untersuchen und das Marktrichtungsmodell auf einen den breiten Aktienmarkt repräsentierenden Index anzuwenden.

Identifiziert das Marktrichtungsmodell in diesem Index für den kurz-, mittel- und langfristigen Bereich den gleichen Trend wie im S&P 500 Index, kann das Kaufsignal als bestätigt angesehen und mit dem nächsten Schritt, der Selektion im Einzelaktienbereich, fortgefahren werden. Zu beachten ist allerdings, dass für den Fall von Trendfolge-Timing-Modell-Signalen auch – sofern vorhanden – die technischen Bedingungen, beispielsweise die Ausbildung eines neuen 17-Tage-Tiefs, erfüllt sein müssen.

In den vorherigen Ausführungen wurde stets von dem zu einem Land gehörenden Aktienmarkt und einem zugehörigen repräsentativen Index gesprochen. Diese Formulierung schließt die Berücksichtigung aller europäischen Aktienmärkte als ein Aktienmarkt – und damit die Verwendung eines marktbreiten Index wie des Stoxx 600 – ausdrücklich aus.

Der Grund ist, dass meines Erachtens aufgrund der unterschiedlichen Wirtschaftszyklen innerhalb Europas eine Gesamtbetrachtung des Aktienmarkts wenig sinnvoll ist. Bereits ein Blick auf das Wirtschaftswachstum in Ländern wie Griechenland, Spanien, Portugal oder Italien auf der einen und Deutschland und der Schweiz auf der anderen Seite verdeutlicht die Problematik: Ein alle europäischen Länder berücksichtigender Index ist zu stark diversifiziert, um aussagekräftig und damit repräsentativ zu sein.

Doch wann kann ein Index als geeigneter Repräsentant eines Aktienmarkts gelten? Hierzu habe ich folgende Richtlinien für Aktienmärkte außerhalb der USA aufgestellt (die entsprechend flexibel auszulegen sind):

→ Der Index sollte mindestens 120 Titel enthalten.
→ Diese Titel sollten aus mindestens sieben unterschiedlichen Sektoren kommen.
→ Für die ersten 100 Index-Werte gilt: Die Titel mit den geringsten Umsätzen sollten mindestens ein durchschnittliches Tagesvolumen (Anzahl gehandelter Aktien) von 40.000 Aktien aufweisen.

Der letztgenannte Punkt schließt somit Länder, die lediglich über kleine, im weltweiten Vergleich unbedeutende Börsen verfügen, aus. Für diese Märkte ist das Übergeordnete Marktmodell schlichtweg ungeeignet.

Nach den zuvor genannten Kriterien eignet sich der Prime-All-Share-Performance-Index oder -Kursindex am besten für den deutschen Aktienmarkt. Für den Schweizer Aktienmarkt fällt es aufgrund der geringen Liquidität der Werte außerhalb des Swiss Market Index (SMI) schwer, einen Index zu bestimmen; infrage kommt hier der 209 Aktien (Stand vom 15. Juni 2015) umfassende Swiss Performance Index (SPI).

Im letzten Schritt zur Wahl eines repräsentativen Index stellt sich noch die Frage, ob ein Kurs- oder ein Performance-Index verwendet werden sollte. Der Unterschied zwischen diesen beiden Indizes besteht darin, dass der Kursindex die reine Kursentwicklung der in dem Index enthaltenen Aktien nachzeichnet, während der Performance-Index um Dividenden und

Kapitalveränderungen bereinigt wird, indem diese reinvestiert werden. Da Dividenden in den meisten Ländern jedoch zu versteuern sind, bildet der Performance-Index eine zu positive (idealisierte) Kursentwicklung ab.

Aus diesem Grund sollte, wenn immer möglich, ein Kursindex als Repräsentant des breiten Aktienmarkts gewählt werden. Bezogen auf dieses Buch und die amerikanische Börse trifft diese Bedingung zu (sowohl der S&P 500 Index als auch der Nasdaq Composite Index sind Kursindizes).

Für den Schweizer Aktienmarkt wird aus Mangel an Alternativen der SPI verwendet, der (wie der Name schon sagt) ein Performance-Index ist.

Was den deutschen Aktienmarkt betrifft, bedeutet dies, dass der Prime-All-Share-Kursindex Verwendung finden sollte. Da der Index aber von der Deutschen Börse lediglich auf Schlusskursbasis berechnet wird, verwende ich in meinem eigenen Handel den Prime-All-Share-Performance-Index, auch wenn die Kursentwicklung etwas „geschönt" ist.

4.5.4 Verhalten im Falle ausbleibender Signale

Während bestimmter Marktphasen kann es vorkommen, dass der Investitionsgrad null Prozent beträgt. Derartige Phasen kommen insbesondere dann vor, wenn der breite Aktienmarkt innerhalb eines langfristigen 120-Tage-Trends abwärtsgerichtet ist und eine zumeist volatile Seitwärtsbewegung ausbildet. Bleiben innerhalb einer solchen Seitwärtsbewegung Verkaufswellen über mehrere Tage bis Wochen aus, geben auch die innerhalb solcher Phasen aktiven Countertrend-Modelle keine Signale.

Ein solcher Zustand kann über mehrere Wochen bis wenige Monate andauern. Er ist gewollt und aus meiner Sicht auch einer der Vorzüge der in diesem Buch vorgestellten Aktienmarktstrategie. In derartigen unklaren Phasen ist es nämlich aus Chance-Risiko-Gründen sinnvoll, nicht investiert zu sein und auf eindeutige Signale zu warten.

Sollten Sie nun ausgerechnet zu einem solchen Zeitpunkt den Handel mit der hier vorgestellten Strategie aufnehmen, lautet mein Rat: Verlieren Sie nicht die Geduld und warten Sie ab, bis der breite Aktienmarkt wieder eine eindeutige Richtung – nach oben oder nach unten – einschlägt. Die Timing-Modelle zeigen Ihnen dann diejenigen Situationen an, die besonders chancenreich sind.

4.6 Entwicklung eines eigenen Trading-Plans

In diesem Kapitel wurde eine Vielzahl von Modellen für die tägliche Analyse des Aktienmarkts vorgestellt, die alle zum Übergeordneten Marktmodell gehören. Aus eigener Erfahrung weiß ich, wie schwierig es sein kann, die Strategien Dritter zu übernehmen und Vertrauen in diese zu fassen. Mein persönlicher Tipp lautet daher: Nehmen Sie sich die Zeit, sich intensiv mit den Modellen auseinanderzusetzen. Behalten Sie dabei möglichst im Hinterkopf, dass die Arbeit und Zeit, die Sie für das Studium aufwenden, eine Investition fürs Leben ist – und zwar in dem Moment, wo Sie die Strategie tatsächlich konsequent und kontinuierlich umsetzen.

Die folgenden Fragen sind als Anregung für Ihr eigenes Studium zu verstehen. Sie dienen zur Förderung des Verständnisses und sollen Ihnen als Ausgangsbasis für eigene Untersuchungen und die Erstellung eines eigenen Trading-Plans dienen.

Fragen zum Marktrichtungsmodell (Kapitel 4.2):

1. Welche Vor- und Nachteile hätte eine Erhöhung der Periode für den langfristigen Trend von 120 auf beispielsweise 200 Tage?
2. Warum ist es nicht sinnvoll, den kurzfristigen Trend von 17 Tagen auf einen sehr niedrigen Wert, beispielsweise 5 Tage, herunterzusetzen?
3. Eignet sich das langfristige Trendmodell für den direkten Handel des S&P 500 Index? Unter welchen Umständen wäre ein Handel des S&P 500 Index auf Basis des Marktrichtungsmodells denkbar?

Fragen zum Marktphasenmodell (Kapitel 4.3):

1. Wofür wird nach bisherigem Wissensstand das Marktphasenmodell überhaupt benötigt?
2. Welche Auswirkungen hätte eine Veränderung der 9-Prozent-Marke zur Bullen- und Bärenmarktidentifikation auf die Dauer von Bullen- und Bärenmarktphasen? Ließe sich ohne tiefergehende Untersuchungen eine Aussage darüber treffen, wann sich kürzere und wann sich längere Bullen- und Bärenmarktphasen ergeben?

Fragen zum Marktnachhaltigkeitsmodell (Kapitel 4.4):

1. Welche Marktwendepunkte haben sich in den Jahren 2009 bis Mitte 2015 für den Trendfolgebereich ergeben?
2. Welche Marktwendepunkte haben sich in den Jahren 2009 bis September 2015 im Countertrend-Bereich ergeben?
3. Wie lautet die Begründung dafür, dass das Trendqualitätsmodell mit Mehrfachsignalen (also mit sich überlappenden Positionen) getestet worden ist?

Antworten auf die Fragen finden Sie auf
www.nachhaltig-erfolgreich-traden.com

Fußnoten:

[1] Curtis Faith, Way of the Turtle: The Secret Methods that Turned Ordinary People into Legendary Traders; McGraw-Hill, 1. Edition, März 2007.

[2] Charles LeBeau und David Lucas: Technical Traders Guide to Computer Analysis of the Futures Markets; McGraw-Hill Education, 1. Edition, Dezember 1991. Hierbei handelt es sich meines Erachtens um eines der besten Bücher, die je zu dem Thema „Analyse von Indikatoren" geschrieben wurden; zudem beinhaltet es eine Vielzahl von Ergebnissen zu diversen Indikatoren, die bis heute nichts von ihrer Gültigkeit eingebüßt haben.

[3] Ende der 90er-Jahre hatte Terry Laundry eine eigene Website, auf der unter anderem der von mir verwendete Magic-T-Indikator zur Anwendung kam. Zum Zeitpunkt der Entstehung dieses Buches gab es diese Seite leider nicht mehr. Im Internet findet sich zwar noch ein Skript von Terry Laundry, allerdings fehlen in diesem die Ausführungen zum Magic-T-Indikator (Stand: 22. August 2015): http://www.ttheory.com/pdf/a1997introttheory_.pdf

[4] Terry Laundry verstarb im Juli 2012.

[5] Eine Gegenüberstellung der alten und seit 2003 gültigen neuen Berechnungsmethode findet sich unter anderem auf der Seite der NYSE-Euronext-Börse:
https://www.nyse.com/publicdocs/nyse/indices/nyse_composite_index_methodology.pdf

AKTIENSELEKTION

I m vorherigen Kapitel wurden die Vorgehensweise und die implizierten Methoden sowie Modelle für die tägliche Analyse des breiten Aktienmarkts detailliert erläutert. Der gesamte Ablauf stellt den ersten Schritt dar, der vor dem Aufbau einer oder mehrerer weiterer Positionen erfolgt. Auf den folgenden Seiten wird nun der nächste Schritt beschrieben, der in der Auswahl (Selektion) geeigneter Kaufkandidaten besteht. Das hierzu eingeführte Selektionsverfahren geht dem eigentlichen Einstiegsprozess, der aus der Anwendung technischer Setups auf die selektierten Kandidaten und der Umsetzung geeigneter Timing-Verfahren besteht, voraus. Der Einstiegsprozess wird in Kapitel 6 behandelt.

5.1 Selektionsprozess

Die Grundidee der in diesem Buch vorgestellten Gesamtstrategie besteht darin, mithilfe der zum Marktnachhaltigkeitsmodell (Kapitel 4.4) gehörenden Timing-Modelle Zeitpunkte zu identifizieren, an denen mit hoher Wahrscheinlichkeit eine nachhaltige positive Bewegung des breiten Aktienmarkts erfolgt.

Diese Grundidee wird nun um eine weitere Komponente, den Selektionsprozess, erweitert. Die Kriterien für diesen Prozess basieren auf statistischen Auswertungen, deren Auswertungszeitraum in Abhängigkeit vom Kriterium 6 bis 25 Jahre beträgt. Am Ende des Prozesses stehen Einzelaktien, die mit hoher Wahrscheinlichkeit eine starke Bewegung vollziehen und sich besser entwickeln als ein den breiten Aktienmarkt repräsentierender Index wie der S&P 500 Index (USA), der Prime-All-Share-Performance-Index (Deutschland) oder der Swiss-Performance-Index (Schweiz).

Das Endergebnis, bestehend aus der Summe von „Grundidee" und „Erweiterung der Grundidee", führt zu der aus meiner Sicht größten Chance (Wahrscheinlichkeit), dass die gewählten Einzelaktien eine nachhaltige, positive Bewegung vollziehen.

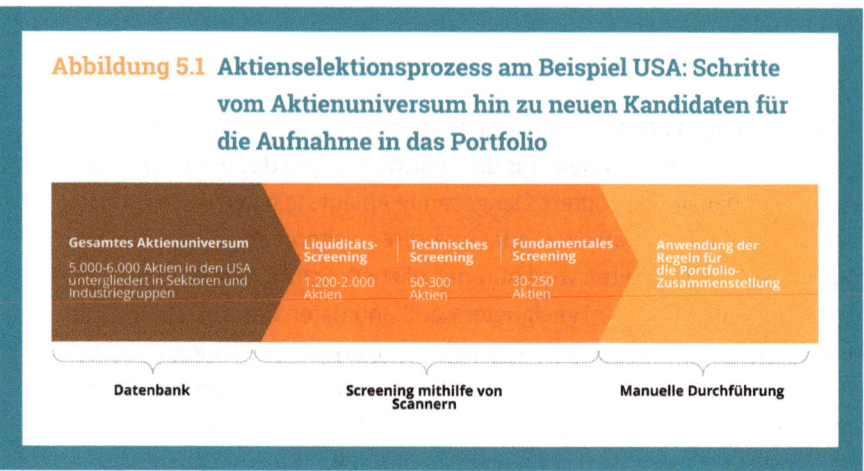

Abbildung 5.1 **Aktienselektionsprozess am Beispiel USA: Schritte vom Aktienuniversum hin zu neuen Kandidaten für die Aufnahme in das Portfolio**

Die zum Selektionsablauf gehörenden Schritte werden in Abbildung 5.1 am Beispiel des amerikanischen Aktienmarkts gezeigt. Für den deutschen und den Schweizer Aktienmarkt sind die Schritte identisch, die Anzahl der Aktien, die nach jedem Filterprozess übrigbleiben, ist aber deutlich geringer.

Beginnend mit dem gesamten Aktienuniversum, das sich in den vergangenen fünf Jahren in den USA konstant aus mindestens 5.000 Aktien zusammengesetzt hat, erfolgt in einem ersten Schritt die Anwendung von Liquiditätskriterien. Hier kommen Minimumanforderungen bezüglich der Umsätze und des Mindestaktienkurses zur Anwendung. Danach reduziert sich die Anzahl der verbleibenden Kandidaten auf circa 1.500 bis 2.000 Aktien (die Zahl schwankt in Abhängigkeit vom jeweils vorherrschenden Marktumfeld teilweise erheblich).

Im anschließenden Schritt werden technische Kriterien berücksichtigt. Hier kommt im Rahmen der Selektion lediglich ein Prinzip zur Anwendung: der Ansatz der Relativen Stärke und Relativen Schwäche. Das heißt, die Kandidaten werden nach ihrer über die letzten Wochen und Monate erzielten Performance ausgewählt.

Der nächste Schritt besteht in der Überprüfung der fundamentalen Eigenschaften jedes Unternehmens, das die beiden vorherigen Selektionsstufen erfolgreich durchlaufen hat. Hier kommen Kriterien wie die Frage, ob ein Unternehmen profitabel arbeitet, zum Einsatz.

Am Ende des Selektionsprozesses stehen diejenigen Aktien, die als potenzielle Kandidaten für die Aufnahme in das Depot (oder Portfolio) infrage kommen. Der letzte Schritt besteht schließlich darin, diese Werte auf ihre Tauglichkeit zu überprüfen, was die Einhaltung der Risiko-, Portfolio- und Money-Management-Regeln angeht.

Erst wenn diese letzte Hürde überwunden ist, gilt ein Unternehmen als potenzieller Kaufkandidat. Inwieweit es tatsächlich an dem Handelstag zu einem Einstieg kommt, hängt maßgeblich von der Frage ab, ob der Kursverlauf der Aktie die (technischen) Einstiegskriterien erfüllt (diese werden in Kapitel 6 vorgestellt).

Von entscheidender Bedeutung für den Selektionsprozess ist die Frage, welcher Typ von Kaufsignal im ersten Schritt, also im Rahmen der täglichen zum Übergeordneten Marktmodell gehörenden Analyseschritte, generiert worden ist: ein Trendfolge- oder ein Countertrend-Signal?

Für beide Signaltypen werden in den einzelnen Prozessschritten unterschiedliche Kriterien angewendet. Zu beachten ist dabei, dass Signale, die das Trendqualitätsmodell (Kapitel 4.4.5) generiert, in den Trendfolgebereich fallen, da das Modell ausschließlich als Erweiterung zu den Timing-Modellen aus dem Trendfolgebereich eingesetzt wird.

Damit lässt sich festhalten:

> Die Aktienselektion verfolgt das Ziel, eine Kandidatenliste für den kommenden Handelstag zu erstellen, auf der ausschließlich Unternehmen zu finden sind, die für einen Einstieg infrage kommen. Der Selektionsprozess, der zu einer solchen Kandidatenliste führt, ist nichts anderes als die Anwendung einer Abfolge von Filterkriterien aus den Bereichen Liquidität, Kursentwicklung und Unternehmensdaten.

5.2 Liquiditätskriterien

In Abhängigkeit vom Signaltyp wende ich die in Abbildung 5.2 gezeigten Liquiditätskriterien für den Handel amerikanischer Aktien an. Für Signale, die in den Trendfolgebereich fallen und damit nur entstehen können, wenn der langfristige Trend aufwärtsgerichtet ist (ein Zustand, der in der Vergangenheit ausnahmslos mit einem Bullenmarkt zusammenfiel), kommen in Abhängigkeit von der Reife des Bullenmarkts zwei unterschiedliche Kriterien zur Anwendung. Das Alter des Bullenmarkts wird dabei gemäß dem in Kapitel 4.3 vorgestellten Marktphasenmodell bestimmt.

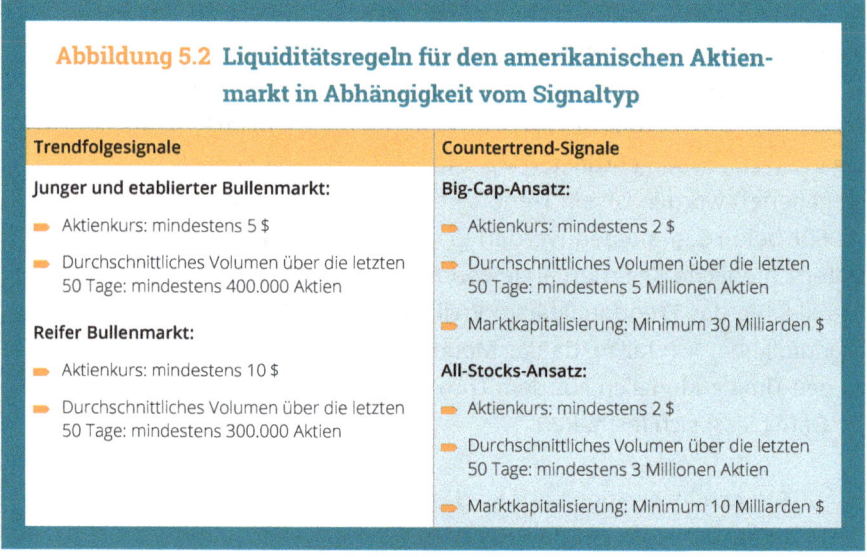

Abbildung 5.2 Liquiditätsregeln für den amerikanischen Aktienmarkt in Abhängigkeit vom Signaltyp

Trendfolgesignale	Countertrend-Signale
Junger und etablierter Bullenmarkt:	**Big-Cap-Ansatz:**
⬛ Aktienkurs: mindestens 5 $	⬛ Aktienkurs: mindestens 2 $
⬛ Durchschnittliches Volumen über die letzten 50 Tage: mindestens 400.000 Aktien	⬛ Durchschnittliches Volumen über die letzten 50 Tage: mindestens 5 Millionen Aktien
	⬛ Marktkapitalisierung: Minimum 30 Milliarden $
Reifer Bullenmarkt:	**All-Stocks-Ansatz:**
⬛ Aktienkurs: mindestens 10 $	⬛ Aktienkurs: mindestens 2 $
⬛ Durchschnittliches Volumen über die letzten 50 Tage: mindestens 300.000 Aktien	⬛ Durchschnittliches Volumen über die letzten 50 Tage: mindestens 3 Millionen Aktien
	⬛ Marktkapitalisierung: Minimum 10 Milliarden $

Die Selektion im Countertrend-Bereich unterscheidet zwischen zwei generellen Vorgehensweisen:

- ➡ dem Big-Cap-Ansatz
- ➡ dem All-Stocks-Ansatz

Der All-Stocks-Ansatz berücksichtigt das gesamte Aktienuniversum und wendet auf dieses die in der unteren Hälfte der rechten Spalte von

Abbildung 5.2 genannten Kriterien an. Hingegen erfolgt die Umsetzung des Big-Cap-Ansatzes ausschließlich mit Aktien, die Mitglied im S&P 100 Index sind. In ihm sind lediglich diejenigen Unternehmen enthalten, deren Marktkapitalisierung sie zu einem der circa 100 größten macht. (Durch stärkere Kursbewegungen am Aktienmarkt sind natürlich nicht immer exakt die 100 größten Unternehmen in diesem Index enthalten.) Aus diesem Grund wird der Ansatz als Big-Cap-Ansatz bezeichnet: „Big Cap" steht für „Big Capitalization", also für eine hohe Marktkapitalisierung. (Die Marktkapitalisierung wird ermittelt, indem der aktuelle Kurs mit der Anzahl der begebenen Anteile des Unternehmens multipliziert wird.)

Durch die in Abbildung 5.2 angewendeten Minimumkriterien für den Aktienkurs und die Handelsvolumina wird eine Art „Qualitätsüberprüfung" durchgeführt: Zu den nachhaltig kurstreibenden Kräften (den sogenannten „institutionellen Anlegern") am Aktienmarkt zählen neben Hedgefonds (die sowohl auf steigende wie auch auf fallende Aktienkurse setzen können) insbesondere Aktienfonds, Versicherungen, Pensionskassen und Banken. Diese greifen in der Regel auf Analysten zurück, die vor einem Einstieg das Unternehmen in fundamentaler Hinsicht untersuchen und bewerten. Aktien, die nur geringe Umsätze in Kombination mit einem niedrigen Aktienkurs aufweisen, fallen dabei durch das Raster der Analysten, da institutionelle Anleger lediglich an Aktienunternehmen interessiert sind, die es ermöglichen, größere Positionen von mehreren Millionen Dollar unterzubringen. (Eine Ausnahme bilden unter anderem Aktienfonds, die sich auf Unternehmen mit niedriger Marktkapitalisierung konzentrieren.)

Durch die gewählten Liquiditätskriterien wird sichergestellt, dass der Selektionsprozess Aktien herausfiltert, auf die sich auch die oben genannten institutionellen Anleger konzentrieren. In Kombination mit der Grundidee der Strategie, nachhaltige Marktwendepunkte zu einem möglichst frühen Zeitpunkt zu identifizieren und zu handeln, ergeben sich so regelmäßig an den Wendepunkten in dem Moment dynamische und nachhaltig positive Kursentwicklungen, wo diese Anleger in den Tagen und Wochen nach Ausbildung des Wendepunkts weitere Anschlusskäufe tätigen.

Auf Anforderungen an eine Mindestmarktkapitalisierung wird im Trendfolgebereich bewusst verzichtet, da es in Bullenmärkten auch Pha-sen geben kann (und in der Vergangenheit auch schon gegeben hat), in denen Unternehmen mit mittlerer und niedrigerer Marktkapitalisierung (aber hohen Volumina) von den institutionellen Anlegern gegenüber hoch kapitalisierten Unternehmen bevorzugt werden. Um in derartigen Situationen flexibel zu bleiben, reichen die zuvor besprochenen Anforderungen an die Liquidität aus.

Die in Abbildung 5.2 aufgeführten Liquiditätskriterien sind generell als Richtlinie zu verstehen. Sie basieren auf meinen praktischen Erfahrungen, die ich am amerikanischen Aktienmarkt seit 1998 gesammelt habe. Sämtliche Kriterien lassen sich jedoch auch auf die deutlich kleineren europäischen Aktienmärkte anwenden, indem die Werte nach unten angepasst werden.

Für beide Signaltypen behalte ich für Deutschland und die Schweiz mit gerundeten Werten, die sich unter entsprechender Berücksichtigung des Währungskurses ergeben, die Minimumkriterien bezüglich des Aktienkurses bei.

Zur Umsetzung von Trendfolgesignalen am deutschen und am Schweizer Aktienmarkt setze ich aber das Volumenkriterium für junge und etablierte Bullenmärkte auf 100.000 und für reife Bullenmärkte auf 75.000 durchschnittlich gehandelte Aktien fest (wobei das Durchschnittsvolumen jeweils über 50 Handelstage berechnet wird). In beiden Aktienmärkten ist es allerdings im Gegensatz zu den US-Märkten im Falle eines Handelsvolumens von weniger als 300.000 Aktien und einem Aktienkurs von unter 5 Euro (beide Angaben basieren auf Erfahrungswerten) notwendig, für den Ein- und Ausstieg auf Limit-Aufträge zurückzugreifen, um faire Ausführungen zu erhalten (mehr hierzu in Kapitel 6).

Auch im Countertrend-Bereich senke ich für beide Aktienmärkte die Anforderungen: Damit eine Aktie berücksichtigt wird, setzt der Big-Cap-Ansatz eine Marktkapitalisierung von mindestens 15 Milliarden Euro und der All-Stocks-Ansatz von mindestens 5 Milliarden Euro (beziehungsweise den Gegenwert in Schweizer Franken) voraus.

Mit diesen Anpassungen werden sowohl der deutsche als auch der Schweizer Aktienmarkt täglich gescannt. Allerdings ist zu beachten, dass beide Märkte ungeachtet der nach unten angepassten Liquiditätskriterien deutlich weniger Signale generieren als der US-Aktienmarkt.

5.3 Technische Kriterien

Im Bereich technischer Kriterien für die Aktienselektion greife ich auf einen Ansatz zurück, der in Akademikerkreisen zu den besten technischen Indikatoren zählt: den Ansatz der Relativen Stärke.

Unter der Relativen Stärke wird ein Verfahren verstanden, das die Performance einer Aktie über einen definierten Zeitraum (beispielsweise zwölf Monate) berechnet und mit einem den breiten Aktienmarkt repräsentierenden Index oder aber mit der Performance aller anderen zum berücksichtigten Universum gehörenden Aktien vergleicht. Die Relative Stärke lässt sich in den verschiedensten Varianten berechnen. Ich selbst verwende ein Verfahren, das auf der letztgenannten Variante basiert. Meine später noch konkret vorgestellte Berechnungsweise habe ich bereits im Jahr 2013 so vereinfacht, dass sie auch mit den im Internet frei zugänglichen Datenquellen umsetzbar ist.

Zum Thema Relative Stärke sind eine Reihe von Publikationen sowie wissenschaftliche Arbeiten veröffentlicht worden. In Anhang D findet sich eine kleine Auswahl an Literaturhinweisen. Die Mehrzahl der wissenschaftlichen Publikationen kommt übereinstimmend zu dem Ergebnis, dass die Relative Stärke als Auswahlkriterium vor allen dann funktioniert, wenn für die Berechnung der Performance Zeitfenster zwischen einem halben bis zu einem Jahr gewählt werden. Meine eigenen Analysen haben dies bestätigt.

Allerdings haben meine eigenen Tests auf dem Gebiet der Relativen Stärke im Zusammenhang mit der in diesem Buch vorgestellten Strategie auch zutage gefördert: Der Ansatz der Relativen Stärke führt nicht uneingeschränkt in jeder Marktphase zu einer herausragenden Performance. Vielmehr ist es so, dass zwischen Trendfolge- und Countertrend-Signalen (wieder einmal) unterschieden werden muss.

Um meine Aussage zu untermauern und zu konkretisieren, möchte ich Ihnen die Ergebnisse zweier Untersuchungen vorstellen. Die eine Untersuchung wird im Bereich der Relativen Stärke und die zweite auf dem Gebiet der Relativen Schwäche durchgeführt.

Annahmen für die Untersuchung der Relativen Stärke und der Relativen Schwäche:

➡ Betrachteter Zeitraum: 1. Januar 2000 bis 19. Juni 2015
➡ Berücksichtigtes Aktienuniversum: Alle Aktien, die am jeweiligen Tag Mitglied im Russell 1000 waren
➡ Rotationsstrategie: Das Portfolio ist stets mit 20 Titeln investiert.
➡ Der Investitionsgrad entspricht dementsprechend bei Aufnahme der Position einer Gewichtung von 5 % auf den Gesamtwert des Kontos (offene Positionen inklusive Cash).
➡ Der Einstieg erfolgt gemäß des Ansatzes der Relativen Stärke beziehungsweise Relativen Schwäche; beide Varianten werden mithilfe des Programms AmiBroker (www.amibroker.com) getestet.
➡ Haltedauer: 21 Handelstage (entspricht einem Monat)

Für die Analyse der Relativen Stärke werden jeweils die 20 zum Russell 1000 Index gehörenden Aktien gekauft, die über die letzten 200 Handelstage am stärksten zugelegt haben (Berechnung: prozentuale Veränderung des aktuellen Schlusskurses zum Schlusskurs von vor 200 Tagen). Nach einer Haltedauer von 21 Handelstagen (entspricht einem vollen Monat) wird das Portfolio so umstrukturiert, dass danach erneut die 20 stärksten Titel (wiederum für 21 Tage) gehalten werden. Der programmierte Algorithmus steigt aus allen Werten nach 21 Handelstagen zum Schlusskurs aus und kauft dann am nächsten Tag zur Eröffnung die 20 stärksten Titel.

Abbildung 5.3 Untersuchungsergebnis für die Relative Stärke; farbig hervorgehoben sind diejenigen Monate, in denen gegenüber dem Ansatz der Relativen Schwäche eine deutlich Outperformance erzielt wurde.

Jahr	Jan	Feb	Mar	Apr	Mai	Jun	Jul	Aug	Sep	Okt	Nov	Dez	Jahr
2000	7,5 %	38,0 %	-29,1 %	-8,0 %	-3,4 %	13,3 %	-7,7 %	21,7 %	-1,9 %	-7,4 %	-18,9 %	5,7 %	-7,3 %
2001	-6,3 %	-6,8 %	-7,6 %	8,5 %	0,3 %	-6,0 %	-2,3 %	-3,0 %	-14,5 %	10,1 %	3,4 %	4,8 %	-20,4 %
2002	2,9 %	-0,6 %	2,2 %	-3,4 %	-3,6 %	-3,6 %	-5,5 %	-2,1 %	3,5 %	6,0 %	0,9 %	-1,4 %	-5,2 %
2003	-5,7 %	0,2 %	4,5 %	4,4 %	5,4 %	1,4 %	1,2 %	5,5 %	-1,9 %	10,7 %	3,2 %	-1,4 %	30,2 %
2004	4,4 %	3,5 %	0,2 %	-3,7 %	1,9 %	4,1 %	-6,1 %	-1,6 %	3,6 %	3,2 %	8,3 %	1,5 %	20,2 %
2005	5,8 %	6,0 %	1,5 %	-4,3 %	9,1 %	3,6 %	5,2 %	2,1 %	4,5 %	-9,6 %	4,8 %	2,6 %	34,5 %
2006	5,6 %	-2,3 %	3,1 %	0,6 %	-3,6 %	-0,2 %	-5,3 %	-0,3 %	-2,9 %	5,7 %	3,8 %	1,4 %	5,0 %
2007	1,7 %	-1,1 %	2,8 %	1,4 %	7,4 %	0,1 %	0,6 %	1,0 %	5,4 %	4,8 %	-1,4 %	3,6 %	29,2 %
2008	-6,1 %	1,2 %	-1,2 %	3,7 %	4,3 %	-1,4 %	-6,8 %	-5,1 %	-15,3 %	-12,6 %	-20,5 %	8,8 %	-43,2 %
2009	-7,2 %	-8,1 %	14,2 %	-3,5 %	0,1 %	-1,9 %	7,3 %	-2,0 %	3,3 %	1,4 %	6,1 %	7,6 %	16,1 %
2010	-2,4 %	7,6 %	7,3 %	5,8 %	-10,8 %	-3,3 %	9,4 %	-0,7 %	5,6 %	0,3 %	6,6 %	3,7 %	30,9 %
2011	0,7 %	6,0 %	3,0 %	4,0 %	-3,3 %	0,7 %	-6,9 %	-12,4 %	-7,3 %	8,4 %	0,0 %	0,0 %	-8,6 %
2012	3,4 %	5,7 %	1,4 %	1,4 %	-8,1 %	9,2 %	-1,6 %	3,3 %	-0,6 %	0,6 %	-0,6 %	4,0 %	18,5 %
2013	4,1 %	1,3 %	6,7 %	-3,8 %	6,5 %	-0,1 %	5,6 %	-4,5 %	5,2 %	4,0 %	4,3 %	3,2 %	36,9 %
2014	1,3 %	7,4 %	-0,1 %	-2,1 %	1,4 %	5,7 %	-4,0 %	5,1 %	-4,4 %	2,4 %	-1,2 %	-0,6 %	10,7 %
2015	-2,8 %	4,3 %	1,9 %	-1,8 %	0,8 %	-0,4 %							1,8 %

Quelle: Data provided by Norgate Investor Services („Premium Data")

In Abbildung 5.3 sind die monatlichen Ergebnisse zu sehen. Auf den ersten Blick hat die Angabe der Monatsperformance keine Aussagekraft. (Wer wäre schon so unvernünftig, diese Strategie zu handeln?) Ein tieferer Sinn erschließt sich erst, wenn dieses Ergebnis mit den Angaben der sich aus dem Ansatz der Relativen Schwäche ergebenden monatlichen Performance und den unterschiedlichen Marktphasen im S&P 500 Index verglichen wird.

Die Relative Schwäche wird analog zum Relative-Stärke-Ansatz getestet: Es werden die jeweils zum Russell 1000 Index gehörenden Aktien gekauft, die über die letzten 200 Handelstage am stärksten nachgegeben haben. Auch in diesem Fall wird nach einer Haltedauer von 21 Handelstagen das Portfolio so umstrukturiert, dass danach erneut die 20 schwächsten Aktien (wiederum für 21 Tage) gehalten werden. Das Ergebnis ist in Abbildung 5.4 zu sehen.

Abbildung 5.4 Untersuchungsergebnis für die Relative Schwäche; farbig hervorgehoben sind diejenigen Monate, in denen gegenüber dem Ansatz der Relativen Stärke eine deutlich Outperformance erzielt wurde.

Jahr	Jan	Feb	Mar	Apr	Mai	Jun	Jul	Aug	Sep	Okt	Nov	Dez	Jahr%
2000	-5,6 %	-8,4 %	15,6 %	2,0 %	3,1 %	-9,1 %	-0,2 %	6,4 %	-6,6 %	7,6 %	-15,7 %	4,4 %	-10,2 %
2001	19,5 %	-12,9 %	-14,7 %	22,6 %	1,7 %	-4,7 %	-1,2 %	-8,9 %	-19,0 %	2,9 %	6,7 %	0,2 %	-15,4 %
2002	-7,4 %	-7,8 %	5,0 %	-15,3 %	-7,2 %	-17,6 %	-4,6 %	-5,5 %	-12,3 %	6,4 %	8,9 %	0,3 %	-46,7 %
2003	-6,3 %	-7,1 %	0,0 %	6,7 %	8,0 %	-2,6 %	4,8 %	5,3 %	-0,2 %	0,8 %	3,6 %	4,7 %	17,7 %
2004	3,0 %	3,7 %	-2,0 %	-2,2 %	2,3 %	-2,8 %	-7,1 %	0,3 %	4,6 %	-2,4 %	13,9 %	0,3 %	10,7 %
2005	-2,9 %	1,6 %	-3,6 %	-4,9 %	1,6 %	2,0 %	6,5 %	-2,6 %	-0,6 %	-3,4 %	9,3 %	0,0 %	2,0 %
2006	4,8 %	-0,3 %	0,9 %	-0,5 %	-3,7 %	-3,6 %	-7,8 %	7,9 %	3,2 %	4,5 %	7,6 %	-2,6 %	9,3 %
2007	7,0 %	-1,9 %	1,0 %	5,2 %	3,2 %	-5,3 %	-8,6 %	0,6 %	2,8 %	-16,4 %	-3,3 %	-6,1 %	-21,8 %
2008	0,1 %	-16,0 %	-4,1 %	10,5 %	-3,5 %	-19,8 %	1,0 %	5,4 %	-9,0 %	-26,5 %	-27,2 %	47,9 %	-47,1 %
2009	-13,7 %	-24,1 %	20,5 %	37,4 %	17,3 %	-9,1 %	19,0 %	4,7 %	10,7 %	0,8 %	4,8 %	7,8 %	81,5 %
2010	-2,7 %	1,1 %	10,5 %	-0,5 %	-11,3 %	-4,9 %	9,3 %	-4,0 %	8,9 %	2,7 %	4,0 %	9,3 %	21,5 %
2011	1,2 %	2,7 %	1,8 %	2,2 %	-3,2 %	-2,0 %	-5,8 %	-8,4 %	-14,9 %	22,0 %	7,0 %	0,7 %	-0,9 %
2012	12,3 %	2,2 %	0,5 %	1,2 %	-15,7 %	4,1 %	-4,2 %	7,7 %	0,4 %	1,7 %	-0,8 %	9,7 %	17,6 %
2013	0,6 %	-3,4 %	1,4 %	3,7 %	3,3 %	-1,9 %	6,2 %	-2,4 %	2,3 %	1,3 %	-2,6 %	2,8 %	11,4 %
2014	-3,9 %	5,7 %	1,4 %	-0,2 %	1,7 %	5,7 %	-1,5 %	9,1 %	-4,0 %	4,0 %	-8,3 %	-2,4 %	6,2 %
2015	-2,6 %	4,3 %	-2,7 %	12,7 %	-6,1 %	1,1 %							5,9 %

Quelle: Data provided by Norgate Investor Services („Premium Data")

Ein Vergleich der beiden Ansätze zeigt, dass während bestimmter Marktphasen der Relative-Schwäche-Ansatz eine bessere Performance aufweist als der Relative-Stärke-Ansatz. Eine genauere Betrachtung dieser Phasen ergibt, dass es sich in den meisten Fällen um exakt diejenigen Situationen handelt, in denen innerhalb eines reifen Bärenmarkts (in den meisten Fällen gleichbedeutend mit einem langfristigen Abwärtstrend) ein Countertrend-Signal entsteht. Die Monate, in denen die Outperformance der

Relativen Schwäche am stärksten ins Auge springt, sind in Abbildung 5.4 farbig hervorgehoben.

Demgegenüber stehen die Perioden, in denen das Prinzip der Relativen Stärke demjenigen der Relativen Schwäche überlegen ist. Diese Zeitfenster sind in Abbildung 5.3 farbig hervorgehoben. Es handelt sich hierbei fast ausschließlich um diejenigen Phasen, in denen der langfristige Trend im S&P 500 Index aufwärtsgerichtet ist.

Zusammengefasst ergibt sich somit folgendes Bild:

Werden Signale für den Trendfolgebereich generiert, sollte das Selektionskriterium einen Ansatz der Relativen Stärke verfolgen. Für den Fall, dass Countertrend-Signale entstehen, ist es deutlich sinnvoller, den Ansatz der Relativen Schwäche im Regelwerk zu implementieren.

Abbildung 5.5 **Beispiel für die Ausbildung Relativer Stärke; die Aktie von GBX fällt zwar ebenfalls in der Ende Januar einsetzenden Korrektur, vermag aber im Gegensatz zum SPY bis Anfang Februar das Ende Dezember markierte Hoch (in etwa) zu halten.**

GBX - Daily Greenbrier Companies NYSE

SPY - Daily SPDR S&P 500 ETF ARCX

'14

In den Abbildungen 5.5 und 5.6 wird jeweils ein Beispiel für den Ansatz der Relativen Stärke und der Relativen Schwäche gezeigt. Im erstgenannten Fall aus dem Jahr 2014 markiert der S&P 500 Index (beziehungsweise der SPY) Anfang Februar ein neues Tief und die Aktie von Greenbrier Companies (Symbol GBX) korrigiert zwar ebenfalls, dieser Kursrückgang fällt jedoch relativ zu ihrem Ende Dezember 2013 markierten Hoch deutlich weniger stark aus.

Der in Abbildung 5.6 gezeigte Fall von Relativer Schwäche ist durchaus als repräsentativ zu sehen in Bezug auf Signale, die innerhalb tiefer Bärenmärkte entstehen können. Bis zum 20. November verlor die Aktie von Ford Motor (Symbol: F) innerhalb von zwei Monaten über 70 Prozent ihres Börsenwerts, während der SPY „lediglich" um die 30 Prozent nachgab.

Abbildung 5.6 Beispiel für den Ansatz der Relativen Schwäche; die Aktie von Ford Motor gibt innerhalb eines langfristigen Abwärtstrends überproportional stark nach und verliert bis zum 20.11.2008 in nur zwei Monaten den Großteil der Marktkapitalisierung, nur um danach binnen weniger Tage den Kurs zu verdreifachen.

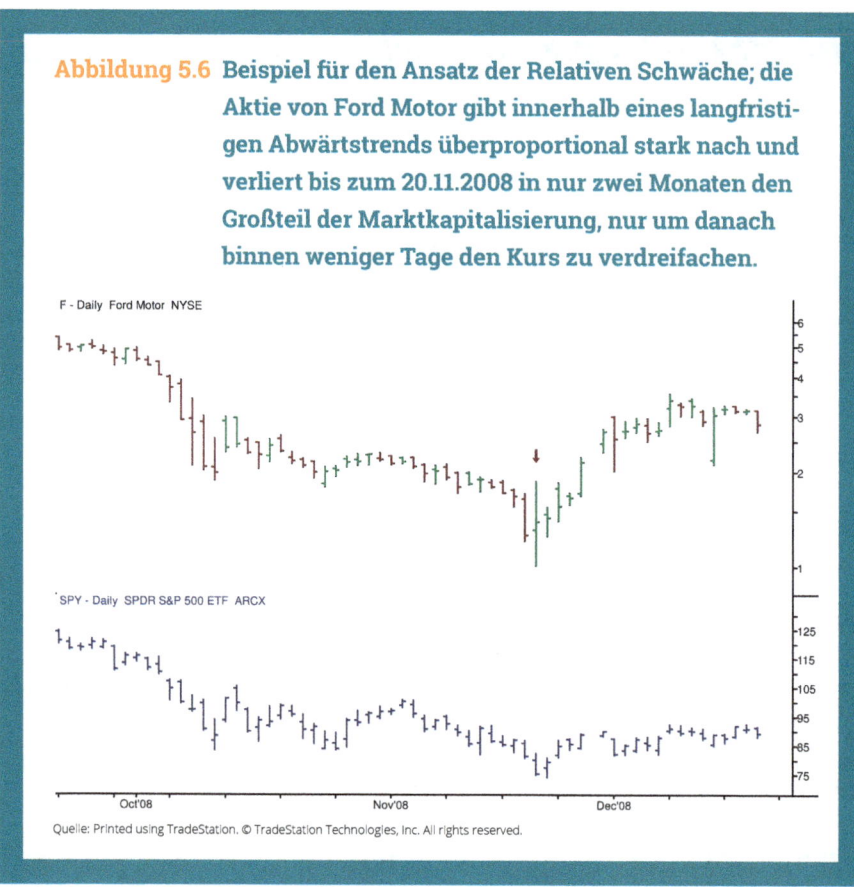

Quelle: Printed using TradeStation. © TradeStation Technologies, Inc. All rights reserved.

NACHHALTIG ERFOLGREICH TRADEN

In derartigen Situationen ist eine schnelle und heftige Gegenbewegung, wie sie sich bereits an dem mit einem roten Pfeil markierten Tag und den darauffolgenden Tagen vollzog, nicht ungewöhnlich. Die Aktie verdreifachte sich innerhalb von wenigen Tagen – dies unterstreicht das in dem Relative-Schwäche-Ansatz steckende Potenzial sehr schön.

Geeignete Selektionskriterien für den technischen Bereich, die dieser Erkenntnis Rechnung tragen, können wie folgt aussehen:

Selektionskriterien für Trendfolge-Signale: Ansatz der Relativen Stärke

Zunächst wird die Performance des S&P 500 Index über die letzten 12 Monate berechnet; danach ergeben sich zwei Fallunterscheidungen:

→ Fall 1: Performance des S&P 500 Index liegt unter 5 %:
- Performance der Aktie über 6 Monate beträgt mindestens 10 %.
- Performance der Aktie über 12 Monate beträgt mindestens 20 %.

→ Fall 2: Performance des S&P 500 Index liegt über 5 %:
- Performance der Aktie über 6 Monate beträgt mindestens das 2-Fache der Performance des S&P 500.
- Performance der Aktie über 12 Monate beträgt mindestens das 4-Fache der Performance des S&P 500.

Selektionskriterien für Countertrend-Signale: Ansatz der Relativen Schwäche

→ Big-Cap-Ansatz:
- Aktie gehört dem S&P 100 Index an (vergleiche Kapitel 5.2).
- Die bisherige Dauer des Bärenmarkts gibt vor, über welches Zeitfenster die Performance zu berechnen ist.
- Werden frei im Internet zugängliche Screener verwendet, kann es vorkommen, dass die ermittelte Zahl gerundet werden muss; Beispiel: Der Bärenmarkt dauert bereits 50 Tage, dann wird die Performance über einen Monat genommen, wenn der Scanner maximal nur dies erlaubt.
- Es werden diejenigen Aktien gekauft, die die schlechteste Performance über die ermittelte Bärenmarktdauer aufweisen.

Alle vier Selektionsvarianten werden natürlich mit den bereits in Kapitel 5.2 eingeführten Liquiditätskriterien sowie den im folgenden Kapitel vorgestellten fundamentalen Anforderungen kombiniert.

5.4 Fundamentale Kriterien

Lassen sich die Ursprünge der beiden in den Kapiteln 5.2 und 5.3 vorgestellten Selektionskriterien auf das Ende der 90er-Jahre datieren, so sind die folgenden zum Zeitpunkt des Erscheinens dieses Buches von mir verwendeten fundamentalen Kriterien auf der Grundlage aktueller, kontinuierlich über die letzten zehn Jahre durchgeführter Untersuchungen abgeleitet worden.

5.4.1 Herleitung der fundamentalen Kriterien

Die fundamentalen Kriterien im Selektionsbereich sind das Ergebnis von Untersuchungen der größten Kursgewinner. Die Untersuchungen werden von mir seit dem Jahr 2006 in regelmäßigen Abständen von 15 bis 20 Monaten mit dem Ziel wiederholt, etwaige neue Kriterien möglichst frühzeitig zu erkennen. Tatsächlich hat sich im Rahmen der Finanzkrise seit dem Wendepunkt im März 2009 und mit Einführung des Quantitative Easing eine Verschiebung bezüglich der fundamentalen Merkmale der größten Kursgewinner ergeben. Im Gegensatz zu den Vorjahren (Zeitraum Januar 2003 bis Dezember 2007) weisen seit diesem Zeitpunkt nicht mehr zwischen 30 und 40 Prozent, sondern deutlich weniger als 20 Prozent der größten Kursgewinner typische Merkmale von Wachstumswerten auf. Die wesentlichen Eigenschaften von Wachstumswerten sind ein Gewinn- und Umsatzzuwachs von über zehn Prozent auf Jahresbasis sowie Zuwächse in jedem einzelnen der letzten vier Quartale[1], wobei stets der Zeitraum mit dem Vorjahreszeitraum verglichen wird.

Entsprechende Untersuchungen habe ich vor Erscheinen dieses Buches letztmalig im zweiten Quartal 2015 durchgeführt. Das Endergebnis wird im Folgenden vorgestellt. Detaillierte Hintergrundinformationen finden sich auf der zum Buch gehörenden Internetseite www.nachhaltig-erfolgreich-traden.com

Die Untersuchung erfolgt in zwei Schritten:

Zunächst werden über den Zeitraum 1. November 2012 bis 31. Dezember 2014 die fundamentalen Kennzahlen von insgesamt 195 Aktien beziehungsweise 158 Aktien (ohne Berücksichtigung der Unternehmen aus den Bereichen Biotechnologie und Pharmazie), die zu den größten Kursgewinnern zählen, ausgewertet. Danach wird in einem zweiten Schritt mithilfe von Simulationsläufen und einem erweiterten, vom 2. März 2009 bis 15. Mai 2015 reichenden Zeitraum überprüft, ob ein Vorteil anfällt und wie hoch er ausfällt, wenn eine einfache Bollinger-Band-Trendfolgestrategie mit und ohne fundamentale Kriterien über das gesamte Aktienuniversum gehandelt wird.

Die verwendete Bollinger-Band-Trendfolgestrategie berücksichtigt lediglich Kaufsignale, die in dem Moment für den nächsten Handelstag entstehen, wo der Schlusskurs der Aktie über dem zwei Standardabweichungen über dem Gleitenden Durchschnitt von 80 Tagen (GD80) liegenden Band schließt. Als Verlustbegrenzungsstopp dient der GD80-Wert, der an dem Tag, an dem das Signal generiert wird, gültig ist. Fällt der Schlusskurs der Aktie unter diesen Wert, erfolgt der Ausstieg am nächsten Tag zur Markteröffnung. Nachlaufende Stopps werden nicht berücksichtigt. Es kommen lediglich noch Zeitstopps (Ausstieg nach x Handelstagen) zur Anwendung.

Durch die Verwendung eines Verlustbegrenzungsstopps kann die Positionsgröße auf ein vorgegebenes Risiko pro Trade normiert werden. Um die Ergebnisse der einzelnen Trades sinnvoll miteinander vergleichen zu können, wird das Risiko pro Trade konstant auf 500 Dollar festgelegt. Liegt beispielsweise der Verlustbegrenzungsstopp 2 Dollar vom Einstiegskurs entfernt, ergibt sich eine Positionsgröße von 250 Aktien. Beträgt nun der Gewinn in einem Trade 125 Dollar, lässt sich dieser Betrag sofort in Vielfachen des Anfangsrisikos ausdrücken. Für das vorliegende Beispiel entspricht die Bewegung einem Viertel des Anfangsrisikos. Auf diesem Weg lassen sich alle Kursgewinne und -verluste sowie der durchschnittliche Gewinn-zu-Verlust-Trade miteinander vergleichen.

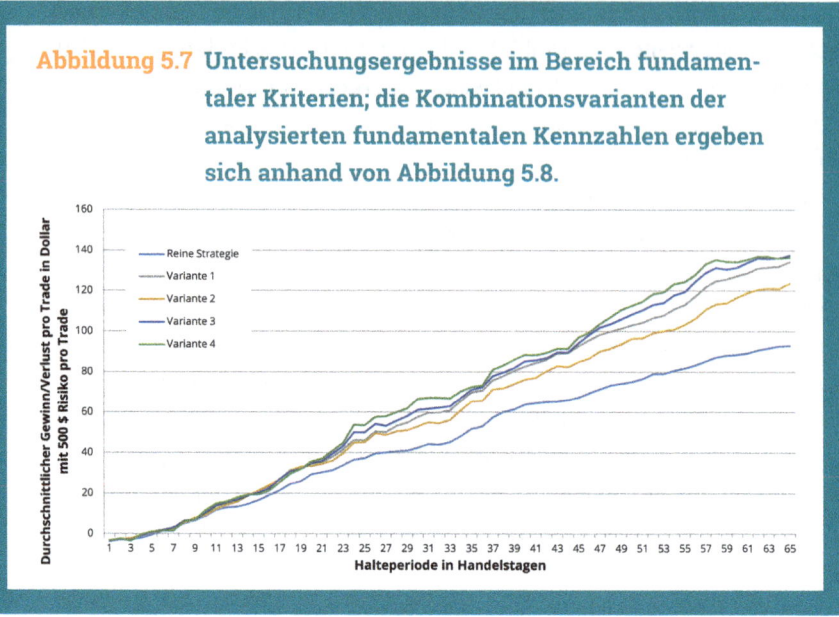

Abbildung 5.7 Untersuchungsergebnisse im Bereich fundamentaler Kriterien; die Kombinationsvarianten der analysierten fundamentalen Kennzahlen ergeben sich anhand von Abbildung 5.8.

In Abbildung 5.7 werden die Ergebnisse für vier verschiedene Kombinationen fundamentaler Kriterien mit der reinen Trendfolgestrategie (die ohne Fundamentaldaten auskommt) über maximale Halteperioden

Abbildung 5.8 Definition der fundamentalen Kriterien, die für die Auswertung der Auswirkung fundamentaler Daten auf die Kursentwicklung miteinander kombiniert werden

Kriterium 1:	EPS-Schätzung laufendes Geschäftsjahr positiv (Abschluss mit Gewinn)
Kriterium 2:	EPS-Schätzung anschließendes Geschäftsjahr positiv (Abschluss mit Gewinn)
Kriterium 3:	EPS positiv, letzte drei Quartale
Kriterium 4:	EPS positiv, letzte vier Quartale
Kriterium 5:	EPS-Wachstum positiv, letzte drei Quartale*
Kriterium 6:	EPS-Wachstum positiv, letzte vier Quartale*
EPS	Earnings Per Share (Gewinn pro Aktie)

* verglichen wird das jeweils betrachtete Quartal stets mit dem zugehörigen Vorjahresquartal.

von 1 bis 65 Handelstagen verglichen – wobei die maximale Haltedauer nur dann gilt, wenn nicht zwischenzeitlich der Verlustbegrenzungsstopp ausgelöst wird.

Die Zusammensetzung der vier Varianten ergibt sich aus den in Abbildung 5.8 gezeigten Kriterien:

⟹ Variante 0 entspricht der Bollinger-Band-Strategie ohne fundamentale Zusatzkriterien (reine Strategie).
⟹ Variante 1 kombiniert die Kriterien 1, 2, 3 und 5.
⟹ Variante 2 kombiniert die Kriterien 1, 2, 4 und 6.
⟹ Variante 3 kombiniert die Kriterien 1, 2, 3 und 5 und setzt zudem ein Wachstum von jeweils mindestens 10 Prozent in den vorangegangenen drei Quartalen voraus.
⟹ Variante 4 kombiniert die Kriterien 1, 2, 3 und 5 und setzt zudem ein Wachstum von jeweils mindestens 20 Prozent in den letzten drei Quartalen voraus.

Von den in Abbildung 5.7 gezeigten Varianten ist die rein technisch umgesetzte Version diejenige mit dem schlechtesten Ergebnis. Das bedeutet allerdings nicht, dass es keine Kombinationen von fundamentalen Ergebnissen gibt, die zu einem schlechteren Ergebnis als die Bollinger-Band-Trendfolge-Strategie ohne Berücksichtigung von Fundamentaldaten führen. Diese Varianten wurden lediglich aus Gründen der Übersichtlichkeit weggelassen. Tatsächlich gibt es über 200 denkbare Kombinationen, von denen mehr als zwei Drittel nicht überzeugen können.

Aus Abbildung 5.7 lassen sich mehrere wichtige Erkenntnisse gewinnen:

Mit zunehmender Haltedauer setzten sich die fundamental gefilterten Trades in allen vier gezeigten Varianten gegenüber der reinen Trendfolgestrategie durch. Das bedeutet, die Qualität der Signale – damit ist der mathematische Vorteil beim Einstieg gemeint – wird umso signifikanter, je länger die Haltedauer ist.

Bereits bei wenigen Tagen Haltedauer fällt der durchschnittliche Gewinn zu Verlust pro Trade für die Varianten 2 bis 4 gravierend aus (was in Abbildung 5.7 nur schlecht zu erkennen ist). So liegt diese Kennzahl für Variante 4 bereits nach zehn Handelstagen bei 11,60 Dollar und damit um 31 Prozent höher als für die rein technische Variante mit einem Wert von 8,84 Dollar.

Damit lässt sich festhalten, dass auch für kürzere Halteperioden von wenigen Tagen das Hinzuziehen fundamentaler Kriterien im Einstiegsbereich – zumindest in dem hier gezeigten Zusammenhang – zu einer Performance-Verbesserung führt.

Insgesamt haben die in Abbildung 5.7 gezeigten Untersuchungsergebnisse die von mir seit dem Jahr 2013 verwendeten fundamentalen Selektionskriterien bestätigt, die im Folgenden eingeführt werden sollen.

5.4.2 Verwendete fundamentale Kriterien

Wie für den Liquiditäts- und den technischen Bereich hängt auch die Anwendung der fundamentalen Selektionskriterien von der Frage ab, ob das Übergeordnete Marktmodell beziehungsweise die zum Marktnachhaltigkeitsmodell gehörenden Modelle ein Trendfolge- oder ein Countertrend-Signal generiert haben.

Abbildung 5.9 Fundamentale Selektionskriterien für den Trendfolgebereich

Notwendige Kriterien	Kriterien zur Qualitätssteigerung	Kriterien für hohe Kursdynamik
➡ Für das aktuell laufende Geschäftsjahr wird ein Gewinn auf Jahresbasis erwartet. ➡ Für das anschließende Geschäftsjahr wird ein Gewinn erwartet. ➡ Mindestens 2 Analysten beobachten das Unternehmen. ➡ Kriterien gelten auch für europäische Aktienmärkte!	➡ Wachstum des letzten abgelaufenen Quartals gegenüber dem Vorjahresquartal war positiv und dabei wurden Gewinne geschrieben. ➡ Für das vorletzte Quartal wurde ebenfalls ein Wachstum gegenüber dem Vorjahresquartal erzielt. ➡ Ebenso gab es für das drittletzte Quartal ein Wachstum.	➡ Aktie wurde in den letzten 5 Tagen von mindestens einem Analysten heruntergestuft. ➡ In den letzten 30 Tagen wurden die Gewinnerwartungen für das laufende und das nächste Geschäftsjahr nach oben angepasst (Earnings Revisions Up). Je größer die Anpassung, desto besser; als Berechnungsgrundlage gelten die „Consensus Estimations".
Absolute Minimumkriterien	Zusatzkriterien, die von oben beginnend als „Oder-Kriterien" zu verstehen sind	Tägliche Änderungen möglich; daher täglich vor dem Einstieg zu überprüfen

In Abbildung 5.9 sind die für den Trendfolgebereich gültigen fundamentalen Anforderungen aufgeführt. Als absolut notwendiges K.o.-Kriterium gilt: Die Analysten, die das Unternehmen analysieren, erwarten für das laufende und das anschließende Geschäftsjahr einen Gewinn. Diese K.o.-Kriterien gelten – wie alle anderen Zusatzkriterien – auch für die europäischen Aktienmärkte. Zudem ist erforderlich, dass ein Unternehmen von mindestens zwei Analysten beobachtet wird.

In der mittleren Spalte von Abbildung 5.9 sind fundamentale Kriterien zur Steigerung der Qualität eines Signals angegeben. Diese Anforderungen können zur Anwendung kommen, wenn eine Vielzahl von Aktien sowohl den gesamten Selektionsprozess als auch die Kriterien für den Einstiegs-Setup-Bereich erfolgreich durchläuft. Wie die notwendigen Kriterien basieren auch die Kriterien zur Qualitätssteigerung auf den in Kapitel 5.4.1 gezeigten Untersuchungsergebnissen. Die Steigerung der Qualität geht letztlich mit einer Verkleinerung der Kandidatenliste einher.

Eine etwas andere Situation liegt im Fall der rechts in Abbildung 5.9 aufgelisteten Kriterien vor. Wird eines der beiden Kriterien erfüllt, kann – so haben meine Untersuchungen in diesem Bereich gezeigt – von einer erhöhten positiven Kursdynamik ausgegangen werden.

Der erste Fall tritt ein, wenn das Unternehmen von mindestens einem Analysten in den vergangenen fünf Handelstagen herabgestuft worden ist. Eine solche Herabstufung ist beispielsweise gegeben, wenn ein Analyst die Aktie von „Kaufen" auf „Halten" zurückstuft oder von „Halten" auf „Untergewichten" oder gar „Verkaufen"[2].

Im zweiten Fall ist es erforderlich, dass mindestens ein Analyst im Laufe der letzten 30 Kalendertage seine Schätzungen für das laufende und das daran anschließende Geschäftsjahr nach oben angepasst (revidiert) hat. Hier gilt: Je größer die Anpassung, desto besser. Die Berechnung der Anpassung erfolgt auf Prozentbasis und basiert auf der durchschnittlichen Schätzung der Analysten, die auf den frei zugänglichen Finanzseiten im Internet unter anderem auch als „Average Estimation" (abgekürzt „Avg. Est.") oder „Consensus Estimation" bezeichnet wird. Die positive Anpassung der Gewinnerwartungen wird als „Earnings Revisions Up" bezeichnet.

Die fundamentalen Selektionskriterien für den Countertrend-Bereich können Abbildung 5.10 entnommen werden.

Abbildung 5.10 Fundamentale Selektionskriterien für den Countertrend-Bereich

Big-Cap-Ansatz	All-Stocks-Ansatz
● Unternehmen gehört in seinem Segment zu den 3-10 größten Unternehmen; die „Größe" definiert sich in diesem Fall über den Umsatz.	● Bis einschließlich vor drei Quartalen wurde auf TTM-Basis* ein Gewinn erzielt.
● Für die letzten fünf Jahre wurden jeweils Gewinne ausgewiesen.	● Zumindest im vorletzten Geschäftsjahr wurde ein Gewinn ausgewiesen.
● War das letzte abgelaufene Geschäftsjahr negativ, ist das Kriterium dennoch erfüllt, wenn dieser Verlust auf die beiden letzten Quartale zurückzuführen ist.	
● Das aktuelle Geschäftsjahr kann ein Verlustjahr sein; ist es das nicht, ist dies als Qualitätsmerkmal zu sehen und die Aktie vorrangig zu berücksichtigen.	

* TTM: Trailing Twelve Months (laufendes 12-Monats-Fenster)

Die Kriterien sind vor dem Hintergrund zu sehen, dass Countertrend-Signale in der Regel dann entstehen, wenn der Aktienmarkt bereits seit längerer Zeit gefallen ist und allgemeine „Untergangsstimmung" (oder ein hoher Grad an Pessimismus) vorliegt. In Zeiten wie der Finanzkrise im Jahr 2007/2008 gehen tiefe Bärenmärkte regelmäßig mit Verlusten der Unternehmen einher – auf Quartals- wie auch auf Jahresbasis.

Kaufsignale in derartigen Marktphasen auch tatsächlich umzusetzen erfordert ein großes Vertrauen auf das eigene Können und die umgesetzte Strategie. Aus diesem Grund ist es sinnvoll, zwei verschiedene Ansätze zu fahren.

Der Big-Cap-Ansatz ist der konservativere Weg. Die Kriterien sind so ausgerichtet, dass lediglich große Unternehmen Berücksichtigung finden, die gerade auch in Krisenzeiten im Vergleich zu kleineren Unternehmen als sicherer anzusehen sind (zumal die Liquiditätskriterien zusätzlich vorschreiben, dass das Unternehmen Mitglied im S&P 100 Index ist; vergleiche Kapitel 5.2).

Mit etwas mehr praktischer Erfahrung lassen sich allerdings mit Countertrend-Signalen deutlich dynamischere Bewegungen in Aktien handeln, die nicht zum S&P 100 Index zählen. Der All-Stocks-Ansatz greift hierzu auf das gesamte Aktienuniversum zurück und filtert diejenigen Werte heraus, die zumindest in der jüngeren Vergangenheit noch profitabel waren. Der All-Stocks-Ansatz beinhaltet einen hohen Grad an Entscheidungsfreiheit, was die Wahl geeigneter Handelskandidaten betrifft. Diese Eigenschaft ist bewusst gewollt. Der Grund wird in Kapitel 6 deutlich: Nur wenige Kandidaten sind in der Lage, das ideale Einstiegs-Setup für den Countertrend-Bereich auszubilden.

Fußnoten:

[1] William J. O'Neil verwendet in seinem Buch „Wie man mit Aktien Geld verdient", Börsenbuchverlag 2012, sogar 20 Prozent Gewinn- und Umsatzwachstum als Kriterium für Wachstumswerte.

[2] Zum Thema Analysten-Ratings siehe auch die von mir für das TRADERS' Magazin, Mai 2014, verfasste Cover-Story mit dem Titel „So kombinieren Sie Charttechnik und Analystenmeinungen"; der Artikel kann auf www.nachhaltig-erfolgreich-traden.com heruntergeladen werden.

EINSTIEG 6

Nachdem in den beiden vorherigen Kapiteln die Schritte zur Signalgenerierung und Aktienselektion erörtert wurden, geht es nun darum, die Bedingungen festzulegen, unter denen es bei einem auf der Kandidatenliste stehenden Wert tatsächlich zu einem Einstieg kommt.

Analog zum Selektionsprozess erfolgt der Einstieg in zwei Schritten. Zunächst einmal ist es erforderlich, dass die für den jeweiligen Handelstag auf der Kandidatenliste stehende Aktie die charttechnischen Kriterien und die Volatilitätskriterien erfüllt. Sofern diese erfüllt sind, steht im zweiten und letzten Schritt die Frage im Mittelpunkt, wie das Timing für den Einstieg aussieht: Wie sollte das Kursverhalten am (potenziellen) Einstiegstag aussehen und welche Art von Kaufauftrag sollte ich verwenden?

6.1 Grundgesetze der Charttechnik

Im Laufe meiner bisherigen Trading-Karriere haben sich einige Richtlinien im Bereich der Charttechnik herauskristallisiert, meine „Grundgesetze der Charttechnik". Diese Grundgesetze greifen in jedem Zeitfenster (in Intraday-, Tages- und Wochen-Charts) und bilden zusammen mit den in Kapitel 6.2 vorgestellten Methoden zur Bestimmung von Phasen niedriger Volatilität das Rückgrat der in diesem Buch vorgestellten kurz- und mittelfristigen Aktienstrategie sowie meiner Daytrading-Aktivitäten.

Bevor die Grundgesetze vorgestellt werden, ist es erforderlich, zwei Begriffe aus der Charttechnik zu definieren: „Widerstandszone" (auch kurz als „Widerstand" bezeichnet) und „Unterstützungszone" (Kurzform: „Unterstützung").

Eine Widerstandszone/ein Widerstandsbereich wird wie folgt definiert:

→ Der Kurs einer Aktie läuft mehrmals hintereinander hoch und dreht in einem bestimmten Kursbereich wieder nach unten.

→ An Widerstandszonen treten vermehrt Verkäufer auf (hohes Angebot).

→ Eine Widerstandszone entsteht, sobald der Kurs mindestens einmal im Widerstandsbereich abgeprallt ist.

→ Je häufiger ein Kurs eine Widerstandszone testet, umso größer die Bedeutung dieses Bereichs.

Eine Unterstützungszone/ein Unterstützungsbereich wird wie folgt definiert:

→ Der Kurs einer Aktie gibt mehrmals hintereinander nach und dreht in einem bestimmten Kursbereich wieder nach oben.

→ An Unterstützungszonen treten vermehrt Käufer auf (hohe Nachfrage).

→ Eine Unterstützungszone entsteht, sobald der Kurs mindestens einmal im Unterstützungsbereich abgeprallt ist.

→ Je häufiger ein Kurs eine Unterstützungszone testet, umso größer die Bedeutung dieses Bereichs.

Sind diese beiden Begriffe erst einmal konkret definiert, lassen sie sich zur Aufstellung der beiden ersten Grundgesetze der Charttechnik verwenden.

Grundgesetz 1: Fällt der Aktienkurs durch eine Unterstützungszone, wird diese Zone zu einem Widerstandsbereich für die Kurse.

Abbildung 6.1 veranschaulicht dieses Gesetz anhand einer verallgemeinerten Skizze, während Abbildung 6.2 anhand der Aktie von BlackBerry Ltd. (ehemals Research In Motion) zwei Fälle aus der Praxis zeigt.

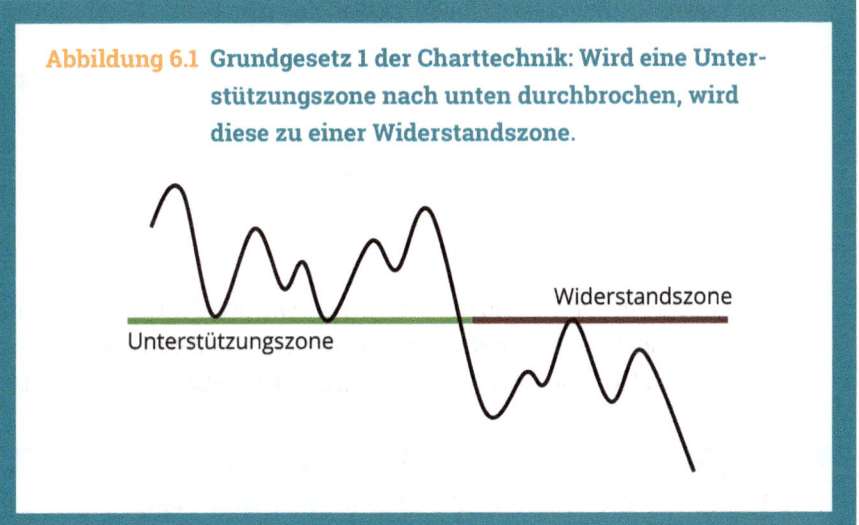

Abbildung 6.1 Grundgesetz 1 der Charttechnik: Wird eine Unterstützungszone nach unten durchbrochen, wird diese zu einer Widerstandszone.

Widerstandszone

Unterstützungszone

Abbildung 6.2 Grundgesetz 1 der Charttechnik anhand der BlackBerry-Aktie im Jahr 2010 veranschaulicht

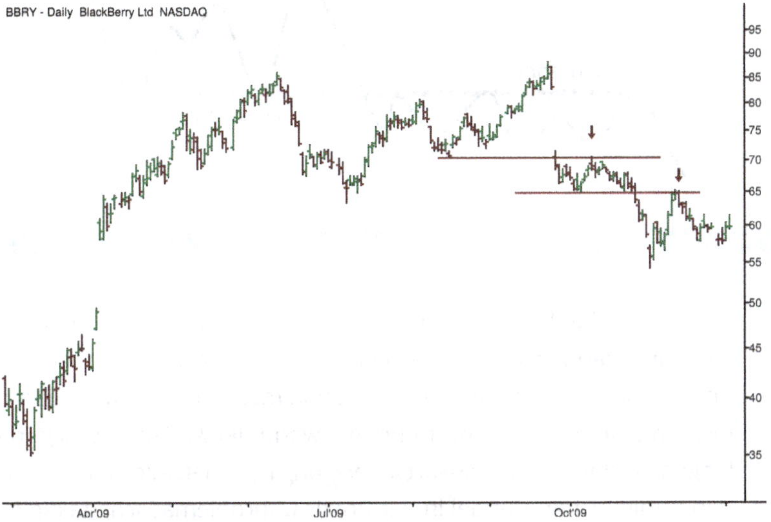

BBRY - Daily BlackBerry Ltd NASDAQ

Das zweite Grundgesetz definiert sich analog zum ersten Grundgesetz.

Grundgesetz 2: Bricht der Aktienkurs aus einer Widerstandszone aus, wird diese Zone zu einem Unterstützungsbereich für die Kurse.

In den Abbildungen 6.3 und 6.4 ist zu sehen, wie sich der Kurs im Idealfall verhält. Die in der Aktie von Netflix identifizierten Fälle stellen keine Sonderfälle dar, sondern sind typisch für Werte, die einen starken Trend ausbilden.

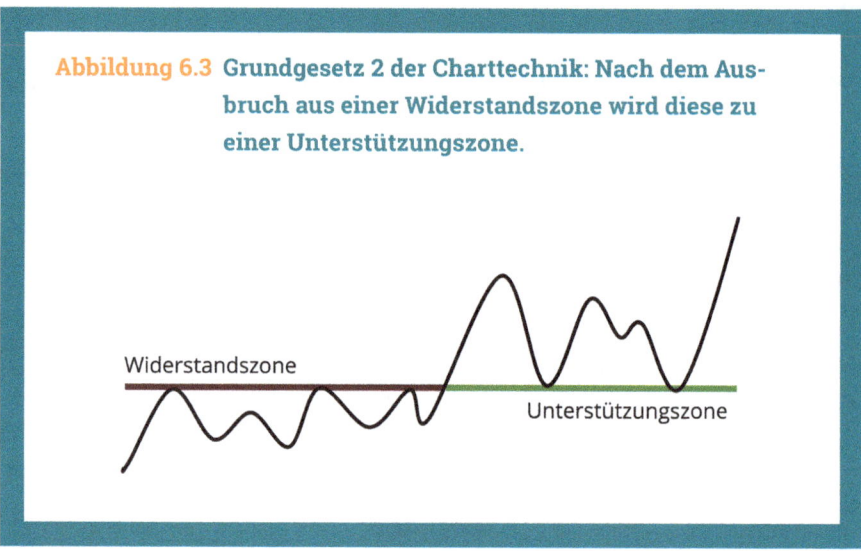

Abbildung 6.3 Grundgesetz 2 der Charttechnik: Nach dem Ausbruch aus einer Widerstandszone wird diese zu einer Unterstützungszone.

Die beiden durch die Grundgesetze beschriebenen Phänomene treten nicht ununterbrochen, sondern in unregelmäßigen Abständen auf. Mitunter lassen sie sich über Zeiträume von mehreren Monaten überhaupt nicht in einem Aktien-Chart finden – wenn der Aktienkurs sich in einer langen, hochvolatilen Seitwärtsbewegung befindet. Allerdings ist dies für den erfolgreichen Handel in der Praxis unproblematisch, da die beiden eingeführten Grundgesetze mit Volatilitätsmessungen und Einstiegs-Setups kombiniert werden (mehr dazu auf den folgenden Seiten).

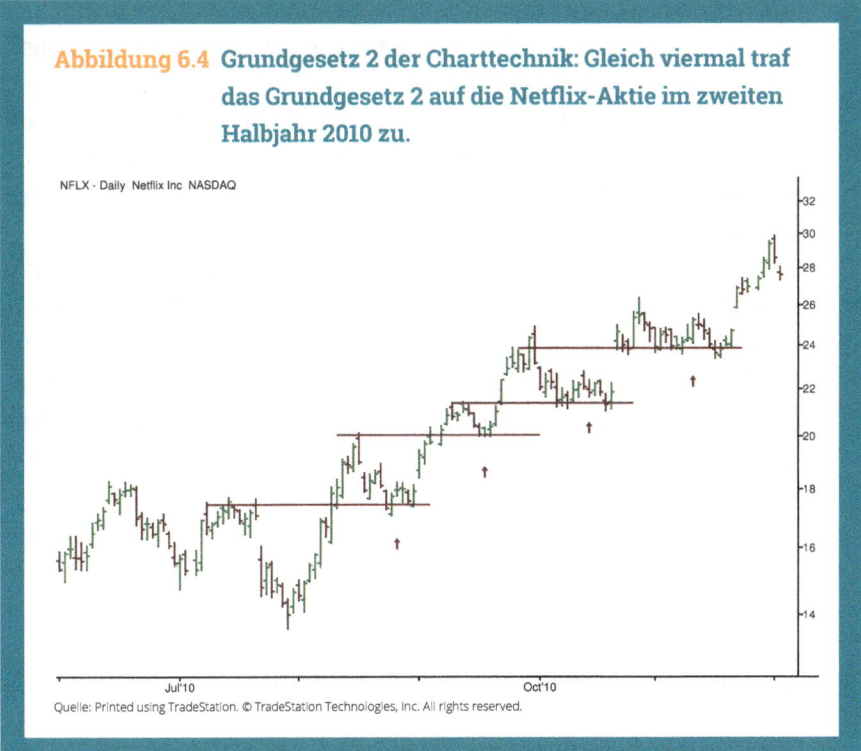

Abbildung 6.4 Grundgesetz 2 der Charttechnik: Gleich viermal traf das Grundgesetz 2 auf die Netflix-Aktie im zweiten Halbjahr 2010 zu.

NFLX · Daily Netflix Inc NASDAQ

Jul'10   Oct'10

Die beiden ersten Grundgesetze werden um ein wichtiges Grundgesetz erweitert, das sich aus den regelmäßig von mir durchgeführten Auswertungen der größten Kursgewinner der letzten 20 Jahre ergeben hat.

Grundgesetz 3: Je länger eine Seitwärtsbewegung dauert, desto stärker und länger (nachhaltiger) fällt in der Regel die auf das Ende der Seitwärtsbewegung folgende Anschlussbewegung aus.

Grundgesetz 3 gilt natürlich nicht immer: Aktien können auch eine kurze Konsolidierung ausbilden und danach stark laufen – diese Fälle bilden jedoch die Ausnahme und nicht die Regel. Ziel ist es, mit Regeln und

Grundgesetzen die mathematische Erfolgswahrscheinlichkeit zu erhöhen. Warten wir also auf eine Seitwärtsbewegung, haben wir diesen statistischen Vorteil auf unserer Seite.

Das dritte Grundgesetz ist somit von großer Bedeutung, weil es die Frage beantwortet, ob eine Seitwärtsbewegung als generelle Grundvoraussetzung für Chart-Setups im Einstiegsbereich erforderlich ist und ob eher kurze oder lange Seitwärtsbewegungen zu favorisieren sind.

Wichtig zu betonen ist, dass Grundgesetz 3 am häufigsten im Trendfolgebereich – also bei Aktien, die sich analog zum S&P 500 Index in einem langfristigen Aufwärtstrend befinden – zur Anwendung kommt. Allerdings ist dies keine Grundvoraussetzung für die Anwendung des Gesetzes. So ist im Idealfall auch im Countertrend-Bereich eine Konsolidierung (Seitwärtsbewegung) der Aktie gewünscht, bevor es zu einem Einstiegssignal kommt (hierzu in Kapitel 6.3 mehr).

Aus Grundgesetz 3 lassen sich bereits Regeln für den Einstieg ableiten:

1. Ein Einstieg erfolgt nur, nachdem die Aktie eine Seitwärtsbewegung vollzogen hat.
2. Die Länge der Seitwärtsbewegung ist abhängig vom Setup.

6.2 Volatilität: Bedeutung und Varianten

Bevor Sie weiterlesen, blättern Sie bitte unbedingt nochmals zu Kapitel 1 zurück und schauen Sie sich die dort aufgeführten 24 Beispiele an. Sie werden erkennen, dass die oben definierten drei Grundgesetze stets in irgendeiner Form zur Anwendung kommen.

Ein intensiveres Studium der in Kapitel 1 enthaltenen Modell-Trades zeigt, dass die Mehrzahl der Setups direkt vor Aufnahme der Position auf einer Abnahme der Volatilität basieren. Zur Messung der Volatilität verwende ich im Zusammenhang mit technischen Einstiegs-Setups mehrere Varianten der Volatilitätsberechnung. Die im Folgenden vorgestellten Varianten lassen sich mithilfe frei zugänglicher Internetseiten, die in Anhang C aufgeführt sind, nachbilden.

An dieser Stelle sei jedoch ausdrücklich auch auf die Möglichkeit hingewiesen, dass eine Abnahme der Volatilität – so wie alle in Kapitel 6 vorgestellten Methoden und Setups – auch auf rein visueller Basis durch eine Chart-Analyse identifiziert werden kann. Ein solcher Ansatz setzt natürlich voraus, dass die unterschiedlichen Volatilitätsberechnungen sowie die später folgenden charttechnischen Setups bekannt sind und somit auch visuell identifiziert werden können.

Ich setze drei unterschiedliche Methoden zur Volatilitätsmessung ein. Die zugrunde liegende Idee besteht darin, dass sich die drei Ansätze ergänzen, da ihre Berechnung auf der Basis unterschiedlicher Angaben erfolgt.

Die drei Methoden sind die Volatilitätsberechnung auf Basis der Tagesspanne (mithilfe der ATR), eine Volatilitätsberechnung auf Basis der Schlusskurse sowie eine Volatilitätsberechnung auf Basis der Abstände zwischen den einzelnen Hochs der letzten 4 bis 30 Handelstage. Im letztgenannten Fall handelt es sich um die Identifikation einer Widerstandszone, von der die Tageshochs nur wenig abprallen und somit eine niedrige Volatilität ausbilden.

1. Berechnung auf Basis der ATR: Hier kommt das sogenannte Vola-Ratio zum Einsatz; dafür wird die True Range des aktuellen Handelstags (entspricht der ATR[1]) mit der ATR(50) des Vortags verglichen. Eine niedrige Volatilität liegt vor, wenn die ATR(1) weniger als 80 Prozent der ATR(50) des Vortags beträgt: ATR(1) < 0,8*ATR(50) (des Vortags).
2. Berechnung auf Basis der Schlusskurse: Betrachtet werden die letzten drei Schlusskurse. Ist die Differenz zwischen dem höchsten und dem niedrigsten Wert der drei Schlusskurse geringer als 60 Prozent der ATR(21), liegt ein sogenannter Tight Close (TC) vor, der für eine Abnahme der Volatilität steht.
3. Berechnung auf Basis der Abstände zwischen den Hochs über 4 bis 30 Handelstage (Widerstandszone). Das bedeutet, das Setup basiert auf den Abständen zwischen den einzelnen Hochs über mindestens vier Handelstage. Der Abstand zwischen dem höchsten Hoch und dem niedrigsten Hoch beträgt weniger als 50 Prozent der ATR(21) vor Beginn der Seitwärtsbewegung. Siehe hierzu auch Abbildung 6.5.

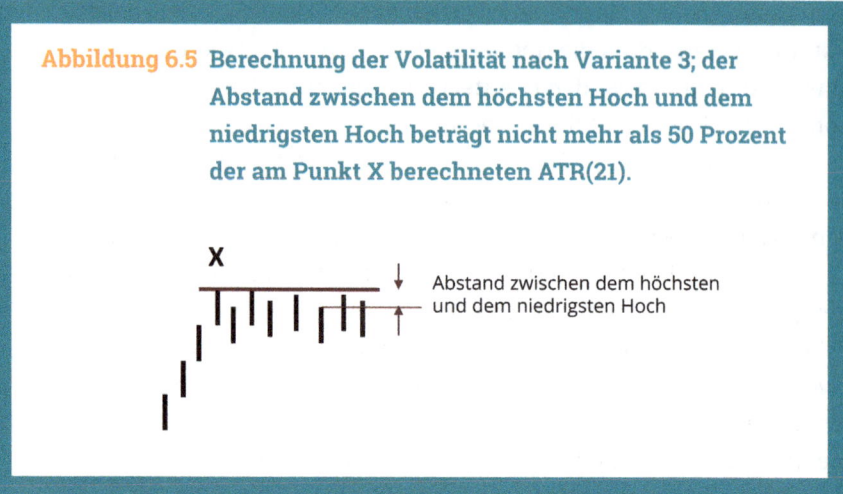

Abbildung 6.5 Berechnung der Volatilität nach Variante 3; der Abstand zwischen dem höchsten Hoch und dem niedrigsten Hoch beträgt nicht mehr als 50 Prozent der am Punkt X berechneten ATR(21).

Die in Abbildung 6.5 gezeigte Volatilitätsberechnung dient auch der Identifikation im Bereich der Chart-Setups, die nun im Einzelnen vorgestellt werden.

6.3 Setups für den Einstieg – Trendfolgebereich

Die charttechnischen Setups für den Einstieg untergliedern sich in die Bereiche Trendfolge- und Countertrend-Setups.

Für den Trendfolgebereich greife ich auf fünf Setups zurück:

1. Den einfachen Kursrücksetzer, von mir als Simple Pullback bezeichnet
2. Die Bärenmarktfalle, auch als Shake-Out bekannt
3. Eine enge Konsolidierung, die sogenannte Tight Range
4. Eine Flagge (Flag)
5. Eine Phase niedriger Volatilität innerhalb einer Seitwärtsbewegung, das Low Volatility Breakout Anticipation (LVBA) Setup

Untersuchungen der größten Kursgewinner über die letzten zwölf Jahre sowie Backtests zeigen, dass diese fünf Setups für den Trendfolgebereich regelmäßig den Auftakt zu nachhaltigen Kursbewegungen von Einzelaktien bilden und gleichzeitig einen Zeitpunkt identifizieren, an dem das Potenzial, ein hohes Gewinn-zu-Risiko-Verhältnis zu erzielen, groß ist.

Auf den folgenden Seiten werden die fünf Setups so beschrieben, dass sie in einem Tageschart identifizierbar sind. Die Regeln können auch dazu verwendet werden, die Muster vollständig oder zumindest teilweise zu programmieren, um sich die tägliche Arbeit zu erleichtern und gegebenenfalls sogar eigene Tests durchzuführen.

Die Wahl eines solchen Backtest-Ansatzes erfordert allerdings mehr als die Programmierung der Setups auf rein technischer Ebene, um aussagekräftige Ergebnisse zu erhalten. Vielmehr ist es notwendig, alle Selektionskriterien inklusive der fundamentalen Kriterien sowie die in Kapitel 7 vorgestellten Ausstiegstechniken zu berücksichtigen. Darüber hinaus wäre es notwendig, die in Kapitel 3 beschriebenen Risiko-, Money- und Portfoliomanagement-Regeln zu implementieren. Alle diese Punkte machen eine vollständige Programmierung und erst recht eine vollständige Automatisierung der Strategie sehr komplex und damit zeitaufwendig.

Doch nun zu der Beschreibung der charttechnischen Setups: Unbedingt zu beachten sind die Hinweise darauf, wann das jeweilige Setup nicht gehandelt werden sollte. So kann ein Grund für die Nichtberücksichtigung eines Setups darin liegen, dass das Kaufsignal für den Handelstag vom Trendqualitätsmodell (Kapitel 4.4.5) generiert wird. Für diese Signale ist die Wahrscheinlichkeit einer dynamischen Anschlussbewegung des breiten Aktienmarkts weniger hoch als für Signale, die durch die in Kapitel 4.4 vorgestellten Timing-Modelle entstehen. Benötigt ein Setup nun aber eine solche dynamische Anschlussbewegung, um überhaupt mit dem Einstieg einen mathematischen Vorteil aufzuweisen, sollte auf den Handel dieses Musters immer dann verzichtet werden, wenn das Signal vom Trendqualitätsmodell generiert worden ist.

6.3.1 Simple Pullback

Definition:

⇒ Der Simple Pullback entsteht nach dem Ausbruch aus einer Seitwärtsbewegung, die mindestens 15 Tage gedauert hat.

⇒ Nach dem Ausbruch aus der Seitwärtsbewegung tritt Grundgesetz 2 in Kraft, wonach die bisherige Widerstandszone zu einer Unterstützungszone wird.

➡ Der nach dem Ausbruch folgende Kursrücksetzer (Pullback) weist mindestens vier Tage mit niedrigeren Hochs auf (die nicht unmittelbar nacheinander auftreten müssen).

➡ Das Tief und die Schlusskurse der Korrektur fallen in den Bereich der Unterstützungszone.

➡ Innerhalb der Unterstützungszone nimmt die Volatilität ab.

➡ Das Setup ist erst gültig, wenn mindestens eine der drei in Kapitel 6.2 genannten Messmethoden ein Austrocknen der Volatilität anzeigt.

Handelbarkeit:

➡ Das Setup ist nicht handelbar, wenn das Trendqualitätsmodell das Signal generiert hat.

➡ Das Setup sollte nur mit Zusatzkriterien zur Steigerung der Signalqualität gehandelt werden: Neben den notwendigen fundamentalen Kriterien (für das laufende und das anschließende Geschäftsjahr erwarten die Analysten, dass das Unternehmen Gewinne schreibt) sollte in den vorangegangenen ein bis drei Quartalen ein positives Gewinnwachstum angefallen sein.

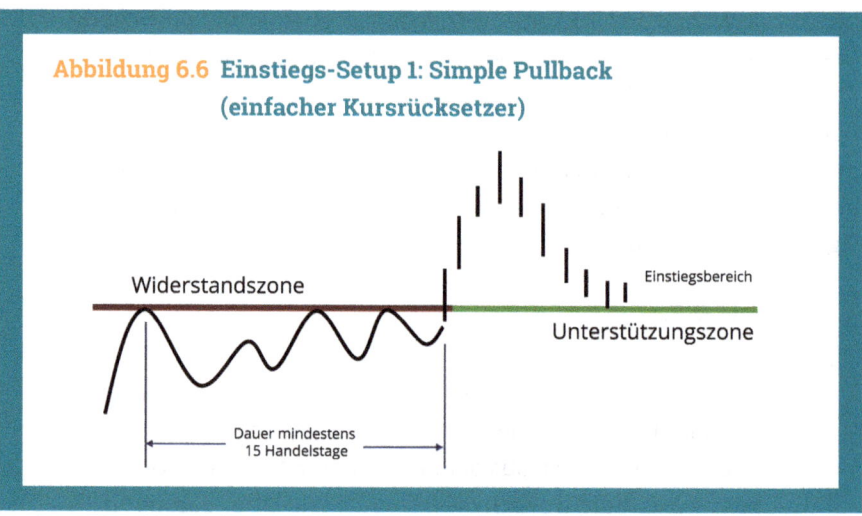

Abbildung 6.6 Einstiegs-Setup 1: Simple Pullback (einfacher Kursrücksetzer)

Widerstandszone

Einstiegsbereich

Unterstützungszone

Dauer mindestens 15 Handelstage

6.3.2 Shake-Out

➡ Das Shake-Out-Setup wird auch als Re-Test bezeichnet und impliziert eine Bärenmarktfalle.

➡ Das Setup entsteht nach Ausbruch aus einer Seitwärtsbewegung, die mindestens 15 Tage gedauert hat.

➡ Nach dem Ausbruch aus der Seitwärtsbewegung tritt Grundgesetz 2 in Kraft, wonach die bisherige Widerstandszone zu einer Unterstützungszone wird.

➡ Der nach dem Ausbruch folgende Kursrücksetzer weist mindestens drei Tage mit niedrigeren Hochs auf (die nicht unmittelbar nacheinander entstanden sein müssen); das Tief der Korrektur wird als Punkt (A) bezeichnet. Punkt (A) muss nicht in die Unterstützungszone fallen.

➡ Am Punkt (A) tritt eine Zwischenerholung von mindestens zwei Tagen ein, die nicht über das höchste Hoch der vorangegangenen Bewegung läuft.

➡ Danach wird das Tief am Punkt (A) getestet. Im Rahmen dieses Tests fallen die Kurse bis in die Unterstützungszone.

➡ Im Rahmen dieser Kursbewegung wird das Tief am Punkt (A) getestet und ein tieferes Tief als am Punkt (A) erreicht; damit hat sich das Shake-Out- oder auch Re-Test-Setup ausgebildet.

Handelbarkeit:

➡ Das Setup ist auch handelbar, wenn das Signal durch das Trendqualitätsmodell entstanden ist.

➡ Der Shake-Out sollte möglichst von erhöhten Volumina begleitet sein; dies ist jedoch keine notwendige Bedingung.

➡ Das Setup kommt im Gegensatz zu den anderen vier an dieser Stelle vorgestellten Mustern ohne Volatilitätskriterien/-messungen aus.

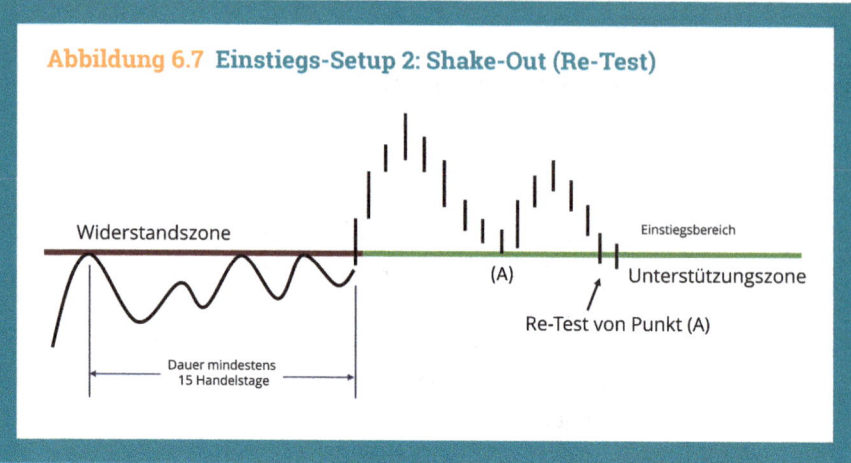

Abbildung 6.7 Einstiegs-Setup 2: Shake-Out (Re-Test)

Widerstandszone

Einstiegsbereich

(A)

Unterstützungszone

Re-Test von Punkt (A)

Dauer mindestens
15 Handelstage

Am Punkt (A) in Abbildung 6.7 kann es bereits zu einem Einstieg gemäß Setup 1 (Simple Pullback) kommen. Gemäß Regelwerk bedarf es hierfür einer Abnahme der Volatilität im Bereich der Unterstützungszone. Im weiteren Verlauf besteht die Möglichkeit, dass sich das gezeigte Shake-Out-Setup entwickelt. In Abhängigkeit von der Platzierung des Verlustbegrenzungsstopps kann der Re-Test von Punkt (A) mit einem Ausstoppen der Position, die einige Tage zuvor gemäß Setup 1 aufgebaut wurde, zusammenfallen.

Damit ist es möglich, dass bereits einen Tag nach dem Schließen der Position die Aktie erneut ins Depot aufgenommen wird. Diesem Nachteil kann auf vier unterschiedlichen Wegen begegnet werden. Zum einen ist es denkbar, den Verlustbegrenzungsstopp deutlich unter der Unterstützungszone zu platzieren, sodass auch im Falle eines Re-Tests von Punkt (A) dieser Stopp nur in Ausnahmefällen ausgelöst wird. Zum anderen kann durch eine entsprechend schnell reagierende Methode versucht werden, den Verlustbegrenzungsstopp mindestens auf das Einstiegsniveau hochzuziehen, noch bevor es überhaupt zu einem Re-Test kommt. Von mir durchgeführte Backtests haben allerdings gezeigt, dass diese Variante ungeeignet ist, da mit dieser Methode regelmäßig auch Gewinn-Trades noch an der Gewinnschwelle ausgestoppt werden. Der dritte Weg besteht darin, mit einem engen Stopp zu arbeiten und mit dem beschriebenen Nachteil zu leben. Als vierten Weg gibt es schließlich noch die Möglichkeit, auf das Simple-Pullback-Setup ganz zu verzichten.

Anhand dieser Ausführungen und der beschriebenen Wahrscheinlichkeit einer Mutation (Verwandlung) des Setups 1 in Setup 2 wird verständlich, warum der Simple Pullback in meinem Trading nur in Ausnahmenfällen zur Anwendung kommt – nämlich dann, wenn keine anderen Setups zur Verfügung stehen und ich nur maximal eine offene Position im Depot habe, deren Verlustbegrenzungsstopp noch unter der Gewinnschwelle liegt. Ist dies der Fall, wende ich den zuvor beschriebenen dritten Weg an (hierzu mehr in Kapitel 7).

Abbildung 6.8 Praxisbeispiel für ein Shake-Out-Setup in der Aktie Skechers, März 2015: Mit dem Test des Tiefs der ersten Abwärtsbewegung fällt das Tief der Konsolidierung (markiert mit einem Pfeil) in die Unterstützungszone, die noch bis Mitte Februar 2015 als Widerstandszone der Seitwärtsbewegung fungiert hat.

In Abbildung 6.8 wird anhand der Aktie von Skechers (Symbol: SKX) gezeigt, wie das typische Shake-Out-Muster in der Praxis aussieht. Mit dem Test der ersten Abwärtsbewegung fällt der Aktienkurs in die Unterstützungszone, was dem Setup erst seine Gültigkeit verleiht. Erst Mitte Februar, als mit Durchschreiten des Hochs vom September 2014 die Seitwärtsbewegung verlassen wird, wird die ehemalige Widerstandszone zu einem Unterstützungsbereich.

6.3.3 Tight Range

Definition:

➡️ Die Tight Range (enge Konsolidierung) entsteht innerhalb einer Seitwärtsbewegung, die bereits seit mindestens 15 Handelstagen besteht.

➡️ Das Setup bildet sich innerhalb der Seitwärtsbewegung direkt unter der Widerstandszone aus.

➡️ Zur Identifikation wird die dritte Volatilitätsmethode (erläutert anhand von Abbildung 6.5) verwendet.

➡️ Innerhalb der Tight Range weist zusätzlich noch entweder ein Tight Close oder die Vola-Ratio-Methode auf eine Abnahme der Volatilität hin.

Handelbarkeit:

➡️ Das Setup ist auch handelbar, wenn das Signal durch das Trendqualitätsmodell entstanden ist.

➡️ Innerhalb des Setups sollte zudem möglichst das Volumen abnehmen; dies ist jedoch keine notwendige Bedingung.

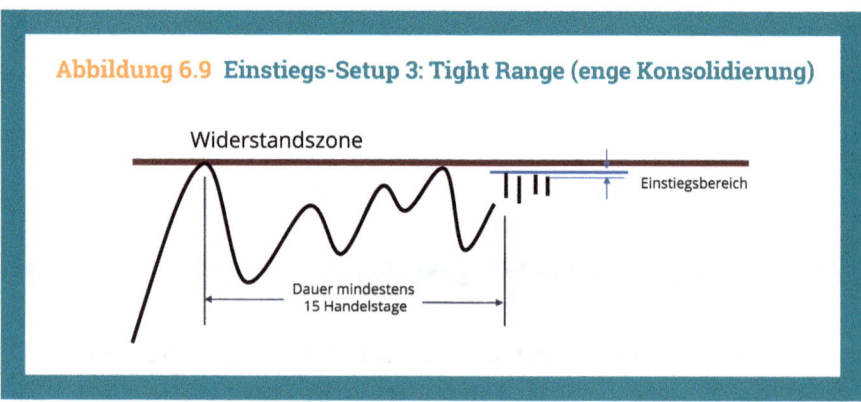

Abbildung 6.9 Einstiegs-Setup 3: Tight Range (enge Konsolidierung)

Die Bezeichnung „Tight Range" für dieses Setup ist etwas irreführend, da nicht das Hoch und das Tief der Konsolidierung innerhalb der (größeren) Seitwärtsbewegung für die Identifikation zugrunde gelegt werden, sondern die Abstände der Hochs, die die Tight Range bilden (in Abbildung 6.7 mit den Pfeilen im Einstiegsbereich markiert), während die Tagestiefs unberücksichtigt bleiben. Der Name wurde von mir mit Blick auf die Entstehungsgeschichte dieses Setups beibehalten: Bis vor vier Jahren wurde die Tight Range von mir noch auf Basis der Differenz zwischen Hochs und Tiefs berechnet, bis Untersuchungen gezeigt haben, dass der oben beschriebene Weg zu mehr Signalen und besseren Ergebnissen führt.

Abbildung 6.10 **Tight-Range-Setup in der Aktie von NU Skin Enterprises; innerhalb der von Mitte Mai bis Ende Juni laufenden Seitwärtsbewegung wird eine Tight Range direkt unter der Widerstandszone ausgebildet; der Pfeil markiert den Tag, an dem es zum Einstieg kommt.**

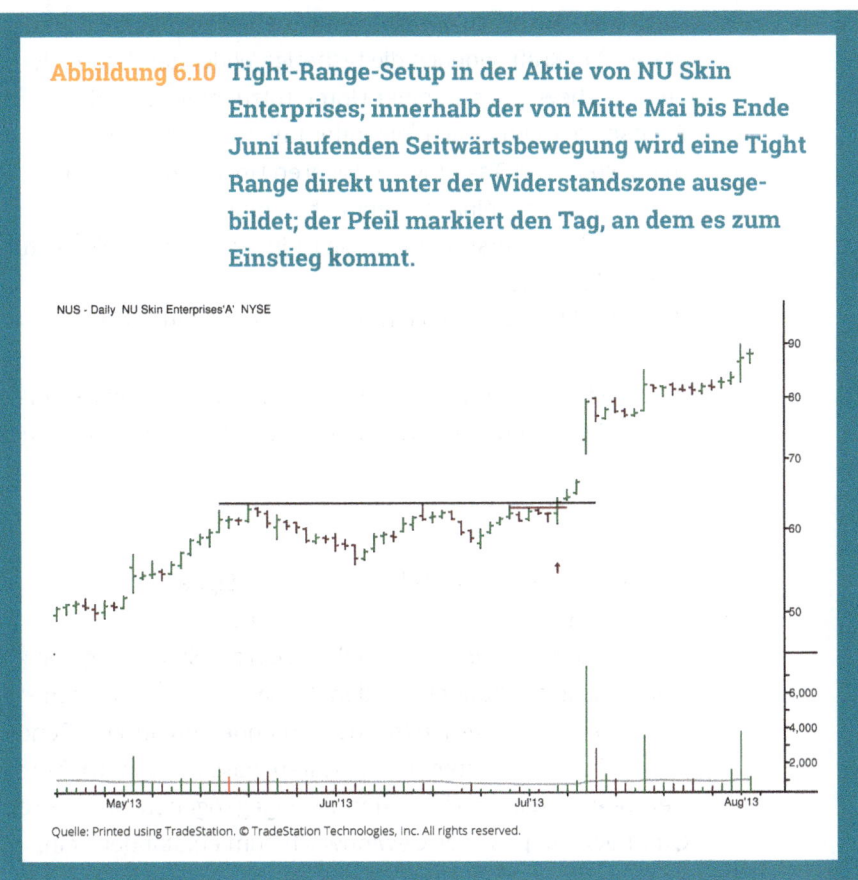

NUS - Daily NU Skin Enterprises'A' NYSE

Abbildung 6.10 zeigt einen Modell-Trade in der Aktie NU Skin Enterprises (Symbol: NUS) aus dem Sommer 2013. Die gesamte Seitwärtsbewegung lief von Mitte Mai bis fünf Tage vor dem Ausbruch. Die Tight Range bildete sich (wie vom Regelwerk vorgesehen) direkt unter der Widerstandszone der Seitwärtsbewegung aus. Das drei Tage nach dem Einstieg entstandene Gap entstand aufgrund einer Nachricht, nicht jedoch wegen der Veröffentlichung von Quartalszahlen (die erst ein paar Wochen später erfolgte).

6.3.4 Flag

Definition:

➡ Die Flagge (Flag) entsteht nach Ausbruch aus einer Seitwärtsbewegung, die mindestens 15 Tage gedauert hat.

➡ Nach dem Ausbruch aus der Seitwärtsbewegung tritt Grundgesetz 2 in Kraft, wonach die bisherige Widerstandszone der Seitwärtsbewegung zu einer Unterstützungszone wird.

➡ Ein nach dem Ausbruch folgender Kursrücksetzer weist mindestens vier Tage mit niedrigeren Hochs auf (die nicht unmittelbar nacheinander entstehen müssen).

➡ Ein Test der Unterstützungszone ist im Rahmen der Korrektur nicht erforderlich.

➡ Zur Identifikation wird die dritte Volatilitätsmethode verwendet.

➡ Innerhalb der Korrektur nimmt die Volatilität ab, sodass entweder das Vola-Ratio-Kriterium oder der Tight Close Gültigkeit hat.

Handelbarkeit:

➡ Das Setup ist nicht handelbar, wenn das Signal vom Trendqualitätsmodell generiert worden ist.

➡ Das Setup sollte nur mit Zusatzkriterien zur Steigerung der Signalqualität gehandelt werden: Neben den notwendigen fundamentalen Kriterien (für das laufende und anschließende Geschäftsjahr erwarten die Analysten, dass das Unternehmen Gewinne schreibt) sollte in den vorangegangenen ein bis drei Quartalen ein positives Gewinnwachstum entstanden sein.

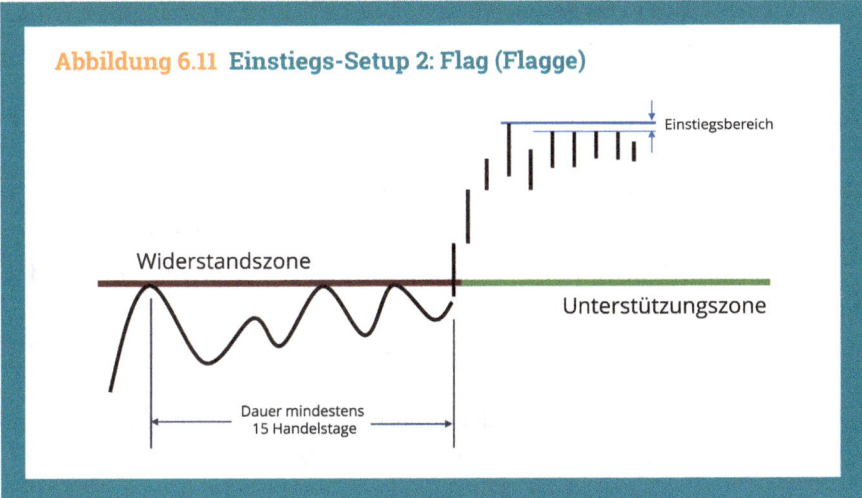

Abbildung 6.11 Einstiegs-Setup 2: Flag (Flagge)

Einstiegsbereich

Widerstandszone

Unterstützungszone

Dauer mindestens
15 Handelstage

Das Flag-Setup ist eine Mischung aus dem Simple Pullback (Setup 1) und der Tight Range (Setup 3). Ein mathematischer Vorteil ergibt sich mit diesem Muster nur, wenn der breite Aktienmarkt nach dem Einstieg eine höhere Kursdynamik erwarten lässt. Damit ist das Flag-Setup nur dann handelbar, wenn die Signale von den Timing-Modellen aus dem Trendfolgebereich generiert werden.

Wie der Simple Pullback zählt auch die Flag zu denjenigen Einstiegs-Setups, die von mir mit niedriger Priorität nur dann berücksichtigt werden, wenn sich nach einem Signal keine Aktien mit anderen charttechnischen Setups finden lassen und maximal eine offene Position im Depot vorhanden ist, deren Verlustbegrenzungsstopp noch unter dem Break-even-Punkt liegt.

6.3.5 Low Volatility Breakout Anticipation

Idee und Definition:

➡ Das Low Volatility Breakout Anticipation Setup wird von mir als LVBA-Setup abgekürzt.

➡ Die Idee des Setups besteht darin, eine Phase niedriger Volatilität für einen Einstieg noch innerhalb der Seitwärtsbewegung zu nutzen – in Erwartung (Antizipation) einer Bewegung, die eine solche Dynamik entwickelt, dass es auch zum Ausbruch aus der Seitwärtsbewegung kommt.

- → Das LVBA-Setup entsteht innerhalb einer Seitwärtsbewegung, die bereits seit mindestens 15 Handelstagen andauert.
- → In welchem Bereich (Widerstandszone, Unterstützungszone oder dazwischen) der Seitwärtsbewegung sich die Phase niedriger Volatilität ausbildet, ist unerheblich.
- → Allerdings sollte sich das Setup so ausbilden, dass der Einstiegspunkt in der oberen Hälfte der Seitwärtsbewegung erfolgt (wo und wie der Einstieg konkret erfolgen kann, wird in Kapitel 6.5 erklärt).
- → Zur Identifikation wird die dritte Volatilitätsmethode verwendet.
- → Innerhalb der so identifizierten Phase weist zusätzlich noch entweder ein Tight Close oder die Vola-Ratio-Methode auf eine Abnahme der Volatilität hin.

Handelbarkeit:
- → Das Setup ist nicht handelbar, wenn das Signal durch das Trendqualitätsmodell entstanden ist.
- → Innerhalb des Setups sollte zudem möglichst das Volumen abnehmen; dies ist jedoch keine notwendige Bedingung.

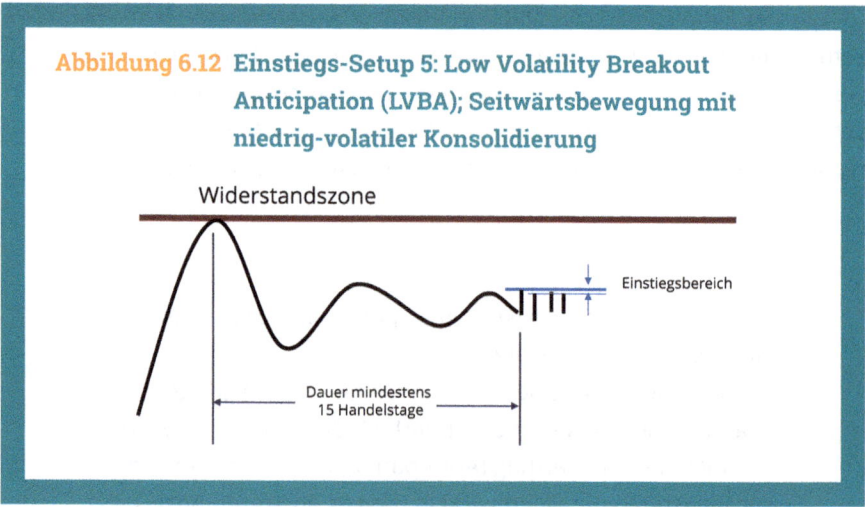

Abbildung 6.12 Einstiegs-Setup 5: Low Volatility Breakout Anticipation (LVBA); Seitwärtsbewegung mit niedrig-volatiler Konsolidierung

Widerstandszone

Einstiegsbereich

Dauer mindestens
15 Handelstage

Das LVBA-Setup weist große Ähnlichkeit mit der Tight Range auf. Der Unterschied liegt darin, dass im Falle des LVBA-Setups die Phase niedriger Volatilität innerhalb der Seitwärtsbewegung nicht unmittelbar unter oder an der Widerstandszone liegt, wie dies für die Tight Range erforderlich ist. Wie der Name des LVBA-Setups bereits andeutet, besteht die Idee darin, noch innerhalb der Seitwärtsbewegung einzusteigen.

Die Kriterien des Setups lassen einen (gewollt) großen Spielraum. Da keine weiteren charttechnischen Kriterien Verwendung finden, kommt es regelmäßig vor, dass ein identifiziertes LVBA-Setup in dem Moment zu einem Einstieg führt, wo ein anderes Chartmuster, wie zum Beispiel die Dynamische Triangel, ebenfalls ein Signal generiert.

Für die erfolgreiche Anwendung des Setups ist allerdings entscheidend, dass das vom Übergeordneten Marktmodell generierte Kaufsignal nicht auf das Trendqualitätsmodell, sondern auf die Timing-Modelle zurückgeht.

6.4 Setups für den Einstieg – Countertrend-Bereich

Im Gegensatz zum Trendfolgebereich verwende ich für Countertrend-Signale keine komplexen charttechnischen Setups. Stattdessen greife ich auf leicht umsetzbare Kriterien zurück, die wie folgt aussehen:

1. Die Aktie ist die letzten fünf bis zehn Handelstage massiv und deutlich mehr als der S&P 500 Index gefallen.
2. Erholungsphasen haben während dieser Zeit maximal zwei Tage gedauert.
3. Die Aktie ist vor dem Einstieg drei Tage lang „stehen geblieben" (was einer Konsolidierung von drei Tagen entspricht) und hat dabei gleichzeitig eine deutlich kleinere Tageskursspanne (Hoch minus Tief) ausgebildet als während der vorangegangenen Abwärtsbewegung; gekennzeichnet ist dieses „ideale Setup" somit von einer Abnahme der Volatilität, wie sie in Abbildung 6.13 anhand eines praktischen Beispiels gezeigt wird.
4. Die Schritte 1 bis 3 beschreiben das ideale Setup für die Umsetzung von Countertrend-Signalen; ist dieses Setup unter den infrage kommenden Kandidaten nicht zu finden, wird das Kriterium für die Konsolidierungsdauer schrittweise so lange aufgeweicht, bis Einstiegskandidaten gefunden werden.

Der Einstieg selbst erfolgt genauso wie im Falle der Trendfolge-Signale – siehe das folgende Kapitel 6.5.

Abbildung 6.13 Aktie von Spirit Airlines; gezeigt wird das ideale Einstiegs-Setup für die Umsetzung von Signalen, die im Countertrend-Bereich generiert worden sind.

6.5 Timing des Einstiegs

Nachdem die charttechnischen Setups für den Einstieg definiert sind, stellt sich die Frage, wie diese eingesetzt werden können, um in die ausgewählte Aktie einzusteigen.

Folgende Möglichkeiten sind im Zusammenhang mit den fünf Einstiegs-Setups sinnvoll:

1. Einstieg bei Überschreiten des Vortageshochs.
2. Einstieg zur Markteröffnung mit und ohne Limit.
3. Einstieg einige Minuten nach Markteröffnung (ohne Zusatzbedingungen).

4. Einstieg nach 30 bis 60 Minuten auf Basis des bis dahin markierten Tageshochs; der Einstieg erfolgt dann bei Durchbruch durch ein 30- oder 60-Minuten-Hoch.
5. Einstieg mit Intraday-Timing; der Einstieg erfolgt in dem Moment, wo sich die Aktie nach oben bewegt und weitere zusätzliche Kriterien erfüllt werden, unter anderem die Höhe des auf Intraday-Basis gemessenen Volumens.

Alle genannten Möglichkeiten weisen Vor- und Nachteile auf.

Der meines Erachtens sinnvollste Weg, sich auf eine Vorgehensweise festzulegen, besteht darin, sich kritisch selbst zu hinterfragen: Wie viel Zeit haben Sie für den Handel, und könnten Sie während bestimmter Marktphasen gegebenenfalls auch mehrere Tage hintereinander vor dem PC sitzen, um ihren Einstieg auf Intraday-Basis zu timen? Auch die Frage nach den eigenen Computerkenntnissen kann eine Rolle spielen – nämlich dann, wenn Sie den Einstieg zwar auf Intraday-Basis timen, dies aber automatisiert mithilfe einer Software durchführen möchten.

Meine Erfahrung im Ausbildungsbereich hat gezeigt, dass Trader und Investoren, die noch einer geregelten Arbeit nachgehen, sich auf Variante 1 konzentrieren und ihre Analysen sowie die Auftragserteilung am Ende des Handelstags oder vor Börseneröffnung durchführen sollten. Mit dieser Variante lassen sich die investierte Zeit und auch der mit dem Aktienhandel verbundene Stress minimieren. Dieser Ansatz ist der effizienteste Weg, da zudem Fehler minimiert werden.

Aus diesem Grund gehe ich im Folgenden ausschließlich auf die Einstiegsvariante 1 und ihre Feinheiten ein.[1] Variante 1 entspricht auch der von mir bevorzugten Einstiegsmethode, wenn ich tagsüber aus Zeitgründen nicht vor dem Monitor sitzen kann.

Meine Richtlinien und Tipps für den Einstieg lauten wie folgt:

Bei dem Auftrag handelt es sich um eine sogenannte Kauf-Stopp-Order. Eine Kauf-Stopp-Order kann sechs bis zehn Cent über dem Vortageshoch aufgegeben werden. Mit der Order-Aufgabe ist auch die Gültigkeitsdauer, die im Falle des Einstiegs stets mit „tagesgültig" angegeben wird, zu bestimmen.

Allerdings sind die Besonderheiten einer Kauf-Stopp-Order zu beachten: Ein Kauf-Stopp-Auftrag wird in dem Moment zu einer „Market-Order", wo der Aktienkurs dem angegebenen Stopp-Level entspricht oder dieses überschreitet (anstelle von „market" wird im deutschsprachigen Raum auch der Begriff „billigst" verwendet). Das hat zur Folge, dass im Falle von Kurslücken zur Markteröffnung (Gaps) der Einstiegskurs deutlich über dem Vortageshoch liegen kann. Zudem hat diese Vorgehensweise den Nachteil, dass eine Vielzahl von Tradern mit Vorliebe am Vortageshoch als Käufer agiert und professionelle Händler, die über schnelle Zugänge zu einer Vielzahl von Börsenplätzen verfügen, versuchen, diesen Effekt auszunutzen. Aus diesem Grund kommt es regelmäßig bei Kauf-Stopp-Aufträgen, die zu einem Einstieg am Vortageshoch führen, zu einer großen Slippage, also einer Abweichung, zwischen dem gewünschten Ausführungskurs und der tatsächlichen Ausführung.

Aus diesen Gründen empfehle ich folgende praxiserprobte Maßnahmen:

1. Die Kauf-Stopp-Order knapp unter dem Vortageshoch (beispielsweise zwei bis vier Cent) zu platzieren.
2. Die Kauf-Stopp-Order kombiniert mit einer Limit-Order aufzugeben, um einen Einstieg direkt nach Markteröffnung aufgrund eines großen positiven Gaps zu verhindern.
3. Den Abstand zwischen Stopp-Level und Limit-Level nicht größer als 0,5*ATR(21) zu wählen.
4. Zur Verringerung der Einstiegs-Slippage die Kauf-Stopp-mit-Limit-Order so aufzugeben, dass sie erst drei bis vier Minuten nach Markteröffnung (also in den USA zwischen 15:33 und 15:34 Uhr MEZ) automatisch aktiviert wird – sofern der gewählte Broker dies ermöglicht.
5. Den Auftrag möglichst als „hidden order" (versteckten Auftrag) aufzugeben, sodass er nicht im Orderbuch sichtbar ist.

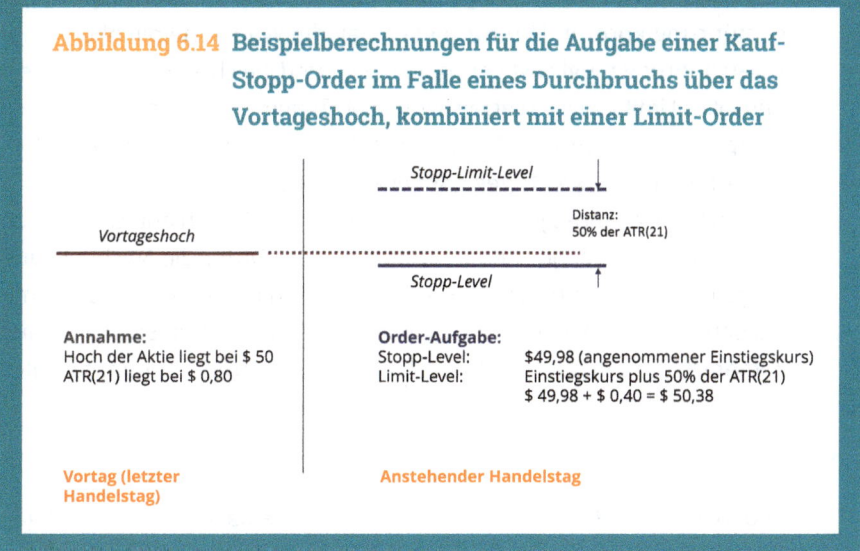

Abbildung 6.14 Beispielberechnungen für die Aufgabe einer Kauf-Stopp-Order im Falle eines Durchbruchs über das Vortageshoch, kombiniert mit einer Limit-Order

Stopp-Limit-Level

Distanz:
50% der ATR(21)

Vortageshoch

Stopp-Level

Annahme:
Hoch der Aktie liegt bei $ 50
ATR(21) liegt bei $ 0,80

Order-Aufgabe:
Stopp-Level: $49,98 (angenommener Einstiegskurs)
Limit-Level: Einstiegskurs plus 50% der ATR(21)
                 $ 49,98 + $ 0,40 = $ 50,38

Vortag (letzter Handelstag)

Anstehender Handelstag

In Abbildung 6.14 werden die Maßnahmen 1 bis 3 an einem Beispiel erläutert. Das Vortageshoch der Aktie liegt bei 50 Dollar und die ATR(21) an diesem Tag bei 80 Cent. Für den kommenden Handelstag wird das Stopp-Level auf zwei Cent unter dem Vortageshoch festgelegt, während die Entfernung zum Limit-Level 50 Prozent der ATR(21), also 40 Cent, beträgt. Der Auftrag, der erteilt wird, entspricht somit einer Kauf-Stopp-mit-Limit-Order mit einem Stopp-Level von 49,98 Dollar und einem Limit von 50,38 Dollar. Diese Order wird übrigens in dem Moment zu einem reinen Limit-Auftrag, wo das Stopp-Level überboten wird.

Den genannten Vorteilen, die sich durch Verwendung eines Kauf-Stopp-mit-Limit-Auftrags für den Einstieg ergeben, stehen allerdings zwei Nachteile gegenüber: Zum einen kann ein positives Gap zur Markteröffnung dazu führen, dass die Aktie bereits über dem Limit-Level eröffnet (der Auftrag wird auch in diesem Fall zu einer reinen Limit-Order) und der Kurs danach, ohne auf das Limit-Level zurückzufallen, weiter nach oben läuft, wodurch ein Einstieg in die Aktie verpasst wird. Darüber hinaus ist es möglich, dass die Kombination aus Stopp-Level und Limit-Level dazu führt, dass es nur zu einer Teilausführung kommt, wenn der Aktienkurs sehr schnell (innerhalb weniger Sekunden) beide Level überschreitet. Im schlimmsten Fall kann es sogar passieren, dass es zu überhaupt keiner Ausführung kommt. Um für diesen Fall die Wahrscheinlichkeit einer Teilausführung möglichst gering zu halten und gleichzeitig aber auch ein sinnvolles Limit-Level zu setzen, wird in Maßnahme 3 die Distanz zwischen Stopp- und Limit-Level auf 50 Prozent der ATR(21) festgelegt – ein Wert, der sich in der Praxis als geeignet erweisen hat.

Letztendlich muss jeder Trader und Investor für sich entscheiden, ob für ihn die Vorteile einer Kauf-Stopp-mit-Limit-Order die Nachteile aufwiegen oder sogar überwiegen. Auf mich trifft dies zu, allerdings fällt mir die Entscheidung auch nicht besonders schwer, da mein Einstieg, wann immer ich dazu in der Lage bin, auf Basis eines Intraday-Timings erfolgt.

6.6 Scaling-In

In den Kapiteln 3.4.1 und 3.4.2 wurde das Thema eines mehrstufigen Einstiegs, auch bekannt als Pyramidisieren, bereits aus der Portfolio-management-Perspektive behandelt. An dieser Stelle möchte ich diese Ausführungen um den Bereich des Timings erweitern.

Der Einstieg in eine Position kann im Rahmen der in diesem Buch vorgestellten Strategie am sinnvollsten in zwei Stufen erfolgen:

→ Der erste Einstieg wird, wie in Kapitel 6.5 beschrieben, vorbereitet und der Einstiegskurs entsprechend bestimmt.

→ Das Risiko für den ersten Einstieg beträgt ungefähr zwei Drittel des gewünschten Gesamtrisikos pro Trade; Beispiel aus Kapitel 3.4.2: Wird das maximale Risiko auf 0,75 Prozent der Reduced Core Equity pro Trade festgelegt, entsprechen zwei Drittel dieses Betrags 0,5 Prozent.

→ Parallel wird ein zweiter Einstiegskurs festgelegt, der ungefähr 20 bis 30 Prozent der ATR(21) über der Stopp-Marke des ersten Einstiegs liegt und für den die Positionsgröße so berechnet wird, dass der verbleibende Rest des zuvor festgelegten Gesamtrisikos pro Trade eingesetzt wird (was in etwa 0,2 Prozent der Reduced Core Equity entspricht).

→ Der Verlustbegrenzungsstopp (Thema von Kapitel 7) bleibt für beide Positionen gleich.

➡ Der zweite Einstieg erfolgt frühestens 15 Minuten nach Markteröffnung als reine (tagesgültige) Stopp-Order und nur dann, wenn der Aktienkurs noch unter der Stoppmarke für diesen zweiten Einstieg liegt.

Trader und Investoren, die entweder berufstätig sind oder auf einen Broker zurückgreifen, der die Aufgabe der beschriebenen zeitabhängigen Order nicht anbietet, sollten auf einen zweistufigen Einstieg verzichten und die Position direkt mit dem ersten Einstieg vollumfänglich aufbauen.

Dies gilt auch für diejenigen Trader, die zwar die benötigte Zeit und den Zugang zu einem entsprechenden Broker haben, denen aber die beschriebenen Schritte zu aufwendig sind. Allerdings kann aus meiner Sicht der Vorteil der Zeitersparnis (und des Aufwands) nicht vollständig den Vorteil kompensieren, den ein zweistufiger Einstieg mit sich bringt: Wie die Auswertung der Trades der vergangenen drei Jahre ergeben hat, kommt es in ungefähr 15 Prozent der Verlust-Trades zu keinem zweiten Einstieg. Für die Statistik bedeutet dies, dass 15 Prozent der mit einem Verlust abgeschlossenen Trades statt des vollen Anfangsrisikos lediglich zwei Drittel verlieren. Ein zweistufiger Einstieg hilft somit, die Verluste zu verringern.

Fußnoten:

[1] Trader und aktive Investoren, die an Einstiegsmöglichkeiten auf Intraday-Basis interessiert sind, seien auf den zum Buch angebotenen Ausbildungskurs verwiesen: www.nachhaltig-erfolgreich-traden.com.

TECHNIKEN UND RICHTLINIEN FÜR DEN AUSSTIEG

7

Mit dem Thema „Ausstieg" wird der letzte Baustein der in diesem Buch vorgestellten kurz- und mittelfristigen Aktienstrategie behandelt. Diese Komponente ist der entscheidende Faktor der Strategie: Ohne die im Folgenden vorgestellten Methoden für den Ausstiegsbereich wäre die gesamte Strategie ohne Wert.

7.1 Ausstiegsvarianten

Im Ausstiegsbereich gibt es eine überschaubare Anzahl von unterschiedlichen Methoden:

1. Ausstieg mit Erreichen einer Verlustbegrenzungsmarke
2. Zeitabhängiger Ausstieg
3. Gewinnmitnahme
4. Desaster-Ausstieg

Diese vier Methoden können – und sollten – miteinander kombiniert werden.

Methode 1 ist die Anwendung von Verlustbegrenzungsstopps. In den Kapiteln 2 und 3 wurde dieses Thema besprochen: Die konsequente Anwendung von Verlustbegrenzungsstopps ist obligatorisch.

Ebenfalls bereits bekannt – aus Kapitel 4.4.4, in dem es um die Auswertung der Timing-Modelle mithilfe der E-Ratio-Analyse ging – ist der Ausstieg nach einer definierten Halteperiode (Methode 2). Diese Variante wird von mir überwiegend für das Testen von Indikatoren und Einstiegsmethoden verwendet. Sie spielt für den Ausstieg aus Positionen im Rahmen der in diesem Buch vorgestellten Strategie keine Rolle.

Anders sieht es hingegen mit Methode 3 und den Verfahren zur direkten Realisierung oder Absicherung offener Gewinne aus. Die in diesem Bereich verwendeten Methoden werden ab Kapitel 7.5 detailliert erörtert.

Methode 4 wird zwar in diesem Kapitel nicht erläutert, ist jedoch für den Gesamterfolg im Trading von Bedeutung. Es geht dabei um die grundsätzliche, strategieunabhängige Frage, wann der Zeitpunkt gekommen ist, an dem aufgrund schlechter Performance erkannt wird, dass etwas mit dem Handel schiefläuft. Wann sollte der Handel mit einer Strategie eingestellt werden, um diese ohne externe Einflussfaktoren (wie offene Positionen) überprüfen zu können? Dieser Punkt wird nochmals in Kapitel 10, in dem es um die Aufstellung eines Trading-Plans geht, aufgegriffen.

Alle vier genannten Ausstiegsmethoden können nicht nur untereinander, sondern auch mit sogenannten Scaling-Out-Varianten kombiniert werden. Unter einem Scaling-Out wird der Verkauf einer Position in mehreren Schritten, verteilt über mehrere Minuten, Tage oder sogar Wochen, verstanden. Derartige Verfahren werden gerne von Vermögensverwaltern und Fondsmanagern eingesetzt, um eine möglichst glatte Performance-Kurve zu erzielen und um Positionen zu beschneiden, die aufgrund einer positiven Kursentwicklung im Portfolio übergewichtet sind.

Meine Untersuchungen in diesem Bereich haben allerdings gezeigt, dass mit Scaling-Out-Verfahren eine deutlich schlechtere Performance erzielt wird als ohne sie. Der Grund ist, dass gerade diejenigen Positionen verkauft werden, die sich positiv entwickeln, während an den Werten, die in der Nähe ihres Einstiegskurses oder darunter verharren, festgehalten wird. Aus diesem Grund verzichte ich in meinem kurz- und mittelfristigen Trading auf die Anwendung von Scaling-Out-Methoden.

7.2 Berechnungsmethoden für den Ausstieg

Der Ausstieg aus einer Aktie kann grundsätzlich auf drei unterschiedliche Arten erfolgen:

- ⇒ Auf Basis einer Chart-Analyse
- ⇒ Auf Basis des Gewinn-zu-Risiko-Verhältnisses
- ⇒ Auf Basis einer Kombination der beiden zuvor genannten Arten

Bei der ersten Variante wird die Entscheidung, wo der Verlustbegrenzungsstopp platziert wird und wie die Marken für die Gewinnmitnahme gesetzt werden, ausschließlich auf Basis der Chartanalyse und damit des reinen Kursverhaltens getroffen.

Ein anderer, sehr interessanter Weg greift das mit dem Einstieg eingegangene Risiko pro Trade auf: Der Verlustbegrenzungsstopp wird entweder auf Basis der Charttechnik oder der Volatilität (beispielsweise der ATR) und das Risiko pro Trade über den Abstand zwischen potenziellem Einstiegskurs und Verlustbegrenzungsstopp bestimmt. Ab diesem Moment spielen die Charttechnik und die Volatilität keine Rolle mehr, sondern nur noch die Frage, wie weit die offene Position im Gewinn liegt. Auf Basis des Verhältnisses zwischen offenem Gewinn und Anfangsrisiko, dem sogenannten Gewinn-zu-Risiko-Verhältnis (GRV), wird dann entschieden, wann und wie weit ein Stopp nachgezogen oder ob gegebenenfalls direkt ein Gewinn realisiert wird.

Beispiel für die Anwendung von Ausstiegsmethoden auf Basis des Gewinn-zu-Risiko-Verhältnisses:

Annahmen:

→ Der Einstieg in eine Aktie erfolgt zu $ 80.

→ Der Verlustbegrenzungsstopp wird auf $ 76 festgelegt.

→ Das Risiko pro Aktie (Anfangsrisiko) beträgt damit $ 4.

→ Das Gewinn-zu-Risiko-Verhältnis (GRV) ergibt sich aus dem offenen Gewinn oder Verlust der Position (pro Aktie) und dem Risiko pro Aktie.

Szenario:

→ Die Aktie läuft auf $ 88; damit ist die offene Position das Zweifache des Anfangsrisikos im Plus (GRV=2); das (fiktive) Regelwerk sieht für diesen Fall vor, den Verlustbegrenzungsstopp an den Break-even-Punkt heranzuziehen.

→ Danach läuft die Aktie unter kleineren Schwankungen auf $ 92 hoch; das Ergebnis: GRV=3; das (fiktive) Regelwerk sieht vor, ab einem GRV>3 einen nachlaufenden Stopp zur Gewinnmitnahme zu implementieren, der auf Tagesbasis immer dann nach oben angepasst wird, wenn der Schlusskurs ein neues Hoch markiert; die Entfernung vom Schlusskurs zur Ausstiegsmarke entspricht dabei dem Zweifachen des GRVs; damit liegt der Stopp zur Absicherung von Gewinnen aktuell bei $ 84.

→ Eine weitere Anschlussbewegung trägt die Aktie auf über $ 96; damit ist das GRV=4; das (fiktive) Regelwerk sieht eine sofortige Mitnahme des Gewinns vor, sobald das Vierfache des GRVs erreicht ist; das führt zu einem Ausstieg bei $ 96.

Hinweis: Es handelt sich um ein Beispiel mit einem erdachten Ausstiegsregelwerk – nicht um die von mir tatsächlich verwendeten Ausstiegsregeln.

Dieses Beispiel für die Anwendung von Gewinn-zu-Risiko-Verhältnissen im Ausstiegsbereich ist bewusst ausführlich gehalten: Die Methode spielt im Regelwerk für den Ausstieg an mehreren Stellen eine wichtige Rolle. Sie wird von mir mit einer einfach umzusetzenden Chartanalyse kombiniert, deren Vorgehensweise ab Kapitel 7.5 erklärt wird.

7.3 Einführung unterschiedlicher Trader-Typen

Die folgenden Ausführungen sind von größter Bedeutung. Um die eigene Trading-Karriere erfolgreich zu gestalten, empfehle ich Ihnen, sich für das Studium des Inhalts und die Beantwortung der Fragen Zeit zu nehmen.

Mit Ihren Antworten steht und fällt die gesamte Vorgehensweise der in diesem Buch vorgestellten Strategie. Hier ist die Stelle im Buch, an der entschieden wird, ob Sie die Strategie als reine Kurzfriststrategie, mittelfristige Anlagestrategie oder Mischung aus beidem umsetzen.

Konkret handelt es sich um die Frage, welchen Trader-Typ Sie verkörpern. Gehören Sie zu denjenigen Tradern, die Gewinne sehr schnell realisieren und damit aktiv handeln (müssen), oder sind Sie eher der ruhige, strategisch orientierte Investor, der versucht, so lange an Positionen festzuhalten, wie es sinnvoll ist, und Gewinne möglichst lange laufen zu lassen?

Beantworten Sie die folgenden Fragen für sich selbst:

Thema Trefferquote:

1. Wie wichtig ist mir eine hohe Trefferquote?
2. Ist mir eine hohe Trefferquote wichtiger als potenziell hohe Gewinne?

Thema Anlagehorizont und das Laufenlassen von Gewinnen:

1. Welchen Anlagehorizont bevorzugen Sie: wenige Tage oder mehrere Wochen bis Monate?
2. Wie schwer tun Sie sich damit, offene Gewinne wieder abzugeben, also bestehende Gewinnpositionen auch auf die Gefahr hin laufen zu lassen, einen Teil der Gewinne wieder abzugeben?

Auf den ersten Blick haben diese Fragen nicht viel mit dem Thema Ausstiegstechniken zu tun. Erst bei näherer Betrachtung der Fragen und unter Hinzuziehung von Abbildung 7.1 wird deutlich, worum es geht: In Abhängigkeit von den Antworten auf die zuvor gestellten Fragen lässt sich jeder Trader einem der drei Typen zuordnen.

Abbildung 7.1 Merkmale unterschiedlicher Trader-Typen

Typ 1: Reiner Swing-Trader	Typ 2: Aktiver Investor	Typ 3: Chamäleon-Trader
➡ Hält Positionen im Durchschnitt 3-10 Handelstage. ➡ Bevorzugt eine hohe Trefferquote. ➡ Gibt Gewinne nur ungern wieder ab. ➡ Verkauft generell in Stärke hinein. ➡ Handelt jedes Signal, das von den Timing-Modellen und dem Trendqualitätsmodell generiert wird.	➡ Mittelfristig orientiert, das heißt, Aktien werden wann immer möglich mehrere Wochen bis Monate gehalten. ➡ Aus diesem Grund werden selektiv nur diejenigen Timing-Modell-Signale gehandelt, die eine längere Haltedauer erwarten lassen – ebenso gilt dies für die berücksichtigten Einstiegs-Setups. ➡ Ist bereit, einen Teil der Gewinne wieder abzugeben. ➡ Bevorzugt hohe Trefferquoten.	➡ Anlagehorizont orientiert sich an der Marktphase. ➡ Gewinnmitnahmen werden entsprechend flexibel gehandhabt. ➡ Jedes von den Timing-Modellen und dem Trendqualitätsmodell generierte Signal wird umgesetzt. ➡ Typ 3A: Bevorzugt höhere Trefferquoten – auch in Bullenmärkten. ➡ Typ 3B: Aggressiv; strebt hohe Gewinne auf Kosten der Trefferquote an.

Der hier definierte „reine Swing-Trader", auch als rein kurzfristig orientierter Trader bezeichnet, hält Positionen zwischen zwei und maximal zehn Handelstagen. Sobald eine offene Position im Plus liegt, versucht er von diesen offenen Gewinnen möglichst wenig wieder abzugeben, bevor es zu einem Ausstieg kommt. Aus diesem Grund verkauft er regelmäßig in Aufwärtsphasen – also in die Stärke einer Aktie hinein. Der Ausstieg erfolgt mithilfe eng nachlaufender Stopps zur Absicherung der Gewinne oder in Form einer direkten Gewinnmitnahme. Aufgrund der verhältnismäßig kurzen Haltedauer werden regelmäßig Gewinne realisiert. Diese fallen jedoch nicht so hoch aus wie für die beiden anderen Trader-Typen. Das Verhältnis durchschnittlicher Gewinner zu durchschnittlichen Verlierern liegt typischerweise bei 1,1 zu 1. Um überhaupt Geld zu verdienen, ist der reine Swing-Trader daher darauf angewiesen, eine möglichst hohe Trefferquote zu erzielen, also möglichst viele Trades mit einem Gewinn abzuschließen. Zudem ist es erforderlich, möglichst viel zu handeln und jedes von den Timing-Modellen und dem Trendqualitätsmodell generierte Signal umzusetzen. Die Trefferquote dieses Trader-Typs lag in den vergangenen drei Jahren für die in diesem Buch vorgestellte Strategie zwischen 62 und 66 Prozent.

Der zweite Typ ist der aktive Investor, der zwar täglich seine Positionen überprüft und die Analyse gemäß dem Übergeordneten Marktmodell durchführt, jedoch wesentlich weniger handelt als der rein kurzfristig orientierte Trader. Ein aktiver Investor versucht Aktien möglichst mehrere Wochen bis Monate zu halten mit dem Ziel, Gewinne möglichst lange laufen zu lassen und so große Gewinner zu haben. Das setzt im Gegenzug die Bereitschaft voraus, unter Umständen auch einen größeren Teil offener Gewinne wieder abzugeben. Entsteht ein Kaufsignal, sollte dieses einen – bezogen auf die Haltedauer – langfristigen Vorteil aufweisen. Für die verwendeten Timing-Modelle bedeutet dieser Ansatz, dass nur diejenigen Modelle zum Einsatz kommen, die entweder zum Countertrend-Bereich zählen (hier liegt das Potenzial für den mittelfristigen Handel auf der Hand) oder aber zum Trendfolgebereich gehören und deren E-Ratio-Analyse gleichzeitig auf einen Vorteil für Halteperioden größer zehn Handelstage hinweist. Dies ist für alle Timing-Modelle der Fall, die einer E-Ratio-Analyse unterzogen worden sind – wenn auch die Qualität des A-D-Summation-Timing-Modells etwas abnimmt. In jedem

Fall ignoriert ein aktiver Investor aber die vom Trendqualitätsmodell generierten Signale. Aufgrund des mittelfristigen Anlagehorizonts, den ein aktiver Investor verfolgt, werden die Verlustbegrenzungsstopps so platziert, dass die Wahrscheinlichkeit für ein Auslösen der Ausstiegsmarke binnen weniger Tage sehr gering ist. Das bedeutet, dass der Verlustbegrenzungsstopp entsprechend weit vom Einstiegskurs platziert wird und damit eine hohe Trefferquote von bis zu 65 Prozent erzielt werden kann (dies war zumindest in den vergangenen drei Jahren der Fall).

In Abbildung 7.1 findet sich noch ein dritter Trader-Typ, der wiederum in Typ 3A und Typ 3B unterteilt ist: Es handelt sich um den von mir gegenüber den beiden anderen Typen eindeutig präferierten Chamäleon-Trader (wobei Typ B meinem eigenen Stil am ehesten entspricht).

Die Bezeichnung „Chamäleon" ist von mir bewusst gewählt, denn sie beschreibt am besten die Eigenschaft, die dieser Trader-Typ mitbringen muss: eine hohe Anpassungsfähigkeit an die Marktgeschehnisse.

Mit Anpassungsfähigkeit sind insbesondere zwei Dinge gemeint: die Anwendung variabler Ausstiegsmethoden in den Bereichen Gewinnabsicherung und direkte Gewinnmitnahme sowie eine flexible Haltedauer. Beide Punkte orientieren sich an der jeweiligen Marktphase, die mithilfe des Marktphasenmodells identifiziert wird (vergleiche Kapitel 4.3).

Die beiden Typen des Chamäleon-Traders unterscheiden sich lediglich an einer Stelle: der Entfernung, die zwischen dem Einstiegskurs und dem Verlustbegrenzungsstopp liegt. Je größer die Distanz zwischen diesen beiden Punkten, umso geringer die Wahrscheinlichkeit, dass der Verlustbegrenzungsstopp zu einer Glattstellung der Position führt, und umso größer entsprechend die Trefferquote.

Allerdings hat eine auf diesem Weg erzielte Erhöhung der Trefferquote eine Kehrseite: Hohe Gewinn-zu-Verlust-Trades können aufgrund des hohen Anfangsrisikos pro Aktie wesentlich schwerer erzielt werden. Genau dieser Punkt ist es, der die Bedeutung von Verlustbegrenzungsstopps illustriert.

7.4 Setzen des Verlustbegrenzungsstopps

Aus dem gerade Ausgeführten ergibt sich: Die Platzierung des Verlustbegrenzungsstopps – konkret die Entfernung zum Einstiegskurs – beeinflusst maßgeblich die Trefferquote und damit die Handelshäufigkeit (je häufiger der Verlustbegrenzungsstopp ausgelöst wird, desto häufiger wird gehandelt) sowie die pro Trade erzielten Gewinn-zu-Risiko-Verhältnisse (GRV).

Vor diesem Hintergrund setze ich im Einklang mit den typischen Merkmalen der unterschiedlichen Trader-Typen und in Abhängigkeit vom gültigen Einstiegs-Setup den Verlustbegrenzungsstopp so, wie in Abbildung 7.2 angegeben.

Abbildung 7.2 Bestimmung der Marke für das Setzen des Verlustbegrenzungsstopps

	COUNTER-TREND	TRENDFOLGE				
	Jede Setup-Form	**SETUP 1** Pullback	**SETUP 2** Shake-Out	**SETUP 3** Tight Range	**SETUP 4** Flag	**SETUP 5** Low-Vola-Breakout
Typ 1 Swing-Trader		EK-2* ATR(21)			EK-2* ATR(21)	
Typ 2 Aktiver Investor	EK-2,5* ATR(21)		EK-2* ATR(21)	EK-2* ATR(21)		EK-2* ATR(21)
Typ 3A Chamäleon-Trader		EK-2* ATR(21)			EK-2* ATR(21)	
Typ 3B Chamäleon-Trader	EK-2,5* ATR(21)	EK-2* ATR(21)	Tief des Setup-Tags	Minimum: EK-2* ATR(21) und Tief der Range	EK-2* ATR(21)	Minimum: EK-2*ATR(21) und Tief der letzten 4 Tage

EK: Einstiegskurs

Die in Abbildung 7.2 verwendeten Setups 1 bis 5 entsprechen den in Kapitel 6 eingeführten charttechnischen Mustern:

- ⟹ Setup 1: Simple Pullback
- ⟹ Setup 2: Shake-Out oder Re-Test
- ⟹ Setup 3: Tight Range
- ⟹ Setup 4: Flag
- ⟹ Setup 5: Low Volatility Breakout Anticipation (LVBA)

In Abbildung 7.2 sind in der zum aktiven Investor gehörenden Zeile zwei Felder frei geblieben – die Angaben zur Platzierung des Verlustbegrenzungsstopps für Setup 1 und Setup 4. Der Grund ist, dass der aktive Investor weder Setup 1 noch Setup 4 handeln sollte. Setup 1 kann zu Setup 3 mutieren (vergleichen Sie hierzu auch die Ausführungen in Kapitel 6.3.2), während Setup 4 erst zu einem Einstieg führt, nachdem die Aktie aus ihrer Seitwärtsbewegung ausgebrochen ist und sich bereits ein Trend ausgebildet hat (siehe auch Kapitel 6.3.4). Aus Sicht des mittelfristig orientierten Investors würde der Einstieg im letztgenannten Fall schlichtweg zu spät erfolgen.

Die in Abbildung 7.2 verwendeten Distanzen zwischen Einstiegskurs und Verlustbegrenzungsmarke liegen im Trendfolgebereich für die Trader-Typen 1, 2 und 3A bei dem Zweifachen der ATR(21). Dieser Wert hat sich als sinnvoll herauskristallisiert. Für Trader-Typ 3B werden engere Verlustbegrenzungsstopps – mit allen genannten Konsequenzen – verwendet.

Im Countertrend-Bereich wird das Risiko pro Aktie etwas größer angesetzt. Die Phasen, in denen Signale entstehen, sind fast ausnahmslos von einem Marktumfeld hoher Volatilität geprägt. Hierauf reagiert der verwendete volatilitätsabhängige Stopp, indem er die Ausstiegsmarke weiter vom Einstiegskurs entfernt setzt (was gewollt ist und der Grund für die Verwendung eines solchen Stopps ist). Allerdings können Phasen hoher Volatilität auch zu noch höheren Volatilitäten führen, sodass es sinnvoll sein kann, den in Abbildung 7.2 vor der ATR(21) stehenden Faktor von 2,0 auf 2,5 zu erhöhen.

7.5 Defensive Ausstiegsvarianten

Unter einem „defensiven Ausstieg" wird der Verkauf in den fallenden Aktienkurs hinein verstanden. Eine Position wird verkauft, sobald diese eine unter dem Vortagskurs platzierte Ausstiegsmarke berührt. Es wird also mit dem Verkauf gewartet, bis der Kurs auf die entsprechende Ausstiegsmarke oder darunter gefallen ist.

Abbildung 7.3 zeigt anhand der Aktie von Ambarella Inc. (Symbol: AMBA), wie ein solcher Fall in der Praxis aussehen kann. Der Stopp wird auf Volatilitätsbasis mit dem Vierfachen der ATR(21) nachgezogen, bis der Kurs am 22. Juni 2015 unter die nachlaufende Ausstiegsmarke fällt und die Aktie daraufhin umgehend verkauft wird.

Im Bereich der defensiven Ausstiegsvarianten greife ich für folgende Fälle auf ein Regelwerk zurück:

→ Für das Anheben des Verlustbegrenzungsstopps an die Gewinnschwelle

→ Für das Nachziehen der Ausstiegsmarke zwecks Absicherung der Gewinne

Im letztgenannten Fall handelt es sich um einen Verkaufsstopp, der direkt an der Börse aufgegeben wird und in der Regel so weit vom aktuellen Kurs entfernt liegt, dass er nicht ausgeführt wird. Es handelt sich hierbei um einen Worst-Case-Stopp, der für den Fall gedacht ist, dass aufgrund von unerwartet auftretenden externen Faktoren (wie beispielsweise Krankheit) eine tägliche Überprüfung der Positionen nicht möglich ist.

Im Trendfolge- wie auch im Countertrend-Bereich verwende ich als nachlaufenden Stopp zur Absicherung von Gewinnen nicht die ebenfalls mögliche in Abbildung 7.3 gezeigte Variante, sondern einen über 50 Tage berechneten Gleitenden Durchschnitt (GD50). Von diesem ziehe ich noch 25 bis 30 Prozent des Anfangsrisikos pro Aktie ab, sodass die Stoppmarke stets etwas unter dem GD50 liegt (eine kleine Feinheit, die sich jedoch nach meiner bisherigen praktischen Erfahrung bewährt).

Abbildung 7.4 **Beispiel für einen auf dem Gleitenden Durchschnitt von 50 Tagen (GD50) basierenden defensiven Ausstieg aus der Aktie AmeriSourceBergen; der Pfeil markiert den fiktiven Einstiegspunkt.**

ABC - Daily AmeriSourceBergen Corp NYSE

In Abbildung 7.4 sehen Sie mit der Aktie von AmeriSourceBergen (Symbol ABC) ein repräsentatives Beispiel. Der schwarze Pfeil markiert den Zeitpunkt des Einstiegs. Da sich der Wert des GD50 täglich nur wenig verändert, reicht es, den Verkaufs-Stopp-Auftrag lediglich jeden zweiten bis dritten Handelstag mit der Laufzeit „gültig bis auf Widerruf" (auch bekannt als GTC-Order) anzupassen. Die Marke für den Verkaufsstopp kann natürlich nur nach oben angepasst werden und bleibt für den Fall unverändert, dass der GD50 gegenüber dem Vortag fällt.

Das Nachziehen der Ausstiegsmarke zur Gewinnabsicherung mit dem GD50 erfolgt erst, nachdem der Verlustbegrenzungsstopp an die Gewinnschwelle angehoben worden ist. Im Falle von Countertrend-Signalen kann es vorkommen, dass der Aktienkurs auch dann noch unter dem GD50 liegt, nachdem der Verlustbegrenzungsstopp an den Break-even-Punkt gezogen worden ist. Der meines Erachtens beste Weg in solchen Situationen besteht darin, mit einem nachlaufenden Stopp auf GRV-Basis zu operieren und den Stopp mit dem Dreifachen des Anfangsrisikos nachzuziehen. Eine solche Vorgehensweise hat zur Folge, dass die Ausstiegsmarke in dem Moment über der Gewinn-schwelle liegt, wo die Position um das Dreifache des Anfangsrisikos im Plus liegt. Das Nachziehen auf GRV-Basis erfolgt so lange, bis die Ausstiegsmarke über dem GD50 liegt. Ab diesem Zeitpunkt wird dann der GD50-Ausstieg verwendet.

Das wirft die Frage auf, wann genau ein Break-even-Stopp gesetzt wird. Der Zeitpunkt, an dem ein Verlustbegrenzungsstopp an die Gewinn-schwelle (Break-even-Punkt) gezogen wird, hängt natürlich wiederum von dem Trader-Typ ab sowie von der Frage, welches Setup zu einem Einstieg geführt hat.

In Abbildung 7.5 wird für jeden Fall bestimmt, unter welchen Bedin-gungen der Verlustbegrenzungsstopp an die Gewinnschwelle heran-gezogen wird.

Abbildung 7.5 Bedingungen für das Heranziehen des Verlustbegrenzungsstopps an die Gewinnschwelle

	COUNTER-TREND	TRENDFOLGE				
	Jede Setup-Form	**SETUP 1** Pullback	**SETUP 2** Shake-Out	**SETUP 3** Tight Range	**SETUP 4** Flag	**SETUP 5** Low-Vola-Breakout
Typ 1 Swing-Trader		Mit Erreichen der Wider-standszone		Widerstand	Widerstand	
Typ 2 Aktiver Investor	BE-S sobald GRV>2		Mit Erreichen der Wider-standszone	Erst mit Erreichen der im obigen Bild eingezeich-neten Wider-standszone	Erst mit Errei-chen der im obigen Bild gezeigten Widerstands-zone	Mit Erreichen der Wider-standszone
Typ 3A Chamäleon-Trader		Mit Erreichen der Wider-standszone				
Typ 3B Chamäleon-Trader						

BE-S: Break-even-Stopp, GRV: Gewinn-zu-Risiko-Verhältnis

Werden Countertrend-Signale gehandelt, wird unabhängig vom Kursverhalten nach dem Einstieg ein Break-even-Stopp gesetzt, sobald die Position ein GRV von mehr als 2 aufweist.

Für Trendfolgesignale wird erst mit Erreichen des letzten Hochs der Konsolidierung oder Seitwärtsbewegung (das gemäß Definition einen Widerstand repräsentiert) ein Break-even-Stopp gesetzt.

Bei den Setups 1, 2 und 5 ist das Hoch der Seitwärtsbewegung identisch mit der Widerstandszone. Erreicht der Aktienkurs diesen Bereich, wird der Verlustbegrenzungsstopp auf seinen Einstiegskurs angehoben.

Etwas komplexer sieht der Fall für die Setups 3 und 4 aus. In Kapitel 6.3.3 wird die Tight Range als Setup 3 genau definiert. Danach muss die Tight Range innerhalb der Seitwärtsbewegung direkt unter der Widerstandszone der Seitwärtsbewegung liegen. Da diese Widerstandszone unmittelbar nach dem Einstieg erreicht wird, ergibt ein Kriterium, das vorsieht, im selben Moment einen Break-even-Stopp zu platzieren, wenig Sinn. Eine verwertbare Widerstandszone ergibt sich erst an dem Hoch, das nach einem erfolgreichen Ausbruch aus der Seitwärtsbewegung und einer daran anschließenden Korrektur entsteht. Zu sehen ist dieses Szenario als Skizze in der Spalte zum Setup 3 in Abbildung 7.5.

Analog verhält sich das Szenario für die Platzierung des Verlustbegrenzungsstopps von Setup 4. Erst nach dem Ausbruch aus der Flaggen-Formation und der früher oder später entstehenden Korrektur bildet sich ein Hoch, das zu einer Widerstandszone wird, die, sobald sie erneut vom Kurs erreicht wird, zu einer Anhebung des Verlustbegrenzungsstopps an die Gewinnschwelle führt.

Die auf den vorherigen Seiten vorgestellten defensiven Ausstiegsstrategien kommen stets, also ohne Ausnahme, zur Anwendung. Anders verhält es sich mit den Ausstiegstechniken, die zum offensiven Bereich gehören.

7.6 Offensive Ausstiegsvarianten

Unter einem offensiven Ausstieg wird das Liquidieren der Position noch während eines Kursanstiegs verstanden. Ein typisches Szenario nach dem Ausbruch aus einer Seitwärtsbewegung – welches sich einzuprägen lohnt – zeigt Abbildung 7.6.

Nach dem Ausbruch aus der Seitwärtsbewegung nimmt die Wahrscheinlichkeit mit jeder grünen Kerze zu, dass ein Kursrücksetzer folgt. Im Rahmen der in diesem Buch vorgestellten Strategie wird zusätzlich unter einem „offensiven Ausstieg" auch das Setzen eines engen Stopps unter dem Vortagesschlusskurs verstanden. Dieser hätte in Abbildung 7.6 zum Ausstieg am letzten gezeigten Tag (rote Kerze) führen können.

Zu den offensiven Ausstiegsvarianten zählen:

→ Der Ausstieg aufgrund anstehender Quartalsergebnisse; siehe hierzu Kapitel 3.2.

→ Die Gewinnmitnahme mithilfe eines Verkaufs-Limit-Auftrags, der die Position beispielsweise in dem Moment liquidiert, wo das Dreifache des GRV erreicht wird.

→ Der Ausstieg mit sehr eng am Markt liegenden Verkaufsstopps, sobald ein Wide Range Day (Tag mit großer Kursspanne) entstanden ist.

Abbildung 7.6 Ambarella Inc. im April/Mai 2015; gezeigt wird ein typisches Szenario nach einem Ausbruch aus der Seitwärtsbewegung.

➡ Der Ausstieg nach Ausbruch aus einer Seitwärtsbewegung auf Basis einer Kombination von Charttechnik und Zeitfaktor.

Auf die drei letztgenannten Varianten wird im Folgenden näher eingegangen.

7.6.1 Wide Range Day als offensive Ausstiegsmethode

Ein Wide Range Day liegt vor, wenn die True Range (entspricht der ATR[1]) des aktuellen Handelstags 90 Prozent über der ATR(50) liegt. Sobald dieser Fall eintritt, wird ein Verkaufsstopp knapp unter dem Schlusskurs des WRD platziert. Der Abstand zwischen Schlusskurs und Verkaufslevel beträgt dabei zehn bis 20 Prozent der True Range des Tages. Wird wie in Abbildung 7.7 am nächsten Tag der Stopp nicht ausgelöst, kann wahlweise das Level beibehalten oder nach oben angepasst werden.

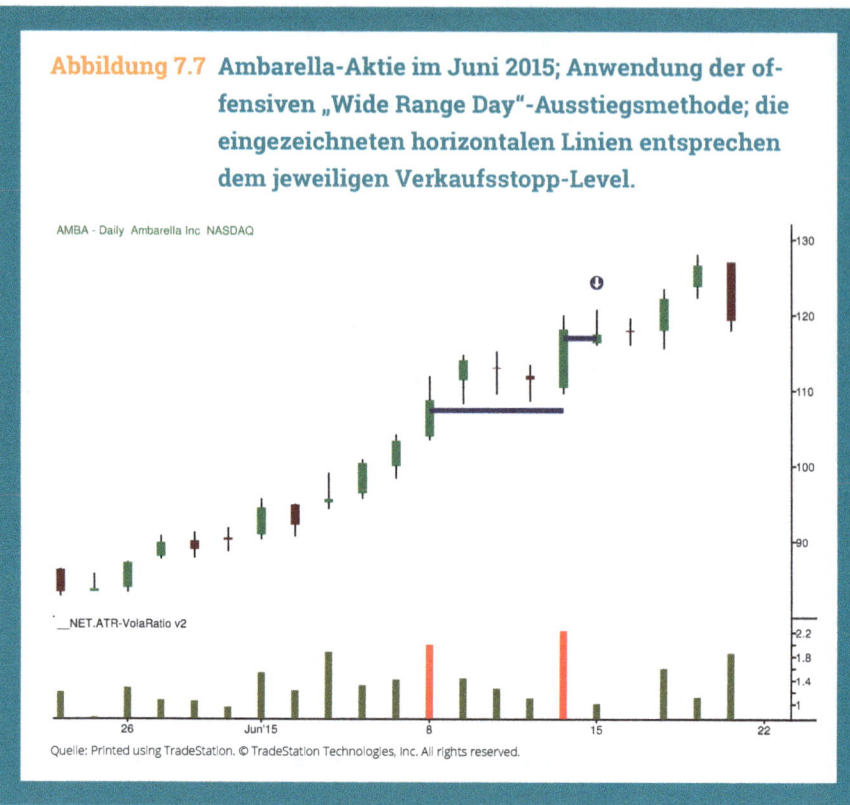

Abbildung 7.7 Ambarella-Aktie im Juni 2015; Anwendung der offensiven „Wide Range Day"-Ausstiegsmethode; die eingezeichneten horizontalen Linien entsprechen dem jeweiligen Verkaufsstopp-Level.

In Abbildung 7.7 führt das Beibehalten des Stopp-Levels dazu, dass nach dem ersten WRD die Position auch mit engem Verkaufsstopp weiter gehalten wird. Drei Tage später entsteht ein weiterer WRD. Nach dem erneuten Nachziehen des Verkaufsstopps für den nächsten Tag kommt es schließlich zu einem Ausstieg aus der Position.

Die Bedingungen für die Anwendung des offensiven WRD-Ausstiegs hängen maßgeblich davon ab, welcher Trader-Typ man ist, wie lange die Position bereits gehalten wird und in welcher Phase der Markt sich aktuell befindet. Abbildung 7.8 benennt die genauen Kriterien für jeden Trader-Typ.

Abbildung 7.8 Bedingungen für die Anwendung der offensiven WRD-Ausstiegsmethode

	COUNTER-TREND	TRENDFOLGE				
	Jede Setup-Form	**SETUP 1** Pullback	**SETUP 2** Shake-Out	**SETUP 3** Tight Range	**SETUP 4** Flag	**SETUP 5** Low-Vola-Breakout
Typ 1 Swing-Trader	Sobald Position mehr als 2 Tage gehalten wird	Nach Ausbruch über vorheriges Hoch	Nach Ausbruch über Hoch der Konsolidierung	Nach Ausbruch über Hoch der Konsolidierung	Nach Ausbruch über Hoch der Flagge	Nach Ausbruch über Hoch der Konsolidierung
Typ 2 Aktiver Investor	Erst ab einem bestimmten GRV von beispielsweise 4-1 oder einer Halteperiode von mehr als 8 Wochen	Nur in reifen Bullenmärkten oder ab einer bestimmten Haltedauer von beispielsweise 8 Wochen	Nur in reifen Bullenmärkten oder ab einer bestimmten Haltedauer von beispielsweise 8 Wochen	Nur in reifen Bullenmärkten oder ab einer bestimmten Haltedauer von beispielsweise 8 Wochen	Nur in reifen Bullenmärkten oder ab einer bestimmten Haltedauer von beispielsweise 8 Wochen	Nur in reifen Bullenmärkten oder ab einer bestimmten Haltedauer von beispielsweise 8 Wochen
Typ 3A Chamäleon-Trader						
Typ 3B Chamäleon-Trader						

GRV: Gewinn-zu-Risiko-Verhältnis

Der kurzfristig orientierte Trader nimmt eine Sonderrolle ein. Da dieser Trader-Typ möglichst wenig offene Gewinne wieder abgeben möchte, wendet er die offensive WRD-Ausstiegsmethode regelmäßig an.

Anders verhält es sich mit den Trader-Typen 2, 3A und 3B: Hier hängt die Anwendung der WRD-Regel im Trendfolgebereich von der Frage ab, ob es sich um einen reifen Bullenmarkt handelt (zur Identifikation wird wie gehabt das Marktphasenmodell verwendet). Handelt es sich um keinen reifen Bullenmarkt, kommt die Regel erst nach einer Haltedauer ab sechs bis acht Wochen (die exakte Dauer kann frei bestimmt werden) zur Anwendung.

Im Countertrend-Bereich wird die WRD-Regel erst dann aktiviert, wenn das GRV der Position 4 zu 1 beträgt oder aber die Position bereits längere Zeit gehalten wird.

7.6.2 Offensiver Ausstieg nach Ausbruch aus einer Seitwärtsbewegung

Für die fünf charttechnischen Setups im Einstiegsbereich lassen sich nach dem Ausbruch aus der Seitwärtsbewegung bestimmte Szenarien antizipieren. Eine dieser typischen Situationen kann in Kombination mit dem Faktor Zeit zu einer effektiven Ausstiegsmethode im offensiven Bereich führen.

In Abbildung 7.9 ist ein entsprechendes Szenario skizziert, das sich nach einem Einstieg aus den Setups 3 oder 5 ergeben kann.

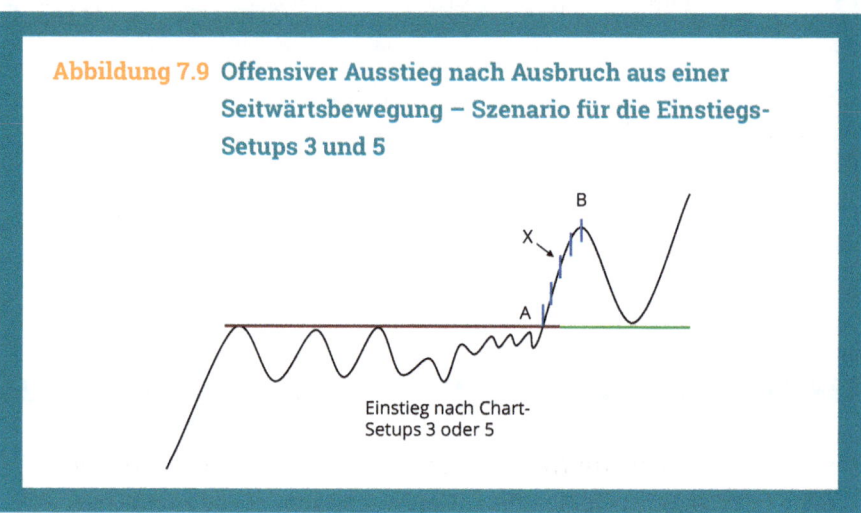

Abbildung 7.9 Offensiver Ausstieg nach Ausbruch aus einer Seitwärtsbewegung – Szenario für die Einstiegs-Setups 3 und 5

Einstieg nach Chart-Setups 3 oder 5

Am Punkt A erfolgt ein solcher Ausbruch aus der Seitwärtsbewegung. Spätestens nach drei Tagen (Punkt X) stellt sich die Frage, ob ein Gewinn realisiert oder zumindest mit einem sehr engen Stopp abgesichert werden sollte – und zwar unabhängig davon, ob ein Wide Range Day vorliegt oder nicht. Mit jedem weiteren positiven Tag erhöht sich nämlich die Wahrscheinlichkeit, dass es zu einer Korrektur kommt.

Eine am Punkt B einsetzende Korrektur kann bis zu Punkt A, der jetzt gemäß Grundgesetz 1 der Charttechnik eine Unterstützungszone darstellt, zurückführen – und natürlich auch noch darunter laufen.

Analog zu diesem Fall ergibt sich für die Einstiegs-Setups 1, 2 und 4 das in Abbildung 7.10 gezeigte typische Szenario.

Abbildung 7.10 Offensiver Ausstieg nach Ausbruch aus einer
Seitwärtsbewegung – Szenario für die
Einstiegs-Setups 1, 2 und 4

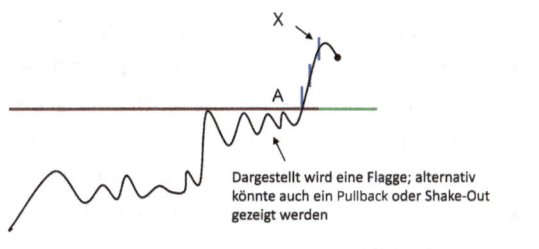

Dargestellt wird eine Flagge; alternativ
könnte auch ein Pullback oder Shake-Out
gezeigt werden

Einstieg nach Chart-Setups 1, 2 oder 4

Auch in Abbildung 7.10 erfolgt am Punkt A ein Ausbruch. Dieser kann
allerdings entweder aus einer Flagge (wie in der Abbildung gezeigt), aus
einem Simple Pullback oder sogar aus einer Seitwärtsbewegung resultie-
ren, innerhalb deren sich ein Shake-Out-Setup entwickelt hat. Spätestens
nach drei Tagen (Punkt X) stellt sich erneut die Frage, ob ein Gewinn realisiert oder zumindest mit einem sehr engen Stopp abgesichert werden
sollte. Auch in diesem Fall gilt: Mit jedem weiteren Tag erhöht sich die
Wahrscheinlichkeit, dass es zu einer Korrektur kommt, die bis zu Punkt
A oder tiefer laufen kann.

In beiden dargestellten Szenarien gilt es also zu entscheiden, ob ab
Punkt X der Gewinn mit einem sehr engen Stopp abgesichert werden
soll oder nicht. Die Antwort hängt vom Trader-Typ und der aktuellen
Marktphase ab.

Für den reinen Swing-Trader lautet die Antwort ohne Einschränkung
„Ja". Schon allein vor dem Hintergrund der Haltedauer von wenigen Tagen
wäre es unklug, den Gewinn wieder abzugeben.

Für alle anderen Trader-Typen sieht die Antwort allerdings anders
aus. Nur wenn die aktuelle Phase einem reifen Bullenmarkt entspricht,
sollte ab Punkt X mit einem engen Stopp operiert werden, weil es in
einem derartigen Marktumfeld auch für diese Trader-Typen von Vorteil
ist, Gewinne rechtzeitig zu realisieren.

Liegt jedoch kein reifer Bullenmarkt vor, empfiehlt es sich, die erste Korrektur nach dem Ausbruch aus der Seitwärtsbewegung auszusitzen – auch auf die Gefahr hin, dass die offenen Gewinne alle wieder abgegeben werden.

Genau dieser Punkt der Abgabe der offenen Gewinne ist es, auf den ich in diesem Kapitel hinweisen wollte. Stellen Sie sich, sofern Sie ein Trader des Typs 2, 3A oder 3B sind, auf die beschriebene Situation ein und hadern Sie nicht (und setzen Sie insbesondere keinen Break-even-Stopp nach Erreichen von Punkt X), wenn die Position am Ende vielleicht sogar mit einem Minus geschlossen wird, weil die Unterstützungszone nicht gehalten hat. Dieses Szenario gehört zu der in diesem Buch vorgestellten Strategie dazu.

Sie werden bereits nach einigen wenigen Trades die Vorzüge dieser Vorgehensweise erkennen: In über 40 Prozent der Fälle dauert die am Punkt X eingeleitete Korrektur nicht länger als zwei Tage, bevor die Aktie ihre Aufwärtsbewegung fortsetzt.

7.6.3 Methoden zur direkten Gewinnmitnahme

Als letzte offensive Ausstiegsvariante besteht noch die Möglichkeit, mit Profitzielen zu arbeiten und die Position zu einem im Vorfeld bestimmten Kurs zu verkaufen. Tatsächlich kann die in diesem Buch vorgestellte Strategie nach meiner Erfahrung auf diesem einfachen Weg profitabel gehandelt werden, sofern die Gewinnmitnahme an der Stelle erfolgt, wo das Gewinn-zu-Risiko-Verhältnis mindestens 3 zu 1 beträgt.

Ein Trader, der sich für diesen Weg entscheidet, ist entweder ein Trader vom Typ 3A oder 3B (jeweils mit der Einschränkung, dass auf eine flexible Handhabung der Ausstiegsmethoden verzichtet wird). Die auf den vorherigen Seiten eingeführten Methoden für einen offensiven Ausstieg wären in diesem Fall überflüssig, ebenso die defensive Variante für das Absichern von Gewinnen mithilfe des GD50. Einzig die Frage, wann der Verlustbegrenzungsstopp an den Break-even-Punkt gezogen wird, wäre noch zu beantworten. Hier kann wie in Kapitel 7.5 vorgeschlagen vorgegangen werden.

Zusammenfassend lässt sich festhalten: Trader, die ein möglichst straffes Regelwerk für den Ausstieg bevorzugen, können mit einem Verlustbegrenzungsstopp, einer Methode für das Anziehen der Verlustbegrenzungsmarke an die Gewinnschwelle und einem Profitziel auskommen, das die Position glattstellt, sobald diese das Dreifache des Anfangsrisikos pro Aktie im Plus liegt. Grundvoraussetzung ist dabei allerdings, dass als Trader-Typ die Variante 3A oder 3B gewählt wird, weil für alle anderen Typen die Vorgehensweise konträr zu den Typ-Merkmalen läuft.

FALLBEISPIELE AUS DER PRAXIS

8

D ie vorangegangenen Kapitel 6 und 7 beinhalten eine Vielzahl von Regeln für den Ein- und Ausstieg. Wie die Anwendung der Regeln in der Praxis aussieht, möchte ich nun anhand zweier Trades aus dem Jahr 2015 erläutern.

8.1 Fallbeispiel Palo Alto Networks (Symbol: PANW)

Handel in der Aktie Palo Alto Networks:

Zusammenfassung der Signalgenerierung:

- ➡ Signaltag: 6. Mai 2015
- ➡ Marktphase: Reifer Bullenmarkt; keine Phase extrem hoher Volatilität
- ➡ Marktrichtungsmodell: Kurzfristiger Abwärtstrend, mittel- und langfristiger Aufwärtstrend, jeweils im S&P 500 Index und im Nasdaq Composite
- ➡ Signaltyp: Trendfolgesignal
- ➡ Timing-Modell-Signale: VIX-Stretch und A-D-Summation

Am 6. Mai 2015 generieren sowohl das VIX-Stretch- als auch das A-D-Summation-Timing-Modell ein Kaufsignal. Der S&P 500 Index (nicht in der Abbildung gezeigt) befindet sich zu diesem Zeitpunkt in einem reifen Bullenmarkt.

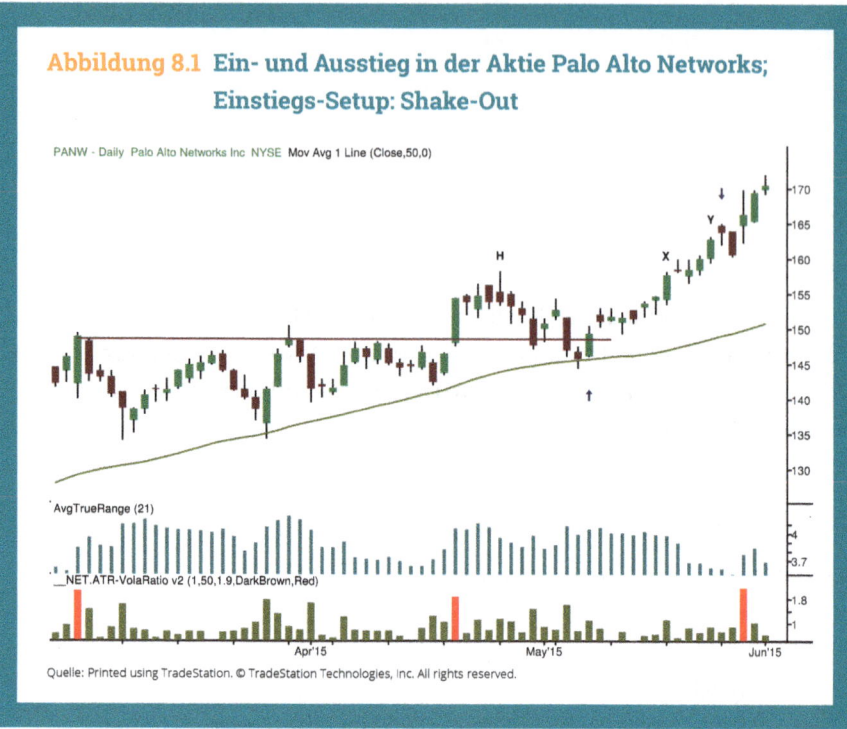

Abbildung 8.1 Ein- und Ausstieg in der Aktie Palo Alto Networks; Einstiegs-Setup: Shake-Out

Die Aktie von Palo Alto Networks (Symbol: PANW) erscheint mit Schlusskurs vom 6. Mai auf der Liste potenzieller Kaufkandidaten. Das Kursverhalten erfüllt die Bedingungen für die Relative Stärke. Analysten erwarten, dass das Unternehmen für das laufende wie auch das daran anschließende Geschäftsjahr einen Gewinn ausweist. Zudem haben mehrere Analysten die Gewinnschätzungen für beide Geschäftsjahre angehoben, was die Attraktivität der Aktie weiter erhöht.

Auch auf charttechnischer Basis ist PANW interessant. Die Aktie war am 21. April 2015 aus einer längeren Seitwärtsbewegung ausgebrochen und lief dann einige Tag lang weiter hoch, bevor sie wieder korrigierte. Am 6. Mai testete der Wert ein zweites Mal die Unterstützungszone bei 148 Dollar, wodurch ein gültiges Shake-Out-Einstiegs-Setup entstand. Einem Einstieg am nächsten Tag kurz unter dem Vortageshoch stand somit nichts im Wege.

Zusammenfassung des Einstiegs:

→ Einstiegstag: 7. Mai 2015
→ Einstiegs-Setup: Shake-Out
→ Hoch des Setup-Tags: $ 147,51
→ Tief des Setup-Tags: $ 144,42
→ Angenommener Einstiegspunkt: $ 147,50
→ ATR(21) am Setup-Tag: $ 3,99
→ Quartalszahlen werden am 27. Mai 2015 nach Börsenschluss veröffentlicht
→ Spätester Ausstieg: 27. Mai 2015
→ Bestimmung des Risikos pro Aktie:
  ► Typen 1, 2 und 3A: Anfangsrisiko pro Aktie = 2*ATR(21) = $ 7,98
  ► Typ 3B: Anfangsrisiko pro Aktie = Einstiegskurs minus Tief des Setup-Tags = $ 3,08

Für den reinen Swing-Trader, den aktiven Investor und den Chamäleon-Trader Typ A beträgt das Anfangsrisiko 7,98 Dollar. Der Einstiegskurs wird mit 147,50 Dollar angenommen. Der Verlustbegrenzungsstopp liegt damit bei 139,52 Dollar.

Für den aggressiven Chamäleon-Trader (Typ 3B) berechnet sich ein Anfangsrisiko von 3,08 Dollar. Der Verlustbegrenzungsstopp liegt am Tief des Setup-Tags. Hier besteht natürlich Spielraum für eigene Entscheidungen. So kann der Stopp auch etwas weiter unter dem Tief des Setup-Tags platziert werden.

Nach dem Einstieg am 7. Mai (in Abbildung 8.1 mit einem Pfeil gekennzeichnet) läuft die Aktie am 18. Mai (Punkt X) bis auf neun Cent an die Widerstandszone, die das Hoch vom 27. April 2015 (Punkt H) repräsentiert, heran. In diesem Moment greift die Bedingung für das Anziehen des Verlustbegrenzungsstopps gemäß Kapitel 7.5, Abbildung 7.5, Setup 2.

Damit gilt für alle vier Trader-Typen ab dem mit X gekennzeichneten Tag nicht mehr der Verlustbegrenzungsstopp, sondern ein Break-even-Stopp. Das Regelwerk für den defensiven Ausstieg (Kapitel 7.5) ermöglicht es zudem, den GD50 abzüglich 25 Prozent des Anfangsrisikos ab dem Moment als nachlaufenden Stopp einzusetzen, wo dieser über dem

Break-even-Stopp liegt. Am Punkt X notiert der GD50 allerdings erst bei 147,02 Dollar, also noch unter dem Einstiegskurs.

Der offene Gewinn pro Aktie beträgt zum Schlusskurs von Tag X (der bei 157,73 Dollar liegt) 10,23 Dollar. Das entspricht einem Gewinn-zu-Risiko-Verhältnis (GRV) von 1,28 für den reinen Swing-Trader, den aktiven Investor und den Chamäleon-Trader Typ A und einem GRV von 3,3 für den aggressiven Chamäleon-Trader Typ B.

Einen Tag nach dem Punkt X markiert PANW ein neues Hoch. Der Ausbruch über den Punkt H ist allerdings noch nicht nachhaltig gelungen, sodass der Status quo beibehalten wird.

Am Punkt Y greift allerdings die in Kapitel 7.6.2 beschriebene offensive Ausstiegstechnik nach einem Ausbruch aus einer Seitwärtsbewegung: Da ein reifer Bullenmarkt vorliegt, wird ab diesem Tag mit einem Verkaufsstopp gearbeitet, der knapp unter dem Schlusskurs von Tag Y liegt. Die Distanz zwischen Schlusskurs und Stoppmarke kann nach eigenem Ermessen gesetzt werden. Sinnvoll ist ein Abstand zwischen zehn und 20 Prozent der ATR(21). Im vorliegenden Fall wird der Abstand auf 15 Prozent taxiert. Die ATR(21) beträgt am Punkt Y 3,63 Dollar, der Tagesschlusskurs ist 162,87 Dollar. Damit liegt der Verkaufsstopp für den nächsten Tag bei 162,33 Dollar.

Am nächsten Tag, Montag, 26. Mai, eröffnet PANW mit einem positiven Gap über dem Vortageshoch, fällt dann aber im Laufe des Tages bis auf 162,00 Dollar. Das löst den Verkaufsstopp aus, sodass die Position bei 162,33 Dollar (ohne Slippage) verkauft wird.

Wäre es am Tag nach Punkt Y nicht zu einem Ausstieg gekommen, würde auch für den kommenden Tag der Verkaufsstopp neu berechnet werden. Im Falle von PANW wäre zusätzlich zu beachten gewesen, dass es sich bei dem 27. Mai um den letzten Handelstag vor der Veröffentlichung von Quartalszahlen gehandelt hat.

Als Profit für diesen Trade ergibt sich vor Slippage und Kommissionen:

→ Gewinn pro Aktie: Ausstiegskurs - Einstiegskurs = $ 147,50 - $ 162,33 = $ 14,83
→ GRV für den reinen Swing-Trader, den aktiven Investor und den Chamäleon-Trader Typ A: 1,85
→ GRV für den Chamäleon-Trader Typ B: 4,81

In diesem Beispiel hat Chamäleon-Trader Typ B ein deutlich höheres GRV erzielt als die anderen drei Trader. Der Grund liegt in dem deutlich kleineren Risiko pro Aktie, das vor Aufnahme der Position über das Setzen des Verlustbegrenzungsstopps bestimmt worden ist. Damit wird auch sofort der Nachteil deutlich: Für das Shake-Pattern liegt der Stopp direkt am Tief des Vortags und kann damit wesentlich leichter erreicht werden als ein Verlustbegrenzungsstopp, der das Zweifache der ATR vom Einstiegskurs entfernt platziert wird.

Dem Vorteil des Chamäleon-Traders Typ B, große GRVs erzielen zu können, steht der Nachteil niedriger Trefferquoten gegenüber. Diese Trefferquoten liegen in meinem eigenen Trading auch während Bullenmarktphasen zwischen 48 und bestenfalls 60 Prozent. Das macht den Handel aus psychologischer Sicht nicht ganz leicht.

Der reine Swing-Trader, der aktive Investor und der Chamäleon-Trader Typ A erzielen mit den in Kapitel 7 vorgeschlagenen Ausstiegsmethoden Trefferquoten zwischen 62 und 70 Prozent, können aber im Gegenzug nur ein durchschnittliches GRV von 1,2 bis 1,6 erzielen. Der reine Swing-Trader liegt bezüglich der Trefferquote im oberen Bereich der genannten Spanne, weist dafür aber ein niedrigeres durchschnittliches GRV auf, das im unteren Bereich der angegebenen GRV-Spanne liegt.

8.2 Fallbeispiel Facebook (Symbol: FB)

Zum Abschluss dieses Kapitels noch ein weiteres, nicht ganz so ausführlich erörtertes Beispiel aus dem Juli 2015.

Handel in der Aktie Facebook Inc.:

Zusammenfassung der Signalgenerierung:
- → Signaltag: 8. Juli 2015
- → Marktphase: Reifer Bullenmarkt; keine Phase extrem hoher Volatilität
- → Marktrichtungsmodell: Kurz- und mittelfristiger Abwärtstrend, langfristiger Aufwärtstrend, sowohl im S&P 500 Index als auch im Nasdaq Composite
- → Signaltyp: Trendfolgesignal
- → Timing-Modell-Signale: Double-TRIN und VIX-Stretch

Zusammenfassung des Einstiegs:

→ Einstiegstag: 9. Juli 2015

→ Einstiegs-Setup: Shake-Out mit Inside Day (Tag, an dem das Hoch niedriger als das Vortagshoch und das Tief höher als das Vortagstief liegt)

→ Hoch des Setup-Tags: $ 86,75

→ Tief des Setup-Tags: $ 85,44

→ Angenommener Einstiegspunkt: $ 86,75

→ ATR(21) am Setup-Tag: $ 1,71

→ Quartalszahlen werden am 29. Juli 2015 nach Börsenschluss veröffentlicht

→ Spätester Ausstieg: 29. Juli 2015

→ Bestimmung des Risikos pro Aktie:

　→ Typen 1, 2 und 3A: Anfangsrisiko pro Aktie = 2*ATR(21) = $ 3,42

- Typ 3B: Anfangsrisiko pro Aktie = Einstiegskurs minus Tief des Setup-Tags = $ 1,31

Für den reinen Swing-Trader, den aktiven Investor und den Chamäleon-Trader Typ A liegt der Verlustbegrenzungsstopp bei 83,33 Dollar. Für den aggressiven Chamäleon-Trader (Typ 3B) wird der Stopp direkt an das Tief des Setup-Tags von 85,44 Dollar gelegt.

Nach dem Einstieg am 9. Juli (in Abbildung 8.2 mit einem Pfeil markiert) übersteigt die Aktie am 13. Juli (Punkt X) erstmalig die Widerstandszone, die das Hoch vom 25. Juni (Punkt H) repräsentiert. Obwohl der Abstand zwischen dem Schlusskurs am Tag X und dem Einstiegskurs lediglich 3,35 Dollar beträgt, wird direkt nach diesem Handelstag die Bedingung für das Anziehen des Verlustbegrenzungsstopps gemäß Kapitel 7.5, Abbildung 7.5, Setup 2, aktiviert. Die Idee dieser Maßnahme besteht darin, für den Fall, dass die Kurse an der Widerstandszone abprallen und es nicht schaffen, aus der Seitwärtsbewegung auszubrechen, zumindest keinen Verlust zu erleiden.

Damit gilt für alle vier Trader-Typen ab dem mit X gekennzeichneten Tag nicht mehr der Verlustbegrenzungsstopp, sondern ein Break-even-Stopp.

Am 17. Juli (Punkt Y) entsteht ein Wide Range Day (WRD). An diesem Tag liegt die True Range 150 Prozent über der ATR(50). Daraufhin wird für den nächsten Tag die in Kapitel 7.6.1 beschriebene offensive WRD-Ausstiegsmethode angewendet. Der Stopp wird mit einer Distanz, die 15 Prozent (jeder Wert zwischen zehn und 20 Prozent ist möglich) der True Range des WRD entspricht, platziert. Im vorliegenden Fall beträgt die True Range 4,54 Dollar. [1]

Am darauffolgenden Tag, dem 20. Juli, wird die Verkaufsstoppmarke nicht erreicht. Es entsteht ein Tag mit großer Kursspanne, der jedoch nicht ganz das WRD-Kriterium erfüllt, weil das Verhältnis aus ATR(1) zu ATR(50) mit 1,89 knapp unter der Marke von 1,9 liegt. Dennoch erfolgt auch nach diesem Handelstag die gleiche Prozedur wie am Vortag. Dieses Mal wird der Verkaufsstopp auf einen Wert angehoben, der 0,54 Dollar unter dem Schlusskurs von 97,91 Dollar liegt.

Nachdem FB am nächsten Tag höher eröffnet, dann aber im weiteren Tagesverlauf fällt, erfolgt der Ausstieg an diesem Tag bei 97,47 Dollar.

Als Profit für diesen Trade ergibt sich vor Slippage und Kommissionen:

→ Gewinn pro Aktie: Ausstiegskurs - Einstiegskurs =
   $ 97,47 - $ 86,75 = $ 10,72
→ GRV für den reinen Swing-Trader, den aktiven Investor und
   den Chamäleon-Trader Typ A: 3,13
→ GRV für den Chamäleon-Trader Typ B: 8,18

Aus Performance-Sicht lässt sich das Ergebnis wie folgt interpretieren:

Ein reiner Swing-Trader, aktiver Investor oder Chamäleon-Trader Typ A, der pro Trade 0,75 Prozent auf die Reduced Core Equity riskiert (vergleiche hierzu Kapitel 3.4), hat mit diesem Trade einen Wertzuwachs auf sein Konto von 2,3 Prozent vor Kommissionen und Slippage erzielt. Der Chamäleon-Trader Typ B hat mit einem identischen Risiko pro Trade ein Kontoplus von 6,1 Prozent erreicht – für beide Fälle vor dem Hintergrund, dass die Haltedauer lediglich etwas mehr als acht Handelstage betragen hat, sicher keine schlechte Rendite.

Fußnoten:

[1] Die True Range ergibt sich durch die Differenz zwischen dem Hoch des WRD (95,39 Dollar) und dem Schlusskurs des Vortags, der 90,85 Dollar beträgt.

SHORTSELLING – AUF FALLENDE KURSE SETZEN

In den bisherigen Ausführungen stand ausschließlich die Kaufseite im Mittelpunkt. Wie aber die Jahre 2000 bis 2002 sowie 2007 bis Anfang 2009 gezeigt haben, kann es an den Aktienmärkten auch zu Kursverlusten erheblichen Ausmaßes kommen. So erlitt beispielsweise der DAX in den genannten Zeiträumen Kursverluste von 73 beziehungsweise 56 Prozent und der Nasdaq Composite Index von 78 und 56 Prozent.

Die Frage, die sich vor diesem Hintergrund aufdrängt: Ist es möglich, das Übergeordnete Marktmodell und die darin enthaltenen Timing-Modelle so zu erweitern, dass zusätzlich nachhaltige Signale für das Setzen auf fallende Aktienmärkte generiert werden, um auch an derartig starken Kursverlusten zu partizipieren?[1]

Die in Kapitel 4 vorgestellten Timing-Modelle könnten hierzu analog zur Long-Seite auch auf der Short-Seite eingesetzt werden, um in einem bestehenden Bullenmarkt Countertrend-Situationen oder aber in bestehenden Abwärtsbewegungen nach Kurserholungen chancenreiche Zeitpunkte für eine Fortsetzung des Abwärtstrends herauszufiltern.

9.1 Identifizierung von Markthochs

Die Anwendung der in Kapitel 4 vorgestellten Timing-Modelle für das Erzeugen von Countertrend-Leerverkaufssignalen ist gleichbedeutend mit dem Versuch, das Hoch eines Bullenmarkts bis auf wenige Tage genau zu bestimmen.

Seit meinen ersten Untersuchungen zu der in diesem Buch vorgestellten kurz- und mittelfristigen Strategie Anfang des Jahres 1998 habe ich in regelmäßigen Abständen immer wieder versucht, mindestens eine nachhaltige, das heißt über mehrere Jahrzehnte funktionierende Methode mit einer akzeptablen Trefferquote von über 50 Prozent für das Identifizieren von Markttops zu finden. Insgesamt über 2.000 Arbeitsstunden habe ich in diese „Herausforderung" investiert. Letztendlich stießen aber in dem gesamten Zeitraum von 1998 bis zum heutigen Tage meine Untersuchungen immer wieder auf ein unüberwindbares Problem: Der Leerverkauf eines potenziellen Markthochs in einem etablierten, mindestens schon seit sechs Monaten laufenden Bullenmarkt führt einfach zu selten zu größeren Kurseinbrüchen, die die durch Fehlversuche im Short-Bereich entstandenen Verluste dauerhaft kompensieren könnten.

Hinzu kommt ein nicht unerhebliches Konfliktpotenzial exakt in dem Moment, wo es nach dem Leerverkauf eines Markttops tatsächlich zu einer Korrektur kommt. Denn genau dieser Moment fällt regelmäßig mit dem Zeitpunkt zusammen, an dem die in Kapitel 4 vorgestellten Timing-Modelle bullishe Signale erzeugen. Genau in dem Moment also, wo mithilfe der Short-Position eigentlich auf einen weiteren (stärkeren) Kursverfall gesetzt werden könnte, entstehen Kaufsignale mit einer hohen Erfolgswahrscheinlichkeit – und welches Signal hier auf Dauer nachhaltiger ist, liegt auf der Hand: Es ist das der Long-Seite!

Das Ergebnis fällt somit eindeutig aus: Der Versuch, Markthochs zu identifizieren und noch während eines intakten Bullenmarkts damit zu beginnen, Einzelaktien leerzuverkaufen, ist ein sicherer Weg, Geld zu verlieren.

Dieses Ergebnis bestätigt auch die in Kapitel 7 erläuterten Ausstiegsregeln. Ein Verkauf der Einzelaktienpositionen sollte möglichst immer in Abhängigkeit vom Kursverhalten der Einzelaktie und vor dem Hintergrund des Portfoliorisikos erfolgen – und nicht auf der Basis von Vermutungen bezüglich des breiten Marktverhaltens.

9.2 Leerverkaufssignale im Abwärtstrend

Ein anderer Fall liegt vor, wenn es darum geht, Leerverkaufssignale im Trendfolgebereich zu identifizieren. Hier handelt es sich um Situationen, die nach einer Kurserholung innerhalb eines langfristigen Abwärtstrends entstehen. Der Abwärtstrend wird dabei analog zu einem langfristigen Aufwärtstrend über ein 120-Tage-Tief und ein 120-Tage-Hoch definiert (siehe auch Kapitel 2).

Zusätzlich ist hier zu unterschieden, ob der Kurserholung, in die hinein das Leerverkaufssignal generiert wird, ein Countertrend-Signal auf der Kaufseite vorangegangen ist oder nicht.

Ist dies der Fall, kann mit hoher Wahrscheinlichkeit von einer nachhaltigen, das heißt länger andauernden Kursrallye und sogar mit dem Auftakt eines neuen Bullenmarkts gerechnet werden. In diesem Szenario ist die Berücksichtigung von Short-Signalen aber nicht sinnvoll.

Damit bleibt letztlich nur noch die Variante, in der ein Short-Signal in eine Kursrallye hinein generiert wird, ohne dass dieser Rallye ein Countertrend-Kaufsignal vorangegangen ist. Hier kann tatsächlich der Leerverkauf von Aktien oder der Kauf eines den breiten Aktienmarkt repräsentierenden ETFs in Erwägung gezogen werden. Allerdings – und das ist der Grund, weshalb ich an dieser Stelle darauf verzichte, Ihnen ein Timing-Modell für diesen Bereich vorzustellen – kamen in den letzten 21 Jahren derartige Situationen im S&P 500 Index lediglich sechsmal[2] und somit einfach zu selten vor, um irgendeine statistische Aussagekraft zu besitzen.

9.3 Zusammenfassung

Die im Einklang mit der in diesem Buch vorgestellten Strategie stehenden Empfehlungen zum Thema „Shortselling" lauten zusammengefasst:

Punkt 1:
Eine Möglichkeit, zuverlässig das Ende eines Bullenmarkts bis auf wenige Tage genau zu bestimmen, gibt es nicht. Lassen Sie sich daher von niemandem – auch nicht von Profi-Tradern oder Vermögensverwaltern – einreden, dass der Markt kurz davor steht, stark zu korrigieren, noch während der breite Aktienmarkt von Hoch zu Hoch läuft.

Punkt 2:
Für Ihren Erfolg mit der in diesem Buch eingeführten Strategie ist es nicht erforderlich, Markttops identifizieren zu können. Konzentrieren Sie sich auf Ihre offenen Long-Positionen und auf potenzielle neue Kaufsignale (immer mit Blick auf die Reife des Bullenmarkts – genau wie in den Kapiteln 4 bis 7 dargelegt), die dann entstehen, wenn der breite Aktienmarkt über

mehrere Tage bis Wochen gefallen ist. Damit stehen Sie mathematisch wie praktisch wesentlich häufiger auf der Gewinnerseite.

Punkt 3:

Zudem läuft der Versuch, am Markthoch durch Leerverkäufe auf fallende Kurse zu setzen, der Grundidee der vorgestellten Strategie zuwider, den Aufbau neuer Long-Positionen schwerpunktmäßig in dem Moment durchzuführen, wo der breite Aktienmarkt bereits eine Korrektur vollzogen hat. [3]

Fußnoten:

[1] An fallenden Aktienkursen kann mithilfe von Leerverkäufen (Shortsellin) partizipiert werden. Vereinfacht gesagt werden im Rahmen eines Leerverkaufs Aktien verkauft, die zum Zeitpunkt der Positionseröffnung nicht im Depot vorhanden sind. Hierzu leiht der Broker dem Leerverkäufer die gewünschten Aktien gegen eine Gebühr. Der Broker seinerseits borgt sich in der Regel die Aktie bei einem Kunden, der die Aktie gekauft und als Long-Position im Depot hat. Die Aktien müssen vom Leerverkäufer zur Glattstellung der Position am Markt wieder zurückgekauft werden. Ohne Berücksichtigung von Kommissionen und Broker-Gebühren gilt: Liegt zum Zeitpunkt des Aktienrückkaufs der Kurs unter dem Einstiegskurs, wird ein Gewinn erzielt, andernfalls ein Verlust. Für den Leerverkauf von Aktien ist ein spezielles Konto notwendig. Zudem ist zu beachten, dass der Broker in der Lage sein muss, den gewünschten Leerverkauf durchzuführen. Das heißt, nicht jede beliebige Aktie kann leerverkauft werden, sondern nur diejenigen, die der Broker anbietet. In der Regel verfügt der Broker über eine Liste, auf der alle Aktien stehen, die leerverkauft werden können. Alternativ zum Leerverkauf kann auch auf inverse ETFs zurückgegriffen werden. Letztere bilden das inverse Kursverhalten von Indizes, also Aktienkörben, ab, unterliegen aber zusätzlich dem Emittentenrisiko.

[2] Konkret handelt es sich im Falle des S&P 500 Index um die Kurserholungen innerhalb von Abwärtstrends im Januar 2001, Juli und August 2001, März 2002, Mai 2002, Februar 2003 und August 2008.

[3] An dieser Stelle sei nochmals betont, dass die mittels der vorgestellten Strategie generierten Kaufsignale unter anderem auch deswegen so nachhaltig erfolgreich sind, weil sie zu einem Zeitpunkt generiert werden, zu dem bereits eine Vielzahl von Marktteilnehmern mit einer Fortsetzung des Abwärtstrends beziehungsweise der Korrektur rechnet und im Falle eines Anziehens der Kurse auf dem falschen Fuß erwischt wird.

TRADING-PLAN

10

Nachdem alle Bestandteile der in diesem Buch vorgestellten kurz- und mittelfristigen Aktienstrategie dargelegt worden sind, fehlt zur Abrundung der Strategie noch ein Trading-Plan. Dieser besteht aus einer Standortbestimmung, einem Ablaufplan für die tägliche Umsetzung und der mentalen Vorbereitung auf Worst-Case-Situationen.

Der exakte Trading-Plan hängt von Ihren persönlichen Präferenzen, Rahmenbedingungen und Vorstellungen ab. Die folgenden Ausführungen sind daher nur als Anregungen zu verstehen.

10.1 Bestimmung der Ausgangsbasis

Bevor Sie mit dem Handel der Aktienstrategie beginnen, ist es erforderlich, dass Sie mindestens die folgenden Fragen für sich beantwortet haben:

→ Welchen Drawdown möchte ich maximal hinnehmen und wie berechne ich diesen?
→ Wie viel Risiko pro Trade bin ich bereit einzugehen?
→ Wie hoch darf mein offenes Risiko maximal sein?
→ Welcher Trader-Typ bin ich?
  - Reiner Swing-Trader
  - Aktiver Investor
  - Chamäleon-Trader Typ A
  - Chamäleon-Trader Typ B

Hierbei handelt es sich um die absolut notwendigen Fragen. In Kapitel 3.5 finden sich weitere sehr wichtige Fragen, die Sie möglichst ebenfalls beantworten sollten. Damit schaffen Sie sich eine Ausgangsbasis, die die Grundlage für den folgenden täglichen Ablaufplan bildet.

10.2 Täglicher Ablaufplan

Die tägliche Analyse lässt sich in zwei Stufen untergliedern. Auf Stufe 1 werden die offenen Positionen überprüft. Sie kann direkt übersprungen werden, wenn keine Aktien im Depot sind. Stufe 2 beinhaltet die im Rahmen der Aufnahme neuer Positionen erforderlichen Analyseschritte, die Selektion, die Überprüfung der Einstiegs-Setups und das Timing für den Einstieg (zu dem auch die Platzierung des Kaufauftrags gehört).

10.2.1 Täglicher Ablaufplan für den Ausstieg

Es empfiehlt sich, die folgenden Punkte täglich Schritt für Schritt so lange durchzugehen, bis Sie Routine darin entwickelt haben.

1. Gibt es keine offenen Positionen, kann direkt zum Einstieg übergegangen werden.
2. Überprüfung des Marktphasenmodells: Wie alt ist der aktuelle Bullen-/Bärenmarkt? (Kapitel 4.3)
3. Überprüfung jeder offenen Aktienposition auf die Frage hin, ob die Ausstiegsmarke vom Vortag noch gültig oder aber anzupassen ist:
   a. Gemäß Risikomanagementregel zum Thema „Gap-Prävention" (Kapitel 3.2.3): Wann werden die nächsten Quartalszahlen veröffentlicht und ist es notwendig, die Position im Vorfeld zu liquidieren?
   b. Gemäß Ausstiegsregeln (Kapitel 7):
      - Werden die Bedingungen erfüllt, dass der Verlustbegrenzungsstopp an den Break-even-Punkt herangezogen werden kann?
      - Ist der nachlaufende GD50-Stopp aktiviert und ist dieser eventuell anzupassen?
      - Sofern die Aktie aufgrund eines Countertrend-Signals in das Depot aufgenommen wurde: Wie hoch ist das aktuelle Gewinn-zu-Risiko-Verhältnis (GRV)?
      - Hat die Aktie einen Wide Range Day (WRD) ausgebildet?
      - Hat die Aktie vor zwei oder mehr Tagen einen Ausbruch aus ihrer Seitwärtsbewegung vollzogen und läuft seitdem ungebrochen weiter?
4. Order-Aufgabe für die offenen Positionen.
5. Anwendung der Portfoliomanagementregeln (Kapitel 3.4 und 3.5):

a. Aktualisierung des Portfolios: Einpflege der aktuellen Ausstiegsmarken
b. Berechnung der Reduced Core Equity
c. Berechnung des offenen Portfolio-Risikos, basierend auf der Reduced Core Equity

6. Am Ende der Aktualisierung des Portfolios steht eine Antwort auf die Frage, wie viele weitere offene Positionen aufgenommen werden können, ohne die Vorgaben für das Risiko-, Money- und Portfoliomanagement zu verletzten.

10.2.2 Täglicher Ablaufplan für den Einstieg

Voraussetzung für diesen zweiten Schritt ist, dass die Regeln für das Portfoliomanagement die Aufnahme weiterer Positionen erlauben:

1. Bestimmung der kurz-, mittel- und langfristigen Trendrichtung gemäß Marktrichtungsmodell (Kapitel 4.2)
2. Überprüfung des Volatilitätsmodells: Liegt eine extreme Volatilitätsphase vor? (Kapitel 4.4.3)
3. Überprüfung der Timing-Modelle in Abhängigkeit vom Marktrichtungsmodell:
   a. Überprüfung der vier Timing-Modelle im Trendfolgebereich (Kapitel 4.4.4.1 bis 4.4.4.5)
   b. Überprüfung der drei Timing-Modelle im Countertrend-Bereich (Kapitel 4.4.4.7 bis 4.4.4.9)
4. Falls keine Timing-Modell-Signale für den Tag generiert werden und der langfristige Trend im S&P 500 Index aufwärtsgerichtet ist: Überprüfung des Trendqualitätsmodells (Kapitel 4.4.5)
5. Falls weder Schritt 3 noch Schritt 4 ein Signal generieren, ist die Arbeit für den Tag erledigt, andernfalls geht es mit dem nächsten Schritt weiter.
6. Anwendung der Selektionskriterien (Kapitel 5); die Liquiditätskriterien, die Relative Stärke beziehungsweise Relative Schwäche sowie ein Teil der fundamentalen Kriterien können mithilfe im Internet frei zugänglicher Scanner abgefragt werden (siehe Anhang C).
7. Überprüfung des Datums für die Veröffentlichung von Quartalszahlen (ein Einstieg fünf oder weniger Tage vor den Quartalszahlen sollte vermieden werden; Ausnahmen siehe Kapitel 3.2.3).

8. Überprüfung der fundamentalen Daten (frei zugängliche Seiten finden sich im Anhang C).
9. Überprüfung der Einstiegs-Setups (Kapitel 6).
10. Anwendung der Portfoliomanagement-Regeln: Berücksichtigung der maximalen Industriegruppen- und Sektor-Gewichtung (Kapitel 3.4.1 und 3.5).
11. Bestimmung des Verlustbegrenzungsstopps (Kapitel 7.4).
12. Bestimmung der Positionsgröße gemäß Money- und Portfolio-management-Regeln (Kapitel 3.3 und 3.4).
13. Timing des Einstiegs und Orderaufgabe (Kapitel 6.5).

10.3 Entwicklung von Worst-Case-Szenarien

Auf das Thema Worst-Case-Szenarien bin ich im Rahmen des Risikoma-nagements (Kapitel 3.2.5) schon einmal eingegangen. Dort wurde von mir die Bedeutung einer guten mentalen Vorbereitung im Falle eines Eintretens von Worst-Case-Szenarien betont. Meine Empfehlung an Sie lautet: Lesen Sie nochmals das Kapitel durch und versuchen Sie die enthalten Fragen für sich zu beantworten.

Früher oder später wird in Ihrer Trading-Karriere der Punkt kommen, an dem Sie schnell und ohne Zeit für weitere Überlegungen auf die vor-bereiteten Antworten zurückgreifen müssen – auch wenn ich Ihnen nicht wünsche, dass eines der in Kapitel 3.2.5 genannten Worst-Case-Szenarien bei Ihnen eintritt.

ANHANG

Anhang A: Berechnung der Average True Range (ATR)

Die Berechnung der Average True Range (ATR) basiert auf der durchschnittlichen Berechnung der True Range über eine vorgegebene Periode wie beispielsweise 21 Handelstage, was der ATR(21) entspricht.

Als True Range wird für jede Periode (im Tageschart entspricht diese einem Tag) die Differenz zwischen dem „wahren Hoch" (True High) und dem „wahren Tief" (True Low) bestimmt:

➡ True High: Entspricht dem Hoch der soeben beendeten Periode, sofern nicht der Schlusskurs der Vorperiode über dem aktuellen Hoch liegt. In diesem Fall entspricht das True High dem Vorperiodenschlusskurs.

➡ True Low: Entspricht dem Tief der soeben beendeten Periode, sofern nicht der Schlusskurs der Vorperiode unter dem aktuellen Tief liegt. In diesem Fall entspricht das True Low dem Vorperiodenschlusskurs.

Anhang B: Untersuchungen von Kurslücken zur Markteröffnung

Die Ergebnisse zu den Gap-Untersuchungen können Sie auf der zum Buch gehörenden Website www.nachhaltig-erfolgreich-traden.com in Form einer Excel-Datei herunterladen. Dort findet sich auch ein Video, das sie erläutert.

Anhang C: Frei zugängliche Internetseiten

Vorab ein wichtiger Hinweis: Die folgenden Angaben sind auf dem Stand vom 1. Oktober 2015. Das Angebot und der Zugang zu Internetseiten unterliegen einem ständigen Wandel. Auf der zum Buch gehörenden Website www.nachhaltig-erfolgreich-traden.com finden Sie stets eine aktuelle Zusammenstellung der Internetseiten.

Für die tägliche Analyse und Überprüfung der zum Übergeordneten Marktmodell gehörenden Modelle eignet sich die folgende Seite besonders gut: www.tradingview.com
Die benötigten Symbole (unter anderem für neue 52-Wochen-Hochs und 52-Wochen-Tiefs) finden Sie auf der Internetseite zum Buch.

Ein geeigneter Scanner für das Auffinden potenzieller Kaufkandidaten wird von FinViz angeboten:
http://finviz.com/screener.ashx

Für die Überprüfung der Earnings Estimations – sowohl für den amerikanischen als auch für den europäischen Aktienmarkt – eignet sich die Seite von Thomson Reuters:
www.reuters.com/

Für US-Aktien kann auch auf die Seite von Zacks oder Yahoo! Finance zurückgegriffen werden:
www.zacks.com/
http://finance.yahoo.com/

Anhang D: Literaturverzeichnis

→ Carr, Michael J.: *Smarter Investing In Any Economy*, W&A Publishing 2008
→ Davis, Ned: *Being Right of Making Money*, privat veröffentlicht 2000
→ Fosback, Norman: *Stock Market Logic*, Dearborn Financial Publishing 1996

→ Goerke, Ralf: *Zur richtigen Zeit im richtigen Markt*, FinanzBuch Verlag 2009

→ Jensen, Edward S.: *Stock Market Blueprints*, Quick & Reilly 1983

→ Jiler, William: *How Charts Can Help You In The Stock Market*, Standard & Poor's 1967

→ Love, Richard: *Superperformance Stocks*, Prentice-Hall 1977

→ Mamis, Justin: *How to Buy*, Fraser Publishing 2001

→ Mamis, Justin: *When to Sell*, Fraser Publishing 1994

→ O'Neil, William J.: *Wie man mit Aktien Geld verdient*, Börsenbuchverlag 2012

→ Pradhuman, Satya Dev: *Small-Cap Dynamics*, Bloomberg Press 2000

→ Reinganum, Marc Richard: *Selecting Superior Securities*, University of Iowa 1988

→ Tharp, Van K.: *Trade Your Way To Financial Freedom*, McGraw-Hill 2007

→ Weinstein, Stan: *Secrets for Profiting in Bull and Bear Markets*, McGraw-Hill 1988

→ Weir, Deborah: *Timing The Market*, Wiley Trading 2006

SCHLUSSWORT

Als ich 1998 mit der Entwicklung der Aktienstrategie begann, stellte allein schon der Versuch, Untersuchungen auf der Basis eines aus vielen Tausend Aktien bestehenden Universums durchzuführen, technisch wie auch finanziell eine echte Herausforderung dar – angefangen bei der täglichen Aktualisierung der Datenbanken über das Auffinden einer geeigneten Software bis hin zur Anschaffung von Computern.

Heute stellen diese Aspekte weder aus technischer noch aus finanzieller Sicht ein Problem dar. Leistungsfähige PCs gibt es ab circa 800 Euro, Datenbanken sind im Abonnement für durchschnittlich 20 Euro pro Monat erhältlich und Programme, mit denen sich einfache Chart-Analysen durchführen lassen und sich das Aktienuniversum täglich nach Kandidaten durchsuchen lässt, werden bereits ab 250 Euro angeboten.

Regelmäßig beobachte ich, dass die Teilnehmer an meinem seit 2009 angebotenen Ausbildungsprogramm zunächst vom Umfang der Ausführungen zu der in diesem Buch vorgestellten Aktienstrategie „überwältigt" sind. Sollte es Ihnen ähnlich ergangen sein: Sie sind nicht die einzige Person, die so fühlt!

Der Grund ist, dass die Inhalte größtenteils bislang unveröffentlicht und meinen eigenen Ideen, Erfahrungen und Untersuchungen entsprungen sind. Diese neue Materie muss zunächst einmal verarbeitet werden. Der wesentliche Grund ist aber die von den Tradern und Investoren für die tägliche Umsetzung zu investierende Zeit.

Alle vorgestellten Methoden lassen sich mithilfe von im Internet frei zugänglichen Seiten nachbilden. Auf diesen Seiten können Sie kostenfrei täglich Ihre Analyse durchführen. Damit sind wir bei einem Thema, das ich unbedingt noch zur Sprache bringen wollte. Es bringt uns zu den beiden zuvor genannten Punkten „Zeitaufwand für die tägliche Analyse" und „Anschaffung eines Chart-Programms" zurück.

Meine Empfehlung lautet: Tätigen Sie die verhältnismäßig kleine Investition und schaffen Sie sich ein Programm inklusive Datenbank und der Möglichkeit an, täglich Kurs-Updates durchführen zu können. Die Software wird Ihnen Tag für Tag einen Großteil der Arbeit bei der Vorbereitung auf den Handelstag abnehmen. Sie sparen so zwischen zehn und 30 Minuten täglich – Zeit, die Sie sonst in den Versuch investieren würden, (geschätzte) 25 Euro pro Monat zu sparen. Einen besseren Stundenlohn können Sie nicht erzielen!

Achten Sie möglichst darauf, dass das Programm, das Sie erwerben, nach dem Kauf in Ihren Besitz übergeht und Sie nicht dazu verpflichtet sind, Jahr für Jahr Lizenzgebühren zu zahlen. (Programm-Updates sollten auf freiwilliger Basis zu erwerben und nicht Zwang sein.)

Abschließend möchte ich noch auf einen Punkt eingehen, der sich insbesondere an die Vollzeit-Trader unter den Lesern richtet. Er betrifft die Frage, wie ich mich während längerer Cash-Phasen, beispielsweise in Bärenmärkten, verhalte.

Im Rahmen der in diesem Buch vorgestellten Aktienstrategie warte ich geduldig auf entsprechende Signale. Werden Signale generiert, setze ich diese um. Gleichzeitig verlagere ich den Schwerpunkt während dieser Phasen auf meine Daytrading-Aktivitäten in amerikanischen Einzelaktien sowie auf meinen kurzfristigen, richtungsunabhängigen und von einer Chart-Analyse losgelösten Optionshandel.

Alle drei Ansätze laufen in meinem Handel parallel. Allerdings variiert die Gewichtung zwischen dem kurz- und mittelfristigen Aktienhandel auf der einen und den Daytrading-Aktivitäten auf der anderen Seite in Abhängigkeit von der Marktphase. Generell bevorzuge ich, wann immer möglich, längere Halteperioden. Dank der drei Strategien bin ich sowohl hinsichtlich des Zeitfensters als auch der grundsätzlichen Ansätze sehr diversifiziert aufgestellt – was wiederum dem wichtigsten Baustein für einen nachhaltigen Erfolg im Trading Rechnung trägt: der konsequenten Vermeidung unnötiger Risiken.

Wenn Sie diesen Baustein nicht aus den Augen verlieren, werden Sie Ihr Ziel erreichen: Nachhaltig erfolgreich zu traden!

DANKSAGUNG

Ohne fremde Hilfe kann ein Buch dieses Umfangs nicht gelingen. So habe auch ich tatkräftige Unterstützung gefunden.

Für das Gelingen des Projekts möchte ich mich zunächst bei denjenigen Mitarbeitern des Börsenbuchverlags bedanken, die an diesem Projekt mitgewirkt haben, mir bis heute aber nicht persönlich bekannt sind. Ohne ein funktionierendes Team hätte das Buch nicht entstehen können. Daher an dieser Stelle: Vielen Dank!

Eine Person aus diesem Team möchte ich hervorheben: Claus Rosenkranz hat großen Anteil daran, dass das Buch nicht nur inhaltlich überprüft wurde (wozu auch der entsprechende Sachverstand erforderlich war), sondern auch deutlich verständlicher geworden ist, als ich es allein jemals hätte schaffen können. Ich danke für die sehr fruchtbare Zusammenarbeit und das entgegengebrachte Vertrauen.

Beschließen möchte ich diese Seite mit einem explizit ausgesprochenen Dankeschön, das ich an Sebastian Grebe richte. Er ist meinem dringenden Wunsch, das Buch innerhalb kürzester Zeit schreiben und publizieren zu wollen, nachgekommen und hat somit letztendlich das Projekt überhaupt erst möglich gemacht. Mit der kurzen Planungszeit und der straffen Durchführung haben nicht nur er und sein Team ein hohes Maß an Flexibilität bewiesen, sondern auch mir als Autor eine hohes Maß an Vertrauen entgegengebracht – ein Punkt, der durchaus nicht selbstverständlich ist und den ich daher umso mehr zu schätzen weiß!

INDEX

Die Website zum Buch

www.nachhaltig-erfolgreich-traden.com

Bleiben Sie auf dem Laufenden mit der Website zum Buch:

→ Regelmäßige Beiträge zum Marktgeschehen
→ Freie Webinare rund um das Thema Aktienhandel
→ Ausbildungsvideos zu den Themen
  - Grundlagenwissen
  - Technische Analyse
  - Fundamentalanalyse
→ Tipps und Tricks zur praktischen Umsetzung der Strategie

Zudem finden Sie auf der Website Antworten auf die im Buch gestellten Fragen sowie weitergehende Ausführungen zu den erwähnten Untersuchungen.

Leser, die mit der in diesem Buch vorgestellten Strategie durchstarten möchten, haben die Möglichkeit, an unserem Ausbildungskurs (inklusive Programmierungen zur effizienten Umsetzung der Strategie) teilzunehmen oder sich im Rahmen eines Mentor-Programms von Faik Giese ausbilden zu lassen.

Fragen zum Buch und zu unseren Ausbildungskursen können Sie über folgende E-Mail-Adresse stellen:
buch@nachhaltig-erfolgreich-traden.com

336 Seiten,
gebunden mit SU,
29,99 [D] / 30,90 [A]
ISBN: 978-3-86470-254-9

Thomas Gebert:
Der große Gebert

„Der intelligente Investor", „Börsenindikatoren" und
„Börsenzyklen" sind Klassiker der Börsenliteratur.
Nun hat Thomas Gebert sie komplett überarbeitet, an die heutige
Situation angepasst und mit aktuellen Beispielen versehen –
geballtes Börsenwissen, das dem Leser zeigt, wie er unaufgeregt
und überaus erfolgreich an den Märkten agieren kann.

224 Seiten,
gebunden,
34,90 [D] / 35,90 [A]
ISBN: 978-3-864700-03-3

Andreas und Christian Weiß:
So optimieren Sie Ihr Trading

Wenn Sie Ihr Trading nicht optimieren, werden Sie sich immer wieder selbst im Weg stehen – und schlechte Ergebnisse einfahren. In diesem Buch werden nicht nur Trading-Möglichkeiten und Handelssysteme erläutert, es werden auch mögliche Fehler analysiert und Hinweise gegeben, wie diese zu vermeiden sind. Es zeigt sich: Langfristig profitables Trading ist möglich!

192 Seiten,
gebunden mit SU,
24,99 [D] / 25,75 [A]
ISBN: 978-3-86470-216-7

Charles D. Kirkpatrick:
Börsengewinne mit System

US-Börsenikone Charles D. Kirkpatrick hat seinen enormen
Erfahrungsschatz genutzt, um diejenigen Indikatoren zu
identifizieren, die zu Börsengewinnen führen. Ob für das
Day-Trading oder die langfristige Kapitalanlage: Dieses Buch bietet
dem Leser komplette Handelsstrategien, die ohne großen Aufwand
umzusetzen sind.

608 Seiten,
gebunden,
29,90 [D] / 30,70 [A]
ISBN: 978-3-942888-43-1

William J. O'Neil:
Wie man mit Aktien Geld verdient

Börsen-Urgestein William O'Neil hat Tausende Charts und
Bilanzen untersucht und herausgefunden, welche Aktien steigen –
und warum. Seine Erkenntnisse hat er in die berühmte
CAN-SLIM-Strategie verpackt. Jetzt liegt die überarbeitete und
aktualisierte Auflage dieses Klassikers der Börsenliteratur
auch in Deutsch vor.